ジャン・ジョレースとフランス社会主義運動

——ジャン・ジョレースの青年時代——

横山謙一［著］

成　文　堂

はしがき

「ジャン・ジョレースとフランス社会主義運動・ジャン・ジョレースの青年時代」の刊行に寄せて

本著の構想は、国学院大学に奉職する以前の勤務校であった東京都立大学に助手として勤務していた時代に書いた助手論文「ジャン・ジョレースとフランス社会主義運動」から出発している。当初からジャン・ジョレースの生涯について、一冊の著書としてまとめ上げる予定でこの論文を書き始めた。しかし研究対象として選んだこの研究に取り組んでいく中で、ジャン・ジョレースの生涯というテーマは、途轍もなく大きなテーマであることを次第に実感させられることになった。彼は政治活動の分野では、フランス社会党SFIOと第2インターナショナルの傑出した指導者として、議会でのあるいは大会や集会での比類のない雄弁家として活躍した。とりわけ彼はフランスの国論を二分したドレーフュス事件では再審運動のために尽力して、一九〇六年には破毀院でドレーフュスの無罪判決をかちとる推進力になった。そして「左翼ブロック」の中心的指導者として、フランス共和政の、特に教育制度の分野でのライシザシオン（世俗化）を推し進め、彼の努力は一九〇五年の政教分離法に結実した。当然社会主義者である彼は労働者の利益になる労働条件の改善や、退職後の年金制度などの立法活動に尽力した。また彼はモロッコをめぐる2度にわたるフランスとドイツの対立や、バルカン半島での相次ぐ戦乱の暗雲に立ち向かって国際的反戦平和運動を主導し、フランス国内では戦争への道を準備した三年兵役法に反対する運動を組織した。

ジョレースは政治活動の分野ばかりではなく、偉大な思想家として著述家として歴史学や哲学、軍事理論、文学評論などの広範な分野に大きな足跡を残している。彼が編者となった『社会主義者のフランス現代史 *Histoire socialiste de la France contemporaine*』（全一三巻）で彼が担当した「フランス革命史」についての四巻の著作（第Ⅰ巻「憲法制定議会、第Ⅱ巻「立法議会、第Ⅲ巻「国民公会Ⅰ、・第Ⅳ巻「国民公会Ⅱ」）はフランス革命の高名な歴史家アルベール・マチエとアルベール・ソブールによって注釈を加えられ、校訂されて、『社会主義者のフランス革命史』として二回刊行された。彼の歴史学的方法はアナール学派の始祖たちに大きな影響を与えてきた。本来哲学の研究者であったジョレースは博士論文主論文『感覚的世界の実在性について *De la réatité du monde sensible*』（一八九一年）と副論文『ドイツ社会主義の諸起源 *Les origines du socialisme allemand*（ラテン語原題『ルター、カント、フィヒテ、ヘーゲルにおけるドイツ社会主義の初期の発現 *De primis socialismi Germanici lineamentis apud Lutherum, Kant, Fichite et Hegel*』）（一八九二年）の二巻をはじめいくつかの哲学に関する著作を残している。哲学の大学教員であったジャン・ジョレースの業績は博士論文として二つの論文（主論文と副論文）に加えて講義録などを収録した『哲学著作集 *Œuvres philosophiques*』（全三巻）が出版されており、哲学者ジョレースについての研究書や研究論文は多数を数える。

軍事理論の分野では、軍隊の新しいあり方の提案の書であるばかりでなく彼の思想の全体像を集約した『新しい軍隊 *L'Armée nouvelle*』（一九一一年）を著した。この著作は、初版を刊行以降、今日まで八回も編集され再版をくりかえして、広範に読み継がれてきた。

彼のジャーナリストとしての才能は「ラ・デペッシュ *La Dépêche*」紙と「ラ・プティット・レピュブリーク *La Petite République*」紙、そして彼が発刊した「リュマニテ *L'Humanité*」紙の三紙に発表された記事を通じて遺憾なく発揮された。これらの新聞やその他の雑誌に彼が書いた記事の数はあわせれば途方もなく多数で、「ラ・デペッシュ」紙だけで八八七篇におよび、同紙に掲載されたすべての記事は浩瀚な一冊の書として再刊されている。暗殺されるまでの一〇年間で「リュマニテ」紙に書いた記事の数はこれをはるかに上回り二六七一篇におよぶ。ドレーフュス再審を導いた一連の記事「証拠」を掲載し、一九〇四年の「リュマニテ」発刊までジョレースのジャーナリストとしての活躍の場を提供した「ラ・プティット・レピュブリーク」紙に発表した記事の数も六四二篇におよぶ。もちろん彼の記事や論説の数だけではなく、同時代の読者や市民に与えた影響の大きさの点でも抜きんでていた。

彼の暗殺後すでに百年以上経過したが、毎年多くのジョレースについての研究書と論文が出され、彼の多くの遺著も多数刊行されている。ジョレース研究の中核を担う「ジョレース研究協会 Société d'Études jaurésiennes」は、多くの政治家や文学者個人の研究会のうちで最も活発な活動を行っている学会であり、名だたる歴史学者を結集して、定期刊行物「ジョレース研究協会会報 *Bulletin de la Société d'Études jaurésiennes*」と「ジョレース手帖 *Cahier Jaurès*」（現在では両雑誌は後者に統合された）を刊行し、数多くの学術討論会（コローク）を主催しており、現在『ジョレース著作集 *Œuvres de Jean Jaurès*』をファヤール Fayard 社から刊行中である。

フランス社会党SFIOや第二インターナショナルの政治運動の指導者としてばかりではなく歴史学者、哲学者、軍事理論家、文学批評家、ジャーナリストなどの相貌も持つ彼は今日に至るまでフランス国民から広く敬愛を受けつづけている。第一次世界大戦を阻止しようとする反戦平和運動の渦中で暗殺されたジョレースは「偉大な人々に祖国は感謝する“Aux grands hommes, la patrie reconnaissante”」と入り口の円柱上の切り妻壁に刻まれた、フランス共和国に多大な貢献をしたルソー、ヴォルテール、ユゴー、ゾラ、キュリー夫妻などの偉人たちが眠るパンテオンに埋葬されている。彼はともにドレーフュス再審運動を担ったジョルジュ・クレマンソーとは異って、生涯権力の座につくことなかった。友人のブリアンやヴィヴィアニのように入閣するために社会党を離脱することもなく、社会党の分裂を避けるために社会主義インターナショナル・アムステルダム大会の決議（「ドレスデン決議」）を受け入れて、社会党主導の内閣以外に入閣しないことを受け入れたからである。それゆえ首相にも大臣にもなれなかった、否あえて自らなろうとしなかった。しかし暗殺後の彼の政治活動と思想への評価は高まるばかりで、パリやリヨン、トゥルーズなどの地下鉄駅や市街電車（トラムウェー）の駅ばかりでなくパリをはじめ南フランスを中心に彼の名を取った街路や広場は多く、彼が教鞭を執ったトゥルーズ大学の名にも彼の名が冠せられており、彼の名を取った教育施設は四二九に及ぶと言われ、彫像の数もあまたある。それらの数は共和政の政治家としてはおそらくシャルル・ドゥ・ゴールに次ぐ数である。彼の暗殺百周年の記念日には共和国大統領が列席して国家的行事として式典が行われた。最早国民的英雄になったジョレースの人気は何故なのであろう。殉教者を尊ぶフランスの伝統なのであろうか。なによりも彼は平和の殉教者であった。また高い知性と高潔な精神の人物を尊ぶ伝統がフランスにはある。

南フランス・オクシタニーの文化と言語を擁護した彼は、ラングドック地方に、タルン県に根を深く下ろした人物であり、前にも述べたように彼の遺した刻印はフランス社会主義運動や労働運動に、ドレーフュス事件や政教分離や反戦平和運動など第一次世界大戦前夜の第三共和政の政治全体に大きな足跡と刻印を残している政治家である。さらにはその業績が歴史学や哲学、軍事理論の領域に及ぶ規模の大きな人間であった。研究を進めて行くにつれて鮮明となった政治家としてばかりか思想家としても歴史家・哲学者としても想像以上の大きな次元を有するジャン・ジョレースを対象とした私の研究は、いつの間にかその全体像を解明するには私の半生を、多分生涯をかけて取り組まなければならない私にとっての一大事業となってしまった。出発点においてジョレースの全体像を十分に理解し切れていなかったのは、私の不明によるばかりではなく、助手論文に取りかかってこの方の膨大な量のジョレース研究によってはじめて明らかにされた事柄があまりに多かったことにもよる。

私のこの著作は私のライフワークであるジャン・ジョレース研究の主要部分を構成する。近刊を予定している『ドレーフュス事件とジャン・ジョレース』と、近い将来に刊行を構想している本著の続巻『フランス社会党ＳＦＩＯの結成とジャン・ジョレース（仮題）』ならびに『フランス社会党ＳＦＩＯとジャン・ジョレース（仮題）』によってジャン・ジョレースの生涯の研究についての集大成は完成予定である。それでも未だ描き尽くしていないジョレース像が多く残されている。それは政治家ジョレースについての私がたどり着いていない部分なのか、思想家や学究の人としてのジョレースの未発見の部分なのか、私人としてのジョレースの姿であるのか、いまだ私は見極めていない。ジョレースの著作と彼についての研究書と資料を渉猟しつつ日々省察し続けている。

戦前から我が国ではジョレースの著書『社会主義者のフランス革命史』が村松正俊によって『仏蘭西大革命史』という邦題ですでに翻訳されており、戦後には木下半治の伝記なども出されてきたが、未だジョレースについての総合的な研究は十分には行われていないと私は考えている。我が国での本格的ジョレース研究への一貢献になれば幸いであると考え、本書の刊行を行おうと決意した次第である。こうして様々な分野で活躍したジョレースを一冊の本で、ましてや一編の論文で描き出すことは極めてむつかしい。私個人としてもジョレース研究を進めていく中で際限のない資料と研究書を繙き、かなりの量の研究論文を書いた。しかしカルモーやタルン県という小さな宇宙から、インターナショナル大会という世界的規模での足跡まで、研究をくまなく行うことは至難の業であり、未だその一隅を照らしただけであるという感慨を抱いている。

今回、國學院大學出版助成制度によって拙著『ジャン・ジョレースとフランス社会主義運動・ジャン・ジョレースの青年時代』を上梓できる機会を得たことは筆者にとってまたとない僥倖であった。出版の機会を与えてくださった大学と審査に当たられた担当部署の方々に心から感謝の意を表したい。またこの著書の出版に当たって有益なご示唆をいただいた成文堂の飯村晃弘様にも厚くお礼を申し上げたい。(了)

目　次

序　論

第一節　ジャン・ジョレースの今日的問題性《プロブレマティーク》

本著は、フランスの代表的な社会主義者ジャン・ジョレース（一八五九―一九一四年）と、彼が生きた時代のフランス社会――とりわけ社会主義運動と労働運動の世界――を対象とする。ジャン・ジョレースはフランス第三共和政――第一共和政（一七九二年―一八〇四年）は先駆であり、第二共和政（一八四八年―一八五二年）は「見習期間 apprentissage」（M・アギュロン）であり、この第三共和政こそが今日のフランス共和国 République Française のゆるがぬ礎石を築き上げた――に目鼻立ちを付けたジュール・フェリー Jules FERRY〔一八三二年―一八九三年。自由主義的な共和主義派の弁護士だった彼は第二帝政没落直後に国防政府のメンバーとなり、その後一八八〇年―一八八一年（第一次）、一八八三年―一八八五年（第二次）と、二度の長期にわたって首相をつとめ、学校教育の共和主義的改革等を実施した。〕の政治が終わろうとしていた時代に、共和派の青年代議士として政界に登場し、やがてフランス社会主義運動ならびに第二インターナショナルの卓抜な指導者となって、第一次世界大戦勃発の直前に暗殺者の凶弾に仆れるに至るまで活躍し、フランス共和政と社会主義運動に不滅の足跡を遺した政治家であった。政治家としての資質以外にも数多くの天禀に恵まれたこの人物は、秀れた政治的指導者であったと同時に、いくつかの異った相貌をたずさえていた。

すなわち、彼は傑出した政治指導者であったと同時に『感覚的世界の実在性について *De la réatité du monde sensible*』（一八九一年）や『ドイツ社会主義の諸起源 *Les origines du socialisme allemand*』（ラテン語原題『ルター、カント、フィヒテ、ヘーゲルにおけるドイツ社会主義の初期の発現 *De primis socialismi Germanici lineamentis apud Lutherum, Kant, Fichite et Hegel*』（一八九二年）[2]――これらの二論文は彼の博士論文である――等の哲学書を著わした哲学者・哲学教授であり、また今日ではフランス革命史の古典的歴史書となった『社会主義者のフランス革命史 *Histoire socialiste de la Révolution Française*』（一九〇一年―一九〇三年）[3]や『独仏戦争 *La Guerre franco-allemande 1870-1871*』（一九〇八年）[4]等の歴史書を書いた現代フランスの代表的歴史家の一人であり、そしてこれも古典的な書物となった軍事理論書『新しい軍隊 *l'Armée nouvelle*』（一九一一年）を著述した軍事理論家でもあり、さらに「ラ・デペッシュ・ドゥ・トゥルーズ *La Dépêche de Toulouse*」〔一八七〇年一〇月に創刊されたトゥルーズ地方の急進社会主義派系の地方紙であり、一八八二年からフランス南西地方の県ごとの地方版が発行されるようになり、紙名も「ラ・デペッシュ *La Dépêche*」となって、一八八七年からジョレースは寄稿者になった。両大戦間に広範な読者を得て黄金期となったが、ドイツ占領期に対独協力をしたとして解放後に発禁となった。一九四七年に「デペッシュ・デュ・ミディ *La Dépêche du Midi*」と改名して再刊され南仏最大の地方紙の一つとなっている〕や「ラ・プティト・レピュブリーク *La Petite République*」、「リュマニテ *L'Humanité*」――ジョレースは一九二〇年以降フランス共産党（ＰＣＦ）の機関紙となったこの新聞の創刊者であった――などの新聞の編集を手がけ、また無数の論説や記事をこれらの新聞に寄稿した有能なジャーナリストであり、それにあまたの同時代人に感銘を与え、彼らの記憶の中に鮮烈に生き続けたいくつもの名演説を行った傑出した雄弁家――イギリスの社会主義史家マックス・ベア Max BEER は第二インターナショナル・ロンドン大会（一八九六年）で、ジョレースの演説を聴いてダントンとサン・ジュストを髣髴したという[7]――でもあった。

このように卓抜な学識と知性、天才的な雄弁家としての才能、そして人を魅して止まない高潔にして温厚な性格と、個人的野心によって曇らされることのなかった良心を持っていたジョレースは、同時代のフランス内外の社会主義者のみならず数多くの知識人や民衆に大きな影響を及ぼし、消し去り難い印象と記憶を彼らの脳裡に刻み込んだ。

ここでジョレースが同時代の社会主義者や知識人にどのような評価を受けていたか、どのようなイメージで理解されていたかを探るために、彼らのうちのいく人かのジョレースについての回想・論評・証言を引用したい。この作業によって、ジョレースが同時代の――とりわけフランスの――人々の精神のうちに占めていた位置の大きさの幾許かを明らかにできるであろう。

最初に、ジョレースと同時代のフランス以外の国の著名な社会主義者――彼らは主として第二インターナショナル（一八八九年―一九一四年）での活動を通じてジョレースを知った――が見たジョレース像をいくつか紹介しよう。

政治的立場及び見解を多少異にしながらも、ジョレースを高く評価した外国の社会主義者のうちでは、ロシアの社会主義者トロツキー ТРОЦКИЙ（一八七九年―一九四〇年）と、ロシア生まれのイタリア社会党の女性指導者でのちに共産主義インターナショナル初代書記局員を務めたアンジェリカ・バラバーノフ Angelica BALABANOFF（一八七八年―一九六五年）をもってジョレースへの称讃者の嚆矢とすることができるだろう。

まずトロツキーは彼の自叙伝『我が生涯』の中で、ジョレースを次の様に描いている。

「私の家族は一九一五年になって、始めてフランスにやって来た。……（略）……ジョレースはもういなかった。私は、彼が暗殺されたレストラン《クロワッサン》に出かけていった。いわば、彼の足跡を見出したかったのだ。政治的見地からいえば、私は彼とは遠かった。しかしあの力強い姿から発する、人を惹きつける力を感じないでいることはできなかった。民衆的伝統と形而上学的道徳原理と、虐げられたものへの愛情と、詩的想像力とで形づくられていた、彼の心的世界は、その倫理的外観からは、ベーベル〔一八四〇年―一九一三年。ヴィルヘルム・リープクネヒトと共にドイツ社会民主党〈ＳＰＤ〉の生みの親で、一八七五年のゴータ党創立大会以降死ぬまで党の最高指導者ありつづけた。〕が単純に平民的と見えたのとちょうど同じように、明らかに貴族的な特徴を保っていた。が、それにしても、この二人ともに、その遺産を引きついだ連中の頭で、理解できる範囲を超えていたのだ。

ジョレースの演説を、私はパリの集会で、インターナショナルの大会で、またその委員会で聞いた。そしてその度に私には、それが始めて聞くもののように思われた。彼は型にはまった話題を積み重ねたりはしなかった。もともと、彼は決して同じ事を繰り返していわないのだ。いつでも彼は、自分自身について新しい発見をし、いつでも彼は、自分の霊感のなかにひそんでいる源泉を新たに噴き出させるのだった。堂々とした力強さと、流れ落ちる滝のように尽きない力とに恵まれながら、同時に彼は、高い教養を反映するかのように、その顔に輝やいている偉大な優しさをももっていた。彼は岩をも投げ落し、雷鳴のように轟きわたり、地軸を揺がせた。だが、決して自分の耳をふさいだりはしなかった。彼は、絶えずまわりに気を配っており、また、かなりによい耳をもっていて、もっともかすかな問いをもとらえて、それに応答し、反対者に対して備え、時には仮借ない言葉で暴風のように、抵抗するものを一掃することもできたが、また、教師のような、兄のような寛大さと優しさをもって語ることもできたのだ。

ジョレースとベーベルは、ちょうど対蹠的な人物だった。と同時に、第二インターナショナルの聳え立つ二つの頂きだった。彼らはこの上なく民族的だった。ジョレースは、そのラテン的論理で、ベーベルはそのプロテスタント的な乾いた性情によって。私は彼らの二人ながらを愛したが、愛しかたは違っていた。ベーベルはその肉体的能力を使い尽した。ジョレースはその花の盛りに倒れた。だが、彼ら二人はともに時宜に適した時に死んだ。彼らの最後は、第二インターナショナルの、歴史的進歩的使命が終った、時の区切りをつけたのだった。

フランス社会党は、完全な精神的頽廃のうちにあった。ジョレースの占めていた位置のあとを埋めるものはいなかった。……[8]」

ロシア生まれの革命家アンジェリカ・バラバーノフもまた、彼女の回想録の中で、トロツキーと同じほどの最大級の讃辞をジョレースに与えている。彼女は言う。

「シュトゥットガルト〔一九〇七年の第二インターナショナル第七回大会。〕で、私は初めてジャン・ジョレースの演説を聞いた。彼はドレフュス事件のときにはクレマンソーと肩を並べて闘い、後には、それまでフランス議会で起ったもっとも重要な論争で、この「虎」〔クレマンソーの異名。〕を圧倒していた人物である。パリではジョレースが議会で演説することが知れると数千人のフランス人が傍聴席の入場整理券を手に入れようともみ合ったりしたものである。しかもこの人の比類のない力は、単に演説家としての天賦の才のみにあったのではない。ジョレースは演説家として器用で異彩を放っていたと同様、戦術家、議会人としてもそうであったのである。

彼は――そこが大デモンストレーションの場であれ、立法部の集会であれ、社会党の大会であれ――自分自身を聴衆の気持・性格に溶け込ませる才能を比類なきまでに持っていた。彼は一度も自分の高い水準を捨てたことがない。フランスでは他の誰よりも彼の影響力が広かった――そして反動サークルの中ではもっとも恐れられていた。彼は個人としてはじつに親切で、暖い気持の人であった。

後になってわかったことであるが、シュトゥットガルトで、ジョレースの演説には他の誰よりも、その洞察力の予言的な性格が顕著であったのである。彼は、将来に展開されるであろう政治情勢を予見していたようである。体全体からほとばしるような情熱的な演説の中で、彼は聴衆と外にいる労働者に展開されるであろう事態のゆゆしさを伝えようと務めていた。ますます増大してゆく戦争の危機に対して、われわれ大部分の態度は抽象的であった――それは、ファシズムを体験していない今日の急進派の態度に似ている。ジョレースの態度は抽象的なものではなかった。だから、彼の演説を後で読み返してみると、それは訓戒でもあり、予言でもあったようである。(9)」

トロツキーやバラバーノフが革命的急進的潮流の側での代表的なジョレースの称讃者であったとすれば、第二インターナショナルの改良主義派の中では、その代表的リーダーであったベルギーの社会主義者エミール・ヴァンデルヴェルド Émile VANDERVELDE（一八六六年―一九三八年）や、イギリス労働党の創立者の一人ラムゼイ・マクドナルド Ramsay MACDONALD（一八六六年―一九三七年）などが、主だったジョレースの賞揚者であった。とりわけ、ヴァンデルヴェルドは彼の回想録『一社会主義活動家の思い出 *Souvenir d'un militant socialiste*』の中に、ジョレースにとって極めて重大な政治的決断の機会となった一九〇四年の第二インターナショナル・アムステルダム大会――この大会でジョレース派は、社会主義者の資本主義社会の中での政府権力への参加を全面的に否定する、いわゆる「ドレスデン決議」〔一九〇三年のドイツ社会民主党ドレスデン大会での、修正主義派に対する正統マルクス主義派の勝利を表現するこの決議はこのアムステルダム大会でも、ほぼ原文通り採択された。〕に基づくフランス社会党の統一を強いられた――の前後のジョレースの行動に焦点を据えながら、彼の人となりについての興味深い随想を書き留めている。彼は述べる。

「ジョレースは〔アムステルダム大会ののちに――筆者注〕少なくとも表面上は敗者の様相でフランスに帰った。ところで彼の生涯の歴史はアムステルダム大会以前とそれ以後との大体のところ対照的な二つの時期にはっきりと区分できることは疑問の余地がない。アムステルダム大会以前に、彼はフランス議会の副議長だった。彼はパリを訪れたイタリア国王をあらゆる外交儀礼を尽して迎えた。彼は『左翼ブロック Bloc des Gauches』〔ドレフュス事件に端を発する左右の政治勢力の対立に際して、フランスの左翼を糾合したこのブロックは、一八九九年から一九〇六年まで存続し、ヴァルデク-ルソー内閣、コンブ内閣等を支えた。アムステルダム大会後、社会主義派はこのブロックから抜け出た。〕の労働者側の中心人物であり、以前にヴァルデク-ルソー WALDECK-ROUSSEAU〔一八四六年―一九〇四年。ナント市生まれで弁護士出身の共和派の政治家。一八九九年六月に「共和主義防衛」内閣の首班となり、一九〇二年六月に辞職した。〕内閣の支柱であったと同じく、エミール・コンブ Émile COMBES〔一八三五年―一九二一年。ジョレースと同じタルン県に生まれ、当初カトリックの神父となったが、のちに棄教して医師となった。一九〇二年にヴァルデク-ルソーの後をついで「左翼ブロック」を与党とする政府の首相となり、反カトリック教権主義的政策を推進した。〕内閣の支柱でもあった。彼が爪先から頭の天辺まで社会主義者であることは誰も疑いを抱かなかったが、しかし彼は、次第に社会主義とは直接にはまったく関係がない、その埒外にある諸改良や主義主張を支持する活動や宣伝に巻き込まれていった。これとは反対にアムステルダム大会以後に、彼は誰にも増して統一を目指す人になっていた。彼は即座に離脱したミルラン MILLERAND〔一八五九年―一九四三年。弁護士出身の政治家。最初は急進派、次いで社会主義派の代議士になり、一八九九年にヴァルデク－ルソー内閣の商工大臣として入閣し、いわゆる「ミルラン入閣問題」として大きな反響を呼んだ。一九〇四年にジョレース派の右派社会党 Parti Socialiste Français（ＰＳＦ）から除名され、一九〇五年の社会党の統一には加わらず、次第に右傾化し、一九二〇年には右派＝「ブロック・ナショナル」の支持を得て首相に次いで大統領になり、一九二四年に「左翼カルテル」が与党になって辞任を余儀なくされるまでこれを務めた。〕につづいて数多くの友人が統一を嫌って離れていくのを体験することになる。ブリアン BRIAND〔一八六二年―一九三二年。弁護士とジャーナリストを経て、一九〇二年社会党ジョレース派の代議士になり、ゼネラル・ストライキと政教分離の擁護者として知られた。一九〇六年に統一社会党を離脱後、一一回首相になって名声を馳せた。〕や、ヴィヴィアニ VIVIANI〔一八六三年―一九二五年。弁護士出身の政治家。若くして社会主義者となり、一八九三年に社会主義派の代議士に選出された。一九〇五年の社会党の統一後、次第に社会党と離反し、その後大臣職を歴任。一九一四年には首相となり、ジョレース暗殺と第一次大戦勃発を経験した。〕や、その他大勢の友がブルジョア政党に加わるのを見ることになる。これに対し、は次第次第にジュール・ゲード Jules GUESDE〔一八四五年―一九二二年。本名はジュール・バジール Jules BAZILE。フランスへのマルクス主義の紹介者で、一八八二年フランス最初のマルクス主義政党であるフランス労働党（ＰＯＦ）を結成。のちに「ミルラン入閣」に反対してジョレース派と対立し、統一社会党結成後もジョレースと手を結んだ。〕やとりわけエドゥアール・ヴァイアン Édouard VAILLANT〔一八四〇年―一九一五年。パリ・コミューンの指導者の一人で、ブランキ亡きあとのブランキ派の指導者となり、「ミルラン入閣」にはゲードと共にこれに反対し、社会党統一後はジョレースと対立状態が続いた。第一次大戦開戦に際しては戦争を支持し入閣した。〕に接近するようになる。ヴァイアンは言わば彼の社会主義的良心の導き手となった。彼は最早左翼の政府与党の首領ではなくなり、労働者インターナショナル・フランス支部〔フランス社会党の正式名。〕の敵対者からさえ嫌われると同時に広く敬愛を受けたリーダーになる。他の者たちは大臣や植民地総督や首相になるために、みずからすんで社会主義から破門を受けるに至る。ブルジョアジーは彼らに敬意を表するために大盤振舞をした。ブルジョアジーはこれとは反対にあくまで改悛しない国際主義者であるジョレースを、『外国に雇われた弁護人』であると断罪した。彼はその後、彼自身が言ったように『中傷と侮辱の暗雲の真中を』歩むことになる。そして彼は社会主義と平和の擁護のために死との契りを結ぶ。

この様に一九〇四年の前と後では、ジョレースの社会主義者としての活動にはなはだしい本質的な相違があることは何人も抗弁できないだろう。しかし彼のアムステルダムでの転向が、大会の決定の結果であり、多数決による決議を規則通り受諾した結果であったと考えるとしたら、それは単純すぎるか、うわべしか見ていないからだと言わざるをえない。

ジョレースに近づき、彼の一生の様々な時期についての打ち明け話を聴き集める機会に恵まれた人はだれでも、彼は青天の霹靂のような豹変は決してしなかったことを知っている。彼の教義や態度において生じた変更は常に緩慢な成熟の結果であり、内面での長期にわたる、省察を踏まえた発展の結果であった。……（中略）……

シュトゥットガルト大会ではベーベルはもはやアムステルダム大会の時のようなインターナショナル全体の心の中での独裁者ではなかった。人は、彼の話すことを、傑出した老兵に与えられて然るべき鄭重な尊敬の念を払って相変らず聴いていた。しかし彼の国の同志の中にさえ、南ドイツの人々、たとえばフォルマール VOLLMAR〔一八五〇年―一九二二年。バイエルン地方を基盤としたドイツ社会民主党右派の指導者。ベルンシュタイン BERNSTEIN などとともに修正主義派の中心人物だった。〕などは、彼の教条的非妥協性を分かち持つことはおよそなくなっていた。……（中略）……

ジョレースもまたシュトゥットガルト大会では、逆の意味で別人の様になっていた。彼はアムステルダム大会でそうであったような糾弾をうけた者、破門された者ではなかった。彼は、私がこの大会の開会演説で彼について言ったように、『社会主義インターナショナルの最大の希望』になっていた。彼は統一した社会党と共に左翼ブロック・左翼代表者委員会《ブロック・デ・ゴーシュ》 Délégation des Gauches〔一九〇〇年にカトリック修道会問題調査のために議会内に設けられた左翼ブロック内のこの委員会は、やがて議会内与党と内閣の連絡と意見調整の組織となった。〕を脱退していた。彼はかつての敵対者だったヴァイアンを、最も誠実で信頼できる闘争の仲間としていた。彼はヴァイアンと共にベーベルの動議に対立する動議に署名していた。彼らの動議は、戦争を阻止するために、戦争が起きた場合にゼネラル・ストライキをすることを予め定めるものであった。彼は活気に満ちた心で、平和のための七年間のこの運動に取り組んだ。この運動のために、彼は自分の全存在を献げ、そしてこの運動はそのために悲劇的にも彼が死に至り、同時に不滅の生命を得るまで止むことはなかった。(10)」

こうしてヴァンデルヴェルドは、シュトゥットガルト大会以後次第にジョレースが急進的な立場を採って、彼の見解と齟齬をきたすようになったにもかかわらず、ジョレースの才能と人格と、そして社会主義と平和のための情熱的な活動を支持した。

やがて労働党政権の首相となるマクドナルドもまた、一九一四年九月に「コンテンポラリー・レヴュー *Contemporay Review*」に載せたジョレースへの追悼文の中で、彼を選挙法改正やクリミア戦争に対する反戦運動などのために天恵の雄弁を駆使して精力的に行動したイギリスの急進的政治家ジョン・ブライト John BRIGHT（一八一一年―一八八九年）と比較しつつ、「歴史がこれら二人の人物に与える讃辞は、軍国主義的熱狂によって諸国民全体が正道を踏みはずした場合に、政治家がほとんど何も出来なくなることへの永続的な警告を行ったことに与えられる」(11)と述べている。

これに対して、ジョレースと同時代の外国の社会主義者の中では、ローザ・ルクセンブルク Rosa LUXEMBURG〔一八六七年―一九二七年。本名はイズライリ・ラザレヴィチ・ゲリファンド Израиль Лазаревич ГЕЛЬФАНД。ロシアに生まれドイツ社会民主党で活動した急進的社会主義者で、運輸業などで巨財を貯え、ロシア革命を援助したことでも有名。〕（一八七一年―一九二〇年）や彼女の友人アレクサンドル・パルヴス Алексaндр ПАРВУС（一八六七年―一九二四年）そしてレーニン ЛЕНИН（一八七〇年―一九二四年）などが、とりわけミルラン入閣問題を契機として、ジョレースに対する手厳しい批判者となって行く。

ローザ・ルクセンブルクの場合は、最初ジョレースを敬愛し、一八九八年に出版した彼女の博士論文『ポーランドにおける産業発展 *Die industrielle Entwicklung Polen*』の献呈の辞を記しを彼に捧げたし、(12)ドレーフュス事件の渦中にあって再審運動の先頭に立って活躍していた彼を支持する小記事を、いくつか「ゼクシッシェ・アルバイターツァイトゥンク *Sächsishe Arbeiterzeitung*（ザクセン労働者新聞）」に書いたりしたが、(13)ヴァルデク－ルソー内閣へのミルラン入閣以後、態度を一転させて入閣支持派社会主義者グループのリーダーであるジョレースに対して批判的態度を採るに至る。フランス社会党統一後も、彼女はジョレースの外交方針や彼の著書『新しい軍隊』の中で提唱している軍隊改革構想を批判している。[14] しかし政治方針や理論の次元での意見の対立にもかかわらず、ルクセンブルクのジョレースの人間性そのものに対する愛着は失われることがなかった。このことは、のちに彼女がゾフィー・リープクネヒト〔カール・リープクネヒト夫人。〕に宛てて書いた手紙の文中で「……わたしがとくに気持よくおもったのはロダンの自然感です。どんなに小さな野草にたいしても持つ尊重の念です。かれはりっぱな人物だったにちがいありません。気どらず、自然で、温情と慧知にあふれています。かれはまったくジョレースを連想させます」[15]と、述べていることからも窺えるのである。

ローザの友人で、トロツキーにも大きな理論的影響を与えたと言われるドイツ社会民主党左派の論客パルヴスは、フランスの反入閣派社会主義系新聞「ル・プティ・スー *Le Petit Sou*」紙の一九〇一年七月二三日号に発表したジョレースについての小論の中で、マルクスと対極を成す社会主義運動の指導者の類型であると彼が考えるラサール LASSALLE（一八二五年－一八六四年）にジョレースをなぞらえ、才能に恵まれながらも忍耐と待機を知らない彼は、即座の実効を求めてドレーフュス事件へ、ついでミルラン入閣へと深入りしすぎ、政治的破産の道をたどっている、[16]と評している。パルヴスのジョレース批判は痛烈だが、彼の政治的能力と人間性にはラサールに対して同様に敬意が払われている。この点でローザとパルヴスは類似している。

これに対しレーニン[17]は、ほぼ一貫してジョレースを「修正主義者」・「改良主義者」であるときめつけ、それであるが故に彼にはほかに認めるべき価値はなく、全否定されるべきであるという余りに原則主義的ではあるが、ある意味ではきわめて実践家的・戦略家的な――そしてスラヴ的ロシア的な剛直さを持った――論法をとっている。曰く、「一例としてカール・カウツキーは、ジョレースをあげている。こういう人たちが日和見主義に傾けば傾くほど、それだけ『彼らには党規律が、彼らの自由な人格を不当にせばめるものとおもわれてくるにちがいない』、と」[18]（『一歩前進、二歩後退』、一九〇四年）。「平和一般のためのえせ社会主義的な運動は、進歩的ブルジョアジーと反動的ブルジョアジーとのどちらかの利益にかならず奉仕することになるのを、ジョレースがはっきりとしめす……」[19]「旅順の陥落」、（「フペリョート」第二号、一九〇五年一月一四日）。「それは、フランスとドイツにおける日和見主義のもっとも著名な代表者（フランスはミルランとジョレース、ドイツではベルンシュタイン）に反対するまえにカウツキーが非常に大きな動揺をしめした、という事実である」[20]（『国家と革命』、一九一七年）。たしかに時期によって批判にニュアンスの違いは多少あるし、ごく稀れに「〔シュトゥットガルト大会の〕特別委員会（小委員会が反軍国主義の問題にかんして選挙した）は、これら〔ローザ・ルクセンブルクとロシアの社会民主党マルトフとレーニンの〕の修正を全部ベーベルの決議案に挿入した。そのほかに、ジョレースが一つのうまい計画を提案した。それは、闘争手段（ストライキ、蜂起）を指示するかわりに、ヨーロッパでのデモンストレーションからロシアの革命にいたる、プロレタリアートの反戦闘争の歴史的実例をしめすという案である」[21]「シュトゥットガルトの国際社会主義者大会」（「プロレタリー」第一七号、一九〇七年一〇月二〇日）というようなジョレースに好意的な論評もあるが、極めて例外的である。こうした両者の意見ならびに体質の相違が鮮明に浮び上がったのは、第二インターナショナル・コペンハーゲン大会（一九一〇年）の協同組合問題に関する小委員会――ここに両者は参加した――においてであった。協同組合が労働運動全体の中で果す大きな役割を評価しつつ、かつ協同組合の社会主義政党からの自律を尊重するというジョレースの見解も、[22]レーニンによれば次のようになる。「フランス社会党多数派の草案は、ジョレース流に起草されている。協同組合をほめちぎって、それを――ちょうどブルジョア改良主義者がやっているように――「社会改造」の「不可欠な」要素だとしておしだしている。…（中略）…プロレタリア協同組合と小経営主の協同組合（農業の）が混同されている。協同組合の中立性を説き、協同組合に社会主義政党にたいするなんらかの義務を負わせることの害毒を記述している」[23]「コペンハーゲンの国際社会主義者大会における協同組合問題」（「ソツィアル・デモクラート」第一七号、一九一〇年九月二五日）。こうした今日的視点からみれば多少硬直したレーニンの理論は、ロシアの労働運動（とりわけ労働組合運動）の未成熟さ、未経験さが生みだした結果であろうか？　ともかくもここに私たちは「赤色労働組合主義」＝「伝導ベルト論」の萌芽形態を見付けだすことが可能である。(24)

ところで、我が国の社会主義者の中では、第二インターナショナル・アムステルダム大会に参加し、その劈頭に、当時交戦中だった日露戦争での敵国であるロシアの社会主義者プレハーノフ T. B. ПЛЕХАНОВ（一八五六年－一九一八年）と握手を交して喝采を浴びた片山潜が、この大会におけるジョレースについての証言を書き留めている。彼は『社会主義』誌にこう記している。

「……卒って仏国のレピジョニスト《ママ》派の首領ジョーレンス氏演壇に上り極めて劇烈なる演説を為し、其の仏国に於て資本家政府と相協同して政事を執るは利益なることを列挙し、八時間労働、労働者保険工場監督等の有様を述べ進んで独逸社会党の無勢力なる事を指摘し、独逸は王国仏国は共和国なれば独逸に適当の政略も仏には不適当なる事を述べ頗る激甚にベブル〔＝ベール〕を攻撃す、其弁論の巧みなる能弁家として欧州の社会党間に賞賛せらる、程ありて全議会一番の弁舌なり（バンダベルド氏は報告中ジョーレス氏の地位と主張については多言せずソハ今に其卓絶の舌頭より巧妙なる論法を以て竜嘯虎叫の議論を聴くべしと云へり）実に代表者以外の聴衆は殊んど其の弁論に感動し、満堂破る、許りに熱狂するが如くにジョーレス氏の演説に賛成せり、……（中略）……次にベブル氏登壇して五十分間に渡る大演説を為し、ジョーレス氏を弁駁して其の議案を主張せり、其の演説は実に修理明確にして勢力ある感情に走れるジョーレス氏の如くならず、ベブル氏はマークス氏及エンゲル氏と三鼎足とまで言はれたる程欧洲社会党に認識さる、首領なれば、其一字一句に至る迄静粛に謹聴せられたり、其の議論の深奥と事実の正確且つ論鋒の鋭利なるは、到底ジョーレス氏の及ぶ所にあらず、ジョーレス氏は才能の人なり故に其の秀才の力に依って自己の論点を述べ聴衆を味方にせんと欲す、其の議論に信実と深慮を欠くは宜なり、ベブル氏は主義の人なり、其の論点は悉く皆正確なる事実を基礎として、同時に鋭利当るべからざる弁舌を以て其の主義を主張す、故に其の見方には非常なる教育と確信を増し勢力を附け、其の反対者には非常なる打撃を加ふるの感を与へ候。」(25)

片山はジョレースの才能と雄弁を認めつつも、「其の議論に信実と深慮を欠く」として、「主義の人」ベーベルを支持している。ロシアと同様に政治的自由を禁圧された日本の代表には、おそらくジョレースが主張した共和政フランスでの運動の特殊的情況は、理解の域を超えていたのであろう。また多分〝修正主義者〟ジョレース対正統マルクス主義者ベーベルとみる二分法が、片山の判断を支配していたのであろうことは想像に難くない。

こうした同時代の国際的な社会主義者が遺したジョレースについての論評と証言を拾い集める作業によって、この時代の国際的社会主義運動の中でジョレースが占めていた位置と比重、そして彼について抱かれたイメージが多少なりとも明らかとなったであろう。

つまりこの時代の国際的社会主義運動は、名実ともに第二インターナショナルによって担われ代表されていたのであるが、この社会主義者の国際組織におけるジョレースの威信と影響力、そしてリーダーシップは、とりわけ一九〇〇年の第二インターナショナル・パリ大会以降（より明確には一九〇四年のアムステルダム大会以降）、ドイツ社会民主党の最高指導者ベーベルと共に他を圧倒していたと言えるだろう。たしかにレーニン、バーナード・ショー Bernard SHAW（一八五六年―一九五〇年）、ウィリアム・モリス William MORRIS（一八三四年―一八九六年）、ローザ・ルクセンブルク、ベニート・ムッソリーニ Benito MUSSOLINI（一八八三年―一九四五年）、ロベルト・ミヘルズ Robert MICHELS（一八七六年―一九三六年）等々の多士才々がこの運動に加わったが、彼らのほとんどはその周辺部に位置するにとどまった。また我が国では、第二インターナショナルはしばしばカール・カウツキー Karl KAUTSKY（一八五四年―一九三八年）やエドゥアルト・ベルンシュタイン（一八五〇年―一九三二年）などによって代表されると考えられる傾向があるが――それにはレーニン等、第三インターナショナル側の著作の影響が大なのであるが――、彼らの活躍の場は主として著作活動＝理論領域にあったのであり、これら二人は第二インターナショナルの表舞台では二次的な役割しか果さなかった。そして第二インターナショナルの内部ではドイツとフランスの二か国の支部が他国に比べて強大であり(27)、そしてこれら二つの支部はベーベルとジョレースという二人の「主人公 protagonists」(28)（J・ジョル）によってそれぞれ代表されていたのであった。

次に、フランス国内の社会主義運動の中でジョレースが占めた位置を、および同時代のフランスの社会主義者が彼をどのように見ていたかを概観して見よう。

彼は一八九三年に独立社会主義派の代議士になって間もなく、持ち前の雄弁とリーダーシップによって社会主義運動の有力な指導者の一人として頭角をあらわした。しかしながら彼の名声が決定的なものになったのは、一八九七年頃から再燃したドレーフュス事件の渦中での、ドレーフュス再審派の中心人物としての活躍に負うところが大きい。またそれは、ミルラン入閣支持派社会主義者グループの実質的な最高指導者になってからのことであった。こののち社会主義運動を統一する試みが失敗してフランス社会主義運動は入閣支持派と入閣反対派の二派に分極化し、ジョレースに率られる入閣支持派は一九〇二年に「フランス社会党 Parti Socialiste Français」（以下右派社会党と記す）を結成した。このようにして「ジョレース派《ジョレーシスト》 jauressistes」はフランス社会主義運動の中の一大潮流として確固とした地位を占めるに至る。一九〇五年に統一社会党 Parti Socialiste Unifié（正式名：社会党・労働者インターナショナルフランス支部 Parti Socialiste, Section française de l'Internationale ouvrière）が結成されたのちも、「ジョレース派」は、フランス最初のマルクス主義政党「フランス労働党 Parti Ouvrier Français（POF）」を前身とする「ゲード派《ゲーデイスト》 guesdistes」と共に解消されることなく残存して、この党内の二大勢力をなした。一九一四年にはジョレースが暗殺され、その直後に第一次世界大戦が勃発したが、この大戦の間に統一社会党内では戦争を支持する多数派と反戦の立場を採った少数派とに分裂して党内抗争を展開した。(29) その時にもジョレースの問題は非常に重きを占め、両派とも彼が生長らえていたなら自分達の採った態度を支持したであろう、と主張して譲らなかった。一九二〇年の統一社会党トゥール大会で第三インターナショナル（コミンテルン）加盟支持派（＝多数派、分裂後フランス共産党を結成）と加盟反対派（＝少数派、分裂後のフランス社会党）とに分裂し、各々が社共両党を結成してからも、「ジョレース主義」は「ゲード主義」とともにこれら両党の内部に顕在的な、あるいは潜在的なかたちで、イデオロギー潮流として、もしくは人脈として生き続けた。たとえば社会党の側ではポール・フォール Paure FAURE（一八七八年—一九六〇年）、アレクサンドル・ブラック Alexandre BRACKE（一八六一年—一九五五年）、コンペール－モレル COMPÈRE-MOREL（一八七二年—一九四一年）などが著名なゲーディストであるのに対し、レオン・ブルム Léon BLUM（一八七二年—一九五〇年）、第四共和政初代大統領ヴァンサン・オリオール Vincent AURIOL（一八八四年—一九六五年）、ピエール・ルノーデル Pierre RENAUDEL（一八七一年—一九三五年）、マルクスの孫ジャン・ロンゲ Jean LONGUET（一八七六年—一九三八年）などが代表的なジョレーシストであった。また共産党にあってはマルセル・カシャン Marcel CACHIN（一八六九年—一九五八年）、シャルル・ラポポール Charles RAPPOPORT（一八六五年—一九四一年）（彼は晩年のジョレースと深い親交を結び有名なジョレースの伝記を書いたが）などが元ゲーディストであったのに対し、元革命的サンディカリストのアメデ・デュノア Amédée DUNOIS（一八七八年—一九四五年）、ダニエル・ルヌー Daniel RENOULT（一八八〇年—一九五八年）、初代フランス共産党書記長リュドヴィク－オスカル・フロッサール Ladovic-Oscar FROSSARD（一八八九年—一九四六年）などがジョレーシストであった。(30) 分裂後間もない再建期のフランス社会党にとっては、ジョレースはきわめて大きな存在となった。それは彼こそが、この時期の社会党の方向性であった共和主義的伝統——つまり一七九二年、一八三〇年、一八四八年、一八七一年と続いたフランスにおける革命の精神の継承者——とユマニスト的理想主義の体現者としてイメージされたからであった。(31) そして今日にいたるまで、ジョレースはこの党のイデオロギーの底流を形づくった思想家として認証されている。

他方、共産党はボルシェヴィキ党をモデルとする新しい型の労働者政党たらんとのぞんだけれど、まずジョレースの人気がフランス労働運動全体ばかりかこの新生の党の内部でも非常に高かったために、そして彼の不幸な死が一層のこと彼を聖なるものにしたために、彼と自分たちとの関係をどのように定義するかにひどく苦心した。(32) 「ボルシェヴィキ化 Bolchévisation《ボルシエヴィザシオン》」〔フランス共産党のボルシェヴィキをモデルとした粛党運動のことで、一九二四―一九二五年頃に行われた。〕以前の党内抗争の時代には、右派と中間派に数多くのジョレース崇拝者がいて、彼の評価をめぐって左派との論争が行われる場面もあった。(33) 「ボルシェヴィキ化」の時期にはジョレースの評価を相対化する試みが行われたが、相変ず彼に対し敬意が払われた。彼の共産党内での権威が失墜するのは、一九二八年のコミシテルン第六回大会を起点とする「第三期」＝「階級対階級理論」の時代であったが、やがて人民戦線の時代には、彼は名誉を回復する。(34) こうして、フランス共産党は目まぐるしく政治方針を転換しつづけてきたゆえに、ジョレースの評価はさらにデリケートな問題であった。

ところで同時代の社会主義者たちの精神の銀幕《スクリーン》に、ジョレースはどのような映像をむすんだのであろうか。その像をブルム、オーリオル、フロッサール、シャルル‐アンドレ・ジュリアン Charles-André JULIEN〔一八九一年―一九九一年。元ソルボンヌ教授。フランスの北アフリカ研究の第一人者。青年時代からの社会党の活動家で、分裂後共産党に従ったが、やがて社会党へ復帰。しかし一九五八年に社会党を離れ、統一社会党（P・S・U）に加わった。〕、アルフレッド・ロスメル Alfred ROSMER〔一八七七年―一九六四年。革命的サンディカリストとして出発したが、ツィンマーヴァルト運動を通じてボルシェヴィズムに到達し、コミンテルン執行委員等を歴任。やがてトロツキー追放後、トロツキー派となって活動した。〕の五人の証言をもとに再構成することを試みよう。

まずジョレース亡き後の社会党内のジョレース派の総帥となり、終生彼を敬愛しつづけたレオン・ブルムのジョレース観を垣間みてみよう。彼は言う。

「民衆が彼〔＝ジョレース〕を愛し、彼に信頼を置き、彼のあとに従ったのは、単に心酔し驚嘆したせいばかりではなかった。それは民衆が最初の出会いから、ジョレースは心底からそして全身全霊彼らの味方であり、彼らに自ずからを捧げていたことを本能で感じたからだ。…（略）…彼らは、彼の雄弁が作り物や惑わす手段や欺瞞ではなく、それとは反対に、きびしい学業と省察によって形成された隅から隅まで真摯で誠実な思想を表現することを知っていた。…（略）…民衆はまがうことなくこの知性の純粋さを感じていたし、また多分それ以上に深くこの心の純粋さを感じていた。彼らはきっとまがうことなく、彼らに訴えかけるこの人物の無私無欲ぶりが完全かつ完璧なものであり、彼のどの言葉も、どの行動も、どのような個人的動機によってもまったく曇らせてはいなかったことを理解していた。またジョレースは、ほんとうに野心も嫉妬も怨恨もそして虚栄もまったく持ち合わせなかった。彼はまたいかなる種類の欲得も悪徳も充足しようとはしなかった。だからこそ民衆は彼を非常に愛したのであると私は考えるし、この愛が彼以上に相応しい人を私は知らない。(35)」

こうしたジョレースの人間性への敬愛を、ブルム人民戦線内閣の財務大臣、第四共和政下での共和国大統領を務めた社会党SFIO右派指導者オリオールもまた分かち持っていた。

「私が知っているこの人物〔＝ジョレース〕は、非常に素朴なこの人物は、無限の知的能力を持っていた。彼の記憶力はけた外れのものがあった。そのおかげで、彼は演説も講義のように一字一句の違いなく繰り返すことが可能だった。〔トゥルーズ大学の――注〕文学部の彼の学生の一人が、彼は講義内容を筆記《ノート》して教えていると推測した。しかし彼はまったくそうはしていなかった。…（中略）…彼の記憶力と知性が非常に幅広かったように、彼の教養も並外れていた。彼はウェルギリウスとオウィディウスをラテン語原文で、ホメロスとプラトンをギリシア語原文で読んでいた。私は一九一二年にトゥルーズのヴァリエテ劇場で、彼が『現代の大小説家バルザック、フローベル、ジョルジュ・サンド、ゾラ』と題する講演をするのを聴いた。彼はまったくメモもなしで話し、沢山の引用さえした。時折彼はヴィクトル・ユゴーについて話し、ワグナーを語った。

もう一人の偉大な精神レオン・ブルムは、彼についてこう言った。『彼は全能だった。彼は文章家としてはシャトーブリアンとユゴーに比肩できた。雄弁家としての彼はミラボーかボシュエのようだった。歴史家としてはミシュレーの、政治哲学者としてはルソーの高さに達した』、と」[36]。

ジョレースを党の象徴的存在としたフランス社会党ばかりか、ボルシェヴィキ型の労働者党を目指したフランス共産党の内部でも、ブルムやオリオールのようなジョレース賛美は少なくとも党創立直後には例外ではなかった。その事実は、この党の初代書記長フロッサール——彼は一九二三年に党を除名され、社会主義・共産主義同盟、Union Socialiste Communiste〔共産党の分派〕、社会党SFIO、社会主義・共和派同盟Union Socialiste et Républicaine（ネオ・ソシアリスト）を経て、ヴィシー政府派＝対独協力者《コラボラトゥール》になるという波瀾に富んだ政治的経歴をたどった——が社会主義者になるに際して、どれほどジョレースの影響が大きかったかを語る彼の回想にその一端をうかがうことができるだろう。彼はこう記す。

「私に約束の土地を切り開いてくれたのは、ジョレースのひとつの演説だった。この社会主義派議員は、四年の退場ののちに議会に戻っていた。彼の贅を尽くした装飾に彩られた雄弁によって、社会主義は人類に幸福の鍵を与えてくれると私は思った。彼が彼の言葉の輝かしい豊かさを用いて賞賛した新世界は、幾世紀もの間〝正義〟を求めては〝不安〟しか、〝真実〟を求めては〝偽善〟と〝嘘〟しか見つけられずに、結局は絶望して〝隷従〟と〝戦争〟のはざまをもがいてきた人類の高貴な苦痛を和らげると思った。私には理論はすぐには分からなかった。しかしジョレースは私を光で満ち溢れさせた。彼が空高く描いた理想は、魅惑的な凱旋門のように、その建築の巨大で調和のとれたプロポーションによって――打算に走らず、また信じるものをもとめる年齢だった――私の心を永久に捕えた。それはカテドラルの尖塔のように天に向って真直ぐに立っていた。[37]」

フランス社会党トゥール大会での分裂後、共産党の側に従がってそこで有力な活動家となり、やがて党を去ってのちフランスの学界での北アフリカ研究の第一人者となったC・-A・ジュリアンもまた、フロッサールのようにジョレースの影響の下で社会主義運動に加わり、やがてロシア革命ののちにボルシェヴィズムに共鳴して、それに青春を賭した青年の一人だった。彼は「ヌーヴェル・オプセルヴァトゥール *Nouvel Observateur*」誌とのインタヴューの中で、彼の今日まで続いたジョレースへの傾倒を次のように表現している。

「インタヴュアー：レーニン、トロツキー、チチェーリン、ブルムなど、あなたが会ったことのある著名な人物の中で、だれがあなたに最も深い刻印をのこしましたか。

ジュリアン：ジョレースです。全く迷わずそう言えます。それは多分彼が熱烈と言えるまでの敬愛と、全面的な親近感とを、同時に心に感じさせてくれることが出来たからでしょう。ロマン・ロランは、ジョレースの知性と比肩できるほどの知性を見つけるには、二千年待たなければならないと言っていました。そして彼が想像も及ばないのほど教養と博識と知性を持っていたのは本当でした。私は、テーブルを囲んで彼が私の父親〔二人は同じ村〔サイックス村のことだが、正確に言えばジョレースが育った家はこの村に隣接するとはいってもカストルに属する。〕の出身だった〕とブラック - デルソー〔ブラックは社会主義者としてのペンネームであり、デルソーは彼の本名。〕〔フランスの最も偉大なギリシア研究家の一人〕とドイツとギリシアの哲学者、あるいはイギリスの作家を引用しつつ議論の応酬を行ない、次いで飛躍してガイヤックの二流のワイン〔ガイヤックはタルン県の町の名前で、新鮮な味わいで人気があるワインの産地として知られる。〕とカスーレ〔トゥルーズ地方の特産のソーセージと白インゲン豆を鴨肉などと鍋で煮込んだ料理。〕の調理法の話をしたのを聞いたことがあったのですが、その時彼はすべてを知っている、と私は呟きました。

人がまだ総体と直面することができ、一人の人間が科学の全部を摂取できた時代であったルネッサンスの人々はきっと彼のようだったのでしょう。ジョレースは同時に、庶民にとっては家族の一員のような存在でした。野良仕事から帰った〝黒い山地《モンターニュ・ノワール》〟〔カストルの南方にある山地。〕の農民は、牛を突捧で追いたてながら、従兄弟に話すように「ムッシュ・ジャン」に話しかけました。人は彼を熱愛しました。民衆は有頂天で『このすごい人物はおれたちのためにやってきて、おれたちとともに闘っている』と独り言を言っていました。彼が死んで二〇年ののちに、私はペリゴール地方〔フランス西南部、中央高地《マッシフ・サントラル》西部に位置する地方名。ペリグーはドルドーニュ県の県庁所在都市。〕である小さな乾物屋の女店主に会ったが、私がジョレースについて話した時、彼女は泣きじゃくったのです。そして私自身、彼の大きな手がクローディヌ風の小さな襟のついたエプロンを着ていた子供だった私の首に置かれたのを考えると、感動を禁じ得ないのを感じます。(38)」

ジュリアンの回想は、特にフランス西南部の民衆の間に根強かった、「ジョレース崇拝」の一端をも伝えてくれて興味深い。ところでジョレースのこのような人気は長い間社会主義運動――特にその議会主義・改良主義そして労組支配の底意――に対して不信感を抱き、敵対してきた、フランス労働総同盟 Confédération Grénérale du Travail を本拠とする革命的サンディカリストたちの間にも次第に滲透し、ロスメル、アメデ・デュノア、ジョルジュ・ピオック Georges PIOCH（一八七三年―一九五三年）、ピエール・ドルモア Pierre DORMOY(39)（一八七六年―一九七〇年）等の共鳴者を見い出していった。こうした情況をロスメルは次のように証言している。

「私がジョレースと個人的に会う機会になったのは、統一を成就した一九一二年の協同組合大会だった。……

（略）……革命的サンディカリストは協同組合主義者に共感を抱いていたが、それは彼らが政治家ではなく、また議会主義の容疑もなかったからだ。この大会で、ジョレースはいつものように非常に適宜に振舞ったし、非常に友好的だった。しかし彼は会話調には話さなかった。人は彼に多くのことを期待できたが、彼は決して単純明快には話さなかった。

その後私はしばしば議会で彼の演説を聴いたが、それは情熱的なものだった。彼の演説は冒頭はすこし堅苦しく、ゆっくりしたものだったが、時が経つにつれて、彼はちょっとした『コメディー・フランセーズ』を演ずるようになった。とは言え、彼の能力は比類が無かった。サンディカリストである私の仲間達は、彼のことを問題を徹底的に探究する学問の人として尊敬していた。彼は議会での仕事を、一生懸命にしていた。ロビーの人ではない彼は、いつも会議に出ては、しばしば討論を中断させていた。彼の膨大な数の演説は必ずしも同じ出来ではなかった。三年兵役法〔徴兵期間を二年から三年に延長する法で、社会党、急進社会主義派などの反対にかかわらず、一九一三年八月七日に可決された。〕反対については、彼は素晴しかった。私は『ラ・バターユ・サンディカリスト *La Bataille syndicaliste*』紙〔フランス労働総同盟CGT機関紙〕のために、それらの議論を傍聴した[40]」。

こうした数多くの証言は、いかにジョレースが当時の社会主義運動と労働組合運動において、のみならず民衆の諸階層の間で、いかに人気を博し熱愛を受けていたか、そしてそれが彼の死後も持続し、今日まで至ったかを、雄弁に伝えている。

ところで、同時代の知識人の間でのジョレースの威信もまた高いものがあった。

『幸福論 *Propos sur le bonheur*』で知られるアラン ALAIN〔一八六八年―一九五一年。本名はエミール‐オーギュスト・シャルティエ Émile-Auguste CHARTIER。急進派の理論家の一人で、のちに反ファシズム知識人監視委員会の創立者の一人にもなった。〕は「ジョレースの役割」と題する『談話《プロポ》』の中で「ジョレースの役割は判断の役割であって、これはこの上なく崇高だ。何故ならいかなる権力も、その中に罠を持っているからであり、また多分それ自体の法則と条件を持っているからだ。……（略）……彼は暗殺されるべくして暗殺された。彼のみがこの栄誉を受けた」(41)、と評し、アナトール・フランス Anatole FRANCE（一八四四年—一九二四年）は「リュマニテ」紙に書いたジョレースへの追悼文の中で、「私は苦痛に満ちた誇りをもって、彼は私の友人だったと言う。私は彼を身近かに見ていた。この偉大な人物は、飾り気ない心のこもった親しみを表わしてくれた。彼は優しさと親切さそのものであった。自然がこの超人に許した全部の才能のうちで、彼は愛するという才能を最も完璧に発揮した」(42)、と述べて彼を悼んだ。

『にんじん *Le Poil de carotte*』（一八九四年）の作家ジュール・ルナール Jules RENARD（一八六四年—一九一〇年）は、彼の有名な『日記 *Journal*』の随所で「この並はずれた人物」ジョレース「に対する驚きと優しさにみちた敬愛(43)」（一九〇四年一二月一日）を表明しており、一九〇七年一二月一〇日の『日記』には、「ジョレース。彼のそばにいると、私は憐憫を含んだ敬愛の念 admiration attendrie を覚える。私は彼にこう言いたくなる。『さあ私といっしょにマリネット〔ルナールの妻〕のところに行きましょう! 彼女はあなたの世話をして、あなたの下着をきれいにしてくれるでしょう〔ジョレースは多忙のあまりか、身だしなみが悪く、彼の妻も夫の世話を余りしないことで評判だった。〕。一人分位手間が増えても大して変わりはないでしょうから……。』(44)」と記し、彼のジョレースへの親愛の情を表現している。このほか、ドレフュス事件を契機にジョレースと親交を結んだエミール・ゾラ Émile ZOLA（一八四〇年—一九〇二年）や彼の反戦活動に賛辞を送ったロマン・ロラン Roman ROLLAND（一八六六年—一九四四年）など、ジョレースを愛した同時代のフランスの知識人は数多い。その中でも印象的な軌跡を辿ったのは、最初ドレフュス再審運動を通じてジョレースの心酔者となって社会主義運動に加わり、やがて離反して国粋主義者《ナショナリスト》となり彼を猛烈に攻撃したカトリック詩人シャルル・ペギー Charle PÉGUY（一八七三年—一九一四年）であろう。

ペギーは、一九〇〇年二月五日号の「半月手帖 *Cahiers de la Quinzaine*」に発表した「社会主義者全国大会の準備 la préparation du congrès socialiste national」と題する評論文の中で「彼はすべての真実の現実主義者《レアリスト》と同じく真底から哲学者であり真底から詩人である。これら二つの偉大な資質は彼の中で混ざり合っていた」(45)。「ドレーフュス事件が彼により稀れでむつかしい課題を提出して、彼の中にあった本当に新しい人間を明らかにしてからは、彼のすべての仲間の賛同と彼のすべての友人の友愛とともに、彼の敵対者の賞賛さえもが長蛇の列を成していた」(46)と述べて、ジョレースを心から賞賛していた。しかしながら一九〇四年に彼から離反してのち、彼に対する敵意――それは専らジョレースがドイツ皇帝の手先であると、ペギーが考えたことに由来するのであるが――を募らせ、一九一三年四月二二日号の「半月手帖」に掲載された「金銭・続編 *l'Argent suite*」では、「私は立派な共和主義者である。私はかつて革命家であった。戦争になった時には、もはや一つの政策しかない。それは国民公会の政策だ。隠しだてする必要もあるまい。国民公会の政策とは、ジョレースを処刑場行きの馬車に乗せ、太鼓を連打して彼の大きな声をかき消すことだ」(47)とまでのべ、ジョレース殺害の意思をほのめかすに至っている(48)。転向後のペギーを含めて、ジョレースの敵対者――カトリック教権派や国粋主義者《ナショナリスト》など――も数多く存在したが、その中で、ジョレースの思想に反対しつつもジョレース自身に好意を抱いた者も、稀れではなかった。その代表的人物は『自我礼讃 *Le Culte du Moi*』（一八八八―九一年）の作家モーリス・バレース Maurice BARRÈS（一八六二年―一九二三年）と、議会での論敵であった社会カトリック派のアルベール・ド・マン Albert de MUN（一八四一年―一九一五年）である。特に国粋主義者の総帥バレースのジョレースへの傾倒は深いものがあったらしく、彼はジョレース暗殺の翌日に弔辞を携えてジョレース家を訪れており、彼の日記『我が手帖 *Mes Cahiers*』に「何という孤独が彼の回りを取り巻いていたことか。幾つかの欠陥もものかは、高貴な人物であり我が信仰であり偉大な人物であったことを私が良く知っていたこの男の回りを。さようならジョレース。私は彼を自由に愛することができるようになることを望んでいた！」(49)と書いている。このことについては、カトリック作家フランソワ・モーリアック François

MAURIAC も「……私はジョレースがモーラス MAURRAS〔一八六八年―一九五二年。王党派右翼の最大の組織アクション・フランセーズの総帥。〕とともに、バレースが尊敬していた唯二人の同時代人であったことに衝撃をうけた」(50)、と記している。こうしたバレースのジョレースに対する賞賛はもちろんジョレースの思想というよりは知性と人間性に対するものであると言えよう。

さらにジョレースは数多くの小説の中に描かれ、しばしば大きな役割を与えられたことをも忘れることはできない。ロジェ・マルタン・デュ・ガール Roger MARTIN DU GARD（一八八一年―一九五八年）の『チボー家の人々 *Les les Thibault*』（一九二二―四〇年）やジュール・ロマン Jules ROMAINS（一八八五年―一九七二年）の『善意の人々 *Les Hommes de bonne volonté*』（一九三二―一九四七年）、ルイ・アラゴン Louis ARAGON（一八九七年―一九八二年）の『バーゼルの鐘 *les Cloches de Bâle*』（一九三三年）と『お屋敷町 *les Beaux quartiers*』(51)（一九三六年）などがその例であるだろう。またジョレースはマルセル・マルチネ(52) Marcel MARTINET〔一八八七年―一九三八年。『呪われた時代 *Les Temps maudits*』などの詩集で有名な左翼詩人。当時革命的サンディカリズムに近い社会党員だったが、分裂後共産党に加わり間もなく離反して、トロツキー派となった。〕、アンドレ・ブルトン André BRETON〔一八九六年―一九六六年。シュールレアリストの詩人。詩的随想『アルカヌ（秘術）17 *Arcane 17*』でジョレースのプレ‐サン‐ジェルヴェでの反戦演説を回想している。〕など数多くの詩人の詩に書かれ、ガストン・モンテウス(53) Gaston MONTÉHUS〔一八七二年―一九二〇年。第一次大戦前に最も人気があったシャンソン歌手の一人。エヴェル派系の社会党員。〕などのシャンソン歌手に歌われた。近年ではジャック・ブレル Jacques BREL（一九二九年―一九七八年）のシャンソン「ジョレース *Jaurès*」が有名である。

またジョレースは、社会党以外の政治家の間でも高い評価を得ていた。ジョレースの雄弁によって彼の内閣の危機をいく度か救われたエミール・コンブ Émile COMBES は、「この人物は、議会での雄弁の天性を持っているというのでは足りない。彼は議会における雄弁それ自身である」(54)と、彼を評した。また第一次大戦直前にその可能性を噂された幻のカイヨー‐ジョレース連立内閣の一方の当事者ジョゼフ・カイヨー Joseph CAILLAUX 急進社会党党首〔一八六三年―一九四四年。大蔵省監査官を経て代議士となり、三六才の若さでヴァルデク‐ルソー内閣の蔵相に就任。財務問題の権威で、所得税の導入を主張し右派の攻撃をあびた。一九一一年に首相に就任しアガディール事件を解決した。一九一四年に夫人が彼女のスキャンダルを公表した「フィガロ紙」編集長カルメットを殺害したことによって事実上失脚。彼の対独和親政策をきらったクレマンソーが首相になると、彼を「対敵通牒」の容疑で逮捕させ一九二〇年には三年の実刑が言い渡された。〕は、「…彼はいつもどの問題解決策をも、ジュピターの頭脳を持ったミネルヴァのように完璧に武装した、そしてそこでの世界全体が理想主義的哲学のハーモニーに参加している彼の頭脳から生まれた体系の中に、位置付けようと懸命だった。そうしながら、彼は自分が取り扱っている問題に絢爛たる光の放射を投げかけた」(55)と賞賛した。さらに青年時代に社会主義の影響を受け、(56)やがて両大戦間期の急進社会党の最高指導者となったエドゥアール・エリオ Édouard HERRIOT〔一八七二年―一九五七年。エコール・ノルマルを卒業。一九〇五年にリヨン市長に当選し政界に進出した。一九二四年に急進社会党首になるとともに、左翼カルテル政府の最初の首相となった。その後二度首相をつとめ両大戦間期のフランス政界の中心人物となった。〕は「私はジャン・ジョレースを敬愛していた。よりつつましく言えば、私は永遠に離反することがなかった共和国のその堅固な歩兵部隊に身を置いていた」(57)と述べている。

ここまでに引用された、①ジョレースと同時代の国際社会主義運動＝第二インターナショナルの指導者、②同時代のフランス社会主義者、③同じく同時代のフランスの知識人と政治家の、各々いくつかの証言によって、これらの人々のジョレースに対する評価、および彼らがジョレースに対して抱いていたイメージに、ある程度接近できたと言えるだろう。一言で言えば、ジョレースの評価ならびに人気はとりわけ同時代のフランス国民の間で非常に高かった。そして、こうした彼の人気はおおむね今日まで存続していると言っても良いだろう。それは多分フランス共和国 République Française における国民的英雄――因みにルイ一四世やナポレオンは共和国にとっては多分敵対者であっても英雄ではない、共和政に貢献したルソーやヴォルテール、ガンベッタ、ヴィクトル・ユゴー、クレマンソー、フォッシュ元帥、シャルル・ドゥゴール等が共和国国民にとっての公認された英雄と言えるだろう――の一人として認められているといっても過言ではない。左翼カルテル Cartel des Gauches《カルテル・デ・ゴーシュ》 政権〔一九二四年五月の総選挙での左翼の勝利によってもたらされた急進社会党・社会党等の連立政権。〕が成立してから数か月後の一九二四年一一月二三日にジョレースの遺灰がアルビ市の墓地からフランス共和国に偉大な貢献のあった人々を葬っているパンテオン Panthéon〔元はルイ一五世が建立した教会で、革命期の一七九一年に立憲議会はここに「このフランスの自由の時代の大人物の遺灰」を埋葬することを定め、ヴォルテール、ルソーなどがここに葬られた。帝政後教会に逆戻りしたが、第三共和政下の一八八五年にユゴーの遺灰を移すに際して、パンテオンは世俗化され、ガンベッタ、ゾラなどがここに葬られた。〕(58)に移されたことがこのことを裏付けていると言えるだろうし、また亡きM・アギュロン教授（パリ第一大学）などが試みたジョレースを記念するために公共の場所に建立された彫像・銅像・記念碑等を材料とする図像学（イコノグラフィー）的アプローチ(59)によっても、あるいはフランスの諸都市の彼の名前を冠せられた街路・駅・広場等の数の多さ――それはとりわけ南仏《ミディ》とパリ地方に多い――によってもフランス国民のジョレースに対する愛着の深さを知ることができるだろう。

もちろんこうしたフランス国民がジョレースに与えている高い評価は、社会主義者としての彼に対するものだけではなく、むしろドレフュス事件に際して危機に陥った共和政を救い、コンブ内閣を助けて政教分離を実現し、第一次世界大戦前夜に戦争回避のために反戦平和運動を指導した、「共和主義者ジョレース」に対するものと言うことも可能である。しかし、共和政は社会主義下での政治形態でもあると考えるジョレース(60)にとって、社会主義と共和主義とは不可分のものであったと言えよう。

次に以上で見てきたようなジョレースは、政治家として、また社会主義運動の指導者として、どのような活動を行ったのであろうかを概観しておこう。それは非常に広範な分野に及ぶのであるが、これを問題別に次の五つに分類することが可能である。

(一)　労働運動及び農民運動との提携
(二)　社会主義運動の統一
(三)　ドレフュス事件、ミルラン入閣問題と共和政の防衛
(四)　政教分離と教育の世俗化
(五)　反戦平和・反軍国主義・反植民地主義の運動

(一)について言えば、まずジョレースの労働運動との関わり方は、三つに分類できる。第一には、現場の労働者の

運動（とりわけ労働組合のストライキ闘争）との直接的関係で、とりわけタルン県カルモー炭鉱の鉱山労働者、及び同じカルモーの硝子製造労働者——彼らは一八九五年七月に始まったストライキ闘争の敗北にもかかわらず、ジョレースなどの援助によって、アルビ市に労働者の協同組合が経営・管理する「労働者硝子工場 Verrerie Ouvrière」を設立した——の運動(61)との結びつきが良く知られている。第二は、労働組合の全国指導部との関係で、とりわけ彼は革命的サンディカリストが主導権を握るフランス労働総同盟CGTとフランス社会党との険悪な関係の改善に努力した。彼は、フランス労働総同盟CGT側が一九〇六年のアミアン大会で採択した「アミアン憲章 Charte d'Amiens」に表現された、労組の政党からの自立《オートノミー》に同意した。そして、彼の尽力で、ゲード派の反対を押しきって、社会党の労組への直接的介入と支配を否定する方針がフランス社会党リモージュ大会（一九〇六年）で確認された。第三は、議会での立法化を通じての労働者保護・待遇改善の努力で在り、ジョレースはフランスで比較的立遅れていた労働立法・社会立法の整備のために労を払った。また農民問題(62)については、ジョレースは彼自身がその起草に参加したフランス労働党＝ゲード派のマルセイユ－ナント農業綱領に表現された小農民保護政策を発展させ、具体化させるために、精力的な活動を行っている。彼は農民問題について議会で数多くの発言をしたし、なかでも南仏の農民運動（特に葡萄栽培農民の運動）との結び付きも緊密だった。

㈡の社会主義運動の統一については、ジョレースは当時の社会主義運動のリーダーの中では、ブランキ派の指導者ヴァイアンと共に最も熱心だった。一八九九年の第一回社会主義全体大会（いわゆるジャッピー大会）を皮切りとする社会主義運動統一のための三度にわたる大会も、「ミルラン入閣問題」をめぐって賛否二派に分裂して挫折した。一九〇二年に入閣支持派（＝ジョレース派、ポシビリスト等）は「右派フランス社会党 Parti Socialiste Français」を、入閣反対派（＝ゲード派、ブランキ派等）は「左派フランス社会党 Parti Socialiste de France」をそれぞれ結党してしばらく対立状態が続いたが、一九〇四年の第二インターナショナル・アムステルダム大会で「統一決議」が議決され、統一の気運がたかまるなかで、右派社会党ＰＳＦの側で、統一のために最大の労を取ったのがジョレースであった。その結果一九〇五年にフランス社会主義運動は統一されて「社会党・労働者インターナショナル・フランス支部」が結成された。また前項に記したように、ジョレースは社会党と労働総同盟ＣＧＴの関係改善に尽力して、フランス労働運動全体の密接な協力関係を創るための努力も行っている。

㈢について。ドレーフュス事件において、ジョレースはゾラやクレマンソーらと共にドレフュス再審派の中心的人物となって活躍し、また最初消極的だった社会主義運動がこの運動に加担するようになったのも、彼に大きく負っている。ところでドレーフュス事件は、王党派《ロワイヤリスト》やカトリック教権派やナショナリストが持っていた力の大きさをあらためて再認識させる機会となり、彼らの脅威から共和政を守るための全共和政支持勢力を結集するヴァルデク－ルソー「共和政防衛内閣」の組閣をもたらし、社会主義者ミルランがこれに入閣した。この「ミルラン入閣」は、社会主義運動内部に入閣支持派と入閣反対派との対立と抗争を惹き起こし、この時期に盛り上がっていた社会主義運動統一の気運を一挙に殺ぐことになった。このような事態の展開に際して、ジョレースは社会主義運動の分裂を恐れながらも、共和政の防衛と、焦眉の問題であった社会的諸改革（労働法制・社会保険の整備、教育の世俗化《ライシザシオン》等）の実現のためにミルラン入閣を支持し、のちに彼自身コンブ内閣の支柱となった。そのため、ドイツ社会民主党の正統マルクス主義派などから「修正主義者」であるとして非難を浴び、社会主義運動の統一も当初は失敗した。しかし彼はやがて保守化したミルランに見切りをつけ、与党の「左翼ブロック」と訣別して入閣反対派の左派社会党ＰＳＤＦとの合同・統一に踏み切ることになる。

㈣の、政教分離と教育の世俗化《ライシザシオン》の問題性《プロブレマティーク》と、これへのジョレースの貢献は次に述べるようなものであった。第三共和政初期の共和主義者にとって、カトリック教権主義の問題は、避けて通ることのできない極めて重大な問題であった。と言うのは、カトリック教会は王政復古をなし遂げようとする勢力と結びつきながら、フランス国民の精神に巨大な影響を及ぼし続けていたからであった。とりわけ学校教育におけるカトリック教会の勢力の伸張は、共和政にとっての小さからぬ脅威であった。そして学校教育の世俗化《ライシザシオン》は一八八〇年代前半期のジュール・フェリー内閣の時代に大きく前進したものの、抜本的な解決はジョレース派の右派社会党（ＰＳＦ）が与党に加わったヴァルデク－ルソー内閣及びコンブ内閣の時代に至るまで果されなかった。ジョレースはエミール・コンブ内閣時の代議院《シャンブル・デ・デピュテ》 Chambre des Députés（＝下院）副議長をつとめながら、この内閣の一大支柱となり、教育の世俗化《ライシザシオン》と政教分離の実現のために精力的に活動した。とりわけこの時期の政教分離政策の最終到達点をしるした一九〇五年の政教分離法の制定は、ジョレースならびに彼と同派に属していたブリアンに負うところが大きかった。しかしジョレースは反教権主義の急進社会主義派やブランキ派社会主義者のような、戦闘的無神論を踏まえた強硬な反教権主義《アンティ・クレリカリスム》とは立場を異にし、信教の自由に関しては寛容であるのみか、宗教の「理想主義的」側面を一定程度評価していた。ともかくもこの政教分離問題の解決によって、フランス社会の近代化が大きく前進して、そののち「社会問題・労働問題」が大きく表面に浮び上がって来た。

最後に、㈤の反戦平和のための運動、反軍国主義（＝軍隊改革）、反植民地主義の分野でのジョレースの行動を略述しよう。独仏戦争以降長い間平和の時代が続いたヨーロッパにも、列強諸国間の植民地分割をめぐる対立などが原因となって、十九世紀末からいく度かの国際緊張が訪れた。この時代のヨーロッパでは戦争の危機に立ち向かう平和擁護勢力は、とりわけヨーロッパ各国の社会主義諸政党や労働組合に組織された労働者階級であったし、またそれらを統括する国際的大組織であった第二インターナショナルであった。この第二インターナショナルの内部において、とりわけシュトゥットガルト大会以降は、ジョレースとヴァイアンの率いるフランス社会党の主流派は、反戦平和運動に最も積極的な勢力となり、シュトゥットガルト、コペンハーゲン、バーゼルの各大会での反戦決議採択の中心的な推進力となった。ドイツ社会民主党ＳＰＤなどが、反戦平和問題に次第に消極的になり保守化していくのとは対照的に、ジョレースをリーダーとするこのフランス社会党主流派は党内極左派エルヴェ派や革命的サンディカリスト＝フランス労働総同盟ＣＧＴとも接近するなどして、反戦平和運動を基軸として急進的な政治路線に傾倒していく。そしてジョレースは、第二インターナショナル内において戦争阻止のための強硬戦術を唱うヴァイアン‐ケア・ハーディ決議案の議決を強硬に主張し(63)、またフランス国内でもフランス労働総同盟ＣＧＴの協力を得て第一次大戦前夜に大規模な反戦運動を創り出した。それゆえに右翼・ナショナリストの憎悪の的となったジョレースは、大戦の直前に暗殺者の凶弾に仆れることになったのである。この時期のジョレースの反戦平和のための活動を省察する時、ボルシェヴィキたちにシェーマ化された「第二インターナショナル指導部の裏切り」という理解で安直に解釈することは出来ないであろう。

ところでジョレースのこの分野における貢献の中で、今日あらためて注目されているのは、彼の著書『新しい軍隊』に展開されている軍隊改革構想である。この中で彼は好戦的傾向を免れ得ない職業的軍隊の危険性を指摘し、防衛だけに専念する民兵組織の軍隊の創出を主張した。

植民地問題に関しては、ジョレースは文明国の未開発国への使命――近代化と自立を援助するという意味での〝使命〟――という命題に拘《こだ》わりながらも、植民地解放運動の熱心な支持者で在り、いわゆる第三世界に深い関心を寄せていたことが最近の研究で明らかにされている(64)。

最後に、ジョレースの社会主義思想の特質について触れて置きたい。彼の思想の第一の特質は、社会主義の中に脈打つフランスの革命的伝統の強調であると言えるだろう。(65) つまり彼はフランスにおける革命の伝統から社会主義は誕生し、またそれが残した課題を達成するのが社会主義であると考える。故に、彼は革命が創り出した政治形態である共和政を「民主政の論理的でかつ最高の形態」(66) と考えて、これは当然社会主義社会の政治形態でもあるべきだと言う。(67) また彼は共和主義的自由の意義を強調し、社会主義者は資本制社会においてもこれを率先して擁護しなければならないとともに、社会主義社会ではそれを完全なものにしなければならないし、可能であると主張している。(68) 第二の特質は、彼の人間主義的《ユマニスム》・理想主義的《イデアリスム》傾向である。彼はマルクスの唯物論を受け容れたが、しかし教条的通俗的マルクス主義者（フランスでは特にゲード派）の機械論的経済決定論を批判して、人間の主体的で理想主義的側面を、つまり正義と進歩と理想の実現のために献身する人間の主体的で高貴な精神的側面を重視した。(69) 第三の特質は、彼の社会主義思想の総合主義的《サンテティーク》かつ折衷主義的《エクレクティーク》側面である。つまり、彼はマルクス主義を彼の社会主義思想の基本としながらも、社会主義思想の多元性認めて、サン-シモン、フーリエ、バブーフ、ブランキ、プルードンなどの社会主義思想をも評価するとともに、その他の思想家・哲学者たち（特にカント、ヘーゲル、ルソーなど）から学ぼうとする開かれた態度をとりつづけた。

このように政治運動や理論活動の面で巨大な遺産を遺したジョレースは、第二インターナショナル期ヨーロッパ社会主義が到達したひとつの究極点を示しているのかも知れない。ところが、ジョレースを含めて第二インターナショナルの指導者や各国支部＝社会主義諸政党の研究――とりわけフランス社会党の研究――は我が国においては欧米諸国に比べて多分に立ち遅れていると言わざるを得ない。それは第二インターナショナル期には社会主義運動が未発達で、その後にボルシェヴィズムの圧倒的影響のもとで我が国の社会主義運動が成長したために、ボルシェヴィキ側の第二インターナショナル解釈を受け入れる傾向があったという、特殊日本的情況のせいであったかも知れない。しかし、今日ボルシェヴィキ型政党の諸原則すなわち民主集中制・プロレタリアート独裁・「伝導ベルト論」などに疑問が投げかけられ、社会主義と自由、社会主義と民主主義の両立可能の条件が問われ、また第二インターナショナルに付随する「社会排外主義」、「議会主義クレティン病」、「自然発生性への拝跪」、「修正主義」、「第二インターナショナル指導部の裏切り」等々のボルシェヴィキ的シェーマ的理解がかつての通力を失った以上、ジョレース研究をはじめとする第二インターナショナル期社会主義運動の、実証的で客観的で内在的な研究の条件と機は熟したと言えるだろう(70)。

第二節　方法・資料・研究動向

方　法

本書は、一八九〇年代末から第一次世界大戦の開戦前夜までの時期——人はこの時代を《ベル・エポック（美わしき時代）Belle Époque》と呼んだ——のフランス社会主義運動の卓越した指導者であったジャン・ジョレースの政治的生涯を通して、この時期のフランス社会主義＝労働運動のみならず、フランス社会全体を叙述し分析することを意図している。

したがって、本書はジョレース個人の生涯に限定された年代記《クロノロジーク》的な叙述とエピソードのみから成りがちな、伝統的な手法の伝記でも、あるいは「事件史 historie événementielle」とでも呼ぶべき十九世紀的政治史でもないはずである。そうした伝統的方法を踏襲するならば、いわゆる「社会史」の隆盛をはじめとする今日の欧米史学界の成果を摂取しない結果に行きつくであろう。欧米の歴史学界で伝統的な政治史（＝政治外交史）が社会史や社会経済史によって王座を追われてからすでに久しい。その政治史について、現代フランス史学界の重鎮で、「全体史 histoire totale」の主唱者の一人フェルナン・ブローデル Fernand BRAUDEL は、彼の主著『フェリペ二世の時代の地中海と地中海世界 *La Méditerranée et le Monde médierranéen à l'époque de Philippe II*』の第一版序文の中で、「全体史」の中に位置付けながら次の様に説明する。まず「全体史」の中で、根底にある殆んど動かない歴史学として経済構造史と地理学的歴史学がある。さらに、そのすぐ上の層に存在する緩やかなリズムの歴史がグループと社会集団の歴史、つまり〝社会史〟[71]である。そしてそれらの表面にあるのが最も伝統的な歴史、動きの激しい歴史が「個人」と「出来事」の歴史――つまり政治史――である。この歴史は、人間的な面において最も情熱的で最も豊饒だが、同時に最も危険だとして次のように言う。「それは生き生きした情熱の世界だ。しかしそれは、あらゆる生者の世界のように、我々の世界のように、盲目的であり、深層の歴史に気付かないし、我々ののる小舟は深層の生き生きとした水の上で酔いどれ舟の如くに進みながらも、その水に気を留めないのである。それは危険にみちた世界である。それゆえ私たちは、予めふだんは物静かで表面に現われないその大いなる流れを見定めることによって、この世界の呪詛と呪文を厄抜いする必要がある。そしてこの世界の意味は、時代を長い期間にわたって見渡して理解した場合にのみ明らかとなる。大きな反響を呼ぶ事件はしばしば一瞬時でしかなく、その事件の長期の運命が表面化しただけのことであるからして、その長期の運命によってしか説明できないのである」[72]。この文章からわかるように、ブローデルは政治史そのものの意義を認めないのではなく、「個人」と「出来事」の世界に自己限定していた、旧来の伝統的政治史（＝政治外交史）の限界を説いているのである。そしてその限界を乗り超えるためには、〝個人〟と〝出来事〟の歴史を、社会集団の行動と意識の歴史に接続させ、また経済構造や地理的環境をも顧慮する「全体史」の方向を採らなければならないと主張しているのである。またこうした方法に基づいて書かれた政治家研究の成果の一つとしてピエール・ソルラン Pierre SORLIN の主著『ヴァルデク‐ルソー』があるが、その序文で著者は次のようにモティーフを語っている。

「伝記は今日で受けの悪い出版物である。もはや個人が歴史を《創る》とは考えられないようだし、傑出した人物は大衆ほどには関心を持たれていない。ヴァルデク‐ルソーの人生航路を細かに跡付けることは、時代錯誤的であるに加えて無益な企てとなることだろう。なぜかと言えば、このかつての首相の生き様は、作家に書く気を起こさせるような華々しいところがほとんどないし、彼が遺した膨大な文書は新事実の発掘をもたらしてくれないし、またヴァルデク・ルソーについてその様な本を書いても、細かい誤りを訂正しいくつかの二次的な問題点を明確にするだけでしかないからだろう。つまりこの種の本では、第三共和政の知られざる側面は明らかにはならない。

そうした理由で、この著書は『ヴァルデク‐ルソーの生涯』なるものではない。この政治家は一年ごとにフォローされてはいないし、彼に関する逸話も取り上げていないし、彼の演説や文書もすべては分析されていない。この本ではヴァルデク・ルソーは、十九世紀後半期のフランス・ブルジョア階級の一人の証言者として把握されている。彼は彼の時代との関係で考察されている。つまり彼は、彼の環境からどんな影響を被ったか？彼が体験した諸事件をどのように理解したか？彼は何をしようと望んだか？　ということが考察されている。出来事それ自体は通史に譲った。…（略）…ただ単にすでに知られている所与の事実を手がかりに、この個人の反応と行動を把握することが問題となった。この著書はもし『心理的肖像の試論《エセー》』というタイトルが余りにも僭越だと考えなかったならば、多分そう命名されていたのであったが。より慎ましい表現で言うならば、この研究はヴァルデク・ルソーを彼の時代の中に《位置付け》、彼の思想の推移をフォローする試みなのである」[73]。

ソルランのこの議論は、政治家の伝記的研究の分野での新しい方法の提唱として注目すべき論点を含んでいる。今後の政治的指導者の伝記的研究は、ただ単に対象となる人物や、彼の周囲の人々に関する詳細な事実の記述や、エピソードの収集に終始するのでは不十分であるということは、恐らく疑問を挟む余地がないであろう。そして彼が主張するように、その人物を時代の文脈中に位置付ける作業は、きわめて重要になりつつあると言えよう。このことをより敷衍して言えば、その人物と彼が属しているか、彼と関係する社会集団――例えば血縁及び地縁的集団、宗教勢力、行政機関、政党、圧力団体等――の相互的関係を見極めなければならないし、その前提として、それらの社会集団に歴史的アプローチをするためには、「社会史」の方法をも採用しなければならないし、また彼が生きた時代の大枠を把握するためには、経済構造、政治的法的制度、地理的環境等についての歴史的接近も不可欠であるだろう。つまり、「全体史」的視座を伝記的研究にも応用することは、歴史学の今日の状況から見て、避け難いと同時に有意義でもあると言える。

しかしソルランの議論を補足するならば、政治的指導者の伝記的研究には、それでもあくまで一定程度その個人のイニシアティヴとリーダーシップが前提とされなければならないだろう。そして「個人」ならびに「出来事」の歴史は、「全体史」の中に位置付けられてもなお相対的に自律した、歴史の固有の領域でありつづけるであろう。彼が生きた時代全体の認識を通して、その〝個人〟が理解できると同時に、ある傑出した〝個人〟の理解を通してよりその時代全体の認識を深化させることが可能となるのである。

本書は以上のような方法を踏まえて、ジョレースの生涯と彼をとりまく諸個人・諸集団、そしてフランス社会全体について、歴史の流れに沿って事実関係を究明する歴史学的‐「通時的《ディアクロニーク》」方法と、歴史を横断して政治・社会・経済・イデオロギーの相互連関を構造的に把握する社会学的＝「共時的《サンクロニーク》」方法を併用しつつ接近するであろう。

そして本書はジャン・ジョレースの生涯と同時代のフランス社会主義運動についての、我が国での最初の本格的研究となるであろうし、また国際的視点から視ても、今日までに発掘された資料と、蓄積された研究に依拠する、このテーマに関しての一つの集大成と総合を成し遂げることを旨としている。

なおこの著書は、ジョレースの生誕から一八九三年の補欠選挙で社会主義派の代議士に当選するまでを対象とした。さらに筆者は第一部を構成する本著『ジャン・ジョレースとフランス社会主義運動・ジャン・ジョレースの青年時代』の続巻として、ジョレースのドレーフュス再審運動とドレーフュス事件の全体像を解明した『ドレーフュス事件とジャン・ジョレース』(近刊)と一八九三年の補欠選挙での当選から一九〇五年のフランス社会党ＳＦＩＯの結成までを対象とする第二部『ジャン・ジョレースとフランス社会党ＳＦＩＯの結成(仮題)』と、社会党結成から一九一四年七月の彼の暗殺までの時期についてを対象とする第三部『フランス社会党ＳＦＩＯとジャン・ジョレース(仮題)』の刊行を現在予定している。筆者のライフワークであるジャン・ジョレースの生涯についての全体的研究はこれら全四部作によって構成される。

資 料

ジャン・ジョレースならびに彼と同時代のフランス社会主義―労働運動に関する資料は、まずもって公文書館や図書館などに所蔵されている公文書、書簡などからなる(Ａ)非印刷物資料 sources manuscrites と、議会議事録と社会党と第二インターナショナルの議事録、新聞や雑誌の記事、パンフレット、著書、研究文献などからなる(Ｂ)印刷物資料 sources imprimées とに二分できる。(Ｂ)印刷物資料はさらに、(Ⅰ)新聞や雑誌からなる定期刊行物と、パンフレット、公刊された回想録や日記、演説集、著作集などから成る第一次資料文献 sources primaires と、(Ⅱ)研究書、研究論文、著書などからなる第二次資料文献 sources secondaires の二種に分類することができるであろう。

（A）非印刷物資料はジョレースに関して言えば、ジョレースの生誕地カストルの市立図書館 Bibliothèque municipal de Castre が彼の書簡などジョレース資料 Fonds Jaurès を所蔵している（これらの資料は、同じカストル市内にあるジョレース博物館 Musée Jaurès から移管された）が、そのうちで資料的価値の高いもの、例えば前記のC・-A・ジュリアンの父ジャン・ジュリアンに宛てた八通の手紙[74]などはすでに公表されている。またフランス国立図書館手稿部門 département des Manuscrits de la Bibliothèque nationale にもジョレース関係の書簡数十通が保管されているが、それらのなかで重要な価値を持つシャルル・サロモン Charles SALOMON への手紙一六通[75]などは単行書や雑誌などに発表されており、未発表分の書簡[76]の資料的価値はさして高くないように思われる。彼の書簡は、そのほか少数ながらフランス社会史研究所 Institut français d' Histoire sociale などに散在している。また、ジョレースと親しかったダニエル・ルヌーが長期間市長を務めたパリ郊外のモントルイユ Montreuil 市に在る生活史博物館 Musée de l'Histoire vivante は、ジョレースの手稿や覚書、手帳を所蔵している。それにフランス国立公文書館 Archives Nationales はジョレースならびに同時代の社会主義労働運動に関する膨大な公安資料（cote Série F^7）を保管しているし、またタルン県立公文書館 Archives Départementales du Tarn はジョレースの選挙結果に関する詳細な資料（cote Série. IIM）等を所蔵している。

次に（B）印刷物資料について。印刷物資料のうちで第一次資料文献に分類される(1)定期刊行物について言えば、ジョレースは数種の新聞や雑誌に定期的に寄稿しており、「ラ・デペッシュ・ドゥ・トゥルーズ」（一八八七年—一九一四年）、「リュマニテ」（一九〇四年—一九一四年）、「ラ・プティット・レピュブリーク」（一八九三年—一九〇三年）の記事などが、そのうちの主なものである。さらにこれらに「ル・ソシアリスト *Le Socialiste*（社会主義者）」や「ラ・ルヴュ・ソシアリスト *la Revue Socialiste*（社会主義雑誌）」などの彼が不定期に寄稿した多数の新聞や雑誌を加えると、彼が生涯に書いた新聞記事や雑誌論文の数はきわめて多い。また彼の議会での演説は、「官報・代議院議事録 *Journal official, Débats da la Chambre dce Députés*」（一八八六八年―八九年、一八九三年―九八年、一九〇二年―一九一四年）に掲載されている。

また(2)定期刊行物以外の第一次資料文献のうちで主要なものには、次のような文書がある。まず彼が参加した社会主義全体大会（一八九九年―一九〇一年）、ジョレース派の右派社会党（ＰＳＦ）大会（一九〇二年―一九〇四年）、フランス統一社会党（ＳＦＩＯ）大会（一九〇五年―一九一四年）などのフランス国内の社会主義政党の大会議事録と、第二インターナショナルの大会（一八九六年のロンドン大会以降のすべての大会にジョレースは参加している）や国際社会主義事務局《ビューロー》（ＢＳＩ）会議の議事録はきわめて重要な資料である。またジョレースが生前に出版した『感覚的世界の実在性について』や『新しい軍隊』、『社会主義者のフランス現代史』全一三巻中のジョレース自身が執筆した数巻などの著書や、『社会主義研究 *Études Socialistes*』（一九〇一年刊）、『証拠 *les Preuves*』（一八九八年刊）などの論文・論説集に加えて、パンフレットや小冊子として出版された彼の議会演説や講演も数は多い。そして彼の死後マックス・ボヌフス編纂の全九巻からなる『ジャン・ジョレース著作集 *Œuvres de Jean Jaurès*』や、数多の著作集・アンソロジーが出版され、また様々な雑誌などに彼の書簡、講義ノート等の資料が公表されている。最近では後述するがファヤール Fayard 書店から新しい『ジョレース著作集』が刊行中である。

研究動向

最後に第二次資料文献の概括的な状況、つまり研究動向を簡潔にまとめておこう。第一に言えることは、ジョレースに関する膨大な分量の研究文献や伝記や評論が、フランスを始めとする欧米諸国で現在まで公表されつづけてきたということだ。彼の生涯について伝記・研究の中で代表的なものを挙げるならば、彼と同時代の伝記・研究のうちでは、第一次大戦中のフランス社会党内少数派＝反戦派の代表的論客シャルル・ラポポールの『ジャン・ジョレース。人物・思想家・社会主義者 *Jean Jaurès: l'homme, le penseur, le socialiste*』（一九一五年刊）や、元ゲード派の指導者でやがて社会主義と離縁し、ジョレース暗殺犯人の弁護士となった著名な歴史家アレクサンドル・ゼヴァエス Alexandre ZÉVAÈS の二冊のジョレース伝（一九四一年・一九五一年刊）、『古代の思惟』の著者として知られる人類学者で、高等師範学校《エコール・ノルマル・シュペリウール》時代にジョレースの友人だったリュシアン・レヴィ‐ブリール Lucien LÉVY-BRUHL の手になる小伝『ジャン・ジョレースについての数頁 *Quelques Pages sur Jean Jaurès*』（一九一六年刊）などが代表的なものである。特にラポポールの著作は、豊富な資料に依拠したジョレースの生涯と思想についての詳細な研究で、ジョレース研究の白眉であるとされてきた。第二次世界大戦後のジョレースについてのあまたの著作の中では、アメリカのウィスコンシン大学教授ハーヴェイ・ゴールドバーグ Harvey GOLDBERG の『ジャン・ジョレースの生涯 *The Life of Jean Jaurès*』（一九六二年刊）が最大の成果であると言える。この研究は、綿密かつ膨大な資料探索を踏まえた実証的な研究書で、歴史的背景についての叙述も詳細でかつ正確である。これらの文献のうちでは、このほか作家マルセル・オークレール Marcelle AUCLAIR の物語風《ロマネスク》だが綿密な事実調査と資料の渉猟にもとづく新発掘のエピソードと歴史事実を多数盛り込んだジョレース伝『ジャン・ジョレースの生涯、もしくは一九一四年以前のフランス *La vie de Jean Jaurès ou la France d'avant 1914*』（一九五四年刊）や、フランス教育省局長をつとめた故ジョルジュ・テタール Georges TÉTARD の九篇のジョレースについての試論《エセー》と非常に詳しい文献解題《ビブリオグラフィー》とからなる『ジャン・ジョレースについての試論』（一九五九年刊）、それに「ジョレース研究協会」の前書記長で高名なジャーナリスト、ジャン・ラボーの現在までのジョレース研究を要領良く纏めたジョレース伝『ジョレース *Jaurès*』（一九七一年刊）とジョレース暗殺研究の秀作[77]『ジョレースと彼の暗殺者 *Jaurés et son assassin*』が主要な著書であると言えよう。またフランス以外の国々の最近のジョレース研究の中では、イタリアの研究者カルロ・ピンツァーニ Carlo PINZANI の、ジョレースと第二インターナショナルの国際関係に対する対応に焦点を据えた研究『ジョレース、インターナショナルと戦争 *Jaurès, l'Internazionale e la guerra*』（一九七〇年刊）とドイツのジョレースの軍事理論について博識なジョレース研究者ウルス・ブラント Urs BRAND のコンパクトなジョレース伝『ジャン・ジョレース。国際主義者と愛国者。*Jean Jaurès. Internationalist und Patriot*』（一九七三年刊）に注目すべきである。ところで現代フランスでのジョレース研究の第一人者は、我が師であった今は亡きマドレーヌ・ルベリウ・パリ第八大学（サン・ドニ）教授であった。彼女は『ジョレース、言葉と行動 Jaurès. la parole et l'acte』など多数のジョレースに関する論文と著書を遺しているが、現在では彼女の衣鉢を継いだヴァンサン・デュクレール Vincent DUCLERT やジル・カンダル Gilles CANDAR らの研究者がジョレース研究の第一線を担って多くのジョレース研究を発表している。さらにジョレースと同時代のフランス社会主義運動をゲード派の側から扱い、それを通じてジョレースに新たな評価を与えたとされるクロード・ヴィラール Claude WILLARD の国家博士論文『ゲード派 *Les Guesdistes*』（一九六五年刊）と、ジョレースの選挙区の最大の支持基盤であったカルモー鉱山の鉱夫の総合的研究であるロランド・トランペ Rolande TREMPÉ の同じく国家博士論文『カルモーの鉱夫たち *Les mineurs de Carmaux*』（一九七一年刊）もジョレースの時代の社会主義運動と労働運動の分野で大きな業績を残したが、両著者は昨今相次いで他界された。ところでフランス内外でのジョレース研究の推進機関となっているのは、かつてエルネスト・ラブルースが初代議長を務めた「ジョレース研究協会 Société d'Etudes jaurésiennes」であるが、この協会は季刊の会報「ジョレース研究協会会報 *Bulletin de la Société d'Études Jaurésiennes*.」を発行し、新しい研究や資料、情報等を発表している。同協会は「会報」とその特集号として学術討論会（コローク）議事録などを掲載する「ジョレース手帖 *Cahiers Jaurès*」を併せて刊行していたが、一九九五年以降は「ジョレース手帖」に一本化された。この協会は現在までにいくどもジョレースに関する学術討論会《コローク》 colloque を開催した。その第一回は、一九六四年にトゥルーズ大学で催された「ジョレースと国民国家 *Jaurés et la Nation*」と題する討論会で、議事録は一冊の本にまとめられて刊行された。[78] 第二回討論会は、一九七六年にパリ大学で開かれ、テーマは「ジョレースと労働者階級 *Jaurés et la classe ouvrière*」であった。一九八九年にはジョレース暗殺七〇周年を記念して学術討論会（コローク）が開催され、議事録はウルリケ・ブルーマート Ulrike BRUMMERT が編集して『ジャン・ジョレース。フランス、ドイツと第一次世界大戦前夜の第二インターナショナル *Jean Jaurès: Frankreich, Deutschland und die Zweite Internationale am Vorabend des Ersten Weltkrieges*』（一九八九年刊）として出版された。それ以降も学術討論会の議事録は「ジョレース研究協会」の前掲の雑誌「ジョレース手帖」や単行の学術書として出版されてきた。現在同協会は二〇〇〇年から、マックス・ボナフス Max BONNAFOUS が刊行して第二次世界大戦で中断した『ジャン・ジョレース著作集』（全九巻）を規模においてはるかに凌ぐ同じタイトルの『ジャン・ジョレース著作集』をファヤール社から刊行中である。もちろん『著作集』は第一次資料に属する。多くの読者を獲得した著作にはマックス・ガロ Max GALLO の『偉大なジョレース *Le grand Jaurès*』などがある。

これまで述べたのは、ジョレースに直接関係する資料と研究の主要なものの紹介であって、[79] ジョレースを当時のフランス社会全体の中に歴史的に位置付ける作業にとっては、この時代の社会主義諸派や労働組合運動の資料と研究のみならず、この時代のフランスの政治・経済・社会・文化・宗教等の資料と研究文献の渉猟が必要とされる。

序論　注

（1）この表現は、次の著者の表題及び歴史認識に負っている。AGULHON, Maurice: *1848 ou l'apprentissage de la République. 1848-1853*. Paris. Seuil. (Nouvelle histoire de la France contemporaine. N°.8) 1973.

（2）ジョレースの博士号申請論文の主論文『感覚的世界の実在性について』とラテン語で書かれた副論文『ドイツ社会主義の諸起源』は、パリ大学人文学部（ソルボンヌ）に提出され、一八九二年三月一二日に彼はこれらの論文によって学位を取得した。なお前者の主論文は、一八九一年にパリのフェリクス・アルカン社 Félix Alcan, Éditeur から出版され、一九〇二年に同社から第二版が出された。後者の副論文は一八九一年にショーヴァン・エ・フィス Chauvin et Fils 社（トゥルーズ）からラテン語原文で公刊され、ついでアドリアン・ヴェベル Adrien VEBER によってフランス語に翻訳されて、一八九二年に「ラ・ルヴュ・ソシアリスト」（六、七、八月号）に掲載された。また一九二七年にはこの翻訳はレ・ゼクリヴァン・レユニ les Écrivains Réunis 社から単行本として出版された。最近ではこの翻訳は一九六〇年にリュシアン・ゴールドマン Lucien GOLDMAN の序文を新しく加えて、フランソワ・マスペロ出版社 Éditions François Maspero から再刊されている。

これらの両論文ともボルドー大学文学部教員マックス・ボナフス Max BONNAFOUS が編集して、一九三一年から一九三九年にかけて出版された『ジャン・ジョレース著作集 *Œuvres de Jean Jaurès*』（全九巻）――この著作集は当初全集として刊行されることが企画されたが、その場合四〇〇頁ほどの本で八〇巻から九〇巻ほどの大きな分量になるため、中断されなければ最終的には二〇巻前後に及ぶ予定だったテーマ別に編集されたこの著作集が出版される運びとなっていた。しかし第二次世界大戦の勃発によって九巻まで刊行されて中断となった――に収録されている。

（3）　ジョレースの最大でおそらくは最良の歴史学の著書であるこの『社会主義者のフランス革命史』は、当初『社会主義者のフランス現代史 *Histoire socialiste de la France contemporaine*』（全一三巻）のはじめの四巻としてルフ出版社 Édition Rouff から一九〇一年から一九〇三年にかけて出版された。全巻の刊行が終ったのは一九〇八年のことであった。因みにジョレースが編纂したこの叢書の各巻の題と著者は次の通りである。*Histoire socialiste de la France contemporaine.1789–1900,* (sous la direction de Jean JAURÈS.) —1. *La Constituante*（*1789-91*）—2. *La Législative*（*1791-92*）, —3. *La Convention I*（*1792*）, —4. *La Convention II*（*1793-94*）, par J. JAURÈS, —5. *Thermidor et Directoire*（*1794-99*）, par Gabriel DEVILLE —6. *Consulat et Empire*（*1799-1815*）, par Paul BROUSSE et Henri TUROT. —7. *La Réstauration*（*1814-30*）, par René VIVIANI —8. *Le règne de Louis Philippe*（*1830-48*）, par Eugene FOURNIÈRE. —9. *La République de 1848*（*1848-52*）, par Georges RENARD, —10. *Le Second Empire*（*1852-70*）, par Albert THOMAS. —11. *La guerre franco-allemande*（*1870-71*）, par Jean JAURÈS. *La Commune*（*1871*）, par Louis DUBREUILH. —12. *La Troisième République*（*1871-1900*）, par John LABUSQUIÈRE. *La conclusion, le bilan social du XIX*ᵉ *siècle*, par J. JAURÈS. —13. *Table analytique alphabétique*, par Albert THOMAS.

これら一三巻の『社会主義者のフランス現代史』のうちで、ジョレースが担当した部分のほかには、アルベール・トマが書いた第二帝政（第一〇巻）やルイ・デュブルイユのコミューン（第一一巻）の部分が秀作であると言われる。そしてこの『フランス現代史』のはじめの四巻の部分はソルボンヌの歴史学教授アルベール・マチエ Albert MATHIEZ（一八七四年―一九三二年）が校訂して序文を付して、八巻本に再分割して、一九二二年から一九二四年までの間にリュマニテ書店Librairie de l'Humanitéから刊行した。そして一九三九年には再版がそのままの形で出されている。この著作はアルベール・マチエ、ジョルジュ・ルフェーヴルGeorges LEFEBVRE（一八七四年－一九五九年）、マルク・ブロック Marc BLOCH（一八八六年—一九四四年）、エルネスト・ラブルース Ernest LABROUSSE（一八九五年－一九八八年）等のとりわけ社会経済史の潮流＝アナール Annales学派に多大の影響を遺した。cf. LABROUSSE, E.:《Le socialisme et la Révolution française》(préface de Jean JAURÈS : *Histoire socialiste de la Révolution française.* Édition revue et annotée par Albert SOBOUL. Paris. Éditions Sociales. 1969.) pp.14-15. GODECHOT, Jacques : *Jaurès historien.*（chapitre VIII. de AURIOL, Vincent（présenté par）: *Jean Jaurès.* Paris. PUF. 1962）pp.168, 174-175. REBÉRIOUX, Madeleine:《Jaurès. Historien de la Révolution française》（Annales historiques de la Révolution française. N°184. avril-juin 1966. pp.171-195）pp.194-195 et passim. SOBOUL., Albert《Jaurès, Mathiez et l'Histoire de la Révolution française》, *Bulletin de la Société d'Études Jaurésiennes.*（以後*B.S.E.J.* と略記する）N°69-70 avril-sep.1978 pp.11-17. SURATTEAU, Jean. René《Georges Lefebvre, disciple de Jaurès》*B.S.E.J.* N°69-70. pp.18-27 etc.

例えばマチエは「他のいかなるフランス革命史も、これほどには現実に肉迫することはなかった。他のいかなるフランス革命史も、これほどまでに学問を前進させたことはなかった。この歴史書は到達点と言うよりは出発点というべきである。」（*Annales historiques de la Révolution française.* 1925. cité par REBÉRIOUX, M.: *Jaurès. Historien de la Révolution française. op. cit.,* pp.194-195.）と評し、またG・ルフェーブルは「最も私が負っているのはジョレースにである。私の研究の方向性を決定したのは、彼の『革命史』である。私はジョレースを二度しか見たり聞いたりしたことがなく、それも人混みの間からのことであった。そして当り前のことだが、彼はその本に私の名前を一度も引用しなかった。しかし、もしも人が私の師を捜そうと心配《く》ばりするとしたら、私は彼以外の誰をも師とは認めない。」（*Annales historiqes de la Révolution française,* 1947, p.189 cité par J. GODECHOT: *Jaurès historien. op. cit.,* p.175）と述べて、共にジョレースのこの著作を絶賛している。

『社会主義者のフランス革命史』についてはマチエ版の後にソブール版Édition revue et annotée par SOBOUL, Albert.Paris, Éditions Sociales, 1969-1972. 6vols. がエディション・ソシアル社から刊行された。なおこの著書の邦訳は昭和五年－六年（一九二九年－三〇年）に平凡社から出版されており、訳者は村松正俊、邦題は『仏蘭西大革命史』である。

（4）この著作は、前掲注⑶に記した『社会主義者のフランス現代史』の第一一巻（一九〇八年刊）の前半部分に収録された。フランス国民にとっては多少とも苦々しい記憶である独仏戦争を対象としており、またこの著作の歴史叙述の特異性、つまり全三章中〝戦争責任論〟を展開する第二章が分量の大部分を占めているために、多少歴史的興味を殺いでいることもあって、長い間余り注目を浴びずに来た。この著作も、独仏戦争を主として概説するJ・-B・デュロゼルJ.-B.DUROSELLE（元パリ第一大学教授）の序文préfaceと、ジョレースがこの著作を執筆した経緯と情況を主に論じているM・ルベリウの後書postfaceによって新たに評価を与えられて、一九七〇年にフラマリオンFlammarion社から再刊された。この著作は彼の歴史学への貢献の一つであるばかりでなく、『新しい軍隊』へと連なり結実する軍事理論の書としても再評価されていくであろう。

（5）『新しい軍隊』は最初ルフ社から一九一一年に出版され（厳密に言えば一九一〇年に「官報*Journal Officiel*」から「議会版édition «parlementaire»」が出版されたと言われるが、今日では入手不可能な幻の版である）、第一次世界大戦中の一九一五年に「リュウマニテ文庫」からジョレースの親友であり、『古代の思惟*Mentalité primitive*』の著者として知られる人類学・民俗学の高名な研究者リュシアン・レヴィ－ブリュールLucien LÉVY-BRUHL高等師範学校教授の序文*préface*と前書き*avertissement*を付けた再版が出版されている。またボナフス版の『ジョレース著作集』の第四巻（一九三二年刊）にも収められた。戦後には一九六九年に10／18叢書（No.463, 464, Union générale d'éditions）からアブリッジ版が、一九七七年には当時のフランス共産党の軍事部門の責任者リュシアン・バイヨLucien BAILLOTが序文を書いてエディション・ソシアル社から出版された。これに続いてジャン・ノエル・ジャンヌネーJean-Noël JEANNENEYが注釈と解説を付し国立印刷所Imprimerie nationaleから一九九二年に出され、そして最近のファヤール出版社からジョレース研究協会が編集する新しい「ジャン・ジョレース著作集*Œuvres de Jean Jaurès*」の第13巻としてパリ第10大学ナンテール校名誉教授ジャン－ジャック・ベッケルJean-Jacques BECKERが編集を担当して二〇一二年に最新の版が刊行されている。因みに10／18叢書版に付されたM・ルベリウの三十数頁に及ぶ序論Introductionは、この著書の歴史的性格と今日的意義を論じた最良の評論と言って差しつかえないであろう。

（6）ジョレースの時代の「ラ・デペッシュ・ドゥ・トゥルーズ」紙については、BELLANGER ,Claude, GODECHOT, Jacques, GUIRAL,Pierre et TERROU,Fernand（direction）: *Histoire générale de la presse française*. III. *De 1871 à 1940*. Paris. PUF. 1972. pp.399-400に、「ラ・プティト・レピュブリーク」紙については*Ibid*. pp.373-374に、「リュマニテ」紙については*Ibid*. pp.374-377に、簡潔で適切な説明を見出すことができる。

なお「デペッシュ」紙についてはLERNER, Henri: *La Dépêche, journal de la démocratie. Contribution à l' histoire du radical-isme français sous la IIIe République*. Toulouse. Presses de l'Université de Toulouse-Le Mirail. 1977. 2vols. という浩瀚な研究書（博士論文）が公刊されている。

（7）BEER, Max: *Fifty years of International Socialism*. London. George Aller & Unwin Ltd. 1935. reprinted by Minkoff Reprint. Genève. 1976. XV. *Jean Jaurès as Orator*. p.92またこの著書のジョレースに関する三章の仏訳とコメントは《Jaurès vu par les socialistes étrangers: Max Beer. Deux chapitres présentés par Georges Haupt》*B. S. E. J.*, N°35. oct.-déc. 1969. pp.1-8 を見よ。

（8） TROTSKY, Léon: Ma vie. Paris. 1953. 邦訳 トロツキー『我が生涯』栗田勇・渋沢龍彦・浜田泰三・林茂共訳。現代思潮社、一九六六年、四四五、四四六—四四七頁。トロツキーのこの他のジョレースについての主な論評は、「キエフスカヤ・ミスリ Кизвская Мысль（キエフの思想）」紙の一九一五年七月一七日号に掲載された「ジャン・ジョレース」と題する記事で、これは仏訳されて「ル・ビュルタン・コミュニスト *le Bulletin communiste*」誌、四七号（一九二三年一一月二二日）に載り、翌一九二四年には小冊子として刊行された（Paris, Libriarie de l'Humanité, 16p.）この論文もジョレースを絶讃に近い形の高い評価を与えている。（この論文の仏訳は近年ではトロツキーのフランスについての政治評論集 TROTSKY, Léon: *Le movement communiste en France*（*1919-1939*）. textes choisis et présentés par BROUÉ, Pierre. Paris. Les Éditions de Minuit. 1967. pp.25-35. に収められた）。

因みにトロツキーのジョレースについての最初の評論は「キエフスカヤ・ミスリ（キエフの思想）」紙一九〇九年一月九日号に「ジョレース」と題して発表されている（この仏訳と解説は《Jaurès vu par les socialistes étrangers: Trotsky, un article présenté par Georges Haupt》*B. S. E. J.* n°33, avril-juin 1969. pp.13-17, を参照）。この中では彼は、ジャーナリスト的筆致で何故ジョレースが、クレマンソーと共にフランス共和国を支配する政治家と成り得たかを論じている。ジョレースへの敬愛の情が、この時点でも基調をなしている。

（9） BALABANOFF, Angelica: *My life as a rebel.* New York & London. Harper & Brothers, 1938. 邦訳、アンジェリカ・バラバーノフ『わが反逆の生涯—インターナショナルの死と再生—』久保英雄訳、風媒社、一九七〇年、八五—八六頁。この書の中では、この部分の他に、第一次大戦直前のブリュッセルでの第二インター国際社会主義事務局 Bureau socialiste international（略称B・S・I・）会議（一九一四年七月二九—三〇日）におけるジョレースの活躍の描写（邦訳一一八—一二〇頁）も圧巻である。

なお彼女のドイツ語版の自叙伝 BALABANOFF, : *Erinnerungen und Erlebnisse*, Berlin. 1927. の中でのジョレースに関する描写（ss. 44-46, 49-51, 54, 55-57,）の仏語訳と解説は、HAUP, TG.《Jaurès vu par les socialistes étrangers I.-Angelica Balabanova》*B. S. E. J.* n° 24, janv.-mars. 1967. pp.5-12 を見よ。

（10） VANDERVELDE, Émile : *Souvenirs d'un militant socialiste.* Paris. Édition Denoël, 1939. pp.157-158, 165-166.

（11） cité par FIELD, Trevor:《Jaurès vu par les socialistes étrangers : Ramsay MacDonald.》*B. S. E. J.* n°55. oct.-déc. 1974. p.6

（12） GUÉRIN, Daniel: *Introduction à Rosa Luxemburg: Le socialisme en France*（*1898-1912*）. Paris. Belfond. 1971, p.12.

（13） これらの小記事は仏語に訳されて LUXEMBURG, Rosa: *Le socialisme en France. op. cit*-pp.50-56 に収録されている。この小

記事が書かれたのはミルラン入閣（一八九九年六月）に先立つ一八九八年夏のことであるが、入閣直後の一八九九年七月三日付のルイーゼ・カウツキー（カール・カウツキー夫人）に宛てた手紙の中でも、「たったいまジョレースの近著『社会主義的行動』（*L'Action socialiste*）〔シャルル・ペギーが編集した議会演説と論説記事とからなる論集。一八九九年刊。〕を手にして、慰めにもなり気晴らしにもなりました。それは特有のさわやかさを私に吹き送ってくれます。」（LUXEMBURG, Rosa : *Briefe an Karl und Luise Kautzky*—1896–1918—hrsg. v. Luise KAUTZKY. Berlin. Laub'sche Verlag. 1923. 邦訳ルイーゼ・カウツキー編、川口浩・松井圭子訳『ローザ・ルクセンブルクの手紙—カールおよびルイーゼ・カウツキー宛—（一八九六年—一九一八年）』、岩波文庫、一九三二年、四二頁）と語っており、依然ジョレースに好意的だった。彼女のミルラン入閣及びジョレース派に対する本格的な批判の開始は、一九〇〇年にドイツ社会民主党理論機関誌「ディ・ノイエ・ツァイト *Die Noue Zeit*」に「フランスにおける社会主義の危機 Die Sozialistische Krise in Frankreich」（*Die Neue Zeit*（Stuttgart）, 19. Jahrgang, 1900/01, 1. Band, I: S. 495–499, II: S. 516–525, III: S. 548–558, IV: S. 619–631, V: S. 676–688. 仏訳 LUXEMBURG,Rosa: *Le socialisme en France.op.cit.* pp.91–152）を連載するようになってからのことである。

ところでローザの最良の伝記を書いたJ・—P・ネットルはその書物の中で「一八九八年から一九〇一年にかけてローザ・ルクセンブルクがフランスについて書いたものは、彼女の全著作のなかで、もっとも賞讃に値しない、内容のないものに属する。」（J. P. NETTL: *Rosa Luxemburg*, London, Oxford U.P. 1966, 2vols. 邦訳J・—P・ネットル著、諫山正、川崎賢、宮島直機、湯浅赳男、米川紀夫共訳『ローザ・ルクセンブルク』河出書房、一九七四年、上巻、二五四—二五五頁）と評しその硬直性を責めている。

（14）DILL, Günter:《Rosa Luxemburg, critique de "L'Armée Nouvelle"》*B.S.E J.* n°25 avril–juin 1967. pp.5–8., R. LUXEMBURG: *Le socialisme en France. op. cit.*, pp.229–241

（15）LUXEMBURG, Rosa : *Briefe aus dem Gefängnis.* hrsg. v. Exekutiv–Komitee der Kommunistischen Jugendinternationale. Berlin. Verlag der Jugendinternationale. 1929. 邦訳　北郷隆五訳『ローザ・ルクセンブルクの手紙—ゾフィー・リープクネヒトへ—』、青木文庫、一九五二年、八四頁。

（16）cf.《Jaurès vu par les socialistes étrangers : Parvus, un texte présenté par Irene Petit.》*B.S.E.J.* n°58, juillet–sépt., 1975. pp.8–14.

なおパルヴスについては以下の秀れた伝記がある。Z. A. B. ZEMAN, W. B. SCHARLAU : *The Merchant of Revolution : the life of Alexander Israel Helphand*（*Parvus*）1867–1924, London, Oxford U.P. 1965. 邦訳Z・A・Bゼーマン、W・Bシャルラウ著、蔵田雅彦・門倉正美訳『革命の商人—パルヴスの生涯—』風媒社、一九七一年、

（17）レーニンのジョレース観については、RABAUT, Jean:《Lénine et Jaurès》*B.S.E.J.*, n°52, janv.–mars. 1974, pp.2–6 が詳しい。

(18) ЛЕНИП. В. И. : *Сочинения*, T.7 c. 369 邦訳、『レーニン全集』第七巻、大月書店、一九五四年、四二九―四三〇頁。
(19) *Там же*, T. 8, c. 37 邦訳、同右、第八巻、三九頁。
(20) *Там же*, T. 25, c. 448 邦訳、同右、第二五巻、五一六頁。
(21) *Там же*, T. 13, c. 65 邦訳、同右、第一三巻、七三頁。
(22) cf. J. JAURÈS:《À l'Œuvre》*l'Humanité*, 23 juillet 1910, reproduit dans Jans JAURÈS: La classe ouvrière. Textes rassemblés et présentés par Madeleine REBÉRIOUX. Paris. Librairie François Maspero. 1976. pp.170-173.
(23) ЛЕНИП, В.И.: Сочинения. соч. сур., T. 16, cc. 249-250. 邦訳『レーニン全集』、前掲書、第一六巻、二九四頁。
(24) 余談になるが、レーニンがジョレースに余り惹かれなかった理由は、単に理論的な相違ばかりではなかったことは、同じボルシェヴィキ派のトロツキーが熱烈なジョレースの心酔者だったことからもわかる。かたやトロツキーが情熱的な煽動者タイプであり、また人ぞ知るフランス贔屓《フランコフィル》であったのに対し、レーニンは理詰めの戦略家タイプで、また恐らくはフランス的文化にあまり馴染めなかったためかも知れない。つまりレーニンはトロツキーとは反対に、体質的にも文化的にもジョレースとは異質だったのであろうという想定は不可能ではあるまい。多少そのことを物語るエピソードが、レーニンの妻クループスカヤの『レーニンの思い出』の中に見い出すことができる。それは次の様な話である。「パリでは、もっとも困難な亡命時代をすごさなければならなかった。イリイッチは、いつでも重苦しい感情でこのことを思い出していた。後になって、彼は一度ならずくり返えしていた。『どんな悪魔が、われわれをパリにつれていったのだろう。』…(中略)…ジュネーヴでは、すべての家事がずっと簡単に片づけられていたが、ここでは何というわずらわしさだろう。ガスを使用するために必要な書類を手に入れるために、市の中心部まで三度も往復しなければならなかった。フランスの官僚主義はひどいものであった。公共図書館から本を借り出すにも家主の保証が必要だったが、家主は、私たちが貧しい状態にあったために、保証をしてくれなかった。…(中略)…パリで勉強するのは非常に不便だった。国民図書館は遠方にあった。そこへはヴラヂーミル・イリイッチは普通、自転車で通ったが、パリのような都会を自転車で行くのはジュネーヴの郊外とちがって、非常な緊張を必要とした。イリイッチは、そこに通うのに非常に疲労した。昼の休みには、図書館は閉鎖された。必要な書物の貸し出しにも、非常に官僚的な冗慢さがあった。イリッチは、国民図書館にたいしてあらん限りの罵倒を加え、ついでにパリの悪口もいった。…(略)…とどのつまり、イリイッチは、自転車を盗まれてしまった。彼は保管料に女番人に一〇サンチームを払って、自転車を国民図書館の隣りの階段の上に置いたのであるが、あるとき自転車を取りにきてみると、それかみつからなかった。女番人は、自転車の見張りをひきうけたわけではなく、ただ階段の上に置くのを許しただけだといい張った。」こうした思いをするのは、今から百年あまり時を隔だてるレーニンだけに限ったことではなさそうである。しかし彼がフランス社会になじめなかったことは、否めない事実であるだろう。彼はさらに言う。「イリイッチは、とくに入念に選挙前の政治運動を観察した。その運動では、個人的な喧嘩やお互いの暴露に終始し、政治問題は背後におしやられていた。政治生活の現実の諸問題はほとんど審議されなかった。若干の集会だけが興味をあたえた。そのような集会の一つで、私はジョレースと、群集にたいする彼の影響をみたが、私には、彼の演説は気にくわなかった。どのことばもあまりにも相手を意識しすぎていた。ヴァイアンの演説の方が気に入った。彼は年とったコミューンの一員で、労働者からとくに愛されていた。」(КРУПСКАЯН. К.: *Воспоминания о Ленине*. Москва. 1932. 邦訳、クループスカヤ著、内海周平訳、『レーニンの思い出』(下)青木文庫、一九五四年、四二―四三、四四、四六―四七、五七頁)たしかにヴァイアンはその誠実な人柄で大衆的な人気はあったとは言え、彼はあまり演説が上手でなかったことで有名であった(cf. HOWORTH, Jolyon《É. Vaillant et J. Jaurès : élements d'une influence latente》*B.S.E.J.* n°62, juillet-sept. 1976, p.5)し、ジョレースの演説よりヴァイアンのそれの方が気に入ったとする意見は寡聞にして他に知らないのであるが、こうしたレーニン夫妻の嗜好は彼らの性格の一面を伝えてくれて面白い。

(25)　片山潜「万国社会党大会」(『(『労働世界』改題)『社会主義』』、第八年、第一二号、明治三七年〔一九〇四年〕一〇月三日)三四一―三四二頁。この記事は「週刊平民新聞」第四八号(明治三七年〔一九〇四年〕一〇月九日)に抄録された。

(26)　カウツキーについてはSTEENSON, Gary P.: *Karl Kautsky, 1854-1938. Marxism in the Classical Years*. Pittspurg. U.P. of Pittsburg. 1978. とSALVADORI, Massimo: *Kautsky e la Rivoluzione Socialista 1880-1938*. Milano. Feltrinelli Editore. 1976. (translated in English by ROTHCHILD, Jon: *Karl Kautsky and the Socialist Revolution 1880-1938*. London. NLB, 1979)が近年の注目すべき研究である。ベルンシュタインBERNSTEINについては少し古くなるが、GAY, Peter: *The Dilemma of Democratic Socialism—Eduard Bernstein's Challenge to Marx*, New York. Columbia. U.P. 1952. ANGEL, Pierre: *Eduard Bernstein et l'évolution du socialism allemande*. Paris. Didier. 1961. などの研究がある。

(27)　J・ジョルは、第二インター内において独仏の両社会主義政党が占めた決定的な重要性を、こう表現している。「まことに第二インターナショナルの研究は、もっぱらフランス・ドイツの両社会主義政党、および両政党間の相互交流を対象とするものでなければならない。第二インターナショナルの歴史にはドイツ社会主義がヨーロッパに及ぼした影響、異った伝統のためにそれに抵抗しようとするフランスの試み、そして一九一四年の対仏戦争を防ごうとして防ぎれなかったドイツ社会民主党の無力、こうした面があるからである。」(JOLL, James: *The Second International. 1889-1914*. New York. Praeger. 1956. p.3. 邦訳、J・ジョル著、池田清・祇園寺則夫訳『第二インター、一八八九―一九一四』木鐸社、一九七六年、IX頁)。

(28)　*Ibid*., p.3. 邦訳では「代弁者」と訳されている(X頁)。

(29) 第一次世界大戦中のフランス社会党内の抗争については、KRIEGEL, Annie : *Aux origines du communisme français. 1914–1920.* 2 vols. Paris. La Haye. Mouton. 1964, ROSMER, Alfred : *Le mouvement ouvrier pendant la guerre.* 2vols., Paris. T. 1. Librairie du Travail. 1936. T. 2. Paris. LaHaye Mouton. 1959, WOHL, Robert; *French Communism in the Making, 1914–1924.* Stanford. Stanford U.P. 1966 などが秀れた研究書である。またフランス労働総盟（CGT）でのこの時期の内部対立については、GEORGES, Bernard et TINTANT ,Denise : *Léon Jouhaux. cinquante ans de syndicalisme* t. 1, *des origines à 1921*, Paris. PUF, 1962, LABI, Maurice : *La grande division des trabailleurs. première scission de la CGT. 1914–1921.* Paris. Éditions ouvrières. 1964, などが、我が国の研究では拙稿、「フランス労働総同盟（CGT）の第一次分裂（一九二一年）についての一考察」「労働運動史研究」第五九号、一九七六年などがある。

(30) ここに掲げた人名の詳細な経歴は、MAITRON, Jean（sous la dir. de）: *Dictionnaire biographique du movement ouvrier français. troisième partie: 1871–1914, de la Commune à la Grande Guerre.* t. 10 à 15. Paris. Éditions ouvrières.1973-1977, JOLLY, Jean（sous la dir. de）: *Dictionnaire des parlementaires français. Notices biographiques sur les ministres, deputes et sénateurs français de 1889 à 1940.* Paris. PUF. 1960–1977. 8vols. 等を参照されたい。

(31) cf. JUDT, Tony: *La reconstruction du Parti Socialiste. 1921–1926* . Paris. Presses de la Fondation nationale des Sciences politiques.（以下 F.N.S.P. と略す）（Travaux et recherches de science politique n°39）1976. chapitre V. *L'idéologie de la SFIO.* pp.71–97

(32) RABAUT. Jean:《Le Parti Communiste Français et Jaurès（1920–1936）》*B.S.E.J.* n°63. oct.-déc. 1976 p.11

(33) WOHL, Robert. : *French Communism in the Making. op. cit.* pp.292–293.

(34) cf. RABAUT Jean:《P. C. F. et Jaurès》*op. cit.*, pp.14–21.

(35) BLUM, Léon:《Première et dernière rencontres》*Le Populaire*, 31 juillet 1937. reproduit dans *L'Œuvre de Léon Blum*（*1937–1940*）. Paris. Albin Michel. 1964. p.483 このほかブルムの主なジョレースへの言及は次の通り。《L'idee d'une biographie de Jaurès》(Conférence prononcée le 31 juillet 1917 au Palais de Fête) *L'Œuvre de Léon Blum*（*1914–1928*）*op. cit.*, pp.3–21. *Souvenir sur l'Affaire.* Paris. Gallimard, 1935. pp.117–122, 157–161, et passim. またジョレースがブルムに与えた影響については COLTON, Joel: *Léon Blum, humanist in politics.* New York. A. Knop. 1966. pp.18–28. ZIEBURA ,Gilbert : *Léon Blum et le Parti Socialiste 1872–1934.*（traduit de l'allemand par DUPLEX, Jean）. Paris. A. Colin.（cahiers de la FNSP.n°154）1967. pp.95–99 が詳しい。

(36) AURIOL, Vincent:《Jaurès, l'homme que j'ai connu》dans AURIOL, Vincent: *Jean Jaurès. op. cit.*, pp.3, 4.

(37) FROSSARD, Ludovic-Oscar : *De Jaurès à Léon Blum. sous le signe de Jaurès. souvenir d'un militant.* Paris, Flammarion, 1943. p.24 フロッサールのジョレースについての回想は他に *De Jaurès à Lénine. Notes et souvenirs d'un militant.* Paris, Nouvelle Revue Socialiste, 1930, pp.4, 6, 9-10, 28, 30, 151, etc., を見よ。

(38) 《Le document de la semaine : La passion de Charles-André Julien》. *le Nouvel Observateur.* n°748. du 12 au 18 mors 1970. pp.104, 109 ジュリアンのジョレースについての回想と論評は、《Charles-André JULIEN : Souvenirs et réflexions sans prétentions》. Le *Mouvement social.* n°39. avril-juin 1962, (le numéro spécial conscré à Jaurès) pp.15-18, がさらに詳細である。

(39) ピエール・ドルモアは以下のような、かなり綿密で詳細なジョレースについての証言を遺している。《Pierre Parenthou-Dormoy : Souvenir sur Jaurès》 *Le Mouvement social.* n°39, avril-juin. 1962 pp.20-28.

(40) 《Interviews et temoignages: Alfred Rosmer》 *Le Mouvement social.* n°39 avril-juin. 1962. p.12 ロスメルの伝記作家クリスチャン・グラスはこの証言は必ずしも当時のロスメルの評価を伝えるものではなく、第一次世界大戦前のロスメルはジョレースに批判的だったはずだと主張しているが、余り説得的ではない。(cf. GRAS, Christian: *Alfred Rosmer* (*1877-1964*) *et le mouvement révolutionnaire international.* Paris. F. Maspero. 1971. pp.53-54)

(41) ALAIN : *Propos.* Paris. Gallimard.《Pléiade》. 1956. pp.267, 269. なおジョレースとアランとの間に交された知的交流については、MICHEL-ALEXANDER, Jeanne:《Un propos d' Alain sur Jaurès》 *B. S. E. J.* n°13 avril-juin 1964 pp.21-24, RÉGIS, Georges:《Deux consciences fraternelles, Jaurès et Alain》 *B. S. E. J.* n°47, oct-déc., 1972, pp.2-7 が役に立つ。

(42) *l'Humanité,* le 2 août 1914. p.1

(43) RENARD, Jules: *Journal.* Paris. Gallimard. 1935. p.640

(44) *Ibid.*, p.751

(45) PÉGUY, Charles:《La preparation du congrès socialiste national》. *Cahiers de la Quinzaine.* 2e cahier de la 1re serie. 5 février 1900 p.38

(46) *Ibid.*, p.50

(47) PÉGUY, Charles:《l'Argent suite》9e cahier de 14eme série. 22 avril, 1913, reproduit dans Charles Péguy : (*Euvres en prose 1909-1914.* Paris. Gallimard《Pléiade》. 1961. p.1240

(48) こうしたジョレースとペギーの劇的な関係については、近くにはペギーのジョレースへの攻撃を批判するカトリック系の歴史ぐって、彼と雑誌「エスプリ Esprit」系のカトリック派知識人グループなどの間で論争が行われ、またこれを契機に多数の研究書・論文も発表された。その主要なものは次の通り。GUILLEMIN, Henri: *L'arrière-pensée de Jaurès*. Paris. Gallimard. 1966. GUYON, Bernard:《Péguy, Jaurès et la crise de 1913》Actes du colloque《*Jaurès et la Nation*》Toulouse. Association des Publications de le Faculté des Lettres et Sciences Humaines de Toulouse, 1965. pp.175-186 . ROBINET, André : *Péguy entre Jaurès, Bergson et l'Église*. Paris. Seghers. 1968. WINLING, Raymond: *Péguy et l'Allemagne.*, 2 vols. Paris. H. Champion, 1975. CAHM, Eric:《Péguy, Jaurès et la théorie du socialisme : une controverse philosophique》. *Le Mouvement social* n°60 juillet-sept. 1967. pp.23-43. THIBAUD, Paul:《L'anti-Jaurès》*Espris*. n° 330. août-sept. 1964 pp.240-263, RABAUT. Jean:《Jaurès, Dieu, et M. Guillemin》*Preuves*. n°194 avril 1967 pp.80-85. Madeleine REBÉRIOUX:《L'arrière-pensée de Jaurès?》*B. S. E. J.* n°22. juillet-sept., 1966. pp.1-14. LEROY, Géraldi:《Péguy et Jaurès, la genèse d'un conflit（1899-1905）.》*B. S. E. J.* n°66, juillet-sept., 1977 pp.7-12, GERBOD, Françoise:《Discours péguyste et discours jaurésien》*B. S. E. J.* n°71, oct.-déc. 1978 pp.3-11

（49） BARRÉS, Maurice: *Mes Cahiers* dans *Œuvre de Maurice Barrès*. tome XIII. Paris. Au club de l'Honnête Homme. 1968. p.202 なおジョレースとバレースの関係については TÉTARD,Georges :《Barrès》dans *Essais sur Jean Jaurès*. Colombes. Centre d'apprentissage d'imprimerie, 1959. pp.29-42 を、またバレースの政治的生涯は STERNHELL,Zeev : *Mauric Barrès et le nationalisme français*. Paris. A. Colin.《cahiers de la FNSP. n°182》1972. を見よ。

（50） MAURIAC, François:《Le Souvenir de Jaurès》*Le Figaro*, le 6 août,1946 cité par TÉTARD, Georges: *Essais sur Jean Jaurès, op. cit.*, p.33

（51） マルタン・デュガールの小説『チボー家の人々』に占めるジョレースの位置もさることながら、我が国ではあまり知られていないこの小説『お屋敷町』に描かれた有名な一九一三年五月二五日のパリ郊外プレ－サン－ジェルヴェでの三年兵役反対の大集会でのジョレースのイメージもまた圧巻である。ここにその断片を紹介しよう。

「ものすごいどよめき。一段とはげしいひしめきが、会場全体を、群衆を、ゆり動かした。すでに演壇のまわりに集まり、ぎっしりとつまり、組合名や職業名や団体名や党の名や希望条項を書いたプラカードを頭上にかざし、金地に金のぬいとりをした反抗と秩序の旗をひるがえす十五万人の人びとを、どよもしゆり動かしていた。《うし、うし〔原文では bou. これは罵倒、嘲笑を表現する間接詞である。〕、さん、ねん、ほう！》という百倍にもふくれあがった叫びをあげてぎゅうぎゅうに押し合い感動をほとばしらせる群衆をかくもゆり動かしたどよめき。それによって広場のむこうの端に、一人の愛されている首領、一人の英雄のついたことが知れた。ジョレース、ジョレース！　その名はひろがり、ふくれあがり、弱まり、ふたたびよみがえった。ジョレースがドイツ門を通り、ドイツ通りを通って、ついたところだった。いずれも数年ののち、大方の嘲罵をあびて、その名を失い、彼ジョレースが未然に防ごうとしたあの戦争のおかげで、彼の名をとることとなった門と通りだ。運ばれてきた古い自動車からおりると、例の山高帽をかぶり、議員の三色の綬を胸にかけたその雄弁家は、群衆の手で、まるで踊りあがるような群衆の動きに運び去られた。この動きこそ、彼を歴史の頂上にすえ、彼が死ぬまで去らなかったあの地位に、そこから彼が戦前のあの数年間を、あの幻覚の最後の日々を支配しつづけたあの地位に彼をすえたものであった。一万人が、ただ一人のようになった一万の人びとが、彼をうばい、河のように運んで行く。反戦闘争の満艦飾の旗のところへ、雄弁家の拳が高くあげられるあの瞬間へ、運んで行く。この姿を一葉の写真が永遠のものとしているが、これこそ彼の身ぶりの大きさを、彼の行動の偉大さを示し、彼の抗議の品格を示し、一時代全体を示しているものだ。この姿こそ、腐敗しつつある一つの党の——裏切りに疲れたあの言葉、ジョレース死後船を流れにまかせて運んで行く《どうしようもない》という言葉がすでにささやきかわされている一つの党の——名誉を救うものである。ジョレース、ジョレース！　叫喚は堅い地をうち、高まって行く。…（中略）…だがこれらすべては、数年の年月をへだててみれば、一枚の肖像画の背景装飾にすぎぬと見える。この画の本質、それはこのジョレースの姿だ。肥った、年老いた、すでに喉をぜいぜい鳴らしている、多血質な一人の男、あの塩のような芥子色の顎鬚をはやし、レスラーの体軀とブルジョワの腹をそなえ、あの三色の綬とその心のように赤い胸章をつけ、その数々のあやまちと偉大な民衆的霊感をもった男の姿——ただ一人ではなにものでもないだろうが、労働者の力が、人びとの頭上に、うちふる帽子のただなかに、あげられた腕のあいだに、反戦の生ける旗として、生命の旗として運んでいるジョレースの姿だ。」（ARAGON Louis: *Les beaux quartiers*. Paris. Denöl. 1936. pp.337-338. 邦訳、アラゴン著、橋本一明訳、『お屋敷町』、集英社（世界文学全集一二）、一九六七年、三一〇—三一一頁）

(52)　マルチネがジョレースに捧げた詩は「亡き人に *À un homme en allé*」と題する九八行に及ぶ長大なもので一九一八年の春に書かれたが、最初にどこに発表されたかは不明で、のちに詩集『人びと *Hommes*』（一九三八年）に収められた。この詩は最近には *B. S. E. J.* n°8 janv.-mars. 1963 pp.1-4 に再録された。このほか著名な詩人ではジョルジュ・シュヌヴィエール Georges CHENNEVIÈRE.（一八八四年—一九二七年）や女流詩人アンナ・ドゥ・ノアーユ Anna de NOAILLES（一八七六年—一九三三年）がジョレースに詩を捧げている。

(53)　モンテウスがジョレースを唱ったシャンソンの一つは「二人の殉教者ジェジュ《イエス》……ジョレース Les deux martyres Jésus…… Jaurès」と題され末尾の一節は次のように結んでいる。

「友よ、その石の台座の上に置け、

ジェジュ《イエス》・クリストが眠っていたその場所に、戦さの最初の犠牲を。

偉大なジョレースを！　平和の使徒を！」（《Une chanson de Montéhus sur Jaurès》*B. S. E. J.* nº33 avril-juin. 1969 pp.18-20.

（54）　COMBES, Émile: *Mon ministère. Mémoires. 1902-1905.* Paris. Plon. 1956, p.155

（55）　CAILLAUX, Joseph: *Mes Mémoires.* tome III. Clairvoyance et force d'âme dans les épreuves 1912-1950. Paris. Plon, 1947. p.97.

（56）　cf. SOULIÉ, Michel: *La vie politique d' Édouard Herriot.* Paris. A. Colin, 1962 pp.13-14. 27

（57）　HERRIOT, Édouard: *Jadis.* tome I. *Avant la Première Guerre Mondiale.* Paris. Flammarion. 1948, pp.82-83

（58）　ジョレースの遺灰のパンテオンへの合祀については、PRIGENT, Françoise: «L'opération《Panthéon》(23 novembre 1924)». *B. S. E. J.* nº21 avril-juin 1966 pp.6-11 が参考になる。

（59）　アギュロンの調査によって現在まで把握されているところによれば、ジョレースの記念像（碑）は現在までに三三の市町村に建てられたが、それらのいくつかはナチス・ドイツ軍によって占領中に持ち去られ、そのうち大抵は解放《リベラシオン》後再建されたが、未だに再建されないもの（Le Havre, Montélimar の場合）もある。地理的分布を見ればその三三市町村のうち一〇市町村（Albi, Carmaux, Castres《Tarn 県》、Toulouse〈Haute-Garonne 県〉、Cransac〈Aveyron 県〉、Monpellier, Puisserguier〈Hérault 県〉、Millas〈Pyrénées-Orientales 県〉、Montélimar〈Drôme 県〉、Mouans-Sartoux〈Alpes-Maritimes 県〉）、が南仏に、四市町村（Courbevoie, Pavillons-sous-Bois, Saint-Ouen, Suresnes）が旧セーヌ県に、残りの八市町村（Revin〈Ardennes 県〉、Dôle〈Jura 県〉、Saint-Dizier〈Haute-Marne 県〉、Méricourt〈Pasde-Calais 県〉、Méru〈Oise 県〉、Le Havre, Caudebec-lés-Elbeuf〈Seine-Maritime 県〉、Saint-Etienne〈Loire 県〉）はその他のフランスの各地方に点在している。最初に建立された年代は一九三〇年代より、一九二〇年代の方が多く、また建立時の自治体の与党を色分けすると社会党と急進社会党が多く、共産党は皆無である。AGULHON, Maurice :《Le souvenir de Jaurès par les monuments publics. un projet d'étude》*B. S. E. J.* nº60 janv.-mars 1976. pp.2-5

（60）　ef. JAURÈS, Jean :《République et Socialisme》dans *Les Études Socialistes,* Paris. les Cahiers de la Quinzaine. 4ᵉ cahier de la 3ᵉ série 1901, pp.XCIII-CV（*Œuvres de Jean Jaurès* t. VI. Études Socialistes.II 1897-1901 *op. cit.,* pp.269-274）

（61）　カルモー炭鉱の鉱夫の運動については、TREMPÉ, Rolande: *Les mineurs de Carmaux. 1848-1914.* 2vols. Paris. Éditions Ouvrières. 1971 等のロランド・トランペの研究が、カルモーの硝子製造労働者の運動についてはSCOTT Joan, Wallach: *The Glassworkers of Carmaux. French Claftsmen and Political Action in a Nineteenth-Century City.* Cambridge. Massachesetts. Harvard U. P. 1974. du même: 《Les verriers de Carmaux 1856-1895》 *Le Mouvement social* N°76. juillet-sept. 1971. 等のJ・スコットの研究が、今日の最高水準を示す秀れた研究である。

(62) ジョレースと農民問題との関係を扱った主要な文献は次のものを挙げることができる。BARRAL, Pierre: *Les agrariens français de Méline à Pisani,* Paris. A. Colin. 《Cahiers de la F. N. S. P. n°164》. 1968. pp.157-160. GOLDBERG, Harvey : 《Jaurès and the formulation of a socialist peasant policy. 1885-1898》. *International review of social history.* vol. 2, 1957. pp.372-391. REBÉRIOUX, Madelaine : 《Jaurès et la nationalisation de la vigne》 *B. S. E. J.* n°17. avril-juin, 1965. pp.1-19

(63) cf. HAUPT ,Georges : *Le congrès manqué. L'Internationale à la veille de la Première Guerre Mondiale.* Paris. Maspero. 1965. pp.94-99 etc.

(64) ジョレースの植民地問題に対する態度を扱った近年の研究の中で、主要なものを次に掲げる。AGERON, Charles-Robert: *La Politique colonial au Maghreb.* Troisième partie. chap. I. 《Jaurès et les socialiastes français devant la question algérienne 1893-1914》 Paris. PUF. 1972. pp.151-177. HAUPT, Georges et REBÉRIOUX, Madeleine (sous la dir. de): *La Deuxième Internationale et 1'Orient.* Paris. Éditions Cujas. 1967. pp.20-28, 136-158 etc. GIRARDET Raoul: *L'idée colonial en France. 1871-1962.* Paris. La Table Ronde. 1972. pp.107-110. REBÉRIOUX ,Madeleine : 《*Introduction*》 à *Jean Jaurès : Textes choisis.* t. 1 *Contre la guerre et la politique coloniale.* Paris. Editions Sociales. 1959. JULIEN, Charles-André et AGERON, Charle-Robert: 《Jaurès et Algérie》 *B. S. E. J.* n°2. juillet. 1961. pp.1-5. POITEVIN, Christian: 《Jaurès et les spoliations coloniales de Tunisie. l'affaire Couitéas (1908-1912). *B. S. E. J.* n°54 juillet-sept. 1974. pp.2-10. REBÉRIOUX, Madeleine: 《Jaurès》 dans *Dictionnaire biographique du mouvement ouvrier français.* t. 13. *op. cit.* pp.92-105. Jean BRUHAT: 《Jean Jaurès devant le problème colonial》 *Cahiers internationaux,* N° 94, mars 1958. pp.43-62.

(65) cf. JAURÈS Jean: *Histoire socialiste de la Révolution française.* éd . Soboul) *op. cit.*, t. 6 *Le Gouvernement révolutionnaire.* chap. Vl. *La chute de Robespierre. Démocratie et socialisme.* pp.517-518

(66) 《Un discours de Jaurès prononcé au Congrès international d'Amsterdam》 cité par LÉVY, Louis : *Anthologie de Jean Jaurès.* Paris. Calmamn-Lévy 1946. p.111

(67) JAURÈS, J. 《République et socialisme》 *op. cit.* p. xcv (*Œuvre de J. Jaurès* (de BONNAFOUS). *op. cit.*, t. VI p.270).

(68) ジョレースの自由論については、LAUNAY, Michel: 《La liberté selon Jaurès》. *Revue du Tarn,* n°23, septembre, 1961. を参照せよ。

(69) cf. JAURÈS, J.: *Idéalisme et matérialisme dans la conception de l'histoire* (*Controverse avec Paul Lafargue*) dans *Œuvre de Jean. Jaurès* (de BONNAFOUS). *op. cit.*, t. VI. pp.5-19（このジョレースの演説は JAURÈS, Jean: *L'ésprit du socialisme*. Paris. Danoël/Gonthier, 1971, pp.9-26 や JAURÈS,Jean. LAFARGUE, Paul: *Idéalisme et matérialisme dans la conception de l'histoire*. Paris. Spartacus. 1946 pp.7-18. にも収められている。)

(70) このような筆者の見解と同種の意見を PERROT, Michelle: *Les Ouvriers en grève*. France 1871-1890. Paris. La Haye. Mouton. 1974.（2vols.）t. 1, *Introduction* pp.5-81 にもみつけることができる。

(71) 「社会史」とは何を意味するかは今日なお明確ではないが、ここでは多少大まかだがブローデルに従ってグループと集団の歴史であると理解しておこう。より立入った議論は HOBSBAWM, E. J.: 《From Social History to the History of Society》 in FLIN M. W. and SMOUT T. C.（ed）: *Essays in Social History*, Oxford. Clarendon Press. 1974. pp. 1-22 FEBVRE, Lucien: *Combats pour l'histoire*. Paris. A. Colin. 1953. 邦訳L・フェーヴル著、長谷川輝夫訳『歴史のための闘い』創文社、一九七七年。柴田三千雄、遅塚忠躬、二宮宏之「《鼎談》「社会史」を考える」「思想」No. 663, 一九七九年九月、等を照参されたい。

(72) BRAUDEL, Fernand: *La Méditerranée et la Monde méditerreén à l'époque de Philippe*. II（Seconde édition）Paris A. Colin. 1966. p.17.

(73) SORLIN, Pierre: *Waldeck-Rousseau*. Paris. A. Colin. 1966. p.7

(74) POULAIN, Elisabeth: 《Huit lettres de Jeunesse de Jean Jaurès》. *Revue de l'histoire économique et sociale*. n°1, 1960. pp.41-53

(75) この一六通の手紙は LÉVY-BRUHL, Lucien: *Jean Jaurès. Esquisse biographique*. Paris. Rieder. 1924. pp.131-185 に発表された。

(76) これら未発表書簡の資料整理《コート》番号 cote は次の通り。Nouvelles Acquisitions Françaises（略号 NAF）24328（64-72）. 24274（84-92）. 24520（427-429）. 24497（45-50）. 13191（174-180. 185-186）

(77) フランス以外の諸国でのジョレース研究の文献目録は *Le Mouvement social*. No39. avril-juin. 1962 pp.57-65, と Actes du colloque. "*Jaurès et la Nation.*" *op. cit.*, pp.228-239 を見よ。

(78) Actes du colloque. "Jaurès et la Nation" *op. cit.*

(79) ジョレースに関する資料と研究文献目録《ビブリオグラフィー》は REBÉRIOUX M.: 《Bibliographie française et étrangère》. *Le Mouvement social*. n°39 avril-juin 1962 pp.51-65, MAITRON, J.（sous la dir. de）: *Dictionnaire biographique du mouvement ouvrier français* t. 13 *op.*

cit. pp.104–105. Actes du colloque *"Jaurès et la Nation" op. cit.* pp.221–239. FIECHTER, Jean–Jacques: *Le socialisme français: de l'affaire Dreyfus à la Grende Guerre.* Genève. Droz. 1965. pp.20–21, 29–29–31, 40–43, GOLDBERG, Harvey: *the Life of Jean Jaurès. A biography of the great French socialist and intellectual.* Madison. Wisconsin. The University of Wisconsin Press, 1962 pp, 569–580, RABAUT. Jean: *Jaurès.* Paris. A. Perrin. 1971, pp.569–588. などがある。

第一章　誕　生

第一節　ジョレース家の人々——祖先と親族——

ジャン・ジョレースは[1]一八五九年九月三日正午に、フランス西南部ラングドック Languedoc 地方にあるタルン Tarn 県の第二の都市カストル Castres 市の中心部に近いレクリュザンヌ街 rue de Réclusane（現在の住所はスール・リシャール街 rue de Soeur-Richard 五番地）のつつましいアパルトマンで生まれた。ジョレースの両親はその頃一年のうちのいく月かを、母親の実家の持家であったこのアパルトマンで暮していた。しかしジャン・ジョレースが少年時代を過ごすことになるのは、この市の中心部から数キロメートル離れた、サイックス Saïx 村と境を接している「ラ・フィデアル・オート la Fidéal Haute」（フェデアルとはラングドック地方の方言 dialecte で〝羊小屋〟を指し、フィデアル・オートは高台の羊小屋を意味する）であった。ところで翌九月四日にカストル市役所に出生届が出され[2]、同月六日にカストル市サン－ジャック・ドゥ・ヴィルグドゥー Saint-Jacques de Villegoudou 小聖堂区の教会で洗礼が行われた[3]。

ジャン・ジョレースの父親は三八才の商人ジュール・ジョレース Jules JAURÈS、母親は三六才のアデライド・バルバーザ Adélaïde BARBAZA であり、ジャンはこの夫婦の結婚から数えて六年余りたってから生まれた最初の子供であった。ところでこの夫婦の結婚は、新婦側の家族の強い反対に遭遇したと言われる[4]。三三才の新郎ジュール・ジョレースは、二人の従兄弟を海軍将官にもった名門の家の出身であり、「美男子で、口巧者で、怪力を唱わ

図ー1 ラングドック地方の位置

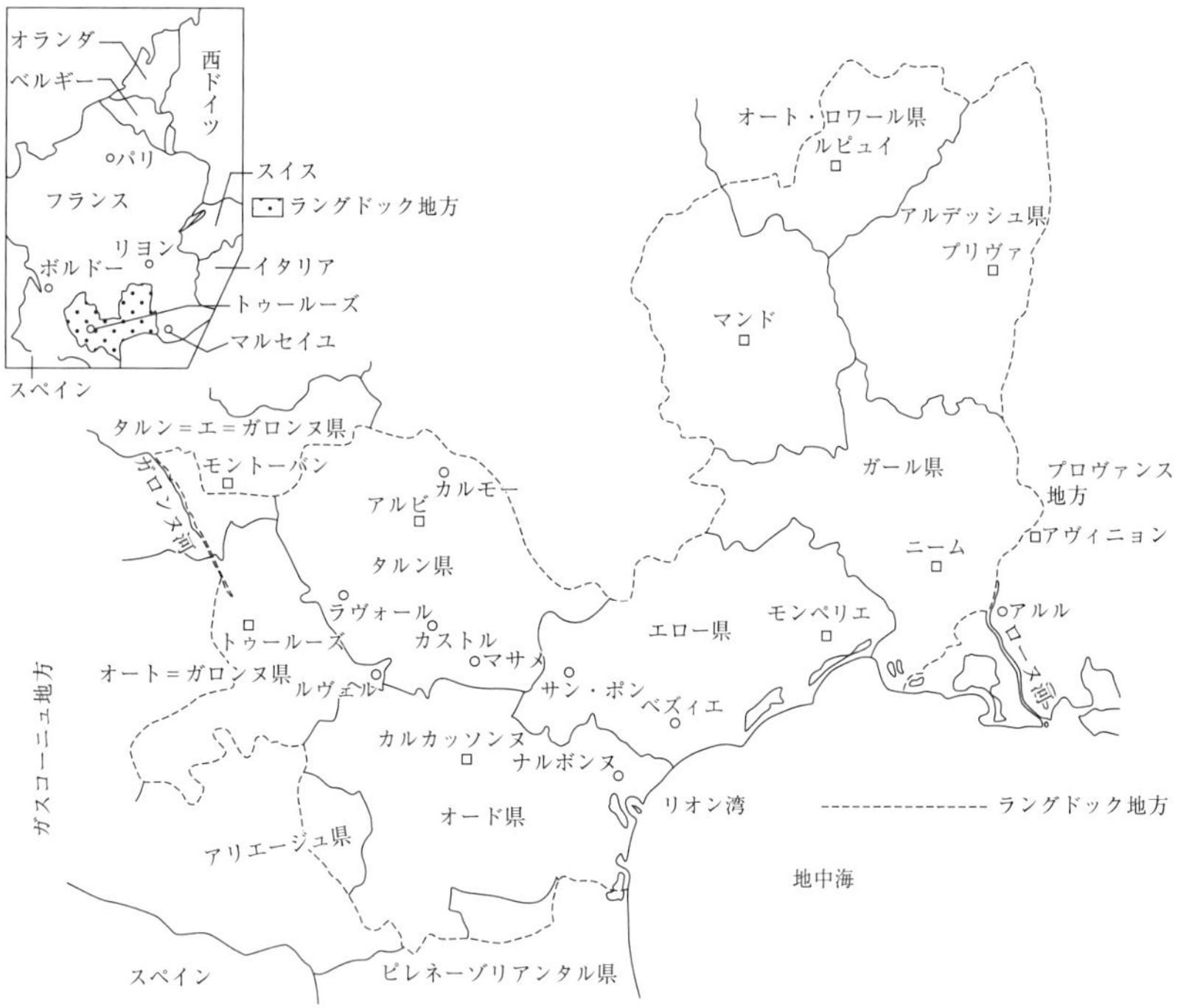

れていた[5]」のだが、ぶっきら棒で人付き合いが悪く、忍耐力に欠けていたために[6]、仕事の面はあまり振わなかった。器用貧乏と言われる種類に属したと思われるこの男性は[7]、となりのガール県のニーム市に近いボーケールBaucaire の町の定期市に商品を仕入れに行き、そこで入手した品物を背負ってきてカストル及びその近隣の町で売り捌く仕事をしていたが[8]、この後の一八五四年二月に新婦の嫁資で六ヘクタールの農地と「フェディアル・オート」と呼ばれる小さな館を入手して[9]、農業を営むようになった傍ら、土木工事の砂利運搬業にも従事している[10]。これに対し新婦のアデライド・バルバーザは「適齢期」も過ぎかかった三〇才であったけれど、才気煥発で気立ての良い小柄な赤毛の美人で、カストル市の名家の娘であった[11]。彼女の父ジャン・バルバーザは市で有数の実業家で、彼の父から受けついだ「グリゼ」と呼ばれる灰色のラシャ布の製造業を営みながら、市議会議員（一八五〇年―一八七〇年）と市労働裁判所（コンセイユ・デ・プリュドム）議長を務めていた。また彼女の母親の父にあたるジョゼフ・サルヴェールはカストル市の公立高等中学校《コレージュ》（この学校は一八四一年一一月四日公立高等中学校《コレージュ》に改編された[12]）の「文章学（哲学）教授」であり、カストル市の助役を務めたこともあった[12]。こうした事情からして、二人の結婚は、新婦側のバルーザ家の相当に強い反対を押し切って行なわれたようである。一八五二年一二月二一日の挙式には、新郎側からは母方の叔父である弁護士のフレデリック・フロック・サイシネルと義理の兄弟で医者をしていたオーギュスト・ブリュが、新婦側からは新婦アデライドの本従兄弟で商業を営むバンジャマン・バルバーザと義兄弟のルイ・ジャラベールが証人として立ち会った[13]。この挙式で陸軍士官の制服を着て列席した青年が人目を惹いたが、彼は新婦の弟マリー・ルイ・バルバーザで、サン・シール陸軍士官学校を卒業したての青年将校であった。やがてクリミア戦争のセヴァストーポリ要塞の闘いで重傷を負って、担架に載せられてカストルに帰ってきたこのジャン・ジョレースの叔父は、彼の将来に大きな影響を与えることになる[14]。そのことについては後で詳しく述べる。

ところでジャンが生まれて一年も経たない一八六〇年八月一八日に、マリー・ポール・ルイ・ジョレースが生ま

図ー2　タルン県の地図

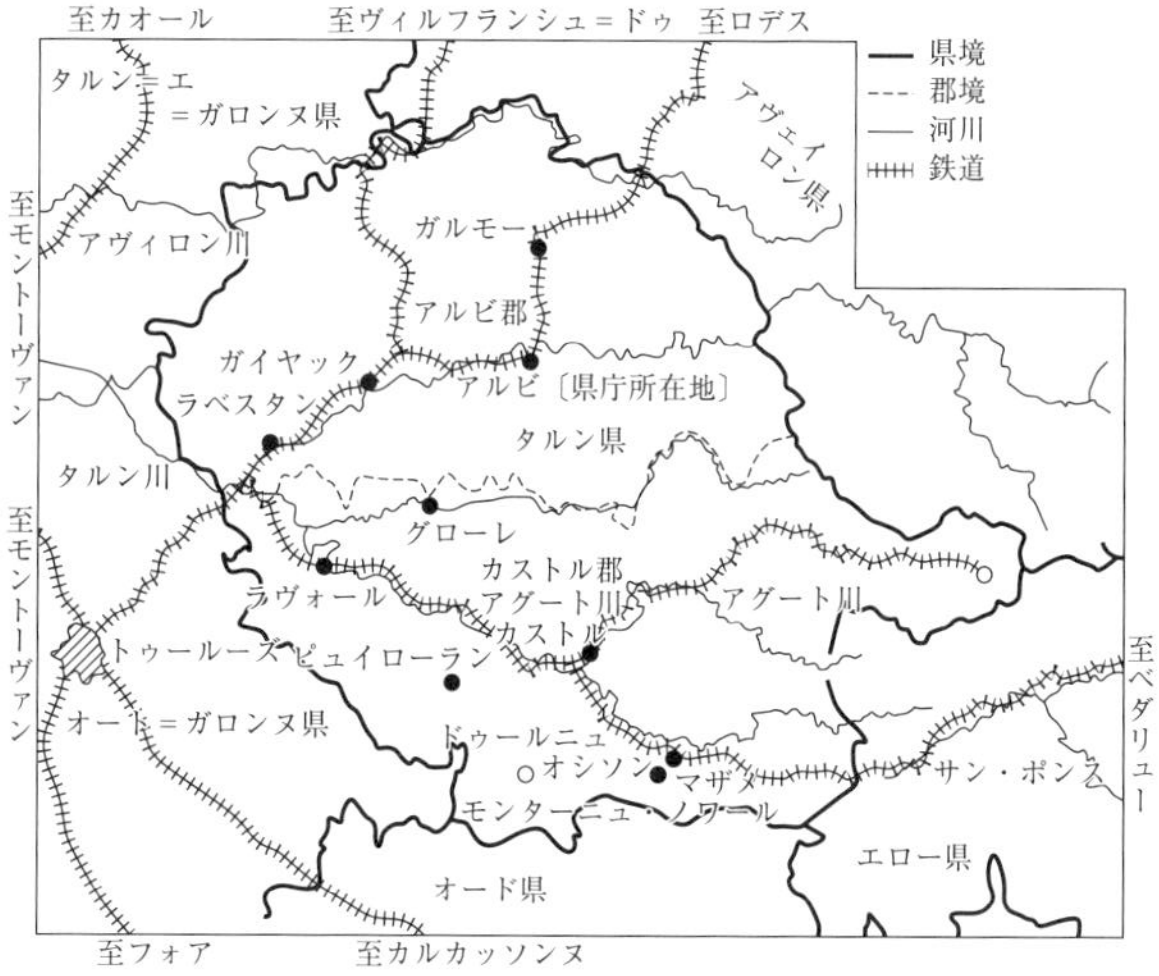

○郡（arrondissement）　2
・アルビ Albi
・カストル Castres
○小郡（canton）　36
○市町村　326

人口5,000人以上の市
（1975年現在）

アルビ	62,226人
カストル	48,704
マザメ	28,204
カルモー	21,703
グローレ	14,110
ガイヤック	12,138
ラヴォール	9,171
ラバスタン	5,604
ラブリュギエール	5,477

軍管区：ボルドー（4区）
控訴院管轄区：トゥールーズ
アカデミー：トゥールーズ
（大学区）
大司教区：アルビ

〔出典〕TAILLEFER François. *Le midi toulousain*. Paris. Flammarion 1978. pp, 260-261

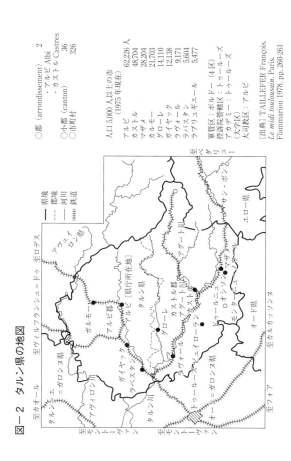

表－1 ジョレース家の家系図

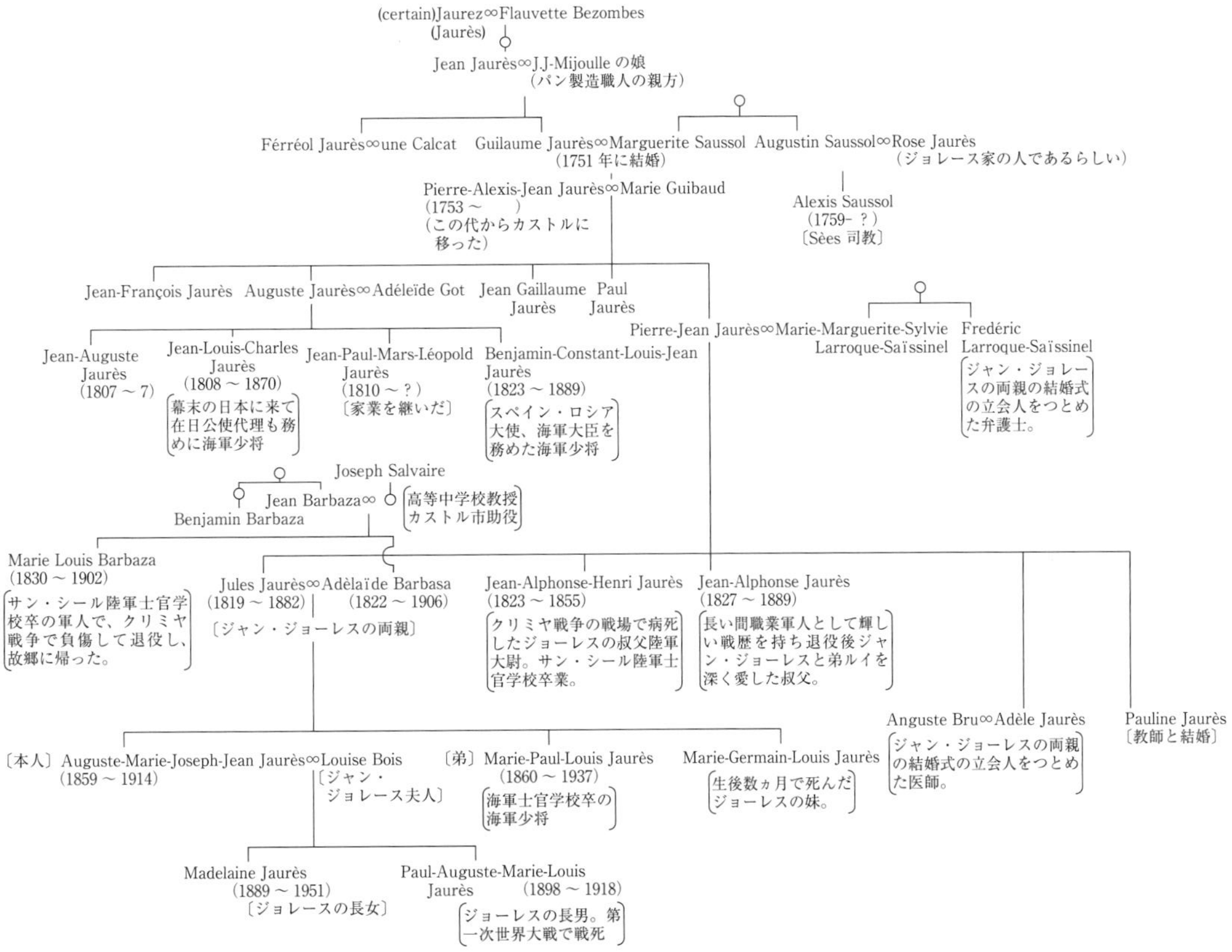

れ、その後にマリー・ジェルメーヌ・ルイーズという名を与えられた妹が誕生したが、この妹は数か月後にこの世を去った。弟のルイはやがて海軍士官学校に入学し、数々の戦功を収めたのちに、父の二人の本従兄弟シャルルとバンジャマンにつづいてジョレース家三人目の海軍提督となった。そして第一次世界大戦後の一九二四年に、ルイ・ジョレースはセーヌ県二区からの代議院《シャンブル・デ・デピュテ》議員に立候補して当選し、この時の総選挙で勝利を収めた左翼カルテル系の議員として、兄の遺志を継いで活躍した。(15)

ところでジョレース家の祖先はどのような地方に住んでいたのか、またどのような社会的地位と境遇にあったのかを詳らかにすることは、ジョレースが祖先から受け継いだ資質と、彼が生きた環境――とりわけ親戚との関係――を知るうえで重要である。まず、ジョレース家はジョール谷 vallée de Jaur 〔エロー県サン・ポンス小郡《カントン》に流れを発するジョール川の渓谷で、エロー県とタルン県にまたがるこの渓谷は、カストル市の南西に位置する〕の出身ではないかする説があるが、(16)これは有り得ることである。少なくとも、名前の由来はそこにあるのであろう。と言うのは、現在知られている最も古いジョレース家の祖先は一七世紀の中頃から、ジョール谷から余り遠くないモンターニュ・ノワール（黒い山地）にあるドゥールニュ Dourgne 村（現在カストル郡《アロンディスマン》・ラヴォール小郡《カントン》）に住んでいたことが知られているからである。その家の奥方はフローヴェト・ベゾンブ Flauvette BEZOMBES という名前であったという。そして一六九〇年にドゥールニュ村で生まれたその家の孫が、ジョレース家でジャンという名前を最初に与えられた男児であった。その後、各世代に一人はジャンという名前《プレノム》を与えられることになる。(17)当初ジョレースという姓は JAUREZ と綴られていたが、やがて一七〇〇年頃から現在と同じように JAURÈS と記されるようになった。(18)このジョレース家は農業や牧畜のかたわら、「コルドラ」と呼ばれるブラジル赤やロッグウッド、リトマス苔などで染めるタルン県特産の毛織物の製造業者と取引業者を営んでいたらしいことは、小聖堂区台帳に記入された彼らの職業からうかがい知ることができる。(19)前記のジャンがオルレアン公フィリップ摂政時代（一七一五―一七二三年）にパン製造職人《メートル・ブーランジエ》の親方ジャン・ジャック・ミジュール Jean-Jacques

MIJOULLE の娘と結婚してから、ジョレース家はこの地方の小ブルジョアジーに仲間入りし、彼の息子フェレオル Férréol はこの地の名家カルカト CALCAT 家の娘と結婚しており、もう一人の息子ギョーム Guillaume もまた近所に住む彼と同じ「製造業者《ファブリカン》」ソーソル SAUSSOL の娘マルゲリート Marguerite と一七五一年に結ばれている。[20] この夫妻の甥にしてオーギュスタン・ソーソル Augustin SAUSSOL とローズ・ジョレースの息子であるアレクシス・ソーソルこそは、この家系で高位聖職者として最初に名を成した人物であった。彼は一七五九年に生まれ、トゥルーズとサン・シュルピスの神学校〔パリに一七世紀に建てられた有名な神学校。〕を優秀な成績で卒業したのちに、サン・ピエール・デュ・シャルドネ修道院で短期間その院長をつとめ、やがて故郷の司教区に帰ってラヴォール Lavaur 司教J・-A・ドゥ・カステラーヌ J.A de CASTELLANE〔第三七代ラヴォール司教で、在任期間は一七七〇年から一七九二年まで。彼はこの司教区の最後の司教となった。彼は一七八九年に召集された三部会に出席する代表者を選ぶための同年三月一七日のカストル奉行区（セネシャル）聖職者身分会議に出席している。〕の右腕となり、司教が国外に亡命した際に、彼に従がってスペイン、ボローニャ、フィレンツエに赴いた。フィレンツエでドゥ・カステラーヌ司教は他界したが、ソーソル神父はエトルリア摂政王妃のマリー・ルイーズ・ジョゼフィーヌの子息の教育を引きうけるなどして生計を建て、ナポレオンの司教冠授与の誘いをしりぞけて、帝政没落に至るまで亡命の地にあった。[21] そしてしばらくフランス西部のカルヴァドス県リジゥー Lisieux に滞在したのち、一八一九年にフランス西部地方オルヌ県のセー Sées の司教として聖別を受けた。

ところでアレクシス・ソーソルの叔父と叔母である前記のギョーム・ジョレース夫妻の間に、一七五三年五月二二日に男児が誕生し、ピエール-アレクシス-ジャン Pierre-Alexis-Jean と命名された。ジャン・ジョレースの曽祖父にあたる彼は、やがてマリー・ギボー Marie GUIBAUD と結婚し、小聖堂区台帳に書き記されているだけでもジャン-フランソワ、オーギュスト、ジャン-ギョーム、ポールそれにピエール-ジャンという五人の男児をもうけている。[22] このジョレースの曽祖父ジャンは、大革命後に故郷を離れてカストル市プラテ街 rue de Platé に寓居を構え、毛織物取引業を家業として暮した。ここからカストル市でのジョレース家の歴史が始まる。この時期のジョレース家の経済状態はタルン県知事が、一八一一年に内務大臣のもとめに応じて提出した各県の主要な製造業者と商人のリストによってうかがい知ることができる。報告にはこう記載されている。

「ジョレース、父子
父、ジャン、四〇《ママ》歳、すで婚、五児の父
息子、オーギュスタン、三〇《ママ》歳、すで婚、二児の父
カストル在住
（個人企業か会社か）：会社
（社主か社員か）：社主
（取引の種類）：毛織物とラシャ織物の問屋業
（国外との関係）：帝国内のみ
（取引高）：七〇〇、〇〇〇—八〇〇、〇〇〇フラン
（財産）
資本：一五〇、〇〇〇フラン
個人所得：一五、〇〇〇フラン
（彼らの財産源）：父ジョレースは、製造業者だった父の遺産の分配を受けた。残りは二人の社員との共同経営企業からの収益である。
（教養程度）
(1)職業面：彼らは彼らの事業を賢明に営んでいる。他の事物には関心を示していない。

(2)全体的：彼らは彼らの身分に相応しい教育しか受けていない。
(評定)：彼らは良い評判を博している。このいく年かのうちに彼らの取引高を倍増した。以前から彼らは彼らの事業を賢明に成し遂げているが、慎重さを欠いていたためにいく度か倒産の憂き目をみた。数年前から彼らの信用は余り良好には打ち立てられてはおらなかったが、現在彼らは一層の信頼を克ち得ている[23]」

ところでこのピエール‐アレクシス・ジャン・ジョレースは、大革命期にはジロンド派に組し、国民公会でカストル市を代表して抗議の意思を表明するべく、他のいく人かと共に代表に選ばれてパリに赴いたが、カストルに帰ると「マラーの謀叛」なるものを断罪し、また共和国の一体性と不可分性を破壊しようとする意図の書簡を認《したた》めたとして逮捕されたといわれる[24]。その後一八二八年に、彼は富裕な商人としての生涯を閉じている。この曽祖父ジャンの五人の息子のうち、私達の関心事となるのはジャン・ジョレースの祖父にあたるピエール‐ジャン・ジョレースと、彼の兄で二人の海軍将官を息子に持ったオーギュスト Auguste の二人である。先ず兄のオーギュストであるが、彼は旅先で、タルン県の皮革産業で有名なグローレ Graulhet 市に近いラ・ブレソール La Bressole の地主の娘アデライド・ゴート Adélaïde GOT と結ばれカストルに戻って居を構え、この地で一八〇七年一〇月一三日にジャン・オーギュスト、一八〇七年一〇月一三日にジャン・ルイ・シャルル Jean-Louis-Charles、一八一〇年三月一日にジャン‐ポール、マルス、レオポルトの三人の男児をもうけ、さらにアデライド・ゴートは旅先のパリで一八二三年二月三日に末子《バンジャマン》のコンスタン‐ルイ‐ジャン‐バンジャマン Constant-Louis-Jean-Benjamin を生んだ。次男のシャルルは、海軍中尉として一八三〇年のアルジェリア遠征に参加した。またその同じ年にエジプト副王（太守）ムハマンド・アリー（メフメト・アリー）からフランス王ルイ・フィリップに贈られ、現在に至るまでパリのコンコルド広場を飾っているオベリスクを輸送するために「ルクソル Louqsor」号に乗り組んでカイロにたどり着いたが、その際にハーレムの女性達が乗った小舟が転覆するのに居合わせて、これを救助してレジオン・ドヌール章を佩用するに至ったことが知られている。(25)　一八四四年にはタンジェ Tanger 攻撃〔ジブラルタル海峡に面するモロッコの都市であるこのタンジェに対するフランス海軍の砲撃事件。〕に加わり、また一八四八年にアルジェにあった彼は、二月革命勃発に際してジョアンヴィル大公 prince de JOINVILLE〔一八一八年―一九〇〇年。ルイ・フィリップの三男。〕夫妻とドマール公爵 duc d'AUMALE〔一八二二年―一八九七年。ルイ・フィリップの四男。〕夫妻を哨戒艦ソロン号でイギリスまで送り届ける任務を授かった。このソロン号の艦長であったシャルル・ジョレース少佐は、艦がブルターニュにさしかかった時に、ルイ・フィリップ王の親王たちに上陸して革命を鎮めるための陣頭指揮に立つことを諫言したが、親王たちは自重したと言う。(26)　この時、海軍大将であるルイ－フィリップの親王ジョアンヴィル大公との親密な友情が生まれたと言われる。(27)　このように政治思想の面ではシャルル・ジョレースは、疑いをさし挟む余地の無いオルレアン王朝派《オルレアニスト》であった。この後シャルルは、一八五二年にはインドシナに赴き、それからしばらく後の一八五四―五五年には、太平天国の乱の最中に起きた上海事件(28)〔上海の租界で起きた秘密結社天地会の分派小刀会の反乱。〕で戦功を挙げた。翌一八五六年に大佐になっていた彼は、スエズ運河建設計画を検討する国際委員会に参加した四人のフランス人メンバーの一人に選ばれた。またこのシャルル・ジョレースに関して特筆すべきは、彼の晩年に明治維新前夜の我が国をめぐる西欧列強の国際政治の舞台において、見落すことのできない大きな役割を果したことである。一八六二年（文久二年）九月に起きた生麦事件（リチャードソン事件）に端を発する英仏両国と我が国との緊張のたかまりの中で、フランス海軍清国方面司令官であったジョレース准将（一八六四年から少将になる）、は翌一八六三年四月二六日に数隻の艦船から成る艦隊を率いて来日し、横浜港でイギリス艦隊と合流して横浜の租界の防衛の任にあたり、また落馬で負傷して数週間病床にあったドゥ・ベルクール de BELLECOURT 在日フランス公使の職務を代行した。さらに同年七月八日に、フランス籍船舶キエン・シャン号が下関海峡で攘夷決行を唱える長州藩士の砲撃に対する報復として彼自身の判断で同月二〇日に壇ノ浦と前田の要塞を砲撃して占拠した。しかしドゥ・ベルクールとジョレースの対日強硬策と対英協調方針は、当初本国政府、外務省の日本への深入りを避ける政策と折り合いが悪かった。(29) ところでシャルル・ジョレースは海軍横須賀工廠の建設に貢献したフランス人の一人でもあり、工廠内の司令部の置かれた石造の大きな建物はジョレース 館《オピタル》 と銘されたと言う。(30) やがて彼は極東の地で病を得て本国に帰り、一八七〇年に病死している。(31) この時、ジャン・ジョレースはようやく一一才に達したばかりであった。ただでさえ遠隔の地にあったこの父の従兄弟とは、それゆえ親戚としての交わりを結ぶ機会はなかった。

これに対しシャルルより一四才年下の弟バンジャマンとジャン・ジョレースの関係は、以下の記述に示される通り、決して浅いものではなかった。彼もまた、兄シャルルと同じ様に海軍軍人の道を選び、クリミア戦争（一八五三年—一八五六年）やイタリア統一戦争（一八五九年—一八六一年）に従軍し、中国（清）やコーチシナ、アンナンでも戦闘に参加している。しかし彼の名を高からしめたのは、フランスが惨澹たる敗北の汚辱を喫した一八七〇—七一年の独仏（普仏）戦争においてであった。それまで海軍大佐にしてジョーレギベリー JAURÉGUIBERRY〔一八一五年—一八八七年。一八六九年にはセネガル提督、一八七九年—一八八〇年と一八八二年—一八八三年には海軍大臣を歴任。〕少将の旗艦長であったバンジャマン-コンスタンは、一八七〇年一一月二〇日に陸軍少将（師団長）という位を与えられ、ロワール地方の第二一軍団司令官に任命されている。この海軍士官を陸軍に流用するという苦戦の結果あみだされた苦肉の策は、ガンベッタの発案によるものであった。父の従兄弟にあたるこのバンジャマン-コンスタン・ジョレースのこの時の活躍について、ジャン・ジョレースは彼が編纂した『社会主義者のフランス現代史』の第一一巻『独仏戦争』で、彼自ら次の様に描写している。「ル・マン〔フランス西部サルト県の県庁所在都市〕で二日の間、グジュアール、ジョーレギベリー、それにジョレースという勇猛な将軍の助力をうけて彼（ガンベッタ-筆者注）はプロイセン軍の突撃を持ちこたえた。そしてマイエンヌ〔マイエンヌ県マイエンヌ郡の郡庁所在地。ル・マンの七四キロメートル北西に所在する。〕に後退したが、まだ戦う意志を失っていなかった」。(32) これは一八七一年一月一一日のル・マンの戦いと翌日の退却の模様についての叙述であるが、さらにバンジャマン－コンスタンは同月一五日シレ－ル－ギョーム Sillé-le-Guillaume〔ル・マンの北西三三キロメートルの地点にあるサルト県の町。〕でドイツ軍への逆襲を指揮している。(33) また一八七一年五月一〇日にフランクフルトで講和が結ばれたのちの七月二日の国民議会 Assemblée Nationale(34) の補欠選挙(35)で、郷里のタルン県から議員に選ばれて、議会では中道左派（ティエール・デュフォール〔一七九八年―一八八一年。弁護士出身の中道左派の政治家で、一八七一年から一八七九年にかけて五度首相をつとめた。〕派）に属した。(36) 一八七五年一二月一三日には終身元老院議員に選ばれ、一八七八年に海軍少将に昇格したバンジャマン・コンスタンは、同年にスペイン駐在フランス大使に任命され、ついで同じ年のうちにロシアの首都サンクト・ペテルブルクにあるフランス大使館に赴いて、そこでフランス大使に着任している。そして翌年の一八八九年二月二二日に発足したティラール〔一八二七年―一八九三年。共和主義左派の政治家。〕内閣の海軍・植民地大臣になり、在任中の同年三月一三日に他界した。(37) 母の弟マリー・ルイ・バルバーザと同様に、このジャン・ジョレースの父の従兄弟もまた、後で述べるように彼の人生の進路に大きな影響を与えることになる。ところでこれら二人の海軍将官の父オーギュストの家業を継いで、毛織物取引業を営んだのは三男のジャン－ポール－マルス・レオポルドであった。(38)

このオーギュストの弟でシャルルとバンジャマン・コンスタンという二人の海軍提督の叔父にあたるピエール－ジャン・ジョレース（ジャン・ジョレースの祖父）は、カストル市のメルキュール街（今日のヴィクトル・ユゴー街）〔市の西側を北東から南西の方向に走る小さな街路。〕で商業を営んだ。彼の妻となった女性はマリー－マルゲリート－シルヴィ－ラロック・サイシネルという名の富裕なブルジョアの娘であった。彼女の兄弟のフレデリック――彼は前述のようにジャン・ジョレースの両親の結婚式で立会人をつとめた――は弁護士であった。(39) このピエール－ジャンとシルヴィの夫妻には七人の子宝が授かったが、そのうち二人は幼い頃に死んだ。(40) 成人に達した五人の兄弟のうち、二人は女性で、その一方のアデール Adèle は医師オーギュスト・ブリュ――彼も弁護士フレデリック－フロック・サイシネル（ジャン・ジョレースの父ジュールの母方の叔父）と共にジャン・ジョレースの両親の結婚式の新郎側の立会人であった――の夫人となり、もう一人のポーリーヌ Pauline は教師と結婚した。(41) 三人の男性の兄弟のうち、長男はジャン・ジョレースの父親ジュール・ジョレースで一八一九年一〇月二八日に生まれている。次男のアンリと三男のアルフォンスは、彼らの叔父のシャルルとバンジャマン・コンスタンのように兄弟そろって職業軍人の道を選んだ。(42) 兄のジャン＝アルフォンス＝アンリ・ジョレース（ふつうアンリ・ジョレースと呼ばれた）は一八二三年四月二八日(43)にカストル市に生まれ、サン・シール陸軍士官学校を卒業したのち、一八四五年一〇月に二二才で少尉に、一八四九年六月に二六才で中尉に、一八五四年九月に三一才で大尉に昇進している。そして彼はクリミア戦争に従軍し、一八五五年七月二一日に、セヴァストポリ要砦に近い第一軍団第四師団の野戦病院でコレラがもとで病死している。行年三二才の若さであった。(44) 弟のジャン＝アルフォンス・ジョレース（ふつうアルフォンス・ジョレースと呼ばれていた）は一八二四年一〇月四日に生まれ、二〇歳前に第一猟騎兵連隊に入隊し、一八五一年一二月二日のルイ＝ナポレオン・ボナパルト（のちのナポレオン三世）のクーデタに際しては、彼はパリで彼の連隊と共に公共施設や印刷所を占拠した。一八五四年一月に除隊になった彼は、軍隊生活からなかなか縁が切れなかった。すなわち同年末には勇名を全国に馳せていた第一アルジェリア《ズアーヴ》連隊に入隊し、兄と同様にクリミア戦争に従軍した。彼がクリミアの戦地に着いたのは、彼の兄がコレラで死ぬ一月前の一八五五年六月のことである。この年の九月八日のセヴァストーポリ陥落をもたらしたマラコフ砲台奪取戦で、彼の連隊はマクマオン将軍の師団の先陣を切って突撃し、砲台にその連隊旗を掲げている。アルジェリアの兵舎に帰ったアルフォンスは勲章を授かり、伍長に昇進した。やがてイタリア統一戦争に際して彼は彼の所属する連隊とともに一八五九年にイタリアに渡り、同年六月二四日ソルフェリーノの戦いで負傷した。この戦闘は、アンリ・デュナン Henri DUNANT〔一八二八年―一九一〇年。スイスの文学者。一八六四年に国際赤十字社を創設した中心人物で、一九〇一年にノーベル平和賞を受けた。〕がその痛ましい戦場の光景を見て、国際赤十字社の設立を思いたったというほどに、凄まじいものであったという。アルジェに帰って数か月後に、シリアでのマロ教徒〔聖マロの弟子が組織したレバノン地方のカトリック教の一派で、イスラム教徒の迫害をうけ続けた。とりわけフランス軍の介入を招いたこの一八六〇年の大虐殺は有名。〕の大量殺戮が行われた時のナポレオン三世のシリア出兵にも加わって戦功をたてた。さらに軍曹に昇進したアルフォンスは、一八六二年七月五日にはメキシコに向けて彼の連隊と共に出陣し、プエブラの包囲戦〔プエブラはメキシコの南東部にある工業都市で、メキシコ戦争の最中の一八六二年からこの包囲戦が行われ、一八六三年にフランス軍が奪取した。〕で二度目の戦傷を負った。メキシコ北部ではこの頃フアレス〔一八〇六―一八七二年。メキシコの政治家で、一八六一年に大統領に選ばれ、フランス第二帝政に支えられるマクシミリアン王と闘い、勝利した。〕の率いるゲリラが猛烈な攻勢に出てきた。彼はやがて最後にメキシコを離れたフランス軍の部隊と共に乗船し、アルジェリアに帰った。それから一年後にアルフォンスはレジオン・ドヌール章の授与によって戦功をたたえられた。彼はしかし普仏戦争には参加しなかった(45)。というのは、すでに開戦の時には彼は四三才の高齢に達していたからである。しかし一八七〇年一一月一六日に再入隊兵役期間を終えた後も、さらに二年間兵籍再登録している。彼が二五年と一か月六日に及ぶ職業軍人の生活を終えて、郷里のカストル市ラヴォール街で退役後の生活を始めた時、彼の年金は年六〇六フラン、しばらく経った一八九二年には一一〇〇フランにのぼったと言われる(46)。ジャン・ジョレースの母親の叔父ルイ・バルバーザのように終生独身だった、そして比較的裕福だった退役軍人アルフォンス・ジョレースが貧しい家庭に育ったジャン・ジョレースに精神的に多大な感化を与えたばかりでなく、経済的にも彼を援助したであろうことは想像に難くない。ジャンが一四才の時に、退役してカストルに帰って来た歴戦の勇士アルフォンス叔父の数々の戦功についての語り草―ルイ‐ナポレオン・ボナパルトのクーデタの際の市街戦、クリミア戦争のセヴァストーポリの戦い、イタリア統一戦争のソルフェリーノの戦い、そしてメキシコ遠征―は幼い少年の胸の中に戦争の栄光とそしてなによりもその悲惨さを印象付け、軍隊生活の偉大さとそれにもましてそこでの隷従の辛酸と苦痛をきざんだことだろう。ジャン・ジョレースがとても愛していたこの叔父アルフォンスが一八八九年一〇月二七日に七二歳でこの世を去った時、ジャンはフランス東部ジュラ地方を講演の旅をしていて、また同年一二月三日にはフランス社会主義運動統一のための大会（のちにいうジャッピー大会）を控えていたという、多忙なスケジュールを抱えていたにもかかわらず、万障を繰り合わせて急拠カストルに駆けつけてプラテ教会

〔市役所の一〇〇メートル余り西にある教会。〕での叔父の葬儀に列席し、社会党カストル支部の数人の活動家を引連れて葬列を先導した。反教権派の頭目ジャン・ジョレースのこの宗教儀式への参加は、翌日の反動派の新聞を大いに賑わした。しかし式への出席はそれに対する世間の反応を当然承知の上でのジャンの行動であったと言われる。(47)

このアルフォンス叔父を語る際に、彼と対《つい》で語るべきなのが母方の叔父マリー－ルイ・バルバーザ Marie-Louis BARBAZA である。ジャンの母親アデライドより八歳年下の弟である彼は、カストル市の一八三〇年にレクリュザンヌ街と呼ばれることになる当時のポン・ドゥ・ブラサック街 rue de Pont-de-Brassac（今日のスール・リシャール街）に生まれた。知られる通りジャン・ジョレースもこのレクリュザンヌ街に生まれたのであるが、一八三〇年当時はカストル市の街には番地が無かったため定かではないにしても、この叔父も彼と同じ家、つまりバルバーザ家の持家に生まれたことはほぼ確実である。ルイはオート・ガロンヌ県ルヴェル Revel の町にあるルヴェル公立高等中学校《コレージュ》を経て、一八四八年にサン・シール陸軍士官学校に入学した。(48) この時代に両親に宛てて書かれた書簡(49)は、彼がこの当時熱烈に二月革命の精神を支持する共和主義者であり、また職業軍人でありながら、反戦の思想を胸中に秘めていたことを知らせてくれる。彼は一八四九年三月一〇日付の手紙の中で、陸軍士官学校で最近起きた退学処分事件について触れながらこう言っている。「……これら総ては現在の政府が行った卑劣行為であり、二月革命の民衆と臨時政府に共鳴した前任者に対する報復であります。それでも今の政府がどんな構成であるかを見るならば、この報復は驚くにあたりません。オディロン・バロー Odilon BARROT 氏〔一七九一年―一八七三年。オルレアン左派の政治家。一八四七年に改革宴会を組織する中心的推進者。〕ならこんなプランを考え得たことだろうし、ドゥ・ファルー de FALLOUX 氏〔一八一一年―一八八六年。侯爵。正統王朝派、カトリック系の政治家。一八四八―四九年には公教育大臣を務めた。一八五〇年三月一五日に制定された共和派の間で悪名高い教育の自由に関するファルー法 Loi Falloux の起草者。〕なら、これをいくつかの文章で飾り立て実行に移すことでしょう。そしてその彼の文章は彼の頭にジェズイット〔一五三四年にイグナチウス・ド・ロヨラによって設立されたカトリックの教団。強固な組織を持ち、狂信的戦闘的であることで有名。〕的でかつ際物好きな物の見方がある証しなのであります(50)」。

また彼は翌一八五〇年一月二〇日付の手紙で、学校での砲術に関する講義内容を両親に報告しながら、そこから予想される戦争の残虐さについて次のように言う。

「これらすべての野蛮な細部にわたる事実から、私は戦争が私達の文明の状態とは両立しえないものに成り始めたと思うに至りました。

こう言うのは私が戦争を恐怖しているからではありません。

筋道立てて考えるすべての人と同じく、私は私の職業がもたらす結果を承知しておりますが、遠い将来の時点から見れば、現在の戦争がチムール王〔一三三六年―一四〇五年。チムール帝国の創立者。〕の大殺戮のように残虐に思われるだろうと考えても、差しつかえ無いはずです。しかし将来のその時点に達する前に、これらの強力な武器を携えて果さなければならない沢山のことがあります。私は一八一四年の専制政治王政復古がヨーロッパに与えた政治体制《コンスティチュシオン》を破壊し、ヨーロッパを自由によって再建することについて語っているのです。私は私のささやかな力がこの高貴な目的に用いられることを望んでいます。(51)」

こうした自由への渇望と戦争の非人道性への認識は、幼ないジャン・ジョレースと弟のルイ・ジョレースに語られたであろう話を通して、受け継がれたに違いない。

一八五四年六月にルイ・バルバーザは、軍港として有名な南仏のトゥーロン港からクリミアに向けて出征した。そして前にも述べたように、セヴァストーポリ包囲戦で脚に重傷を負い、担架で運ばれてカストルに帰りしばらく治療したのち、再びシェルブール〔ノルマンディー半島の軍港。〕で軍務に就いたが、膝の関節の傷が回復せず、軍務を退いて、サン－ディエ Saint-Dié〔フランス北西部のヴォージュ Vosges 県サン・ディエ郡の郡庁所在都市。〕の徴税吏の職に就いた。彼はこの職務に対する報酬の外に、一、二〇〇フランの年金と彼が授かったレジオン・ドヌール十字章の受章者に支給される二、五〇フランの年金を得て、経済的に極めて富裕になった。ジャン・ジョレースが生まれて間もない一八六一年には、ルイ・バルバーザは、カストルに近いピュイローラン Puylaurens の町の徴税吏に転勤した。タルン県に帰った彼は、とりわけ姉アデライドの二人の息子に愛情を寄せ、可愛がった。[52] 終身独身で経済的にもゆとりがあった彼は、姉アデライドの経済的困窮をいく度か扶け、そればかりか彼女の息子ジャンとルイの高等中学校時代の学資の半分を出資した。[53] そしてバンジャマン・ジョレース提督と共に、ジャン・ジョレースが一八七〇年に得た奨学金を彼の弟ルイに半分給与してもらえるように努力したのも、このルイ・バルバーザ叔父であった。この叔父は、一八八二年には徴税吏を辞してカストル市議会議員に当選し、やがて市助役の要職に就いた。傍ら地方史の研究に取り組み、『カストル市年鑑 *Annales de la Ville de Castres*』、『カストルのアカデミーとスキュデリー嬢〔一六〇七年―一七〇一年。兄は劇作家のジョルジュ・ドゥ・スキュデリー。作品に『クレリー Clélie』等の作品がある。彼女の友人の作家ペリソンはカストルに長期間住んでいた。〕協会 *L'Académie de Castres et la Société de Mlle de Scudéry*』、『ピュイローラン市小史 *Notice sur la ville de Puylaurens*』等の著作を書いたし、ロッククールブ Roquecourbe 市（エミール・コンブ首相の生誕地）についての研究も遺している。彼はまた「サン・マルタン相互扶助協会」の活動に積極的に加わり、困窮者の生活を世話している。そして彼は一九〇二年六月二日にスール＝リシャール街のジャン・ジョレースが生まれた家で生涯を終えた。[54] ジャン・ジョレースはこの叔父から彼の風貌ばかりでなく、高度の知性、とりわけ歴史に寄せた高い関心と、限りない慈悲心と善良さを受け継いだと言うことができるだろう。

こうしてジャン・ジョレースの祖先と親族の足跡をたどることによって、われわれは次の事を確かめることができたと思う。まず第一に、ジャン・ジョレースから遥か隔った祖先において、「ジョレース家は農民からブルジョア階級に上昇した」。[55] 第二にジャン・ジョレースが生まれた家が農業に多少手を染めたのは、当時のジョレースの一族から見れば例外的な境遇であって、この家の親戚の多くは比較的富裕なブルジョアもしくは小ブルジョア階級であった(56)。第三に、ジャン・ジョレースの父の二人の従兄弟、父方の二人の叔父、母方の一人の叔父、そして弟というように、彼の親族からは、多数の職業軍人を輩出した。このことは、ジャン・ジョレース自身が軍隊の改革に一方ならぬ関心を寄せていた――それは『新しい軍隊』という著作に結実した――だけに興味引かれる事実である。

第二節　故郷――ラングドック地方、タルン県、カストル・アルビ・カルモー市――

ジャン・ジョレースの祖先と親族の足跡をたどった後で、私たちは彼が生まれ育ったラングドック地方、タルン県、そしてとりわけ彼の生涯と結びつきの深かったカストル Castres、アルビ Albi、カルモー Carmaux の三つのタルン県に所在する都市を概観することにしよう。ジョレースはカストル市に生まれて幼年・少年時代を過ごし、アルビ市で国立高等中学校《リセ》の教師として最初に教壇に立ち、またこの市で結婚式を挙げ、そしてここの墓地に、一九二四年にフランス共和国に貢献した偉大な人々が葬られているパリのパンテオンに彼の遺灰が移されるまでの間、埋葬されていた。カルモーは代議士ジョレースの選挙区であり、彼の熱烈な支持者であった鉱山労働者や硝子製造労働者が住んでいた町であった(57)。これらジョレースの生涯と由緒の深い三つの都市があるタルン県は南仏《ミディ》の高地《オー》ラングドック地方に位置する、面積が五七五一平方キロメートル、二〇一五年現在の人口が三八六、五四三人の、今でも農業経済が支配的な県である。この県は一七九〇年に立憲議会《コンスティテュアント》が旧来の州制を廃して八三の県を設けた際に、アルビ、カストル、ラヴォールの三つの司教区を併せて作られた(58)。一七九五年の法律《ロワ》によって当初県庁所在地はカストルに定められたけれど、やがて一七九七年のデクレによってアルビに移された(59)。このタルン県に属している地域は、県制が成立する以前の時代には、ラングドック州に含まれていた。このラングドック地方[60]は大掴みに言って、ローヌ河や中央高地《マッシフ・サントラル》の南東の周辺部にある花崗岩質のセヴェンヌ山脈に源を発する諸河川が、花崗岩質の山地から運んだ珪土質の白砂からなる地中海沿いの海岸線によって南端を、ゼヴェンヌ山脈によって北端を区切られ、さらには東端はローヌ河、西端はガロンヌ河がおおよそのところ境界線になっている。このラングドック地方は、中央高地《マッシフ・サントラル》東辺部、地中海沿岸ラングドック、アキテーヌ盆地東北東地方という性格が異なる三つの地方から成り立っており、地理・気候等の点で決して均質ではないこの地方は、むしろ歴史の産物と言う方が適当であるだろう。[61]この地方で話されていたオック語《ラングドック》にその名が由来したラングドック地方[62]は、紀元前二世紀末（B・C・一一八年）のローマ人によるナルボンヌ植民都市 Colonia Narbo Martius の建設にその歴史上の始点を見い出す。この都市は、やがて紀元前二七年に設けられたローマ帝国のガリア（ゴール）地方における属州《プロヴィンキア》であるナルボンヌ州の首都に定められた。この州にはラングドック地方に加えて、プロヴァンス Provence 地方とルシヨン Roussillon 地方〔かつてルシヨン州があった地中海に面するピレネー山麓の地方で、今日のピレネー－ゾリアンタル県にほぼ相当する。〕が含まれていたが、紀元後三八一年にこの州がナルボンヌ第一州とナルボンヌ第二州に分割され、この後、前者の第一州が原型となってラングドック地方が形作られるに至るのである。[63]

三世紀中葉のアラマニ Alamanni（アラマン Alamans）族〔三世紀にマイン河畔に出現したゲルマン人の数部族の連合。〕の侵入が前兆を徴し、やがて五世紀以降ヴァンダル族（四〇七年—四〇九年）、西ゴート族（四一三年以降）、フランク族（六世紀）、そしてサラセン人による侵入（七一一年—七二五年）と、相次いだ侵略と掠奪の時代の中で、ラングドックのガロ－ロマン時代〔ローマによるガリアの征服からフランク族のガリア支配までの時代〕は終わりを告げた。[64]この中でも、ラングドックにおけるローマ帝国の支配に終止符を打ったのは西ゴート族であり、彼らはフランク王国カロリング王朝のペパン短躯王（三世）PÉPIN LE BREF〔シャルル・マルテルの息子で、シャルルマーニュの父親。七五一年にカロリング王朝最初の王となった。〕に打ち破られる七五九年までの間、この地方に彼らの王国セプティマニ Septimanie を建国してこの地方を治めた。[65]やがてシャルルマーニュの死後、西ローマ帝国（カロリング王朝）は分裂を重ね、それにつれて地方の自立化の気運が昂まり、ラングドック地方も、八世紀中頃から次第にトゥルーズ伯爵レイモン RAYMOND 家の影響下に置かれるようになった。この時代はラングドック地方に瀰漫した異端カタリ派[66]を制圧するために派遣されたアルビジョア十字軍の軍門に降ったレイモン七世が、ルイ九世（聖《サン》ルイ）に和を請って、一二二九年パリ条約（モー Meaux 条約とも言う）を結んで低地《バ》ラングドック地方を放棄し、さらに一二七一年のレイモン七世の娘で伯爵家の唯一の相続人ジョアンナ Joanna の死去の後、ラングドックがヴァロア朝に完全に統合されたことによって閉じられた。[67]しかしこの時代こそは、トルバドゥール troubadours（吟遊詩人）の詩や、ロマネスク様式教会建築に代表されるラングドックの地方文化が花開いた時代であった。一二世紀頃、トゥルーズ、モンプリエ、ベズィエ、ナルボンヌなどの諸都市は自治権を獲得し、自由を享受した。フランス王国の王権によって支配されるようになってからもラングドック地方の独立不羈の精神と自由を愛する気風は失われることがなかった。政治・財政・司法制度の面でも、王権はこの地方に〝ラングドック副王 lieutenant du roi en Languedoc〟の設置（一四世紀）、オック語圏の代表を集めて開かれたもう一つの全国三部会である「ラングドック三部会 États du Languedoc」（一四世紀）のトゥルーズでの開催、トゥルーズ高等法院 Parlement de Toulouse の設立（一四四四年）、そしてモンプリエ市への「間接税裁判所 Cour d'aides」（一四七八年）、と「会計院 Chambre des comptes」（一五二三年）の開設を認め、封建的王政の枠内での相対的な地方分権を許容した。[68]加えて、この地方での封建制自体が北部フランスのように発達しなかった。しかし、この様な制度の面での相対的自立の保持にも増して、アルビジョア十字軍に対するラングドック地方のカタリ族の抵抗に究極的な形で示されたラングドックの独立不羈の自由な精神の伝承は、王権の専制に対するいく度かに及ぶ民衆の抵抗運動に見い出すことが出来る。宗教戦争〔一五六〇—一五九八年。いわゆるユグノー戦争。〕の時代にユグノー派〔フランスにおける新教徒。〕がニーム等のラングドック地方の諸都市を本拠の一つとして教皇派《パピスト》（＝カトリック派）と対決したこ

図－3　立憲議会選挙における県別の保守派議員の割合（セーヌ県をのぞく）

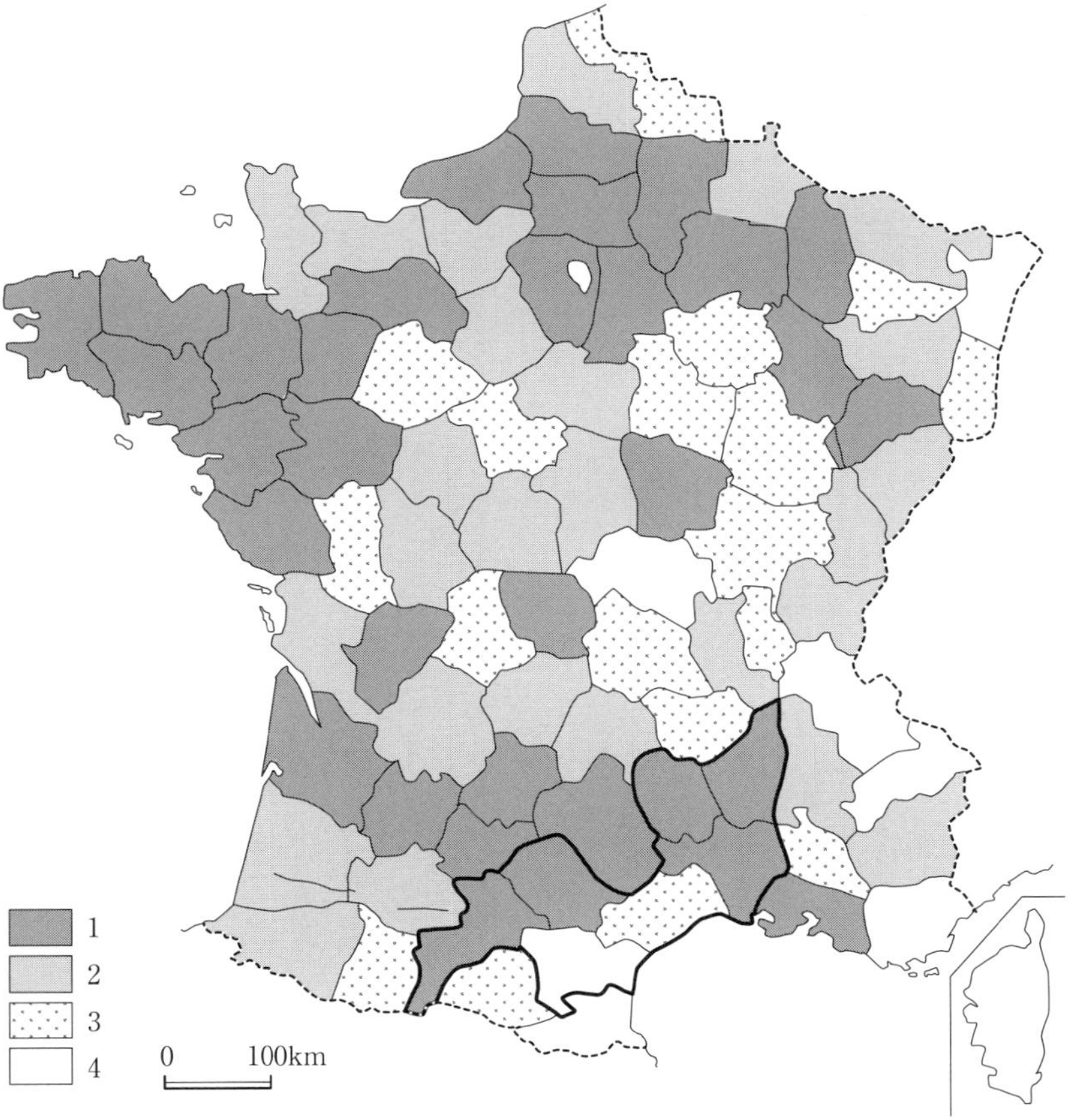

1．保守派の議員が全議員の半数もしくは半数以上を占める県
2．４分の１以上，半数未満の県
3．４分の１未満の県
4．０の県

注：太線内は旧ランドドック州にその領土の大半が含まれていた県である。

〔出典〕A.-J. TUDESQ; *Les Grands Notables en France. op. cit.*, p.1069

と、ナントの勅令が廃止された直後の一七〇二年に始まったセヴェンヌ山地のユグノー派の農民[69]による「カミザールの叛乱[70]」が起きたことなどがその代表的事例であるだろうし、また啓蒙思想家ヴォルテールの弁護によって知られるカトリック教会の迫害に対する新教徒の抵抗の事件であるカラス CALAS 事件や、スィルヴァン SIRVAN 事件[71]――この事件はジョレースの故郷カストルで発生した――が起きたのもこのラングドック地方においてであった。こうした教権主義 cléricalisme への反逆と封建王政への抵抗の伝統をラングドックの地に見い出す時、この地方が政教分離 séparation de l'État et de l'Église、教育の世俗化《ライシザシオン》 laïcisation de l'enseignement の実現に貢献した反教権主義 anticléricalisme の政治家の多数――ジョレースそして彼と同じタルン県出身のエミール・コンブ、それに急進共和主義派の代表的政治家レオン・ガンベッタもこの地方のすぐ近くのカオール Cahors 市の生まれであることを記憶に留めておきたい――を、第三共和政期に輩出したのは何故かが頷けるのである[72]。

フランス革命期にこの地方は革命運動の中心地にはならなかったし、また革命の中心的指導者をも皆無と言って良いほど提供しなかった[73]。ラングドックは連盟兵《フエデラシオン》 Fédération〔各地方の国民衛兵が連合して革命を支える兵力を形成した、フランス革命期の運動〕発祥の地と言われ[74]、また一時期ジャコバン主義がこの地方をも席捲したこともあったが、革命期全般を通じて穏健主義《モデランティズム》・連邦主義《フエデラリズム》〔ジャコバン派の中央集権主義に対し地方分権主義を強調するジロンド派の思想。〕がここでは主流を成していたと言えるだろう[75]。

ところで共和暦二年熱月（テルミドール）九日以降のいわゆる〝テルミドールの反動〟の時代に、カトリシズムを基盤に急速に勢力を伸長させた王党派《ロワイヤリスト》は、ナポレオンの帝政の没落後に、特にこの地方で猖獗を極めた「白色テロル Terreur blanche」を背景に、この地方を支配するに至った[76]。そしてラングドックは、復古王政には極端王党派《ユルトラ・ロワイヤリスト》 ultra-royaliste のジャン－バッティスト・ヴィレール Jean-Baptiste VILLÈLE〔一七七三年―一八五四年。トゥルーズに生まれ、一八一五年にはトゥルーズ市長となり、極端王党派ユルトラのリーダーとして活動し。一八二二―一八二八年首相を務めた。〕を、七月王政には保守主義者フランソワ・ギソー François GUIZOT をそれぞれ首相として送り出し、保守派の地盤であることを如実に示したのであった。しかしその後に二度の革命――七月革命と二月革命――を経るなかで、ラングドックは政治的大転換を遂げて、復古王政期にはユルトラ（極端王党派）の、(77) 七月王政期には正統王党派《レジティミスト》 légitimistes(78) のそれぞれ金城湯池であったのが、一八四八年革命とそれに続く第二共和政の時代には、この地方はプロヴァンス地方(79)と共に《赤い南仏《ミディ・ルージュ》 Midi rouge》を形成するようになった。より厳密に言えば、第二共和政下での最初の総選挙である一八四八年四月二三日の立憲議会選挙〔図―3参照〕では、ガール県やタルン県などで共和派は敗北を喫し、ラングドック地方全体として見ても、共和派が熾烈な選挙戦を繰り展げた割に結果は余り振わなかった。(80) これに対して、同年一二月一〇日に行なわれた共和国大統領選挙〔図―4及び図―5を参照せよ〕では、ほぼラングドック地方全般で保守勢力の唯一人の候補者ルイ‐ナポレオン・ボナパルトは彼の全国平均の得票率（対投票者総数比約七四・三%）より低い得票率しか得ることができなかった。(81) しかし共和派のカヴェイニャック CAVAIGNAC 将軍(82)〔一八〇二年―一八五七年。国民公会議員ジャン‐バッティスト・カヴェイニャックの息子、共和派の政治家ゴッドフロア・カヴェイニャックの弟であり、彼自身も軍人でありながら共和主義者だった。一八四四年陸軍元帥、一八四八年アルジェリア総督となった。一八四八年六月の蜂起を鎮圧し、同年一二月の大統領選に立候補したが落選した。〕にルイ・ナポレオンに与えた得票数の二倍以上の票数を投じ、あまつさえ共和主義左派のルドリュ‐ロラン LEDRU-ROLLIN〔一八〇七年―一八七四年。政治家、弁護士。一八四一年にサルト県から代議士に選ばれ、急進的共和派のリーダーとなる。改革宴会の運動を推進し二月革命後に臨時政府の内務大臣を務めた。しかし一八四八年の大統領選に大敗し、一八五一年のクーデタ後亡命生活を送った。〕にルイ‐ナポレオンを凌ぐ（ブッシュ‐デュ‐ローヌ Bouches-du-Rhône 県の場合(83)）か、あるいは彼に迫る（ヴァール Var 県の場合(84)）ほどの票数を投じた南プロヴァンス地方などに比べれば、この地方での左翼の前進は僅かなものでしかなかった。また「〃民主主義‐社会主義派〃 Démocrates-Socialistes（＝モンターニュ派）の大躍進で知られる一八四九年五月一三日の立法議会 Assemblée législative の総選挙でも、同派が候補者を立てなかったロゼール Lozère 県を除くラングドック地方の各県で民主主義‐社会主義派が三〇%以上（同派の全国平均得票率は三四・八%）の比較的に高い得票率を占めた――最高がタルン県の五八・二%で群を抜いていた――とは言え、ソーヌ‐エ‐ロワール Saône-et-Loire 県（六七・六%）、アリエ Allier 県（六一・四%）、オート‐ヴィエンヌ Haute-Vienne 県（六〇・六%）等の中央部《サントル》地方やイゼール Isère 県（六五・五%）、ジュラ Jura 県（六三・二%）等の中東部《サントル・エスト》地方で同派が収めた圧倒

図－4　1848年12月10日の共和国大統領選挙でのルイ－ナポレオン・ボナパルトの県別の得票率

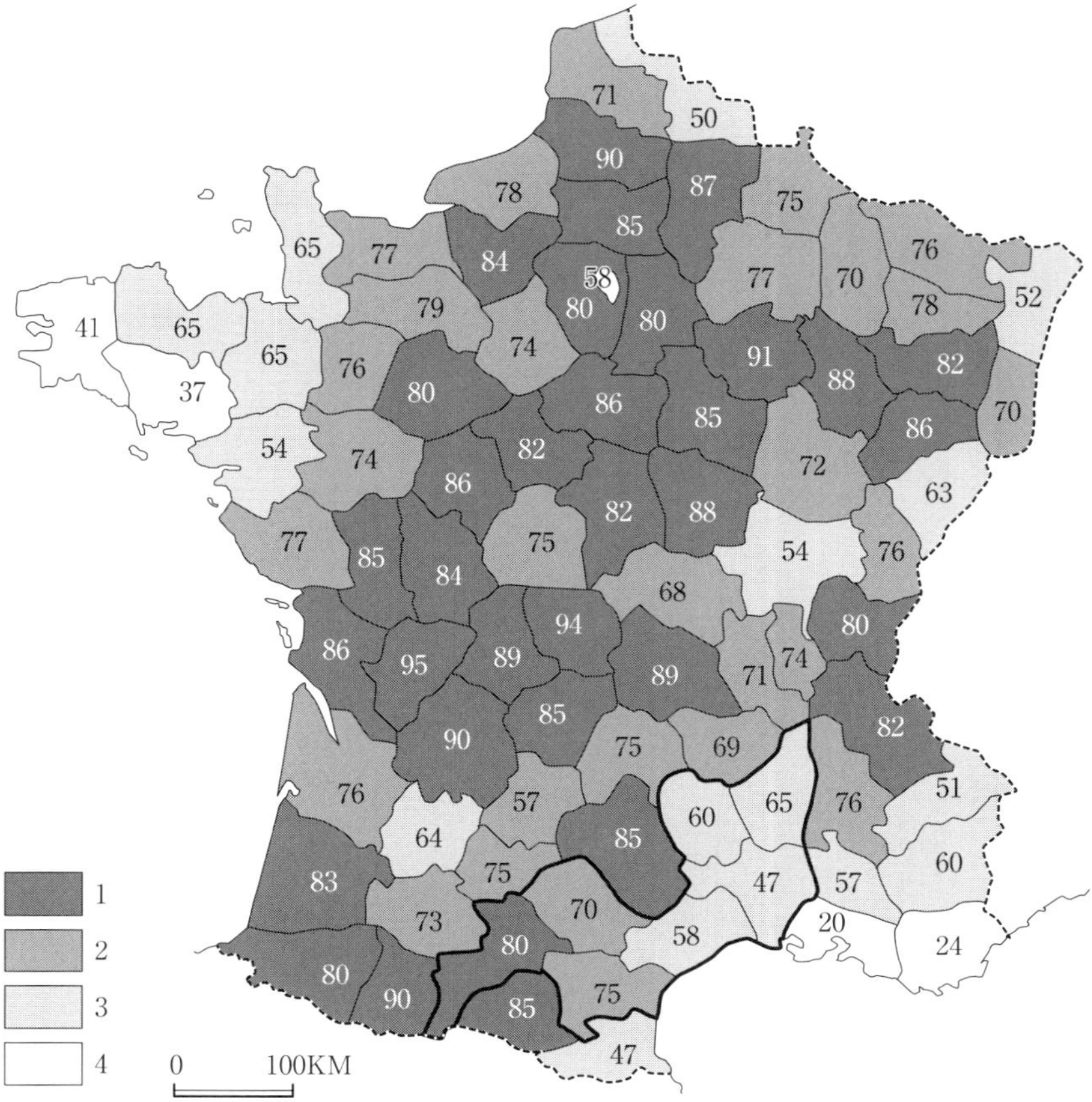

1. 有効投票の80%を超す県
2. 有権者数の絶対多数を占める県
3. 有権者数の半数以下の県
4. 相対的多数を取れなかった県

注：図表の各県に記されている数字は対投票者数の得票率（%）である。ところでルイ・ナポレオンの全国の投票者総数に対する得票率は約74.29%である。

〔出典〕 A.-J. TUDESQ; *L'élection présidentielle de Louis-Napoléon Bonaparte, 10 décembre 1848* Paris, Armand Colin, 1965, p. 253, du même : *Les Grands Notebles en France. op. cit.*, p. 1199

図－5　1848年12月10日の共和国大統領選挙でのカヴェニャック将軍の県別の得票率

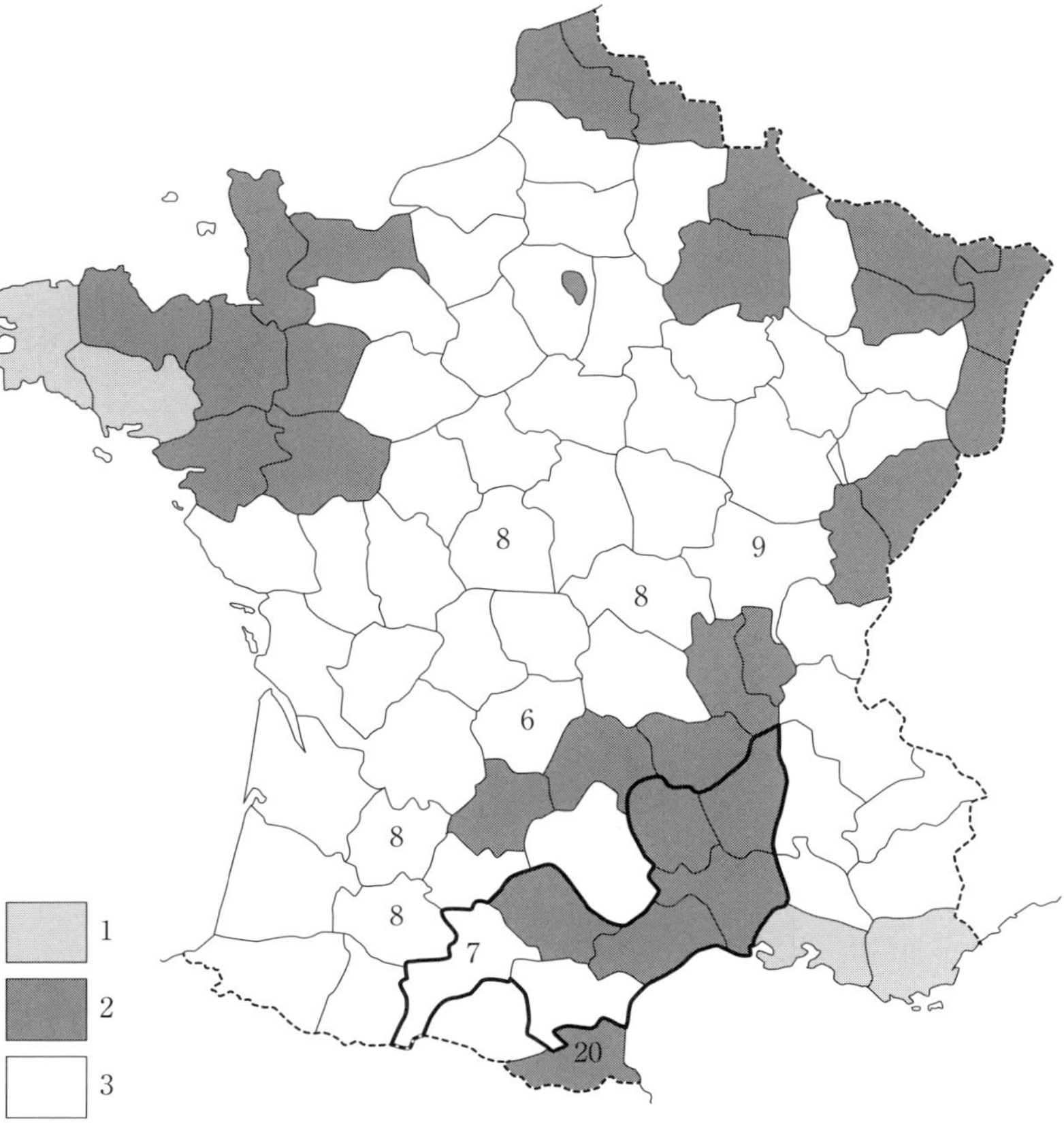

1. 45%～60%の得票率
2. 20%～44%　〃
3. 20%未満　〃

注：図表の県内に記されている数字はカヴェイニャックがルイ・ナポレオンとルドリュ＝ロランに敗れて第三位に甘んじた県での彼の得票率である。

〔出典〕 A.-J. TUDESQ; *L'élection présidentielle de Louis-Napoléon Bonaparte, op. cit.*, p. 252

図－6　1849 年 5 月立法議会選挙における民主主義 - 社会主義派の県別の得票率（対有効票比）

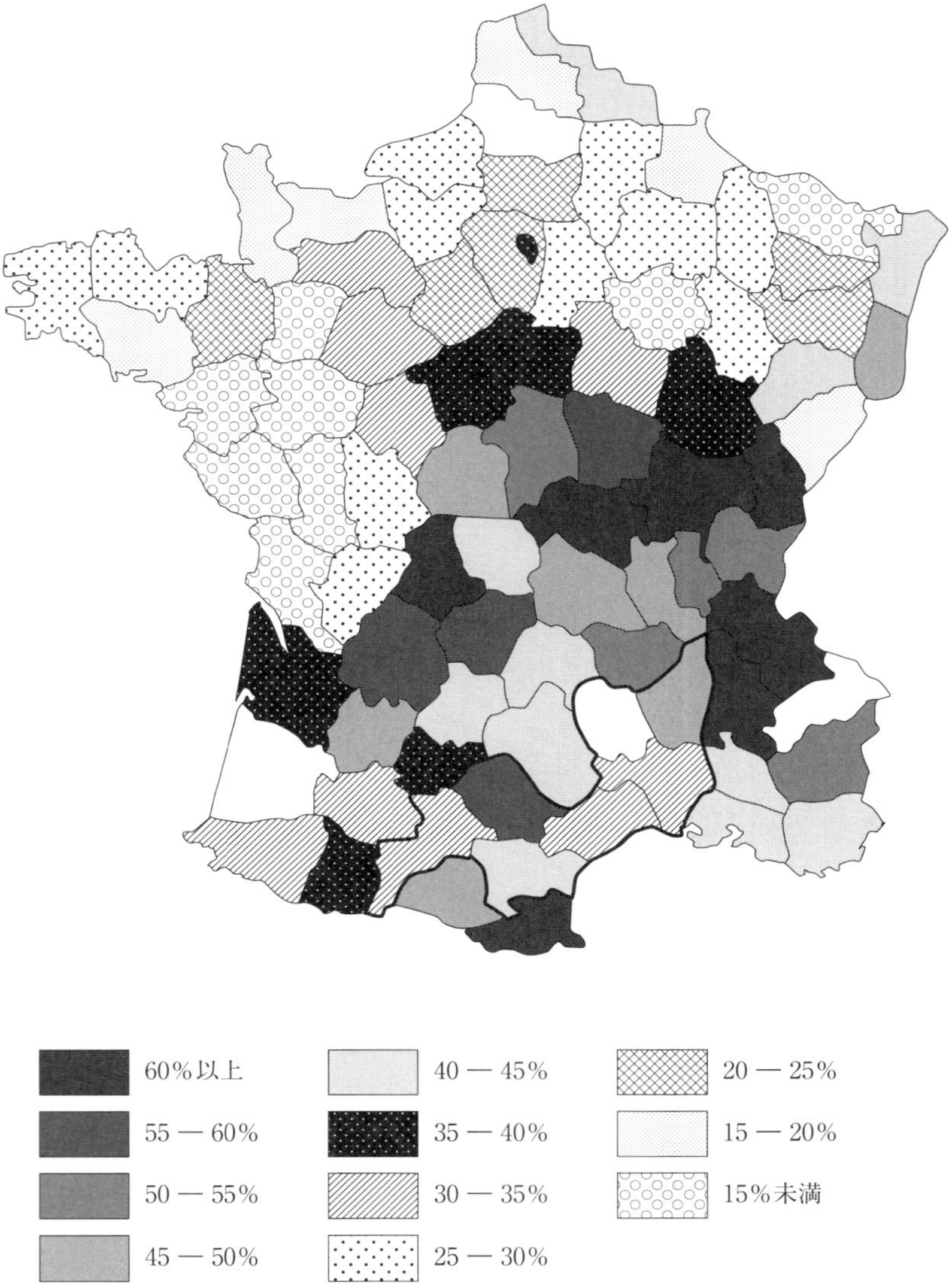

〔出典〕 Jacques BOUILLON :《Les Démocrates-Socialistes aux Elections de 1849》. *Revue française de Science Politique*. VI. janvier-mars, 1956, p. 82

図－7　1870年5月8日の人民投票《プレビシット》の結果

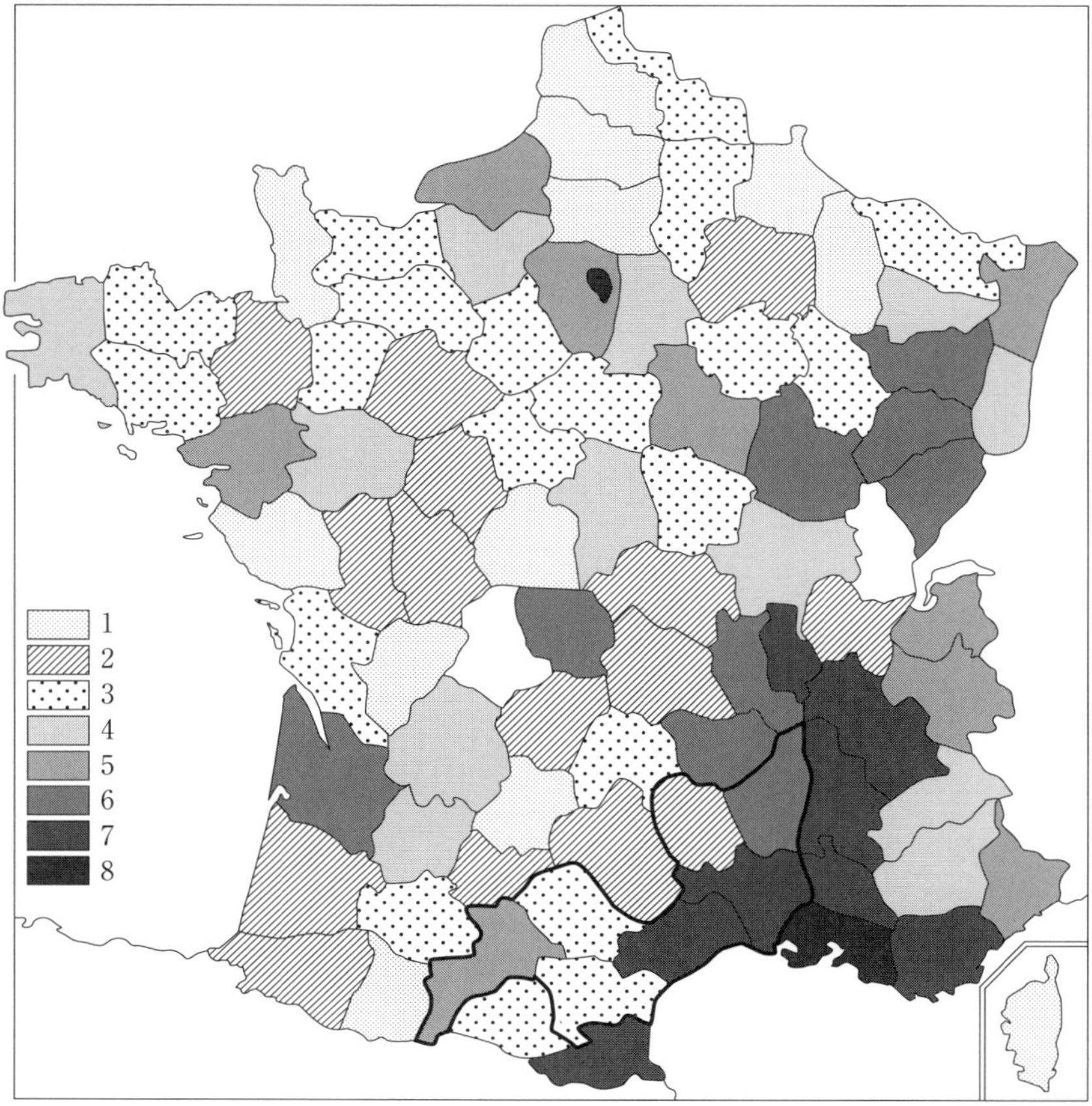

1. 有権者の80%以上が賛成《ウイ》票を投じた県
2. 〃　75～80%　〃
3. 〃　70～75%　〃
4. 〃　65～70%　〃
5. 〃　60～65%　〃
6. 〃　55～60%　〃
7. 〃　55%未満　〃
8. 〃　過半数が反対票を投じた県

〔出典〕 J. GOUAULT : *Comment la France est devenue républicaine op cit.,* p. 27

的勝利には遙かに及ばなかった(85)（図—6参照）。しかるに、ラングドック地方が明確にフランスの左翼の安定した強固な地盤となるのは、第二帝政末期の一八七〇年五月八日の人民投票《プレビシット》において共和派だけが反対に回って完敗した（賛成《ウイ》が有権者数の六九・六％、反対《ノン》が一四・八％）際であるにも拘わらず、この地方——ならびにブッシュ－デュローヌ県をはじめとする南東部《シュド・エスト》地方や東部《エスト》地方、パリなど——において、共和派が善戦して以降のことである(86)〔図—7参照〕。しかしここで留意しておくべきことは、ラングドック地方の左傾化・急進化が必ずしもこの地方全域で一様に進んだわけではなく、とりわけ高地《オー》ラングドック地方と低地《バ》ラングドック地方との間に、この点での一定のはっきりしたニュアンスの相違が存在したことであるだろう(87)。つまり穀物（特に小麦とトウモロコシ）を主体とした伝統的な多種作物同時栽培農業《ポリキュルチュール》 polyculture が支配的で、分益小作農制《メタイヤージュ》——この制度は地主と小作人との間の位階《ハイアラーキー》制的関係を創出する——は減少する傾向にあったとは言え依然根強く、また工業の発展も遅れていた高地《オー》ラングドック地方は比較的に穏健で漸進的な左傾化の道を採るのに対し、十九世紀中頃から急速に葡萄栽培農業《ヴィティキュルチュール》 viticulture——葡萄栽培農業地帯では「自営小土地所有者の民主主義 démocratie de petits propriétaires exploitant eux-même」(88)（A・シーグフリード）あるいは「葡萄栽培民主主義 démocratie viticole」(89)（E・ル－ロワ－ラデュリー）と表現される様な政治風土が醸成されると言う——が普及して、フランス最大の葡萄酒生産地となった低地《バ》ラングドック地方では、急進的な左翼が大きな影響力を持つようになるのである。そしてこうした現象は今日まで続いている。

以上かいつまんでラングドック地方の歴史を叙述したが、ジョレースという個性はこの地方の歴史・伝統・文化に大きく負っていたのであった。この事実を、ジョレースの薫陶を受けて社会主義者となり、のちに第四共和政期の初代共和国大統領を務めたヴァンサン・オリオール Vincent AURIOL がジョレースについての回想の中で次の様に述懐し、証言している。「ラングドック農村の息子であった彼は、灼熱の魂や熱情ばかりか詩的啓示の強大な力をもまた『彼の愛しき土地』に負うていた。……（中略）……彼はまさしくアルビの人々《アルビジョア》 Albigeois〔ここでは、アルビジョア十字軍と戦って敗れたラングドックのカタリ派を指している。〕の血族の息子であり、モンセギュール〔アルビジョア十字軍に追いつめられた異端カタリ派が最後に立てこもった要害堅固の山で今日ではアルビジョア派（＝ラングドック）の北フランスに対する抵抗の象徴となっている。〕で火刑に処せられた者達が悲劇的なかたちで明らかにした理想と勇壮さ《エロイスム》を持ったこの血族の息子であった」。また歴史家A・アルマンゴーはジョレースがラングドック地方の“地域主義者《レジオナリスト》”――今日のフランスでパリ地方中心の政治・経済・文化が支配的であることを「国内の植民地主義 Colonialisme interieur」[90]であるとして批判し、地方《レジオン》の再興を目指す人々をこう呼ぶ。さらに進んで地方の独立分離を主張する人々は自立主義者《オートノミスト》 autonomistes と称される――の先駆の一人であり、ラングドックの地方文化の復興への貢献（トゥルーズ大学の拡充、南仏文学の再評価、学校教育でのオック語系諸方言《ディアレクト》の使用を主張等）は極めて大であると評している。[91] そしてシャルル - アンドレ・ジュリアンは「ジョレースはアルビジョア派運動《アルビジェイスム》 albigéisme〔アルビ地方のカタリ派の宗教運動をここでは指す。〕の、位階制化《ハイアラーキー》された教会と、カトリックの宗教儀礼に対する闘争と、その獲得目標の社会的性格は、人民諸階層の心を把み、強烈な刻印をのこしたとして、これに非常に高い評価を与えていた」[92]とのべて、ジョレースのラングドック地方の歴史への愛着の深さを証言している。

ここで再び十九世紀のタルン県についての叙述に戻ろう。アキテーヌ盆地 Bassin aquitain の東端、中央高地《マッシフ・サントラル》の南西端に位置するこのタルン県は、地形的に見て山地の東半分と、平野部の西半分とに、大まかに二分することができる。[93] 県東部の山岳地帯は、ルエルグ Rouergue 高地、ラコーヌ Lacaune 山地、黒い山地《モンターニュ・ノワール》と、北から南に進むにつれて山は険しくなっている。そしてこの県を、山地からアキテーヌ盆地に向ってタルン川、アグート Agoût 川、ヴィオール Viaur 川などの河川が流れている。これらの川の水はガロンヌ Garonne 河に集められて、大西洋に注いでいる。気候はとりわけ平野部は温暖であるが、降雨量は割合多く、その季節的偏差は余り大きくはない。平野部の気候はいわゆる西岸海洋性だが、山地は内陸性である。[94] 地質学的に見れば、県西部の平野部は第三

表―2　19世紀のタルン県の人口の推移

年度	郡（arrondissement）別の人口				県全体（人）	フランス全国合計（百万単位）
	アルビ Albi（人）	カストル Castres（人）	ガイセック Gaillac（人）	ラヴォール Lavaur（人）		
1801-6	66,333	110,894	61,526	44,615	283,368	28.2
1820	75,147	122,416	67,010	49,140	313,713	30.4
1826	78,148	128,691	69,068	51,488	327,655	31.8
1831	80,954	131,154	71,323	52,413	335,844	32.5
1836	84,929	136,188	72,001	53,496	346,614	33.5
1841	86,817	139,847	71,926	53,066	351,656	34.2
1846	91,232	143,743	72,422	53,282	360,679	35.4
1851	92,167	144,825	72,074	54,007	363,073	35.7
1856	92,046	139,100	70,626	53,463	354,832	36.0
1861	92,767	138,477	69,335	53,054	353,633	37.3
1866	95,120	139,779	68,487	52,127	355,513	38.0
1872	94,564	141,129	65,563	51,426	352,718	36.1
1876	98,132	144,234	65,066	51,800	359,232	36.9
1881	100,728	144,657	63,807	50,031	359,223	37.6
1886	102,334	144,418	62,367	49,638	358,757	38.2
1891	100,173	139,614	59,156	49,796	346,739	38.3
1896	100,546	135,930	56,312	47,039	339,827	38.5
1901	101,304	130,929	54,035	45,825	332,093	38.9

〔出典〕Ch. PORTAL: *Le département du Tarn au XIXe siècle op. cit.* p.34

紀・第四紀の比較的に肥沃な土壌であるのに対し、県東部の山地は花崗岩質等の第一紀の地質で、一般に農耕には余り適さない貧しい土壌である。(95)

ところで十九世紀のタルン県の人口動態を見るならば、この世紀半ばの一八五一年まで人口は急増しつづけ、その後漸次減少していることがわかる（表―2参照）。十九世紀半ばまでのフランス全国平均の増加率を上回るこの人口の急増――一八〇一年から一八四六年にかけて、全国で二九・四%増であったのに対して、タルン県では三三・一%増であった(96)――は、出生率の上昇というよりは死亡率の低下によるものであった。(97)これに

表－３　19 世紀タルン県の主要都市における人口変動

年度	アルビ Albi （人）	カストル Castres （人）	ガイセック Gaillac （人）	ラヴォール Lavaur （人）	マザメ Mazamet （人）	カルモー Carmaux （人）	グローレ Graulhet （人）
1801-6	≫	≫	≫	≫	≫	1,279	≫
1810	8,670	10,250	5,069	5,506	2,790	1,518	1,661
1820	8,324	10,314	4,874	4,047	3,375	1,440	2,254
1826	≫	≫	≫	≫	≫	≫	2,345
1831	9,049	12,032	5,552	4,422	3,896	1,765	2,458
1836	9,367	13,230	5,881	4,622	4,438	1,881	2,519
1841	9,521	14,591	5,660	4,506	5,636	2,143	2,603
1846	9,492	13,590	5,507	4,014	6,626	2,520	2,684
1851	9,898	13,924	5,828	4,530	6,932	2,678	2,752
1856	10,380	14,144	5,503	4,500	7,387	3,743	2,960
1861	11,447	14,644	5,743	4,550	7,929	4,043	3,510
1866	11,407	15,461	5,782	4,431	9,757	4,758	3,734
1872	13,698	16,458	5,694	4,485	10,500	5,010	4,022
1876	13,833	17,811	5,874	4,454	10,770	6,160	4,411
1881	14,729	18,442	6,327	4,270	10,847	6,878	4,426
1886	14,647	19,101	6,151	4,338	10,939	8,048	4,522
1891	14,219	19,126	5,662	4,008	10,378	9,591	4,984
1896	14,983	19,595	5,384	3,892	9,927	10,068	5,270
1901	14,951	19,483	5,384	4,017	10,881	10,948	5,490

〔出典〕Ch. PORTAL: *Le département du Tarn. op. cit.*, pp.38-3

対して、十九世紀後半の人口漸減は、主として農村部から県外への人口流出によってもたらされたものであった。(98) 他方、アルビ、カストル、カルモー、マザメMazamet 等、大部分のタルン県の諸都市の人口は、十九世紀全体を通じて人口を急増させた（表―３参照）。次第にこうした都市化の徴候は顕在化してきたものの、十九世紀のタルン県では農業が他の産業を圧倒していたことは論を俟つまでもないだろう。一八五一年の統計に依れば、成人男子農業人口の対総人口比がフランス全体で二一・

表－4　19世紀タルン県における穀物の種類別収穫量
（単位：ヘクトリットルh.）

	1801年頃	1832年	1850年頃	1890-1900年
小麦	800,000h.	921,703h.	985,164h.	1,353,720h.
混合麦	60,000	51,638	21,105	18,714
ライ麦	533,333	515,852	351,907	268,893
大麦	20,000	8,881	5,085	16,644
オート麦	60,000	148,191	185,347	424,414
ソバ	400,000 (ソバ・トウモロコシ・粟)	2,389	13,991	8,000
トウモロコシ		322,313 (トウモロコシ・粟)	476,562 (トウモロコシ・粟)	413,000
粟				1,920

〔出典〕Ch. PORTAL: *Le département du Tarn. op. cit.*, p.351

五%であったのに対し、タルン県の割合は二六・九%にも及んでいた。(99) またタルン県の農村人口 population rurale も一八五六年の時点で県人口の七六・五%（フランス全国平均七二・六九%）であり、一八七六年にはそれが七〇・二%（全国平均六七・五%）に減ってはいるものの、(100) 依然その割合はかなり大きかったし、また男子農業人口の対総人口比も一八五六年に三一・七六%、一八七六年に三〇・〇%と、その減少速度は緩漫であった。十九世紀タルン県の農村を支配していたのは基本的には地主――とりわけ自ずからは農耕に従事しない大地主――であった。彼らはとりわけ平野部の肥沃な土地の大部分を所有し、それを分益小作農 métayer（定額小作制 fermage は稀れであった）に耕作させていた。この世紀の半ば頃から農業恐慌や農業労働者の労賃の高騰に苦しんだ地主が次第に農地を手放していったことによって、自作農の数は増加し、農耕地は細分化されて行く傾向をたどった。(101) しかしなお、地主の所有する農地の割合は減少しながらも依然大きかった。農耕技術は次第に改善されて、小麦―トウモロコシ―休耕地という組み合わせの三圃制が、伝統的な小麦―休耕地の二圃制に取って代わっていき、また馬鈴薯やトウモロコシの栽培が普及するなどして、農業生産性は向上していった。穀物の収穫量のうちで最大の割合を占めていたのは小麦であり、大麦やオート麦などとともに収穫量は増加していったが、ライ麦や混合麦の収穫量は減っていった（表―4参照）。そのほかこの県では、北西部のガイヤック郡を中心に葡萄栽培が盛んであったし、また県南部の山地では牧畜業や酪農（この県は牝羊の乳から作るロクフォールRoquefortチーズの産地である）が行なわれていた。

こうした農業県であったタルン県でも、十九世紀に入り、とくに半ばを過ぎた頃から商工業が急速に発展していった。例えばタルン県で一八五六年に商工業に従事していた男子人口が四五、八一七人（対全県人口比一二・九一％）であったが、二〇年後の一八七六年には五四、五一一人（対全県人口比一五・一七％）へと増加している。[102] 一八五八年のアルビ－カルモー線開通に始まるタルン県での鉄道敷設の進行や、その他の交通通信手段の普及は、この県の工業化を促進するのに貢献した。[103] 十九世紀の前半期の鉱工業の中心は、伝統的家内工業（特に県北部の麻織物や山岳地方の毛織物）や製粉業、建設業などの小さな手工業であり、カストル市やマザメ市を中心とする毛織物や、カルモー炭鉱の石炭採掘業などだけが多少の規模を備えていた。そして十九世紀の半ばを過ぎた頃から、これらカストル地方の毛織物工業（ラシャ織やサージ生地）やカルモー炭鉱は急速に発展していく。またカルモーの石炭を用いて、アルビ近郊のソート－ドゥ－サボSaut-de-Saboの冶金工業やカルモー市の硝子製造業などが規模を拡大させていった。[104] そして注目されるべきは一八五一年に始まるマザメ市の羊皮剪毛業délainage〔生きた羊ではなく、屠殺された羊の皮から羊毛を刈る作業で特殊技能を要する。〕の飛躍的発展である。[105] この産業の発展によって、マザメは一挙にタルン県の工業の中心的都市となった。このような鉱工業の発達は労働者数の増大をもたらした。これらの労働者はやがて労働組合を組織し、労働者のうちのある者たちは社会主義政党に加入し、それらの組織を媒介にジャン・ジョレースという個性と邂逅するのであろう。

十九世紀タルン県の社会について、最後に一言を要するのがプロテスタンティズムの問題であろう。プロテスタント派、とりわけカルヴァン派は宗教戦争やカミザールの乱の後の厳しい弾圧にもかかわらず、タルン県の南部に根深く勢力を温存していた。その数は十九世紀全体を通して、およそ一万数千人であった。[106] 彼らは社会全体では少数派だったが、マザメ市やカストル市等で商工業を営むなどして、強い社会的経済的勢力を保持していた。

この節の最後として、ジョレースに由縁の深かったカストル、アルビ、カルモーの三都市について、簡単に概観しよう。ラングドック地方の諸都市を、その起源に従って第一期ガロ＝ロマン時代、第二期中世期、第三期近代工業化時代の三世代に区分するとするならば、カストルとアルビは第一期に、カルモーは第三期に属すると言えよう。(107)

カストルはその名前をラテン語のカストラ Castra（野営地）に由来する。それによって分かるように、この都市はガロ＝ロマン時代のローマ軍の野営地だった。(108) しかしカストルが本格的な都市になる契機となったのは、六四七年のサン＝ブノワ Saint-Benoît 修道院のこの地への設立であると言われる。赤レンガ造りの都市が多いトゥルーズ地方ではめずらしい灰色の石造の町であるカストルは、アグート川の水面にその佇まいを映している。カストルはプロテスタンティズムの影響力の強い都市であり、新教徒迫害事件で知られるスィルヴァンはこの都市に生まれたし、カラスもこの地方の出身である。この都市では先述のようにジョレースの時代には毛織物工業がさかんであった。(109) ジョレースの生家は市の中心部に、彼が少年時代を過ごした家「フィデアル・オート」はそこから南西に数キロメートルの所にある。

アルビは「赤いアルビ《アルビ・ラ・ルージュ》 Allbi rouge」と呼ばれるように、赤レンガの町並が美しい都市である。とりわけジョレースがこよなく愛したと言われるタルン川河畔に建つサント＝セシル Sainte-Cécile の大伽藍はそのゴティーク風の壮大な美しさで知られる。中世の異端カタリ派が別名アルビジョア派と呼ばれることに表わされるように、アルビ地方はこの宗教運動の一大根拠地であった。この市はまた後期印象派の画家ロートレックの生地であり、彼が生まれたトゥルーズ・ロートレック家の居城ベルビー宮殿 Palais de la Berbie は今日ロートレック美術館になっている。一七九七年以降タルン県の県庁所在都市であるこのアルビは、中央高地《マッシフ・サントラル》とアキテーヌ盆地をつなぐ商業都市としても知られてきた。工業の面では十九世紀にはアルビでは冶金工業などが行なわれていた。ジョレースはこの都市の国立高等中学校《リセ》で最初に教鞭を取り、この都市で結婚式を挙げ、やがてここに葬むられた。(110) 彼の助力で「労働者硝子工場」が建てられたのも、彼がよく休暇を過ごした妻の実家が所有していた「ベスーレ Bessoulet」の邸宅（今日ジャン・ジョレース公園になっている）があるのも、このアルビである。

アルビの北約一六キロメートルの位置に、炭鉱都市カルモーがある。炭鉱が市外地にあるためか、炭鉱の鉱床が深層にあり地上への露出部分が小さいためか、カルモー市は他の炭鉱の町にありがちな薄汚れた風景の無い、小ぎれいな都市であった。(111) ジョレースの時代にカルモーを支配していたのはここの炭鉱を所有するドゥ－ソラージュ侯爵 marqui de SOLAGES 家であった。ジョレースは選挙戦において、また鉱山労働者の闘争を通して、このドゥ・ソラージュ家と宿命的な対決を行い続けた。この都市にはまたドゥ・ソラージュ家が設立し、一八六二年にフェルナン・ルセギエ Fernand RESSÉGUIER が経営を引きついだ硝子工場が存在した。ジョレースがこの工場の労働者の一八九五年のストライキ闘争を強力に支援した。カルモーは一八九三年以降のジョレースの選挙区アルビ二区の中心を成す都市であり、また彼の支持者の中核的部隊であったカルモー炭鉱の炭坑夫が働いていた都市であった。(112)

第一章　注

（1）正式名はオーギュスト－マリー－ジョセフ－ジャン・ジョレース Auguste-Marie-Joseph-Jean JAURÈS である。この名前は命名者である両親が敬虔なカトリック教信者であることをうかがわせてくれる。cf. LÉVY-BRUHL, L.: *Jean Jaurès. Esquisse biographique.* Paris. F. Rieder. 1924. p.7.

（2）出生届には次の様に記されている。

「一八五九年九月四日午前九時に、私ことレジオ・ドヌール勲章佩用官吏にして退役工兵少佐、現市助役ルイコンスタン・バルバランの前にレクリュザンヌ街に居住する三八歳の商人ジャンアン－ジュール・ジョレース氏が出頭し、彼は申告者である彼と、彼の配偶者で無職、三六歳、彼と同居する配偶者であるマリー-アデライド・バルバーザの住居する前記の場所に所在する家屋で前日の正午に男児が出生したことを届け出た。この男児に彼はオーギュスト-マリー-ジョセフ-ジャンという名前を与えたいと申告した。

カストル市役所の職員にして、この市に住居する三八歳のマチウ・エスタディウ氏と四九歳のイジドゥル・ベネゼック氏はこれに立会い証言している。彼らと申告人は本証明書を読了後署名した。

ここにエスタディウ、ジョレース、ベネゼック、バルバラン助役は署名した。」

cité par ZÉVAÈS, Alexandre:*Jean Jaurès.* Paris. La Clé d'Or, 1951. p.13, du même: *Un apôtre du rapprochement franco-allemand, Jean Jaurès,* Paris. Aux Armes de France, 1941 3e édition. p.11.

(3) カストル市サン-ジャック-ヴィルグドゥ小聖堂区の洗礼証明登録簿には、ジャン・ジョレースの洗礼について次の様に書かれている。「一八五九年九月六日に、同月三日正午出生のオーギュスト-マリー-ジョゼフ-ジャンはこの小聖堂区で洗礼を受けた。彼は結婚してレクリュザンヌ街に住むジャン-アンリ-ジュール・ジョレースとその夫人マリー-アデライド・バルバーザの息子である。」cité par AUCLAIR, Marcelle: *La vie de Jean Jaurès ou la France d'avant 1914.*.Paris.Seuil.1954., p.17 因みに、代父は叔父のジョレース（名前《プレノム》は不詳）、代母は祖母バルバーザであった。cf *Ibid.*, p.17.

(4) *Ibid.*, p.17.

(5) *Ibid.*, p.17.

(6) RABAUT Jean: *Jaurès,* Paris Lib. Perrin. 1971. p.16.

(7) cf. GRILLOU, Etienne:《Les ancêtres dourgnols de Jaurès》*Revue du Tarn.* le 15 mars 1959. p.4.

(8) AUCLAIR M.. *La vie de Jean Jaurès op. cit.*, p.18.

(9) GOLDBERG, Harvey: *The Life of Jean Jaurès. A biography of the great French Socialist and Intellectual. op. cit.*, p.483.「フィディアル・オート」は、アデライド・バルバーザの持参金一二、〇〇〇フランの中から一万フランを支出して購入した。残りの二千フランは四部屋の家屋と納屋の建設に割り充てられたと言う。*Ibidem.* p.483. POULAIN, Elisabeth :《Huit lettres de jeunesse de Jean Jaurès》*op. cit.*, p.43

(10) AUCLAIR. M. *La vie de Jean Jaurès. op. cit.* p.18.

(11) *Ibid.*, p.18.

(12) cf. ESTADIEU, M.: *Notes chronologiques et statistiques pour servir à l'histoire de la Ville de Castres,* Castres.Imprimerie du

Progrès.Monsarrat & Peyrusset. 1882.（réimprimé par Laffite Reprints, Marseille. 1976.）pp.135. 162. 因みに言えばH・ゴールドバーグとL・レヴィ－ブリュールは、一八四〇年に公立高等中学《コレージュ》校に改編されたと言っているが（cf. GODBERG, H.: *The Life of Jean Jaurès. op. cit.*, p.5. LÉVY-BRUHL,L.: *Jean Jaurès. op. cit.* p.12）、この年は公立高等中学《コレージュ》校が廃校になった年である。cf. ESTADIEU, M.: *Notes chronologiques., op. cit.*, p.161. また、M・エスタディウの研究によれば、ジョゼフ・サルヴェールはこのボンノム高等中学校を創立し、やがてボンノム氏に譲ったという。cf. *Ibid* p.161.

（12） M・エスタディウは、ジョゼフ・サルヴェール（職業は地主と記されている）が一八三二年から一八三四年にかけてカストル市の助役を務めたと書いているが、市長に任じられたとは記していない。cf. *Ibid.* p.170. これに対してゴールドバーグ（GOLDBARG, H.. *The Life of Jean Jaurès. op. cit.*, p.5.）とレヴィ－ブリュール（LÉVY-BRUHL ,L.: *Jaurès, op. cit.*, p.12.,）とグリルー（GRILLOU, Etienne :《Les ancêtres dourgnols de Jaurès》*op.cit.*, p.4）は彼が市長を務めたと書いてある。また奇妙なことにカストル市のジョレース博物館の創立者であって、設立以来一九六九年八月に退職するまでその学芸員であったガストン・プーラン氏（一九〇三―一九七三年）（彼の略歴は《NOS MORTS: Gaston Poulain》*B.S.E.J.*,N°49 avril-juin 1973. p.17. を参照せよ）は、一九五八年の彼の研究ではジョゼフ・サルヴェールの肩書を市助役と記している（cf. POULAIN ,Gaston ;《La famille de Jaurès》"*Europe*" no.356. Décembre. p.11）が、一九六二年の論文では市長と書いている（cf. POULAIN, Gaston ;《Biographie de Jean Jaurès》Chap. II de AURIOL, Vincent（éd）: *Jean Jaurès.op.cit.*, p.20）。筆者はE・エスタディウの著書を最も信頼できる資料と考えたので、本文にはジョゼフ・サルヴェールの肩書を市助役と記した。このジョゼフ・サルヴェールは「ヴォルテール主義的精神」を持った自由思想家であったと言われる。AUCLAIR, M.. *op. cit.*, p.18. GOLDBERG,H.: *The life of Jean Jaurès.op.cit.*, p.5. ちなみにガストン・プーランの尽力でジョレース死後四〇年を記念して一九五四年に設置された「ジョレース博物館 musée Jaurès」はミッテラン大統領（当時）の後援のもとに移設され規模を拡大して一九八八年に「ジャン・ジョレース全国センター・博物館 Centre national et musée Jean-Jaurès」となってジョレース関係の出版物の刊行や学術討論会（コローク）の開催などの事業を行っている。

（13） GRILLOU, Etienne. *op. cit.*, p.4.

（14） *Ibid.*, p.4., POULAIN G. :《La famille de Jaurès》*op. cit.*, p.11.

（15） cf. *Dictionnaire de Parlementaires français, Notices biographiques sur les ministers, députés et sénateurs français de 1889 à 1940, op.cit.*,Tome VI, p.2017. より詳細にルイ・ジョレースの経歴を明らかにしておこう。彼は兄と同じ公立高等中学《コレージュ》校を卒業して、一八七六年に海軍士官学校《エコール・ナヴァル》に入学。一八八一年には海軍少尉に、一八八五年に大尉となっている。一八八六年には二六歳の若さで潜水艦ル・ジムノート Le Gymnote の艦長となり、一九〇三年には「サハラの皇帝」ジャック・ルボーディ〔精糖業の大実業家。この時はスペイン領サハラの首都リオ・デ・オロに近いジュプ岬に水夫を上陸させたが原地人に捕えられた。この軽挙は国際世論の反発をうけた。〕に見棄てられて、モール族〔モーリタニア・マリの先住民族〕に捕われていた水夫を解放する任にあたり、これを成し遂げた。この時彼は海軍大佐であった。第一次大戦が勃発した一九一四年には、准将としてダーダネルス重装分艦隊を指揮し、一九一六―一七年には仏領西アフリカ軽装分艦隊を指揮して、オーストラリア軍とニュージーランド軍の輸送を護衛した一九一七年に海軍少将となって海軍参謀本部に入り、一九二二年に退役した。そして一九二四年の総選挙に六三歳の高齢でセーヌ県第二区から、この選挙で勝利した左翼カルテルの立候者リストに名を連ねて初出馬し、五〇、二七〇票を得て同じリストのレオン・ブルムやヴィクトル・デュジュアント〔一八五〇年―一九二七年。革命的共産主義者連合（アルマーヌ派分派）出身の社会党代議士で、一九一九年に党を除名され、その後「社会主義共和派及び社会主義グループ」に所属した。〕と共に、同区定員一一名中第六位で当選した。議会では〝社会共和とフランス社会のグループ〟に所属して商事海軍及び軍事海運委員会委員を務め、税制改革、予算問題等の面で活躍した。しかし一九二八年の総選挙には彼は出馬せず、六八歳で政界を去り、一九三七年一〇月三〇日にパリで世を去っている。*Ibid.*, p.2077.

(16) GRILLOU, Etienne. *op. cit.*, p.2 LÉVY-BRUHL, L. : *Jean Jaurès. op. cit.*, p.13.

(17) AUCLAIR M.. *op. cit.*, p.17.

(18) *Ibid.* p.17.

(19) GRILLOU, E., *op. cit.* p.2.

(20) *Ibid.* p.2.

(21) *Ibid.* p.2.

(22) *Ibid.* p.3.

(23) Archives nationales F^{12}, 938. Département du Tarn. Commune de Castres, cité par AGULHON, Maurice:《La fortune des Jaurès sous le Premier Empire》*B.S.E.J.* n°56. janv.-mars 1975. p.8. 因みに一七五三年生まれのピエール‐アレクシス‐ジャン・ジョレースは一八一一年には少なくとも五六歳になっていたはずであるし、彼にはオーギュストという名の息子はいたが、オーギュスタンという息子については知られていない。多分資料の不備、ないしは誤記のせいだと思われる。

(24) RABAUT, J.: *Jaurès. op. cit.*, p.15.

(25) GRILLOU E.. *op. cit.*, p.2.

(26) RABAUT J.: *Jaurès. op. cit.* p.15.

(27) この事実は一八四九年八月二五日付のジョアンヴィル大公がシャルル・ジョレースにあてた手紙によって知ることができる。

その一部を引用しておこう。
「親愛なるジョレース
　私は貴方の好意に満ちた手紙と同封物を受け取りました。私は貴方にそれを感謝いたします。こちらにいる皆んなが、貴方に好意を抱いていて貴方のことを良く話します。（中略）
　貴方の手紙は悲しい。私は貴方に劣らず悲しいけれど、ただ私は起きている事に貴方ほど驚いていません。私は今私が考えていることの総てを書く元気はないのです。数日前に私は修道僧になったのですが、その時永遠の孤独と沈黙という着想《イデー》が私に微笑んでいたのです。一つの良き家庭と、信頼できる忠実な友達を持っていることは、限り無く素晴しいことです。しかし数日前から存在の意味の無さと無気力感に、とても苦しめられています。あなたが私に話すような、毎日の針を突き立てられる思いを私は語りませんし、また私は自分の弱さゆえにイギリスの地に我が子が生まれるのに心を動かされ、そしてそれを見るということについても語りません。私がこの地に釘付けされることが貴方は良く知っているはずです。（中略）
　さようなら。私の親愛なるジョレース。私の心からの親愛の情を送ります。」cité par POULAIN, G.:《La Famille de Jaurès》 *op. cit.*, pp.12-13.
　ここにはルイ－フィリップの三男ジョアンヴィル大公のシャルル・ジョレースに対する親愛の情と共に大公の亡命の地にある苦しみが語られている。
(28)　この事件についての詳細は. CADY, John F.: *The roots of French Imperialism in Eastern Asia.* Ithaca., N. Y., Cornell U.P. 1954, pp.114-118. を参照。
(29)　MEDZINI, Meron: *French policy in Japan during the Closing Years of the Tokugawa Regime*, Cambridge, Massachusetts., 1971. chap. V. 芳賀徹著『大君の使節—幕末日本人の西欧体験』中公新書、昭和四三年、二一二—二一六頁。ところでジョレースは一八六三年五月に横浜の租界に短期間軍政を施いた際の本国海軍省への報告書の中で、日本人についての興味深い観察をしたためているので引用しておこう。「日本国民は……生れつき肉体的に極めて頑強であるが、しかしまたとても陽気である……我々の占領の開始時以来、如何なる性質の困難をも我々は経験しなかった。我が軍の横浜駐留は、外国の地における軍事占領に付き物の如何なる不都合な事をももたらさなかった。我が軍の兵士と原地住民との間の関係は、卑しい性格の中国人と我々が結んだ関係とは著しく異なる……」cited by MEDZINI, M.. *op. cit.*, p.196.
(30)　*Ibid.* chap. X.
(31)　GRILLOU, E.. *op. cit.*, p.3. ところでJ・ラボーはシャルル・ジョレースの行年を一八六五年であると記しているが、これは正確でない。シャルル・ジョレースの行年が一八七〇年であったことはG・プーラン（POULAIN, G.:《La famille de Jaurès.》*op. cit.*, p.13）及びG・ルフラン（LEFRANC, G.: *Jaurès et le socialisme des intelletuels. op. cit.*, p.16）の記述によっても確認できる。

(32) JAURÈS, Jean: *La Guerre franco-allemende 1870—1871.op. cit.*, p.40. この著書は『社会主義者のフランス史』の第一一巻の前半部分を構成している独仏（普仏）戦争についてジョレースが担当した部分を、一冊の本として刊行したものである。

(33) POULAIN, G:《La famille de Jaurès.》*op. cit.*, pp.13-14.

(34) この国民議会は、ドイツとの講和を結ぶために、一八四九年の選挙法に基づいて一八七一年二月八日の総選挙で選ばれ、同月一三日にボルドーで召集された。この議会は行政・立法・司法についての最高議決機関とされた。しかしこの議会が憲法制定権を持っているか否かをめぐって激しい対立があったが、結局一八七五年に第三共和政憲法が制定され、同年一二月三〇日に解散された。cf. PIERRARD, Pierre: *Dictionnaire de la Troisième République*, Paris, Larousse. 1968. pp.23-25. 77.

(35) 二月八日の国民議会総選挙ののちに、辞退、失格、死亡、そしてとりわけ複数選挙区で当選した議員が一つの選挙区を選択したことによって生じた大量の空席一一四議席を埋めるために、この補欠選挙は行われた。この選挙の詳細については、GOUAULT, Jacques: *Comment la France est devenue républicaine. Les élections générales et partielles à l'Assemblée Nationale. 1870—1875.* Paris. Armand Colin. 1954. pp.103-132. を参照せよ。タルン県の選挙については ARMENGAUD, André: *Les populations de l'Est-aquitain au début de l' époque contemporaine. Recherches sur une region moins développée*（*vers 1845-vers 1871*）Paris. La Haye. Mouton. 1961. pp.455-457. が特に詳しい。

タルン県の空席は、この県を含め八県から選ばれたトロシュ TROCHU 将軍（一八一五—一八九六年。国防政府首席を務めた）がモルビアン県を自分の選挙区に選んだために生じた。cf. *Ibid.* p.126., ESTADIEU, M.: *Notes chronologiques. op. cit.*, p.189 etc. 極めてカトリック勢力が強い保守的な当時のタルン県で、非常に穏健ではあるが共和主義者のジョレース提督が圧勝しているが、辞退したトロシュ将軍はこの時の選挙で敗退したドゥ・ソニ将軍（一八二五—一八八七年。普仏戦争のロワニーの戦いでアルジェリア人連隊を率いて活躍したことで有名。）を含め、タルン県では軍人が立候補に積極的であり、また軍人の人気が高かったことがうかがえる。cf. J. GOUAULT. *op. cit.* p.126.

(36) 国民議会でのバンジャマン・ジョレースの主要な採決に対する態度（投票行動）は次の通りである。

・ティエール大統領の辞任を受理しない提案についての採決（一八七三年五月二四日）＝反対、票数（賛成三三一票対反対三六二票）

・世俗的埋葬についての行政裁判所判決を認定する動議についての採決（一八七三年六月二四日）＝賛成、票数（賛成四一三票対

反対二五一票）

・ブローイ〔一八二一年—一九〇一年。公爵家に生まれ、第三共和政の初期にマク・マオン大統領と共に共和派の進出を押え、王政復古をはかった政治家。一八七三年から一八七七年にかけて三期首相をつとめた。〕内閣信任についての採決（一八七四年五月一六日）＝反対、票数（賛成三一七票対反対三八一票）

・ワロン修正案〔ノール県進出の中道右派の議員アンリ・ワロンが提案した自ら起草になる憲法草案の修正案で第三共和政憲法の中心部分を成した。〕についての採決（一八七五年一月三〇日）＝賛成、票決（賛成三五三票対反対三五二票）

・憲法の全草案についての採決＝賛成、票数（賛成四二五票対反対二五四票）

バンジャマン・ジョレースのいずれの投票に際する態度も、左翼のそれと一致している。cf. *Ibid.* pp.197. 231. ところで、彼は兄シャルルと同じく、ルイ・フィリップの三男ジョアンヴィル大公と親交を持った。（大公から彼に宛てた手紙が一通カストル市のジョレース博物館に残されている）が、しかし彼自身ははっきりした共和主義者であった。

(37) GRILLOU, E.. *op. cit.*, pp.3. 4., RABAUT, J. : *Jaurès. op. cit.*, p.16.

(38) GRILLOU, E.. *op. cit.*, p.3. このレオポルドについては、一八四九年に彼がカストル市立博物館に一九羽の外国産の鳥を寄贈したことが知られている。*Ibid.* p.3.

(39) *Ibid.* p.4.

(40) LÉVY, Alain:《Deux militaires, oncles inconnus de Jean Jaurès》*B.S.E.J.* n°48. janv. -mars.1973, p.8. アラン・レヴィは現在カストル市立図書館名誉主任学芸員 Conservateur-en-chef honoraire des bibliothèques de Castres に任命されている。ちなみにE・グリユは、カストル市の戸籍簿に基づいて、ピエール-ジャン・ジョレース夫妻の子供の数は四人であると言っている。GRILLOU, E.. *op. cit.* p.4.

(41) AUCLAIR, M.. *op. cit.*, p.18.

(42) ジュール・ジョレースの二人の軍人の兄弟の経歴は、前述のアラン・レヴィの研究によって明らかにされた。cf LÉVY, Alain:《Deux militaires, oncles inconnus de Jean Jaurès》*op. cit.* pp.8-10. du même《Alphonse Jaurès et son neveu Jean》*B. S. E. J.* n°58. juillet-sept., 1975. pp.6-7.

(43) グリユはアンリ・ジョレースの生年月日を一八二三年四月二二日と記している。GRILLOU. E.; *op. cit.*, p.4

(44) LÉVY, A. :《Deux militaives oncles inconnus de Jean Jaurès》*op. cit.* p.8.

(45) メキシコ戦争についての詳細は DABBS, Jack A.: *The French Army in Mexico 1861—1867*. The Hague. Mouton. 1963 を参照。プエブラの包囲戦については *Ibid.* pp.35-49 が詳しい。

（46）　LÉVY, A. : 《Alpnonse Jaurès et son neveu Jean》 *op. cit.* pp.6-7.

（47）　*Ibid.* p.7.

（48）　POULAIN, Gaston : 《Un éducateur de Jaurès. son oncle maternel Louis Barbaza》 *Europe.* N°420-422. mai-juin. 1964. p, 122.

（49）　その日付が一八四八年六月五日から一八六一年七月五日に及ぶルイ・バルバーザの六四通の書簡は、彼の甥の娘であるガール GARRES 夫人の手を経て、カストル市立ジョレース博物館に寄贈され、シドーブル Sidobre 街にある市立図書館に保管された。

（50）　cité par POULAIN, G. : 《Un éducateur de Jaurès.》 *op. cit.*, p.122.

（51）　cité par *Ibid.*, p.123.

（52）　*Ibid.* pp.124-125.

（53）　POULAIN, G. : 《La famille de Jaurès》 *op. cit.*, p.11.

（54）　POULAIN, G. : 《Un éducateur de Jaurès.》 *op. cit.*, pp.125-126.

（55）　AUCLAIR, M.. *op. cit* p.17.

（56）　cf. POULAIN, G. : 《La famille du Jaurès》 *op. cit.*, pp.10-11.

（57）　DEVOISINS, Louis : 《Jaurès et le pays albigeois》.*Revue du Tarn.* le 15 mars 1959. p.6.

（58）　PORTAL, Ch.: *Le département du Tarn au XIX*[e] *siècle. Note de statistique.* Albi, Imprimerie Nouguiès. 1912,（réimprimé par Laffite Reprints. Marseille, 1977.）p.20. この県が形成される経緯については、この著書の Chapitre. I. *Formation et divisions du département* が詳しい。

（59）　ESTADIEU, M.: *Notes chronologiques.op. cit.*, p.129. 因みにこの時ラングドック州は分割されてオート－ガロンヌ Haute-Garonne、タルン Tarn、オード Aude、エロー Hérault、ガール Gard、ロゼール Lozère、アルデッシュ Ardèche、それにオート－ロワール Haute-Loire の八県になった。また一九七三年に発足したレジオン（地域圏）制（région）によっておおよそ低地ラングドック Bas-Languedoc はルシヨンと共にラングドック－ルシヨン Languedoc-Rousillon 地域圏に、高地ラングドック Haut-Languedoc はミディ－ピレネー Midi-Pyrénées 地域圏に編成された。ラングドック－ルシヨン地域圏はオード Aude, エロー Hérault, ガール Gard の低地ラングドック三県とロゼール Lozère、ピレネー－ゾリアンタル Pyrénées-Orientales の計五県から成り、ミディ－ピレネー地域圏はジョレースの故郷の県タルン県と彼が大学の教壇に立ち、市議会議員になったトゥルーズがあるオート－ガロンヌ県を含むアリエージュ Ariège、アヴェイロン Aveyron、オート－ガロンヌ Haute-Garonne、ジェル Gers, ロット Lot、オート－ピレネー Hautes-Pyrénées、タルン、タルン－エ－ガロンヌ Tarn-et-Garonne の八県から編成されると定められた。その後にこの地域圏は二〇一五年からミディ・ピレネー地域圏をを併合してオクシタニー Occitanie 地域圏になっている。

(60) ラングドック地方の太古から現代に至るまでの通史の中では、『ラングドックの農民 *Les Paysans de Languedoc* 』(Paris. S.E.V.P.E.N 1966) や『モンタイユー *Montailleu* 』(Paris. Gallisard. 1975) などを発表して現代フランス歴史学界の大家となった歴史家エマニュエル・ル－ロワ－ラデュリー Emmanuel LE ROY LADURIE の、小著ながら鋭い考察を随所に纏めた、*Histoire du Languedoc,* Paris. P.U.F. "Que sais-je ?" 1962. や WOLFF, Philippe (éd.) : *Histoire du Languedoc.* Toulouse. Privat, 1967., du même: *Documents de l' Histoire du Languedoc,* Toulouse. Privat, 1969 等を基本的文献として挙げることができる。

(61) cf. FABRE,Daniel et LACROIX, Jacques: *La vie quotidienne des Paysans du Languedoc au XIX*[e] *siècle.* Paris. Hachatte 1973. p.15

(62) ラテン語から派生した俗語であるロマン語の一種であるオック語（ラングドック、Langue d'Oc）を話す、フランスのおよそ南半分の地方がラングドックと呼ばれるようになったのは、一三世紀からであると言われる。そしてその後、オック（オクシタン）語 langue occitane のうちの一つの方言 dialecte である狭義のラングドックを話す、旧トゥルーズ伯爵領及びガロンヌ河からローヌ河に至る地中海沿岸南仏地方《ミディ・メディテラネアン》とから成るいわゆる（狭義の）ラングドック地方を指すようになった。（オック語の方言は他に、プロヴァンス語、ガスコーニュ語、オーヴェルニュ語等がある。）

因みにラングドック（オック語）という名称の由来が、肯定の返答で、英語のイエス Yes に当る語が北フランスで話された言語では Oil―ゆえに今日のフランス語の起源を成すこの言語とこれを話した地方をラングドイル Langue d'Oil と呼ばれた―であったのに対し、フランス南部のこの言語では、それが Oc であったことにあることは良く知られているが、この区分を最初に行ったのが中世の大詩人ダンテであったことはあまり知られていない。cf. ROOT, Waverley: *The food of France.* New York. Vintage Books. 1966. p.289. オック語についての詳細は BEE ,Pierre: *La langue occitane,* Paris. P. U. F. "Que sais-je?" 1963. を参照されたい。

(63) LE ROY LADURIE, E.: *Histoire du Languedoc. op. cit.,* pp.11-12.

(64) *Ibid.* pp.21-22. WOLFF. Ph. (éd) : *Histoire du Languedoc. op. cit.,* pp.100, 110-113, 121-129.

(65) 西ゴート族は四一九年から五〇七年までトゥルーズを首都とする王国を統治していたが、五〇七年にフランク王クロヴィスにヴイエ Vouillé の戦いで敗れた後は、低地ラングドック地方とルション地方とから成るセプティマニ（首都：ナルボンヌ）――七つ（ラテン語で七は Septem）の都市あるいは司教区（Carcassonne, Narbonne, Bézier, Agde, Nîmes. Maguelone, Elne）から成り立っていたことが、もしくはガロ‐ロマン時代に第七軍団が駐屯していたことがこの名の由来と言われる——のみを支配するだけになった。cf. RICHÉ, Pierre: *Les Invaisions barbares.* Paris. P. U. F. "Que sais-je?" 1968. 邦訳P・リシェ著、久野浩訳『蛮族の侵入—ゲルマン大移動時代』白水社、クセジュ文庫、一九七四年、六六—六八頁、八五—八六頁、九五—九六頁、一二一—一二六頁、WOLFF, Ph.（éd.）: *Histoire du Languedoc, op. cit.*, pp.110-111, 121-123. etc.

(66) 最近のフランにおける地方文化と地方自治を重視する地方分権主義《レジオナリスム》、地方独立主義《オートノミスム》の広がりを背景に、ラングドック地方史の一つの原点としてのカタリ派についての研究熱が、この地方の研究者を中心に高まっている。cf. ZERNER-CHARDAVOINE, Monique: *La Croisade Albigeiose.* Paris. Gallimard/Julliard "Archives Gallimard-Julliard n°75" 1979. pp.238-242

(67) LE ROY LADURIE. E. *Histoire du Languedoc. op. cit.*, pp.42-43., WOLFF, Ph.（éd）: *Histoire du Languedoc., op. cit.*, pp.203-204, 218-219.

(68) cf. ELLUL, Jacques: *Histoire des institutions.* Paris. P. U. F.《Thémis》, 1956, tome seconde, pp.246, 253., WOLFF, Ph.（éd）: *Histoire du Languedoc. op. cit.*, pp.254-257, LE ROY LADURIE, E. : *Histoire du Languedoc, op. cit.*, p.47. 木村尚三郎「1、身分制と身分制議会　二、フランス三部会」（岩波講座『世界歴史』第11巻」収録）五〇—六九頁

(69) ラングドック地方では、ユグノー派（＝カルヴァン主義）は都市の商工業者層ばかりではなく、セヴェンヌ山地を中心とした地域の農民層の中にも深く根を下した。これらの農民はやがて「カミザールの叛乱」の中心的部隊となる。cf. LE ROY LADURIE, E. : *Les Paysans de Languedoc. op. cit.*, pp.348-351. WOLFF, Ph.（éd.）: *Histoire du Languedoc. op. cit.*, pp.319-323.

(70) この叛乱はナントの勅令の廃止（一六八五年）後の度重なる迫害に苦しんでいたゼヴェンヌ山地地方のユグノーが一七〇二年七月のデュ・シェラ du CHAYLA 神父の暗殺を発端として起こしたもので、叛乱軍はカヴァリエ CAVALIER やロラン ROLAND 等の優れた指導者に率られてルイ一四世の大軍と果敢に戦い、この乱は一七〇四年に鎮圧されるまで続いた。この叛乱の名称「カミザール Camisards」は、叛乱軍が夜襲に際して同志討ちを防ぐために上着の上にラングドックの方言でカミゾ Camiso と呼ばれていた白いシャツ（＝chemise（仏））を着用したことに由来する。この叛乱の歴史学的研究文献には JOUTARD, Philippe :*La Légende des Camisards. Une sensibilité au passé.*Paris. Gallimard.1977. LE ROY LADURIE,E.: *Les Paysans de Languedoc.* 5ème partie *"Le reflex"*, Chap. V. *"Les rébellions sauvages"*. pp.605-629., JOUTARD, Philippe: *Les Camisards.* Paris. Gallimard/Julliard.《Coll. Archives N°63》1974 等がある。

(71) カラス事件とは、トゥルーズ市の商人ジャン・カラス（一六九八年—一七六二年）——生誕地はカストル地方のラカバレード Lacabarède——が自殺した長男マルク‐アントワーヌ Marc-Antoine の遺体が酷い取扱いを受けないように、彼の死因を自殺で

はないように見せかけようとしたために、カルヴァン派の彼がカトリックに改宗しようとした長男を殺害した嫌疑で逮捕され裁判の結果死刑の判決を受けて、一七六二年に処刑された事件である。その後、啓蒙主義哲学者ヴォルテールは『寛容論』（一七六三年）を著わすなどして、この事件の背景にある宗教的非寛容を批判し、カラスの無実を主張した。その甲斐あって、一七六五年コンセイユ・デュ・ロワ（国王顧問会議）はカラスの無罪を認めた。スィルヴァン事件もこれに類似した事件で、カストルの法曹家でプロテスタントのピエール - ポール・スィルヴァンがカトリックに改宗しようとした娘を殺したとして告発され、直後に難を逃れてスイスに亡命したが欠席裁判で死罪を言い渡された事件である。この時もヴォルテールらの弁護を得た結果、一七七七年にトゥルーズ高等法院によって無実を認められた。後者の事件については ESTADIEU M.: *Notes chronologiques et statistiques pour servir à l'histoire du la ville de Castres, op. cit.*, p.86 等がくわしい。またカラスとスィルヴァンの経歴は ESTADIEU, M.: *Annales du Pays castrais.* Castres.Imprimerie Abeilhou. 1893.（Réimprimé par Laffitte Reprints. Marseille, 1977.）pp.377-378 と pp.425-426 をそれぞれ参照されたい。

いずれの事件もアルビジョア十字軍の後に厳しさを極めた異端審問 Inquisition や、絶対王政下でのユグノーに対する迫害に表わされたような、ラングドック地方のカトリシズムの自ずからが弱体であるが由の宗教的非寛容性という宗教風土に起因していることは、否めない事実であるだろう。

（72） RAPPOPORT,Charles: *Jean Jaurès, L'Homme–Le Penseur–Le Socialiste.* Paris. Émancipatrice. 1915. p.5.

またこの地方は情熱家にして実証的精神に富むフランソワ・ギゾー〔一七八七年 - 一八七四年。ニーム市生まれ。歴史家、政治家。七月王政期には首相を務めたが二月革命によって失脚した。〕、オーギュスト・コント〔一七九八年 - 一八五七年。モンプリエ市に生まれた。哲学者、社会学者。『実証主義哲学講義』、『実証主義精神論』などの著作がある。〕、ラファイエット〔一七五七年—一八三四年。シャヴァニャック生れ。政治家、軍人、侯爵。アメリカ独立戦争で勇名を馳せ、フランス革命、七月革命でも活躍した。〕、アングル〔一七八〇年 - 一八六七年。モントバン生れ。画家。写実的画風で知られ『オダリスク』、『スフィンクスの謎』などが代表作である。〕などの偉大な人物を数多く世に送ったことも付け加えて記しておきたい。*Ibid.*, p.3.

（73） LE ROY LADURIE, E. : *Histoire du Languedoc. op. cit.*, pp.97–99.

（74） WOLFF Ph.（éd.）: *Histoire du Languedoc. op. cit.*, pp.448–450.

（75） LE ROY LADURIE E.: *Histoire du Languedoc. op. cit.*, p.103.

（76） JARDIN, André, TUDESQ, André–Jean: *La France des notables*, 1, *L'évolution générale, 1815–1848,*（Nouvelle histoire de la France contemporaine, 6.）Paris, Seuil, 1973, pp.34–35, du même: *La France des notables*, t.2, *La vie de la nation, 1815–1848*（Nouvelle histoire de la France Contemporaine. 7）Paris, Seuil, 1973, pp.38–42. LE ROY LADURIE, E. : *Histoire du Languedoc. op. cit.*, pp.105–106

(77)　RÉMOND René: *La Droite en France, de la Première Restauration à la Vᵉ République,* (3ᵉ éd.) I, 1815-1940, Paris, Aubier, 1968, pp.46-47

(78)　TUDESQ,André-Jean: *Les Grands Notables en France* (*1840-1849*) *Étude historique d'une psychologie sociale.* tome premier, Paris, P. U. F. 1964, pp.146-156 七月王政期のラングドック地方が正統王朝派（レジティミスト）の地盤であったことについては、図—8に明確な一例を見ることができる。

(79)　生前「ジョレース研究協会」会長をつとめた今は亡き現代フランスの歴史家モーリス・アギュロン Maurice AGULHON は、この時代にラングドック地方と同様に極端王党派（ユルトラ）、正統王朝派《レジティミスト》の牙城から急進共和派・民主主義＝社会主義派の地盤へと変貌したプロヴァンス地方を対象として、この政治的大転換をテーマとした浩瀚な博士論文を一九七〇年に発表した。この論文は三冊に分割され、それぞれ *Une ville ouvrière au temps du socialisme utopique: Toulon de 1815 à 1851,* Paris, La Haye, Mouton, 1970., *La vie social en Provence intérieure au lendemain de la Révolution,* Paris, Société des Études Robespierristes. 1970, *La république au village: Les populations du Var de la Révolution à la Seconde République,* (Paris. Plon, 1970) と題されて刊行された。

この博士論文中で彼は、この転換は経済的要因のみではなく、南仏特有の人間関係《ソシアビリテ》の形態 sociabilité つまり北フランス（特にブルターニュ地方）の「タテの」社会＝政治構造 une structure socio-politique《verticale》と対照を成す、平等主義的結社に基礎を置く「ヨコの」構造 une structure《horizontale》などの社会的＝文化的要因によってももたらされたと結論している。*La république au village. op. cit.,* p.480. *Une ville ouvrière au temps du socialisme utopique, op. cit.,* p.332

この所説は、プロヴァンス地方のみならず、ラングドック地方にも概ね該当すると考えられるだけに、検討に値するであろう。

因みに、歴史学者アンドレ・アルマンゴーも十九世紀中葉のアキテーヌ東部地方（この地方の中にはラングドック地方に所在するオート‐ガロンヌ及びタルンの二県が含まれている）についての研究の中で、アギュロンの説に類似した所説を発表しているので紹介しておこう。それに依れば、この地方では大土地所有者・産業資本家等からなる高額納税者が少ない地域、つまり彼らによって経済的ばかりか、精神的・政治的にも隷属させられている定額小作農《フェルミエ》や分益小作農《メティエ》、あるいは労働者が余り多数存在しない（従がって農村部については自作農《キュルティヴァトゥール》多い）地域が、左翼＝共和派に多数の票を投じたと言う。ARMENGAUD, André.: *Les populations de l'Est-aquitain au début de l'époque contemporaine. op. cit.,* pp.373-375, 461-462 またアルマンゴーは、同書の結論の末尾部で、この地方においても漸進的ではあるが、この時期に農村社会が大土地所有者を基軸にしたハイアラーキー的な《タテの》社会から、自作農、小地主を基軸にした平等な《ヨコの》社会への移行があったことを確認している。*Ibid.* p.466

図－8　1837年市町村議員部分的改選における政党王朝派（レジティミスト）の県別の得票率

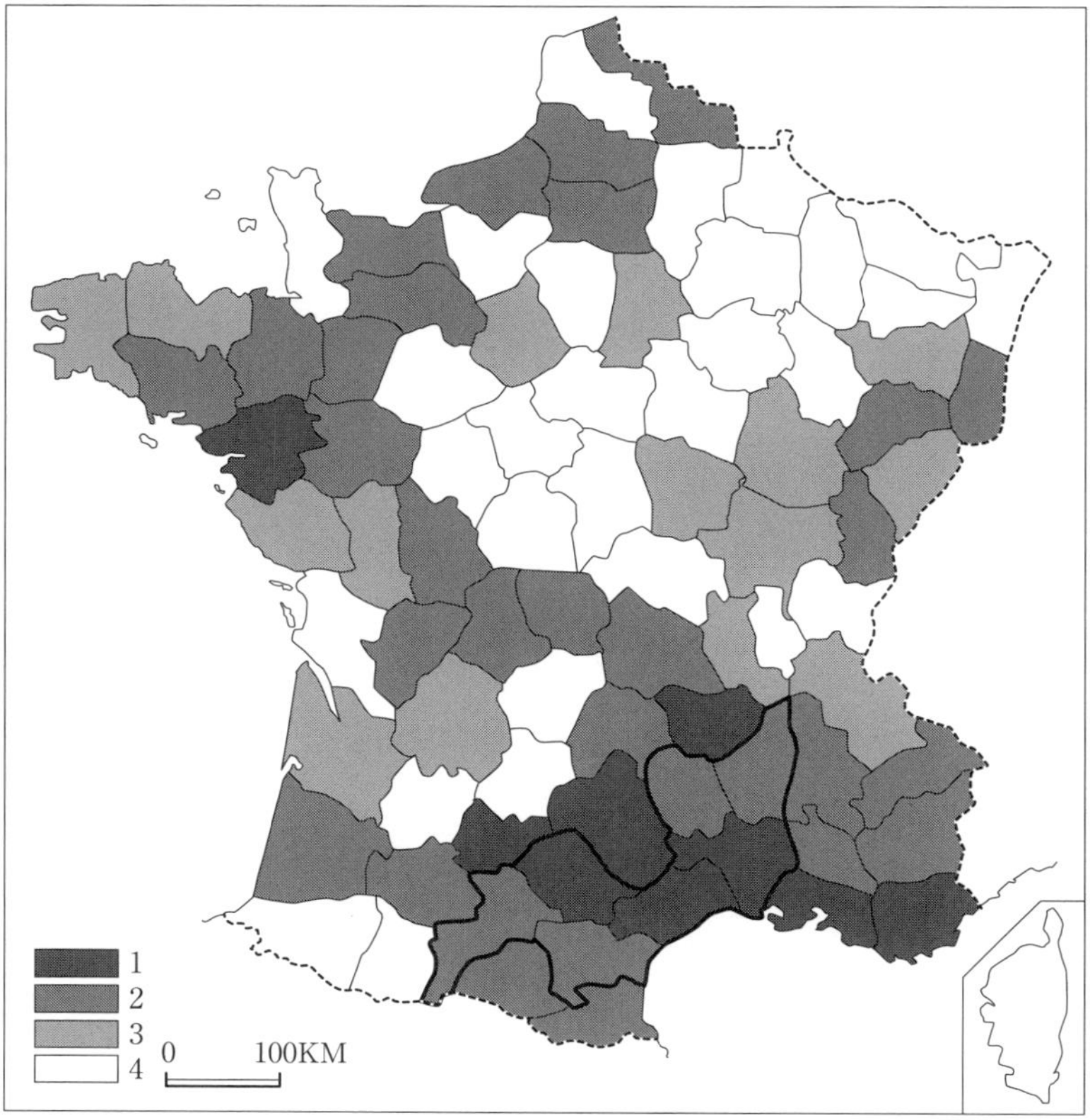

1. 20%以上　2. 10 — 19%　3. 5 — 9%　4. 5%以下

注：太線内が旧ラングドック州にその領土の大半が含まれていた県である。

〔出典〕 A.-J. TUDESQ : *Les Grands Notables en France op. cit.*, p. 132

この視角から、我が国の近代フランス政治史の碩学中木康夫氏の「(一八四九年五月の総選挙は――筆者注）総じて政治意識の地帯構造的視角からすれば、経済的先進性と政治的保守性の結合（北西・東部フランス型）、経済的後進性と政治的急進性の結合（中・南フランス型）という二型の対照が目立ち（パリ地域・ノール県を除く）これは基本的に現在まで維持されている」『フランス政治史・上』（未来社、一九七五年）とする議論に検討を加える場合、中木氏の所説は余りに『生産力』を中心的基準とし過ぎ、政治的意識が『生産力』（＝経済的水準）にもまして前に記したような社会的諸関係の影響を被っている事実に留意しない議論であると共に、他方でまた史実にもそぐわないように思われる。史実について言えば、例えば経済的に見て後進的であるブルターニュ地方は伝統的に保守勢力の最大の牙城であったし、ローヌ河流域南仏地方 Midi rhodanien《ミディ・ローダニアン》 や地中海沿岸南仏地方 Midi méditerranéen《ミディ・ディテラネアン》 は政治的に急進的であると同時に、経済的にも先進的であることに注意されたい。

(80)　cf. TUDESQ A.-J.: *Les Grands Notables en France. op. cit.*, pp.1057-1058, ARMENGAUD, A.: *Les populations de l'Est-aquitain. op. cit.*, pp.354-356

(81)　cf. TUDESQ, A.-J.: *L'élection présidentielle de Louis-Napoléon Bonaparte. op. cit.* p.208, du même: *Les Grands Notables en France. op. cit*, pp.1173-1174. A. Armangaud: *Les populations de l'Est-aquitain. op. cit*, pp.361-365. ところで図―4には、ルイ－ナポレオンのオート－ガロンヌ県での得票率が八〇％と記されている（TUDESQ, A-J.: *L'élection présidenticlle de Louis-Nopoléon Bonaparte, op. cit.*, p.211 にも同様の数字が記載されている）が、アルマンゴーの提示している数値（*Les Populations de l'Est-aquitain. op. cit.*, p.361）に基づいて筆者が算出したルイ－ナポレオンのこの県での相対得票率は約七五・六％、絶対得票率（対有権者比）は彼の全国平均が約五四・四％であるのに対し約五二・八％である。またこの県の県庁所在都市トゥルーズでのルイ－ナポレオンの相対得票率は約五六・八％であり、パリ（約五八％）やリヨン（約六二％）よりも低い。また共和主義左派の候補ルドリュ－ロランはこの県で約一六・二％の相対得票率（全国平均約五％）を得ており、特にトゥルーズ市内での善戦が目立つ。ARMENGAUD, A.: *Les populations de l'Est-aquitain, op. cit.*, pp.361-363

(82)　このルイ－ウージェヌ・カヴェイニャック将軍についてはLUNA, Frederick A. de の手になる研究 *The French Republic under Cavaignac, 1848*, Princeton U.P. 1969 が詳しい。この書は、六月蜂起の残忍な圧殺者としてのみ有名で、必ずしも評判がかんばしくないカヴェイニャックはまた、熱心な共和政の擁護者であり、そして彼が権力の座にあった時期の共和政は数多くの改革に手がけたとして評価している。

(83)　TUDESQ. A.-J.: *Les Grands Notables en France, op, cit.*, p.1172. du même: *L'élection présidentielle de Louis-Napoléon Bonaparte, op. cit.*, p.208, LUNA, Frederick A. de: *The French Republic under Cavaignac, op. cit.*, p.392 ちなみにこのブッシュ－

デュ - ローヌ県では第一位のカヴェイニャックは約五六%、第二位のルドリュ - ロランが約二四%の相対得票率を得たのに対し、ルイ - ナポレオンは僅か二〇%の支持しか得ることができなかった。ルイ - ナポレオンが第三位の得票に甘んじたのは、全国でこの県のみである。

（84） AGULHON,M. : *La république an village. op. cit.*, p.293, BUSQUET, Raoul. BOURRILLY, V.-L. et AGULHON, Maurice: *Histoire de la Provence*, Paris, P.U.F.《Que sais-je?》, 6ᵉ éd. 1976. p.94. ヴァール県での各候補の獲得票数の内訳は次の通り。

カヴェイニャック将軍	三五、〇〇〇票
ルイ - ナポレオン・ボナパルト	一五、七九三票
ルドリュ - ロラン	一一、三四七票
ラスパイユ（社会主義派の候補）	一、〇七六票
ラマルチーヌ（著名な詩人であった共和派の候補）	四〇九票

(cf. AGULHON, M.: *La république au village. op. cit.*, p.293)

ところですでに見た通り、ブッシュ - デュ - ローヌ県やヴァール県からなる南プロヴァンス地方は、正統王朝派の地盤であった復古王朝期とは打って変って、この第二共和政時代にはフランスで共和派及び社会主義派の最強の地盤の一つとなった。にもかかわらず、中木康夫氏はルイ - ナポレオンの「急進的左翼的」性格を強調するための根拠として、一八四八年一二月の大統領選で「ナポレオンの支持率がもっとも低い地域は、ブルターニュ（西部）プロヴァンス（南部）など、ブルボン派の伝統的名望家支配の強固な保守地帯であった。」（前掲、『フランス政治史（上）』一二〇頁、注(3)）ことを挙げているのは理解に苦しむ。プロヴァンスとは異って確かに「強固な保守地帯」であったブルターニュ地方においても、ルイ - ナポレオンの対抗馬カヴェイニャックは正統王朝派《レジティミスト》の側からは僅かな支持しか得ることができなかったのであるし、彼のこの地方での善戦（フィニステール Finistère とモルビアン Morbihan の二県でルイ - ボナパルトを凌駕した）は、(1)この地方ではナポレオン伝説が民衆の間に余り影響力を持っていなかった、(2)大部分の正統王朝派《レジティミスト》はこれら両候補に対し、ともに批判的であった、(3)他のほとんどの地方で正統王朝派《レジティミスト》の強い支持を受けていたルイ - ナポレオンは、この地方でとりわけ正統王朝派の候補という印象を持たれ、そのため共和派とオルレアン王朝（七月王政）派の強固な支持がカヴェイニャックに寄せられたことに留意しなければならない。とは言え、この西部地方で最も保守的なヴァンデー地方でルイ・ナポレオンは圧勝している。LUNA, F. A. de: *The French Republic under Cavaignac. op. cit.*, pp.391-392. またナポレオンが保守派唯一人の候補であったにもかかわらず国民の各階層から――保守的な大土地所有者やその影響下にあった農民だけではなく、都市の職人や労働者からも――支持を集めたことは確かであるにしても、「パリ、リヨンなど大

表－５　大都市及びそれが所在する県でのルイ・ナポレオンの得票率

県庁所在の大都市		全県	
Marseille	14.7 %	Bouche-du-Rhône	20 %
Lille	25 %	Nord	50 %
Nantes	40.7 %	Loire-Inférienre	54 %
Toulouse	56.8 %	Haute-Garonne	80 %
Bordeaux	59.4 %	Gironde	76 %
Lyon	62 %	Rhône	74 %
Rouen	79 %	Seine-Inférieure	84 %

〔出典〕　A. TUDESQ: *L'élection présidentielle de Louis-Napoléon Bonaparte. op. cit.*, p.211

都市では職人・労働者地区が（ルイ-ナポレオンの得票率が——筆者注）圧倒的に高く、パリでは六月反乱の拠点地区が集中的に支持しており、このナポレオン支持層と左翼運動支持層とは同一社会層にぞくする。地方でも左翼的運動の強い「赤い諸県」（中・南部小農地帯）で圧倒的な支持を受け、これらの諸県の左翼候補はルドリュ・ロランではなくルイ・ナポレオンその人であった。」（中木康夫著、前掲「フランス政治史（上）」一一九頁、同著「フランス第二帝政＝ボナパルティズムの成立」、名古屋大学法政論集、五三号、一九七一年三月、九四頁）「ルイ・ナポレオンがパリはじめ大都市の職人・労働者地区および左翼的な地方諸県、すなわち政治意識の比較的高い地区で高い支持率を確得した」（前掲中木著『フランス政治史（上）』一二二頁、同『フランス第二帝政＝ボナパルティズムの成立』九七頁）とする中木氏の所説は、極端過ぎるが故に少なからず不正確である、と筆者は考える。なぜなら、第一に、ルイ-ナポレオンはこの選挙では、全国平均で約七四%にのぼる高い得票率（対有効票比）を得たのに対し、マルセイユで一四・七%、リールで二五%という低い得票率しか得られずに惨敗しているのをはじめ、ル・アーヴル、ストラスブール、ナント、トゥーロンなど多くの大都市で不振であったし、予想外の好成績を収めたパリやリヨンなどにしても彼の全国平均の得票率に遙かに及ばない（表-5を参照せよ）からである（ルーアンはむしろ例外である）。

第二に、ルイ・ナポレオンは、パリでの六月反乱の拠点地区であった第三、四、六、七、八、九、一一、一二区のほぼ総ての区でパリ全体の平均得票率より低い得票率しか獲得できず、特に第三、四、六、七区などでは五〇%にも達しなかったのに対し、ブルジョアの居住地区である第一区と第一〇区——特にこの第一〇区は正統王朝派《レジティミスト》の地盤として有名——、それに当時農業地帯だった郊外で彼は最高の成績を収めた。故に「パリでは六月反乱の拠点地区が集中的に支持し」たとする説は不正確である（以下の表—6を参照されたい）。

第三にルイ-ナポレオンが「左翼運動の強い『赤い諸県』（中・南部小農地帯）で圧倒的な支持を受け」たわけでは必ずしもないことは、先づもって地中海沿岸南仏地方での彼の得票率（図—4参照）を見れば一目瞭然であるし、また中部地方及び中東部地方の「赤い県」でもアリエ県（約六八%）、ソーヌ-エ-ロワール県（約五四%）、ドゥーDoubs県（約六三%）などの様にルイ-

ナポレオンが他の農村県での高い得票率に比べて余り良い成績をえられなかった県も多かった。さらに全体的に見て彼が高い得票率を得たのは主として北部地方、南西《シュド・ウエスト》地方、東部《エスト》地方、ヴァンデー地方などの、当時の保守的な農村県であったことは、疑いを挟む余地のない事実であると言って良い。cf. LUNA, F. A. de: *The French Republic under Cavaignac. op. cit.*, pp.391-392

(85) cf. BOUILLON Jacques *op. cit.*, pp.81-85, ARMENGAUD, A.: *Les populations de l'Est-aquitain. op. cit.*, pp.367-377

表－6　1848 年 12 月大統領選挙のパリでの結果

区	ルイ－ナポレオン	カヴェイニャック	ルドリュ－ロラン	ラスパイエ	同年9月立憲議会補選でのルイ－ナポレオンの得票数
1	16,989	6,015	1,118	719	(3,115)
2	12,508	7,708	1,968	1,055	(4,610)
3	6,605	5,921	1,415	825	(3,230)
4	4,605	3,571	1,257	1,181	(3,491)
5	10,619	5,614	2,755	1,395	(6,608)
6	10,625	7,509	3,155	1,405	(5,948)
7	7,097	5,109	1,920	1,023	(4,912)
8	12,755	5,318	2,841	1,344	(6,258)
9	7,526	4,296	1,035	870	(2,825)
10	22,326	11,217	1,597	870	(3,318)
11	8,447	5,840	1,532	888	(3,472)
12	10,934	4,616	1,650	1,344	(5,364)
Banlieu（郊外）	49,227	15,115	2,918	2,262	

〔出典〕 Roger PRICE: *The French Second Republic. A Social History*. London, Batsford, 1972. p.222

(86) GOGUEL, François: *Géographie des élections françaises sous la Troisième et la Quatrième République*. Paris. Armand Colin. "Cahiers de la F.N.S.P. n° 159" 1970. p.166, LE ROY LADURIE, E. : *Histoire du Languedoc. op. cit.*, pp.108-109. 一八七〇年のこの人民投票からのち、ラングドック地方並びにこれを包含する地中海沿岸南仏《ミディ・メディテラネアン》地方がフランスの左翼の一大拠点に——おそらくはパリ地方とならんで最大の拠点に——なった。この事実は、近現代フランス政治史において最も検討に値する歴史的現象のひとつであるだろう。何故なら、この地方の左翼勢力を除外しては、今日の強力なフランス左翼運動が存立し得ないほどの規模を有しているからであり、またこの背景には政治的・経済的要因のみならず、複雑な社会的・歴史的要因等が交錯しつつ存在しているという興味深い現象だからだ。一八七〇年以降の選挙結果に表われたこの地方の左翼勢力の規模と力量については次の文献を参照されたい。GOUAULT, Jacques: *Comment la France est devenue républicaine. Les élections générales et particlles à l'Assemblée nationale 1870–1875. op. cit.* pp.91–94, 98–101, 125–126, 129–130, 145–146, 171–173 etc. SIEGFRIED, André: *Géographie électorale de l'Ardèche sous la III*^{e} *République.* Paris. A. Colin.《Cahiers de la F.N.S.P. n°9》1949. pp.75–122. etc. GOGUEL, F.: *Géographie des élections françaises. op. cit.*, pp.16–17, 60–113, 116–117. etc. DUPEUX, George: *Le Front Populaire et les élections de 1936*, Paris. A. Colin《Cahiers de la F.N.S.P n°99》1959. pp.143–171. etc. LELEU, Claude: *Géographie des élections françaises depuis 1936.* Paris. P.U.F.,《Thémis》. 1971. pp.13–180, etc, Association Française de Science Politique.: DUVERGER, Maurice, GOGUEL, François et TOUCHARD ,Jean（sous la direction de）; *Les élections du 2 janvier 1956.* Paris. A. Colin《Cahiers de la F.N.S.P n°82》pp.492–496. etc Association Française de Science Politique.: *L'établissement de la Cinquième République. Le référendum de septembre et les élections de novembre 1958.* Paris. A. Colin《Cahiers de la F.N.S.P n°109》1960. pp.282–291, 312–346 etc., Centre d' Étude de la Vie Politique Française（Sous la direction de GOGUEL, F.）: *Le référendum du 8 janvier 1961.* Paris. A. Colin,《Cahiers de la F.N.S.P n°119》1962 pp.136–144, 149–152, etc., Association Française de Science Politique: *Le référendum du 8 avril 1962.* Paris. A. Colin 1963. pp.130–136 etc. du même: *Le référendum d' octobre et les élections de novembre 1962.* Paris. A. Colin,《Cahiers de la F.N.S.P n°142》1965. pp.296–305, du même: *L'élection présidentielle de décembre 1965.* Paris. Presses de la F.N.S.P.《Cahiers de la F.N.S.P. N°169》1970, pp.393–446. du même: *Les élections législatives de mars 1967*, Paris, Presses de la F.N.S.P《Cahiers de la F.N.S.P n°170》1970, pp.320–370, etc.

　第五共和政最初のフランス共和政大統領選挙での最初の直接選挙が行われた一九六五年一二月一九日の共和国大統領第二次選挙で、ミッテランがドゥゴール候補を上回る票を得た県によって、ラングドック地方ならびに地中海沿岸南仏《ミディ・ミディテラネアン》地方において、左翼の支持層が昨今に至るまで厚いことを、如実に知ることができるだろう（図－9参照）。この後ミッテランが大統領に当選する一九八一の選挙でも、再選された一九八八年の選挙でも、この傾向はほぼ変わらなかった。最近の二〇一二年に社会党のオランド候補がに大統領に選挙された大統領選挙の時代になると国民戦線（現国民連合）の進出で右傾化した地中海沿岸南仏《ミディ・ミディテラネアン》地方の東部プロヴァンス地方ではサルコージ候補がオランド候補を上回ったが、地中海沿岸南仏《ミディ・ミディテラネアン》地方西部とフランス南西部ではトゥルーズ市六二・五四%、モンプリエ市六二・三八%、ボルドー市五七・八%などの得票率を獲得し厚い支持を集めた。

(87)　cf WOLFF, Philippe（dir.）: *Histoire du Languedoc. op. cit.*, p.493 et suiv.

図－9　1965年12月19日のフランス共和国大統領選挙第2次投票においてミッテラン候補がドゥゴール候補を上回る得票をした県

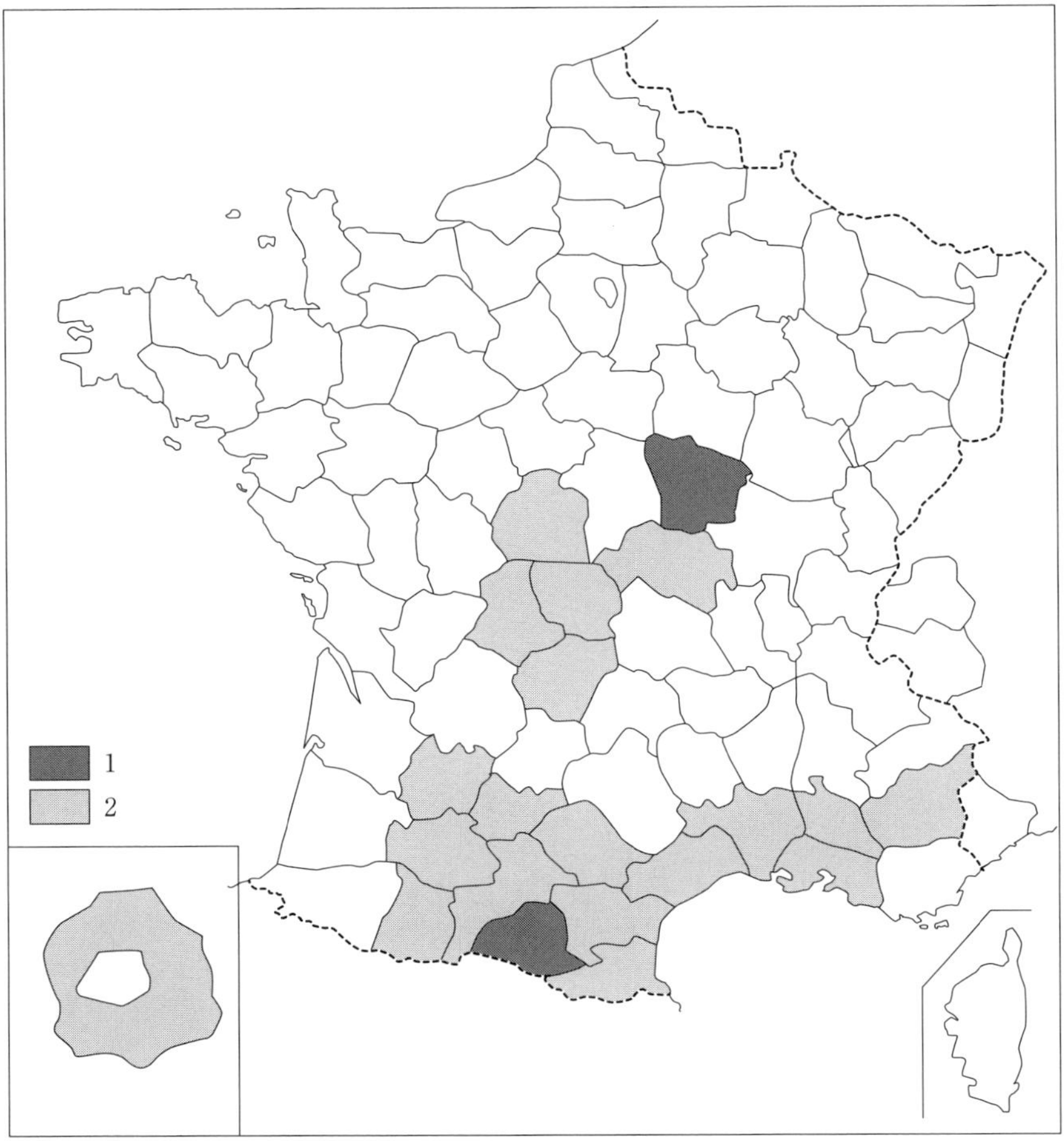

1．絶対多数を獲得した県
2．相対多数の得票をした県

〔出典〕GOGUEL, François;. «　L'Élection présidentielle de Décembre 1965. » *Revue française de Science politique*. Année Volume XVI.No.2.1966,Paris.PUF. p.246

(88) SIEGFRIED, André: *Géographie électorale de l' Ardèche sous la IIIe République. op. cit.* pp.27-28.
(89) LE ROY LADURIE, E.: *Histoire du Languedoc. op. cit.*, p.112.
(90) LAFONT,Robert: *La révolution régionaliste* Paris. Gallimard, 《Coll. Idées》. 1967. chap. III.
(91) cf. ARMENGAUD, André: 《Jean Jaurès et le fait régional》 *B.S.E.J.* n° 44. pp.2-5
(92) JULIEN, Charles-André: 《Souvenirs et réflections sans prétentions》 *op. cit* p.16.
(93) cf PORTAL, Ch.: *Le département du Tarn aux XIXe siècle. op. cit., pp.*331, 458.
(94) cf. *Ibid.* p.458.
(95) cf. *Ibid.* pp.340-341, 458.
(96) ARMENGAUD, A.: *Les populations de l' Est-aquitain. op. cit.*, p.71.
(97) *Ibid.* pp.73-74.
(98) *Ibid.* pp.318-320. PORTAL, Ch.: *Le département du Tarn. op. cit.*, p.57.
(99) ARMENGAUD A.: *Les populations de l' Est-aquitain. op. cit.*, p.78.
(100) *Ibid.*, p.265
(101) cf. *Ibid.*, pp.281-291.
(102) cf. *Ibid.*, p.258.
(103) cf. *Ibid.*, pp.211, 219-223, 227-228, PORTAL, Ch.: *Le département du Tarn. op. cit* pp.429-450. TREMPÉ, R.: *Les mineurs de Carmaux op. cit.*, t. 1. pp.27-28, 36-37, 47-50.
(104) ARMENGAUD, A. : *Les populations de l' Est-aquitain. op. cit.*, pp.124-125. TAILLEFER, François: *Le Midi toulousain. op. cit.*, p.156, PORTAL, Ch. : *Le département du Tarn. op. cit.*, pp.416-417.
(105) cf. CAZALS, Remy: *Avec les ouvriers de Mazamet dans la grève et l'action quotidienne 1909-1914*. Paris. F. Maspero. 1978. pp.16-24, TAILLEFER, François: *Le Midi toulousin. op. cit., pp.*152-153. FERRAS ,Robert, PICHERAL, Henri, et VIELZEUF, Bernard: *Atlas et géographie du Languedoc et du Roussillon*. Paris. Flammarion. 1979. pp.266-267.
(106) より詳しい十九世紀タルン県のプロテスタントの教徒数は次の通りである。

一八〇三年　　一七、六五〇人
一八一九年　　一四、七〇〇人

一八二二年	一四、三〇〇人
一八三一年	一六、一〇〇人
一八三六年	一六、〇〇〇人
一八五一年	一六、七〇〇人
一八六一年	一六、三二四人
一八六六年	一六、七六〇人
一八七二年	一六、三五五人

〔出典〕PORTAL Ch. :*Le département du Tarn. op. cit.*, pp.121-122.

(107) TAILLEFER, François: *Le Midi toulousain. op. cit.*, pp.50-52.

(108) ESTADIEU M. : *Notes chronologiques et statistiques pour servir à l' histoire de la ville de Castres. op. cit.*, pp.3-4.

(109) cf. *Ibid.* pp.252-259. ESTADIEU, M.: *Annales du pays castrais. op. cit.*, pp.331-334.

(110) DEVOISINS, Louis: 《Jaurès et le pays albigeois》. *op. cit.*, p.6.

(111) SCOTT, Joan, Wallach: *The Classworkers of Carmaux. op. cit.*, p.9.

(112) cf TREMPÉ,Rolande : 《Jaurès et Carmaux》 *Europe* n° 354. oct.-nov. 1959 pp.64-65.

第二章　生いたちと学業（一八五九年―一八八一年）

第一節　生い立ち

ジョレースが生まれた頃のラングドック地方は、伝統と因襲が基調をなしていた社会だった。この地方では人間生活の大きな区切り（例えば出産・思春期・結婚・死等）は、共同体の伝統的規律によって規制を受けていた。こうした「通過儀礼」とでも呼ぶべきものを知ることによって、今日ではほとんど知る術もないジョレースの幼年期の生活の輪郭を浮び上らせることを試みたい。ここでは出産の前後ならびに幼児期・少年期に関する十九世紀ラングドッグ地方の風習《ムールス》について語ろう。この時代の農民を主体とした民衆の知るための注目するべき研究としてダニエル・ファブル Daniel FABRE とジャック・ラクロワ Jacques LACROIX の共著『十九世紀のラングドック地方農民の日常生活 *La vie quotidienne des paysans du Languedoc au XIXe siècle*』がある。幼少時のジョレースの家族は、家系においては地域社会の名士や軍人の世界で成功したいく人を数えることが可能であるが、決して裕福ではなかった。ゆえにこの頃のジョレース家は民衆の生活との近いものであったことが想像できる。以下に同時代の民衆の生活の民俗学的研究によってジョレースの幼少時の生活を知る手がかりとしたい。

十九世紀ラングドック地方の農民の妊婦は仕事の面で決して特典に浴していた訳ではなく、ほぼ通常のように家事と農作業等に勤しまなければならなかった。食事についても、多量に摂ることを求められた以外は、いつもと変わらなかった。ただ、クリーム・蜜・チーズ等の柔らかい食物は、安産を促がすとして推奨された。また胎児は母親が摂取するもの、欲求するものに影響を被ると考えられた。例えば妊婦が兎を食べてはならないとされたのは、もしその禁を破れば、出生時は大きく裂けた口を持つか、あるいは長すぎる歯を持つと信じられたからであった。妊婦が抱く恐怖もまた胎児に悪影響を及ぼすと思われていた。だから蛇やひき蛙やごきぶりなどは、妊婦にとって凶しい生き物とされた。分娩時の事故をもたらすものとして、妊婦についての幾つかの禁忌《タブー》もあった。糸繰りは胎児の首に臍帯を巻き付かせるとして忌避されたし、豚の屠殺は出血をもたらすとして妊婦が見てはならないものとされていたし、夜間の胎胞の破裂を防ぐために、彼女が夜に水を捨てに行くことは禁じられていた(1)。ところで出産前の最後のお定まりの仕事は、出生児の命名であった。その名前は祖先の名前を受け継いだり、小聖堂区の守護聖人の名前を授かったりして付けられた(2)。

ラングドック地方中央部では、分娩に際して、代母はもとよりすべての家族が立ち会った。だからこのためには、家で最も大きな部屋が使われた。それはとりわけ冬には、夜なべの仕事となった。男たちはカード・ゲームを行ない、子供たちは遊びに興じた。大鍋には母子の身体と寝具を洗浄するための湯が煮え滾り、産後に母が摂る鶏のブイヨンが入ったスープ鍋が火にかけられていた。分娩直前には、安全を促すとして薄荷草やたちじゃこう草などが燻蒸された。分娩は、教会に集った妻たちが司祭の立会いのもとで選んだ助産婦によって手伝われた。助産婦は、出生時の臍の緒を切り取った。そしてそれは新生児に災いが生じないように、火にも水にも触れない様に取り扱われ、土中に埋られるか、棺の中に忍び込まされるかした。新生児は熱い湯で洗われ、ラードか油を塗られ、腹部に大きな帯（las cintas［ラングドック語］）を巻かれ、足を真直ぐに伸ばすさせるように出来ている四角いお襁褓《むつ》（lo drap, lo drapet［ラングドック語］）と体にぴったり合った産着（la borrasa, la trocièra［ラングドック語］）を着せられた(3)。授乳期間は約二年間ほど続いたが、その間母親は母乳の分泌を促す食物として乳製品や澱粉質の食品（特にレンズ豆）

を採ることをる奨められ、反対に質の悪い葡萄酒やサラダ菜（乳児の便を緑化させ下痢をもたらすとして）やキャベツ（離乳を遅らせるとして）、人参とパセリ（母乳の出が悪くなるとして）を摂取することは厳しく禁じられていた。(4)

出産した婦人は汚れたものと考えられていたので、産後の祝宴まで原則上は外出を禁じられていた。この禁を犯すと犬か蛇に襲われると信じられていた。出産後の婦人は、二通りの儀礼を通して社会に再び統合された。その儀礼の第一は、既婚女性とりわけ妊産婦による出産した婦人の枕元への見舞いである。その際に見舞客たちは、通例この地方では卵とパンと塩の三つの食物（稀れには砂糖）を贈物として持参した。その贈り物には新生児がパンのように善良で、卵のように丸々と太って、塩のように賢くあれとの願いが込められていた。第二の儀礼は産後の祝宴（recepcion, ausimessa ［ラングドック語］）であり、それは通常洗礼の前後に行われた。この日司祭は大蝋燭を携えた聖歌隊の一人の少年と共に教会の玄関に立って、ヴェールをかぶった新しい母親を歓迎した。彼女は祝福を受け、席に戻ったのちに、ミサに出席するか、あるいは聖母マリアの祭壇の前で司祭が聖書の数行を読むのを拝聴するかする。この儀礼の後に彼女は再び仕事を始め、教会のミサに出席できるようになる。(5)

新生児は呪いを被りやすいと考えられていたために、常に保護を受けなければならないとされ、たとえプロテスタントのように洗礼がかなり遅い場合でも、それが済むまでは新生児を外出させることは禁じられていた。カトリックでは洗礼は可能ならば生後三日のうちに行わなければならなかったのにたいし、プロテスタントでは生後三か月から六か月という遅い時期に洗礼がなされた。洗礼の日に、洗礼を受ける乳児は抱きかかえられて教会に赴く。魔除けのために乳児の産衣にはお守りのメダルがさげられ、胸着の一方の袖は折り返され、そして乳児を抱いて行く人はその子が妖術によって呪われて死んだり、泣き虫になったりしないように、道すがらわき目をふらないようにしなければならなかった。またこのような主旨で、新生児は自宅を出てから教会に着くまでの間白い服を着せられ、母が結婚式に身に付けた白いショールでつつまれた。洗礼はこの地方のほぼいたる処で、お祭り騒ぎによって祝われた。洗礼を受けたのが男児であれば偶数の、女児であれば奇数の空砲が撃たれた。代父は教会の中庭で子供たちに向かって砂糖菓子（ドラジェ dragée）や干した果物、小麦、栗などを抛って気前の良さを示した。帰宅後には結婚式や謝肉祭《カルナヴアル》にも比せられる豪華な祝宴が開かれた。洗礼を契機に、もう一つの親子関係が設けられた。それは名親関係《パレーナージュ》である。もし男児が最初に出生した場合、父方の祖父が代父を務め、母方の祖母が代母となった。そして最初に女児が生まれた時には、これとは逆に母方の祖父が代父を、父方の祖母が代母を各々つとめた。二番目の子供は性別に関わりなく初生児の名親の組合せの逆となり、三番目の子供からは伯父、伯母、従兄弟という傍系親族がこれをつとめるのが普通だった。また洗礼を受ける子供（名付け子）の名前《プレノム》を決めるのも代父の仕事であって、初生児については名前《プレノム》の全部を、その後に生まれた子供については二番目と三番目の名前《プレノム》を定める任務が彼に課せられた。そして名親は名付け子に祓い清められたメダルと鎖を贈るのが慣わしであった。この贈物は名付け子の霊魂を庇護する役目を果すとされた。この後、名親は様々な形で名付け子のうしろだてとなった。(6)

さて、乳児は慣習上離乳の時期とされていた生後二年を経験するまで、ほとんどまったく母親と生活を共にした。夏には母は乳児を腕に抱くか、柳の枝で編んだ軽い籠に容れてそれを頭上に載せるかして運んで、畑仕事に連れていった。夜は授乳が手易く、また冬には乳児の暖をとるために、母親は乳児を寝床の傍らに置いて寝たが、これは乳児を窒息死させかねない危険な慣習であるとして教会から非難をうけた。乳児の身体の諸部分について、いくつかの神秘的な禁忌《タブー》があった。満一歳になるまで爪切りで乳児の爪を切ってはならず、母がその子の爪を鑢《やすり》で削るか、噛じるかして爪の手入れをした。さもないと、その子は強欲か盗人になると信じられていた。乳児の髪の毛を刈ることは、肉体と知性の成長を止めることになると考えられていたために、少なくとも生後二年間は散髪をしなかった。また新生児のひよめきが接合するまでは洗髪をせず、健康の証しだとされた虱《しらみ》が湧くにまかせたなどした。乳幼児死亡率が高かった特に十九世紀の初期には、乳幼児の病症ごとの治癒を司る守護聖人に対する庶民の間での信仰が厚かった。ところでこの時期には、母親はこの地方に伝承されてきた唄や掛け声に合わせて、乳児の指の運動や歩行、跳躍等の運動機能の訓練を行なった。(7)

二歳になる頃から、母親は幼児への授乳を拒むようになる。この離乳期には、最初にオリーブ油に漬けて柔らかく煮たパンの皮が、次いでスープが与えられ、そして一か月のうちに大人と同じようなかたちの食生活へと入る。この時期の幼児の遊戯は、殆んど言葉の発音に関係するものである。そして言葉の本格的習慣が始まるのは、この二歳の頃からのことである。ところで、この頃はまだ公用語のフランス語がこの地方では話されることは稀れで、また不完全な言葉しか話されていなかったのに対し、オック語系方言（ラングドック地方ではラングドック方言）は、直接に模倣によって学習できたために、幼児は容易にその発音と意味を習得したという。幼児たちは早口言葉repetièrasを覚え、また顔や身体の諸部分や数、曜日等をまとめて名指すことによって記憶したり、具体的なものと結び付けたり、脚韻を踏むことによって憶えるなどした。例えばローラゲ Lauragais 地方〔中央高地《マッシフ・サントラル》の南西端に位置するラングドックの一地方〕では、数や曜日の名前を次のように習った。

〔ラングドック語〕

Una.　Le solélh esclaira mai que la luna.
Dos.　Quand la carn es còita tira l'òs.
Tres.　La luna torna cada mes.
Quatre.　Ai quatre filhas a maridar, i cal pensar.
Cinq.　Aquel qu'a cinq pòrcs a la sal
　Es pas en pena per passer Carnaval.

〔和訳〕

一つ。太陽は月より明るく照らす。

二つ。肉が焼けたなら、骨を取れ。

三つ。月は月ごとに回わる。

四つ。私には花嫁候補の娘が四人いるが、誰にするか考えよう。

五つ。五匹の豚は塩漬けしている者は、謝肉祭《カルナヴァル》をを過ごすのに苦労はない。

曜日もまた脚韻の押韻を利用して次のように覚えた。

〔ラングドック語〕

Lo diluns, lo gus.

Lo dimars, lo gras.

Lo dimecres, los presses.

Lo dijòus, los iòus.

Lo divendres, las cendres.

Lo dissabte, lo fromatge.

Lo dimenge, la gata se penchena.

〔和訳〕

月曜日は、犬。

火曜日は、脂肉。

水曜日は、桃。
木曜日は、卵。
金曜日は、灰。
土曜日は、チーズ。
日曜日は、猫が毛をとかす。

このほか、物語や謎々 endevinalhas が幼児の言語の学習や現実の認識に役立った。

三、四歳位になると、幼児の活動の空間が広がり、自分の家の外で遊ぶようになる。隣家を訪れ、村の道を駆け、そして鳥の巣や蜂蜜を求めて、あるいは笛やラッパを作る材料である西洋とねりこや白樺を捜して、野山を歩き回った。こうした幼児の行動範囲の広がりも、恐怖という形をとった社会的行動規範によって規制を受けた。例えば、晩鐘ののちに外出しようとする子供はマロッチナ Marrochina と呼ばれる半身牡羊半身牡犬の怪獣にさらわれると教わった。また井戸を覗く子供は、伝説の怪獣バジリスク Basilic の魅惑的眼差に吸い寄せられ、母の背で眠る悪い子はカチョビエーヨ Cachavièlha という名の女の夢魔に押し潰されるか、通りを独り歩きする生の一歩足カンバクルーサ Canbacrusa に連れ去られると躾けられたりした。(8)

子供たちは五歳頃になると、独立した子供の集団に加わるようになる。そしてこの集団は、宗教的行事において独自の役割を果した。クリスマスを前にして喜捨を求めて歩いたり、クリスマスに燃す薪を集めたり、独自の謝肉祭を催したり、聖週〔復活祭前の一週間〕の礼拝式の時間を告げるためにガラガラ（聖木）〔復活祭の木金両曜日に鐘の代わりに用いるもの。〕を鳴らしたりするのは、この子供の集団の仕事であった。この年齢の子供達の主要な関心事は、遊戯であった。遊びは子供たちの造形的及び言語的想像力や手先の器用さ、運動神経等を培った。男児と女児が入り交って輪を作り、眩暈《めまい》がするまで回って踊る輪舞《ロンド》は、その代表的なものであった。これらの子供の玩具である木製のラッパや豆鉄砲や人形は、彼ら自身で作った。七歳頃から、子供たちは労働の手伝いをしながらこれを修業した。少年や少女は家畜の見張り番をしたり、馬鈴薯を収穫したり、落葉拾いをしたり、葡萄のもぎ残しを集めたりした。しかし十九世紀後半からの義務教育の普及は、子供たちのこうした見習作業への就業年齢を遅らせた。(9)

ところで最初の聖体拝領《コミユニオン》は、この年代の子供たちの通過儀礼となった。一七世紀にヤンセン派《ジャンセニスト》〔一七世紀オランダの神学者ヤンセニウスの教義を支持するカトリックの一派で、聖アウグスチヌスの影響を受けて、人間の自由意志を否定し、ジェズイット（＝モリニスト）と対立した。〕が先鞭を付け、一八世紀に修道院や私立中等学校《コレージュ》が集団的な最初の聖体拝領《コミユニオン》を組織したことによって都市部で普及し、十九世紀にはラングドック地方の農村部でも一般化した。この最初の聖体拝領《コミユニオン》の日には、それを迎える子供たちは最高の衣裳で着飾ってミサに列席した。その日の祝宴には、親戚一同が招かれた。この儀礼は、都会の市民の子供たちにとってはさほど大きな意味を持たなかったが、農村部の子供たちにとっては、社会生活における重要な区切りとなった。彼らの青春期はこの時から始まった。少年は長いズボンを穿き、少女は長いスカートを身に付けるようになる。そして少年はこの頃から本格的に農作業などの仕事を修業するようになる。また少女たちは最初の聖体拝領《コミユニオン》が済んでのちに、刺繍やつづれ織などの婦人労働の技術を真剣に修得するようになる。(10)

十九世紀のラングドック地方の乳幼児と少年の日常生活の概要は、これまでに述べたものようであったと言われる。ジャン・ジョレースの幼年時代及び少年時代について詳細に知る手懸りを持たない我々は、こうしたラングドック地方の社会史・日常生活史を知ることによってその大まかなところを推察することが出来た。

これまでに見てきた因襲的で伝統的な十九世紀のラングドックの社会にも、ジャン・ジョレースが生まれ、そして幼年期を過ごした時代である第二帝政期頃から新しい変動の波が押し寄せてきた。すなわち、フランスの産業革命＝工業化の時代である第二帝政期には、すでに前章第二節で概観したように、この地方でも商工業や交通・通信手段が発達し、公教育が普及し、また共和主義や社会主義等の急進的思想及び運動が滲透し、労働運動も活潑になってくる。こうした伝統や因襲と新しい変化の波がぶつかり合いせめぎ合う十九世紀後半のラングドック社会で、ジョレースは生誕し生育したのであった。

人は近代社会においては、最初は家庭に、次いで公教育の場である学校に、そして実社会にと社会的空間を拡げていく。したがって、誕生から就学年齢に達するまでの幼年時代において、家庭の、なかんずく両親の影響は決定的であると言って良い。そうした訳で、ジャン・ジョレースの幼年時代について語る手始めに、前章第一節で手みじかに触れた彼の両親の人となりについてもっと詳しく述べておくことにしよう。

ほとんどのジョレースについての伝記は、父親のジュールが職を転々と変える移り気で風変わりな人物であるとして否定的な評価しか与えないのに対し、母親のアデライドは子供に優しい慈愛に満ちた理想的な母親であったとの高い評価を与えている。そして、父のジャン・ジョレースにあたえた影響は僅かなものであったのに対し、母は彼に多大な感化をおよぼしたとジョレースの評伝は異口同音のように述べている。(11) こうした見方の妥当性をここで多少吟味してみたい。

父親のジュール・ジョレースは前に記述したように、カストル市で商業を営むピエール‐ジャン・ジョレースとその妻マリー‐マルゲリート‐シルヴィの間に長男として一八一九年一〇月二八日に生まれた。そして彼がまだ二一歳の若輩であった一八四〇年一月四日に父を亡くしている。(12) 彼の学歴や青年時代の行動についてはほとんど詳らかではない。前述のように「美男子で、口巧者で、怪力を唱われていた」(13)（M・オークレール）と伝えられているのだから、表面的には多少とも華々しかった青年時代を送ったと推測できる。こうした反面で、実業の才覚に欠け、むら気でかつ怠け者であったと言われる彼は、仕事に関しては余り賑わなかった。彼の三人の子供の出生届に記された職業がその都度に異っていることが、そのことを如実に物語っている。(14) ジャン・ジョレースの出生届には彼の職業は「卸売業者 négociant」と記されているが、[15] それは前章でも述べたようにボーケールの定期市で仕入れた商品をカストル市周辺で売り捌く、言ってみれば行商人に近い零細な卸売業者であった。このほか土木工事の砂利運搬業などいくつかの職業に手を染めたと言われるが、どの業種でも思わしい業績が収められなかったらしく、どれも長続きしなかった。そして最後に持病の中風症が発病してからは、「フェディアル・オート」でもっぱら農業経営に勤しむようになったが、体の弱い夫を扶けてこれを実際に支えたのは妻のアデライドであったといわれる。[16] しかも農業経営だけでは家計を支えるのに不十分であったらしく、結婚の時に持参した宝石類を売ったり、[17] 親類から借金したりして遣り繰りしたという。[18] ジャン・ジョレースの父親ジュールはこうして仕事の面でも経済的にも不如意な状態にあったのに引き替え、彼を取り巻く親類には海軍提督になった二人の従兄弟シャルル・ジョレースとバンジャマン・ジョレースをはじめ、弁護士としてこの地方で名を馳せた母方の叔父フレデリック＝ラロック・サイシネル、医師を営む義兄弟のオーギュスト・ブリュ、サン・シール陸軍士官学校卒の陸軍将校であった実弟のアンリ、そして妻の実家である名門バルバーザ家の人々など、社会的に成功して華々しく活躍していた錚々たる人々が少なくなかったが、このことは一層のこと自分の境遇のみじめさを彼に噛みしめさせたことだろう。言わば満たされぬ思いを抱く失意の人であったジュールは尚更のこと変屈で、人間嫌いで、気難しい性格になっていったであろうことは想像に難くない。また、こうした状況にあった彼は、酒浸りと言う迄ではないにしても、相当に飲酒を愛好したらしいと伝えられている。[19] 彼が好んで「もし俺が死んだら良いワインのある酒倉に俺を埋めてくれ」というはやり唄を愛唱したという逸話は、彼のこのような面影の一端を伝えてくれる。[20]

彼は政治的・思想的には王政主義者《ロワイヤリスト》だったというが、より具体的には、オルレアン王朝派（オルレアニスト）とする説と正統王朝派（レジティミスト）であったとする説があって定かではない。[21] 後者の説の論者は、彼が寝台の枕元にブルボン家の当時の王位継承者アンリ五世（＝シャンボール伯爵）〔一八二〇年―一八八三年。シャルル一〇世の孫でブルボン家最後の王位継承資格者。第二帝政没落後に王政復古の絶好の機会が到来したが、彼が三色旗を国

〔旗にすることを拒絶し、白色旗に固執したために挫折した。〕の肖像画を飾っていたことを根拠の一つにしている。[22] 彼は共和主義者を馬鹿にして良くこう言ったという。「どこで彼らを見別けるか知っているかい？そいつは簡単さ。誰かを逆さ吊りにしてごらん。もしそいつがチョッキのポケットから百スー硬貨を落したら共和派の奴じゃないね」[23]。こうした判別法は、王政支持者の当人が貧苦に喘いでいたことから見れば余り賢明な手段ではないようだが、少なくともここからは彼が意識の上では自ずからを富裕階級《ブルジョアジー》に属していると看做していたことが分かるのである。こうした政治的傾向は、しかしながら二人の息子の両方に受け継がれることはなかった。片や長男のジャンは知っての通り社会主義運動の指導者に、次男のルイは急進的共和主義思想を抱く海軍将官となった。

ところで自分の不如意な境遇をかこつジュール・ジョレースにとって、レヴィ‐ブリュールも言うように「彼の息子達の立身出世は、おそらく彼の人生の最上の喜びであった」[24] であろう。二人の息子達も、政治的信条を異にしていたとはいえ、また甲斐性の無い親であったとはいえ、この父親を敬愛していたという。そのことは、一八八二年五月二七日の父の死（行年六三才）に際して示した彼らの悲しみの深さからも察することができる。[25]

ジャン・ジョレースがこの父親から受け継いだ先天的・遺伝的資質ならびに後天的影響は、先ほども述べたように、一般的にきわめて小さかったとされている。極端な説になると、トゥルーズ地方の社会主義運動の活動家ルイ・スーレ Louis SOULÉ〔一八八〇年―没年不詳。印刷工出身の社会党オート・ガロンヌ県連合の活動家。最初はブランキ派、次いでジョレース派の右派社会党ＰＳＦに加入し、やがて一九〇五年の統一社会党の結成に参加した。彼は青年時代のジョレースの評伝を書いている。〕のように、「彼（ジャン・ジョレースの父親――筆者注）は彼の息子たち（＝ジャンとルイ――注）にまったく影響を及ぼさなかった」[26] とまで断言している。しかし稀れには、ハーヴェイ・ゴールドバーグ教授のように、「困難な諸問題に直面しての苦痛に満ちた逡巡といつも激しい劣等感に苛まれたこと。これら二つの性癖は時折り表面に現われてきた。また、片方の瞼の痙攣と間歇性の頭痛、人の賛同を求めたがる性向と敗北に直面して一時的に浮き足立つ傾向など、これらすべての性格は全部が混ぜ合わされ増幅されたのも、彼が強い父親の権威と支持を欠如していたこととおそらくは関連していた(27)」と指摘して、父の彼に対するネガティヴなそして逆説的な影響を認める者もいる。ここで指摘されている父親の権威と指導力の欠如を埋め合わせたのは、多分前章で述べたようなルイ・バルバーザ叔父、アルフォンス・ジョレース叔父、それに父の従兄弟バンジャマン・ジョレース提督などの強い影響力、感化であったことだろう。ともかくも、一八八二年の父親の死は、『失われた時を求めて』の作者マルセル・プルーストが厳格な父を喪って溺愛の母にいっそう依存するようになった場合とは逆に、ジャン・ジョレースを一層のこと両親から自立する方向へと向わせた(28)。一八八五年に、父が憎悪していた共和派の代議士になったことは、彼がそうした方向性へと歩んでいったという事実をはっきりと示していると言えよう。

「並外れた知性と寛大な心を備えた女性(29)」（L・レヴェイ・ブリュール）であったと伝えられ、また息子のジャン・ジョレースに非常に大きな影響を与えたと言われる母親のアデライドは、一八二二年三月九日にカストル市有数の規模で織物製造業を営むバルバーザ家に生れた。彼女の父ジャン・バルバーザは市議会議員や市労働裁判所 Conseil de prud'hommes 議長を務めたほどの市の有力者であった。また彼女の母方の祖父ジョゼフ・サルヴェール（彼はカストル市の助役も務めた）や同じく母方の従兄弟ジュール・サルヴェール（一八三八年―一九一五年）がこの市の公立高等中学校《コレージュ》の教授をつとめたことからみて、彼女は知的な香り高い環境で育ったのであろう。

アデライドはいわゆる「適齢期」を過ぎた未婚女性の髪形である「聖女《サント》カテリーヌ」を結ってすでに五年ほどたって、三〇才の誕生日を迎えた一八五二年に、ジュール・ジョレースとの結婚を決意した。ジョレース家もカストル市の名家の一つであり、家柄では二人は釣り合っていたのであろうが、女婿の社会的経済的能力に不安を抱いた彼女の両親はこの結婚に猛反対したらしい(30)。アデライドは両親の反対を押し切って結婚したが、果して彼女が始めた家庭生活はしばしば経済的困窮に陥った。しかし倹約家で遣り繰り上手の彼女は、なんとか家計を切り盛りし(31)、あまつさえ弟のルイ・バルバーサなどの財政的援助にも支えられて、二人の息子公立高等中学校《コレージュ》に進学させ、彼らがやがて高等専門学校《グランゼコール》〔フランスの高等教育機関の中で最も高い水準の教育を行うエリート教育の機関。〕である高等師範学校《エコール・ノルマル・シュペリウール》と海軍兵学校《エコール・ナヴァル》École navale へと進む道を拓いた。

ところでアデライドは敬虔なカトリック教徒で、日曜ごとに教会のミサに出席するいわゆる実践的信者《プラティカント》prati-quante であったが、決して狂言的ドグマ的ではなく、非常に寛容な信仰態度であったという。(32) だからやがて若くしてキリスト教を棄教した息子たちに対し、彼女はそれを再び押し付けようとする試みはしなかった。(33) 無私無欲の献身的精神と慈悲深い寛容さという二つの資質を持った母アデライドは、「古きフランス」の母親の典型像であったのかも知れない。こうした母親の性格は、ジャン・ジョレースの精神に深い印刻を遺した。この母は、破毀院《クール・ドゥ・カサシオン》〔フランスの最高審級法廷。〕がレンヌ軍事法廷でのドレーフュス有罪判決を破毀して彼の無罪を言い渡し、長きにわたったジョレースに関係の深いこの事件の幕を引いた一九〇六年七月一二日に先立つこと僅か三日の同月九日に、カストル市で八五年の生涯を終えている。

ジャン・ジョレースを育てた両親のプロフィールのあらましは以上の通りである。ところでジャンは年児の〔詳しくは二一か月年下の〕弟ルイとは幼い頃から非常に仲が良かった。この二人の兄弟は、公立高等中学校《コレージュ》を卒業して故郷のカストル市を離れるまでの間、遊ぶにつけ常に行動を共にしていたという。この兄弟は母親のアデライドを「メロット Mérotte」〔語義不詳〕という愛称で呼んだ。そして「メロット」は二人の息子を「グロ《デブ君》 Gros」ならびに「ルー《赤毛君》 Roux」という渾名で呼んだ。「グロ《デブ君》」と呼ばれたのは兄のジャンの方で、彼は幼なかった頃から肥満体だったのでこう呼ばれた。「ルー《赤毛君》」とはラングドック地方の方言で「赤毛の人」を意味した。弟のルイが母親譲りの赤毛だったから彼の愛称はこう命名された。(34) この仲の良い兄弟も、彼らの容姿のように、彼らの性格もまた異った個性を持っていることが幼ない頃から歴然としてくる。ブロンドの髪で太っていたジャンは、性格の面では飾り気なく、よくぼんやりするたちで、夢想家だったらしい。これに対し赤毛で痩せぎすの弟ルイは、几帳面で外交的な性格の持ち主だったという。[35] そして二人が進学すると、こうした二人の性格の相異に由来するのか、兄のジャンは文学・語学・歴史学等文科系の科目を得手とし、弟のルイは理数系の科目を得意とした。そして高等中学校《コレージュ》を卒えると、兄のジャンは高等師範学校《エコール・ノルマル・シュペリウール》の文科系クラスに、弟のルイは海軍士官学校《エコール・ナヴァル》にそれぞれ進学して、人生の岐路を分かつことになる。

幼年時代におけるジャン・ジョレースの性格形成は、こうした家庭環境のみならず、地理的環境――すなわち彼が生まれ育ったカストルの町――からも影響を受けつつ成し遂げられた。この事柄についてはジョレースの友人レヴィ - ブリュールが、彼の文化人類学者としての烱眼を通して次のような鋭い観察をしたためている。

「ジョレースは幼年時代をこの町（＝カストル――筆者注）で過ごした。だから彼が日々目交《まなかい》のもとに見たこの町の光景は、必ずや彼の想像力《イマジナシオン》の中に痕跡を留めていることであろう。カストルは工業及び商業労働の都市であり、交通と運送によって活気づけられている。ここを、二個の工兵連隊が駐屯地としている。人はここで先ずこの町の活気に注意を惹かれる。次に人はこの町の一種の重厚で厳めしい印象に心を打たれる。丈が高く建付けの良いこの町の家並は、煉瓦の暖かい色調のアルビやトゥルーズの家並とは違って、明くるも薔薇色でもない。それは灰色の石材で建てられている。この町のカフェもまたアルビやトゥルーズのそれとは異って、広くもなければ魅力的でもない。それは暇つぶしの憩いの場というよりはむしろ仕事の待ち合わせの場である。カストル市を流れるアグート川の畔には、多色塗りの木材が嵌め込まれたバルコンと門口を持つ絵に描いたような多彩色の街角がある。しかしそこでさえなお黒く澱んだ川の水と、灰色の石造りの橋と、背景の山脈《やまなみ》は重厚な印象を与えている。

カストルは、殆んど窓のない大きな正面の門口を持つ今様の家々よりもなお灰色の修道院を、数多くその懐中に秘めている。その地平線は幾方面かを非常にくすんだ青色の『黒い山地（モンターニュ・ノワール）』に区切られながら、残りの部分と調和している。この町の気候は近隣の山地の影響を受けて、標高がまったく同じなアルビの気候よりももっときびしく、もっと清涼である。手短かに言えば、ここには軽佻浮薄なところがない。そして産業活動と労働と生真面目さと、力強く健康な何物かが存在する。

もしのぞむならば、ジャン・ジョレースの性格にこうした事のいく分かの反映を人は見付け出すことができる。彼の弟の証言に依れば、彼は『謹厳実直で思慮深い』子供だった。彼と非常に親しく付き合った人なら、この楽観論者、この行動派の人間の中で、一抹の憂愁《メランコリー》がいつも息衝いていたのを知っている。しかしそれは束の間しか表に出てこないし、彼の基調をなす真面目な重厚さは、彼の自然な陽気さや彼の変ることない上機嫌と難なく両立している。(36)」

ここまでに、幼年時代のジャン・ジョレースを取り巻く環境――家庭的環境と地理的環境――を探ってきたが、この時期の彼に決定的な影響を及ぼしたのは、やはり母親アデライドであると言って良いだろう。彼女はジャンに最初の基礎的教育を施し、日曜日には幼ないジャンの手を引いて教会のミサに出席した。彼女の敬虔な宗教的感情に支えられた理想主義と自己献身の精神は、ジャン・ジョレースが青年時代にカトリシズムから離脱したのちも彼の精神の内面に強く脈打ち続けた。そればかりか、ジョレースは、キリスト教を棄教するのに強い精神的葛藤を経験し、棄教後も――政教分離政策の立役者となっていた時代にさえ――宗教の「理想主義的」側面、「隣人愛的」側面に一定の評価をあたえ続けた。これらは幼い頃にジョレースが母親から受けた精神的宗教的教育と深く関係していることは否定できないだろう。

第二節　少年時代

この第二節は、初等教育の学校に就学してから一七才でカストルを離れ、高等師範学校《エコール・ノルマル・シュペリウール》に入学するためにパリに赴くまでの時期のジャン・ジョレースを扱う。

ジョレースは弟のルイと一緒に最初の教育を、レミー・セジャル Rémy SÉJAL 神父が営む「セジャル寄宿学校 Pension Séjal」で受けた。(37) 入学した年月は詳らかではないが、この学校を修了して、カストル高等中学校 Collège de Castres に入学したのが一八六八年一〇月、彼が九歳の時であるからして、もちろんこれより何年か前のことであろう。この学校はフランス語文法とラテン語を教える私立の小さな学校で、レミー・セジャル神父はクローディーヌ Claudine とリゾット Lisotte という名の彼の二人の姉妹の助力を得て教育を行っていた。神父はラテン語の初歩的文法を、クローディーヌはフランス語文法を、リゾットは児童の給食をそれぞれ受け持っていた。(38) カストル市の公立の小学校では満足できない小ブルジョア階級の子弟が通ったという質素なこの学校では、生徒は授業よりも悪戯に熱心だったようで、その中でもジャンの弟ルイは悪戯な生徒として知られていたようだ。(39) それでも教師は生徒が勉強する気を起こすまで待ち続け、勉強を生徒に押し付けようとはのぞまなかったらしい。こうした雰囲気の中でも、唯一人ジャン・ジョレースは熱心に勉強に励んだ。彼はここで綴字法・四則・初歩的な変格《デクリネーゾン》〔ラテン語の性・数・格の語尾変化〕などを習った。(40) 彼は難無く最優秀の成績をおさめた。セジャル神父はこの生徒を自慢に思い、彼の将来を嘱望した。(41) この生徒なら郵便局長ぐらいになれるだろうと神父は思った。ジョレースがやがてフランスで当時最も優秀な学生たちが集う高等師範学校《エコール・ノルマル・シュペリウール》に第一位の成績で入学したことを鑑みれば、これはさほど過大な期待ではなかったであろうが、しかし当時カストル市の外れに住む小さな農家の息子にとっては、郵便局長になることは大変な出世であった。[42] ところで、セジャル神父から習ったラテン語の基礎は、ジョレースのこの後の学業における成功と栄達に大いに役立ったらしい。[43] そしてジョレースは最初の教育者であったこの律気な神父に対する感謝の念を長く抱き続けた。[44]

さて、第三共和政初期のジュール・フェリーの時代に始まる「義務・無償・世俗 l'obligation, la gratuité, la laïcité」の初等教育が未だ実施されていないこの時代にあっては、教育費は両親にとっての重い負担となっていた。とりわけジョレース家の家計には、同じ年に就学する二人の息子がセジャル神父の学校に入る学費を捻出する余裕はなかった。この学費を負担したのは前述の独身で経済的にも余裕があった収税吏のルイ・バルバーザ叔父であった。彼はまた二人の甥が高等中学校《コレージュ》に進学したが、二人で一人分の奨学金しか受けられなかった際に、残りの学費を負担している。この叔父の好意でジャンとルイの兄弟は高等専門学校に進学する途を拓かれ、ひいては社会的に重要な地位に上昇する機会を与えられた。

一八六八年一〇月に、ジャン・ジョレースは弟のルイと共にカストル公立高等中学校《コレージュ》に入学した。この公立高等中学校《コレージュ》はこの兄弟の曽祖父（母親バルバーザの母方の祖父）ジョゼフ・サルヴェールが創立したと言われるボンノム公立高等中学校《コレージュ》を前身として、一八四一年に発足した。[45] ところで学費の工面に苦心していた兄弟は、一八七〇年七月一五日に奨学生の試験を受けた。結果は兄のジャンが各科目平均七・六六点の成績を収めて第一位で合格したが、弟のルイは六・五七点で四位の成績に甘んじ、奨学金を得ることができなかった。[46] しかし当時タルン県選出の代議士だった父の従兄弟バンジャマン－コンスタン・ジョレースの奔走によって、ジャンに与えられた奨学金（寄宿生用）は二分割されて、ジャンと彼の弟ルイの二人に給付されることになった。この選考に際して、兄弟の父方の二人の叔父アンリ・ジョレースとアルフォンス・ジョレース、母方の叔父ルイ・バルバーザ、それに父親の従兄弟のシャルル・ジョレースとバンジャマン・ジョレースが職業軍人として活躍し、祖国に貢献したことも考慮さ

れたという。(47)

ジャン・ジョレースは、弟のルイと共に、この公立高等中学校《コレージュ》で非常に優秀な成績を収めている。彼は入学した一八六九年から卒業した一八七六年までの七年間の間に、ほぼ終始して彼の学年で最上位の成績を取った。(48) 前述のトゥルーズ地方の社会党の活動家でジョレースの青年時代についての詳細な評伝の作者であるルイ・スーレは、この公立高等中学校《コレージュ》の教授と同級生から当時ジョレースについての証言を蒐めてその評伝に発表しているが、そのうちのいくつかをここに紹介しよう。

この学校の副校長を当時務めていて、のちにアリエージュ Ariège 県選出の元老院議員となったデルペック DELPECH 氏は彼について次のように述懐している。

「私が知り合ったすべての人物の中で、ジョレースの知的かつ精神的資質の財宝に比べられる財宝を持っていた者はおよそ存在しなかった。私がおそらくは、そして非常に確かに彼を政治の舞台に進ませた最初の人であったことを私は誇りに思っている。私がカストル公立高等中学校《コレージュ》の副校長をつとめていた時、ジャン・ジョレースは修辞学クラスの生徒であり、彼の兄弟ルイは第三学年の生徒だった。これら二人の兄弟は私に極めて強烈な関心を呼び起こさせた。模範生である彼らは、天賦の資質である性格と精神の稀れなる統一によって際だって抜きんでていた。四時間の休憩時間の間に、非常にしばしば私はジャンと話すために、正しくは彼に話をさせるために上級生のクラスに行った。その度に、私は判断の成熟、思想の深さ、表現の流暢さと適確さ、すでに吸収された知識の桁外れの広さが素直な謙虚さによってさらに高められているこの生まれつきのエリートに対して、感嘆の念を募らせてこの会話を終えた。この会話は歴史哲学と文学によって様々な話題を与えられた。私は質問をし、敷衍を促し、話に耳を傾けながら、この若者はいつの日か素晴しい大学教師か偉大な才能を持った歴史家、文学者、あるいは哲学者になるだろうと確信した。彼はそれら全部の適性を持っていたが、しかし充分な遠慮深さとかなりなはにかみの態度も併せ持っていたので、人間たちの運命が左右されるその舞台（政界のこと——注）における彼の才能の豊かさと彼が果す役割の華々しさを私は予見するに至っていなかった。[49]」

またジャン・ジョレースを教えた物理学担当のシュール SURRE 教授は、当時の彼について次の様に回想している。

「私は一八七五年一一月の始業期にカストル公立高等中学校《コレージュ》の物理学の教授に任じられた。哲学クラスの私の生徒たちの中にジャン・ジョレースがいた。私が生徒と接する前の晩に、私の同僚は私に『貴方は最も優秀な生徒の一人を受け持つでしょう。彼の名前はジャン・ジョレースです』と言った。

翌朝私は私の授業がどのテーマに差しかかっているかを知らずに教室に行って、生徒たちにそれを聞かなければならなかった。私はたまたま生徒の一人に黒板のところに出てくるように求め、彼に『重力の法則』について尋ねた。私は彼の解答の明快さと正確さにびっくりした。そして私は心に思った。ジョレースはこれ以上の解答をすることができるだろうか、と。私は生徒に礼を言って、彼が席に戻ってから私はジョレースを黒板のところに呼んだ。席を立ったのは、先ほど解答をもとめた生徒と同じ生徒だった。私は得心した。[50]」

こうしたジョレースを教えた教師たちの一連の証言・回想は、ほぼ一致して彼が学業の面で並外れて優れていたばかりでなく、精神的人格的な面でも謙譲心に富んだ生真面目な生徒であったことを伝えてくれる。

さらにこの時期のジョレースの学友から見たジョレース像を探ってみよう。のちにマルセイユ民事裁判所副長官を務めたバボー BABAUD 氏は、カストル公立高等中学校《コレージュ》のジョレースについて次のように語っている。

「私はジョレースの同級生であり友人だった。私たちは一八六九年からトゥルーズで同じ日に行なわれた大学入学資格試験《バカロレア》に合格した年である一八七六年までの間、カストル公立高等中学校《コレージュ》の文科系クラスでの学業を一緒に修めた。この七年の間に、私たちは非常に親しくして過ごした。夏には毎日主として夕食ののちに、ジョレースが私の家に来るか私が彼の家に行くかした。帰宅の時刻を告げる鐘が鳴る時まで、私たちは垣根に沿って散歩した。

ジョレースにはすでに彼の個性の型が刻まれていた。彼の年齢の少年にとって誰もかもが最良の友人だったのに、彼は少年たちの 囂《かまびす》しい遊びが好きではなかった。彼の思想は彼の内面の夢想を追っていた。彼は常に考えを巡らせていた彼の頭脳に彼の教授達の授業が思いつかせてくれたことを語り合うのが好きだった。こうした教授達のうち三、四人はとりわけ優秀な生徒を、彼がそうであったような最良の生徒を育てるのに功績があった。そして私自身にとってもこうして敬意を表わすのは、これらの方々が皆他界されているのであるからして、当然手向けなければならない感謝の意の表明でもある。こうした方々とは第四学年の教授ギロー GUIRAUD 先生、第二学年の教授メイラン MEYRAN 先生、そして修辞学と哲学のクラスの教授であられジェルマ GERMA 先生とブリノン BRINON 先生である。(51) 修辞学と哲学のクラス〔高等中学校文科系生徒にとっての最終学年〕において、彼の広漠たる知性は次第次第に円熟し、彼はすでに彼が自分を凌いでいると察知されておられたこれらの先生の同僚になっていた。……（中略）……もしそれが貴方の興味を惹くのであれば私は次のことを回想できる。つまり彼が栄誉賞をとった哲学クラスの全国コンクール〔これは彼の記憶違いで、正確にはトゥルーズ大学区（アカデミー）の学業コンクールである。〕（多分これは一八七六年に行なわれた）の問題は、ストア派の格言である『禁欲せよ、忍耐せよ Abstine, Sustine』についての論述であった。ジョレースは古典古代（＝古代ギリシア・ローマ）世界の見事な描写でデビューした。彼はその古典の真髄に真底心酔していた」[52]。

このジョレースの学友の回想によってもまた、デルペック副校長が述懐しているように、当時のジャン・ジョレースが、古典古代の文化を愛する哲学青年もしくは文学青年であったことを知ることができる。また当時ジョレースがすでに教授たちから特別に注目され、将来を嘱望されていたこともこの証言によって確認できるのであるが、教授たちは未だ彼が将来政治家として活躍するであろうとは殆んど予想していなかったといって良い。彼の才能はむしろ文学・哲学・歴史の分野で花開くと思われていたようだ。しかしこうした予想も決して全く見当違いではなかったことは、彼が抜ん出た政治家であったと同時に、秀れた歴史家、哲学者、ジャーナリスト、そして文芸批評家でもあったからだ。しかし彼の政治家の資質と天稟中で最大ののウエイトを占めた雄弁家としての才能は、この頃から次第に片鱗を覗かせてきた。そのことを示すひとつのエピソードがある。

ジョレースが最終学年の哲学クラスの生徒だった時、前記のジェルマ教授は彼に「カエサルの元に赴いたウェルキンゲトリクス VERCINGETORIX（フランス語読み：ヴェルサンジェトリクス VERCINGÉTORIX）〔BC七二年―BC四六年。ゴール族の首長で、カエサルの率いるローマ軍と闘って敗れ処刑された。〕の演説」という題でフランス語の作文をするように命じた。史実もしくは伝説はゴール族の首長ウェルキンゲトリクスがアレーシアの攻防戦に敗れて、カエサルの元に行ってこの勝者の前で無言で武器を捨て、降伏したのであったのだから、この「無言」を解釈するというのは非常な難問であった。しかしながら、ジョレースは即興でこの演説を作り上げて、クラスの喝采を受けた[53]。ジェルマ教授は後日ジョレースに涙を目に浮べるほどに感動して、次のように言ったという。「ジョレース君。これはキケロが書いたといって良いほど出来だった」と[54]。しばらくたってから、新任のタルン県知事〔一八七五年一〇月に知事に任命されたジゾルム GIZOLME か〕が不意を襲ってカストル高等中学校《コレージュ》訪れて来たために、教授たちは歓迎式典《レセプション》の準備に大童となった。とりわけ僅かな時間で歓迎の演説の草稿を書き、これを読み上げる生徒を捜すのは至難の技だった。先日の授業でジョレースの文才と雄弁の才能を発見していたジェルマ教授は一人冷静な様子でこの適任者としてジョレースを推薦した。この式典はかつてラブレーやモリエールが一時期を過したこともあるコルドリエ派〔フランシスコ会原始会則派。〕の修道院——カストル高等中学校はこの建物を改造して建てられた——の楼閣を見上げる校庭で行われた。ジョレースは一五〇人の生徒が直立不動の姿勢で起立する前で、県知事に対して非常に見事に歓迎の演説を行った。[55]

知事はこの演説にいたく感激して、またこれはおよそ若輩のジョレースの手になるものではないと推測して、修辞学のジェルマ教授にこう語りかけたという。「教授、実に見事な出来栄えでした。」修辞学の教師は釈明した。「あの演説は私が書いたのではありません。あれは総てジョレース少年の筆になるものです。[56]」

ジョレースが高等中学校《コレージュ》で過した七年間は、第二帝政末期と第三共和初期に跨がっている。のちに彼がその戦史を書くことになる独仏（普仏）戦争を経験するのは、彼が一〇歳から一一歳にかけてのことであった。彼の耳にはおそらくメッス Metz でみすみす味方の軍の反撃の好機を見逃して敵軍に投降した王党派のバゼーヌ BAZAINE 元帥〔一八一一年—一八八八年、クリミア戦争、イタリア統一戦争、メキシコ戦争に参加。一八六四年に元帥になり、独仏戦争ではロレーヌ軍を指揮したが、メッスで投降した罪を問われて死罪を言い渡されスペインに亡命した。〕の裏切者としての悪名と、急進的共和派のガンベッタの勇猛果敢な活躍の噂が、そして父親の従兄弟バンジャマン・ジョレース少将がガンベッタの指揮下で戦功をあげて勇名を馳せたという便りが届いたことであろう。のちに彼が深く傾倒する共和派の総帥ガベッタは、ジャン少年の眼に類い稀れな英雄として写ったことであろう。しかしこの時代にジョレースが共和主義を明確に支持していたということを証拠立てる資料は殆んど存在していない。[57]ましてパリ・コミューンはジャン少年には印象を残さなかったようだ。ただ、この敗戦から間もない彼が一三歳の時に、学校から帰宅途中の彼と弟のルイは、将来のタルン県選出の共和派代議士フレデリック・トマ Frédéric THOMAS〔一八一四年—一八八四年。共和派の政治家、作家。カストルに生まれ、のちにパリに出て作家、ジャーナリストとして活躍。一八七〇年に国防政府に任命されタルン県知事となり、一八八一年にはカストル一区から代議士に選出された。〕を囲んで議論をしている一群の人々と出会ったが、この時ジャンは人混みを掻き分けて前方に歩み出て、「民衆の子トマ万歳！」と叫んだという逸話ものこっている。[58]

この時と同じ一三歳頃のある出来事も、この時期のジョレースの政治的意見及び態度を理解する上で興味深いので書き留めておこう。ある日の宗教教育の授業で、これを担当する学校付司祭は彼が軍隊付司祭としてアルジェリアに赴任していた頃の思い出話をした。それは、司祭が彼の従卒に命じて隣家のアラブ人の庭に忍び込ませ、苗木を盗ませようとした時の話だった。苗木の持主であるアラブ人はこれを見つけて大声を出し始めた時、彼の従卒は棒で彼の腕を折った。そしてまだ文句があるならもう一本の腕も折るぞと司祭と従卒は彼を脅かした。こうして上首尾に彼の望んだ苗木を手に入れた、と司祭は悦に入って語った。この時教室全体が無言ながら激憤するのをジョレースは感じたという。[59] そして「この日から、兵士たちや司祭たちにこんなに掠奪され暴行を受けているアラブ民族に、大きな同情心を抱くようになった」[60]と、彼は回想している。この逸話から、ジョレースはこの頃から弱者＝少数派《ミノリテ》に対し強い共感と同情心を抱いていたことが分かる。同じくこの頃から第三世界《ティエール・モンド》＝植民地問題に対し萌芽的ながら関心を寄せていたことも知ることができよう。

ところで瑞々しい感受性に恵まれ、古典古代の文学書と哲学書を愛読した少年時代のジャン・ジョレースは、当然ながら郷里の自然と田園生活を深く愛した。彼は弟のルイと一緒に両親の農作業を手伝いながら、農民の生活の苦労と喜びを知り彼らに共感を寄せると共に、彼自身も農夫であることを実感していた。またジョレース兄弟は自宅のフェディアル・オートから市中にあるカストル高等中学校までの数キロメートルの道程を、徒歩で通学した。道すがらには、空と陽光と麦畑と葡萄園と田園の物音と静寂があった。[61] 歩きながらジャンは大声で長い詩を暗誦した。隣人の語るところによれば、この様子を目撃した農夫たちは、彼は気が狂れているのかと誤解したという。ある時は学校の門口にある幾何学模様のフランス風の造りであるフラスカティ Frascaty 庭園を横切りながらベンチに飛びのって、友達に向って演説したりした。彼は学校に行くのに木靴《サボ》を履き、襟なしのシャツに不格好にネクタイを締め、天気の日にさえ膝まで泥をはねていた。冬の間は家族ごとカストル市中に引越した。休日には母親が市場に買い物に行くのに付いて行き、荷物を運ぶのを手助けした。[62]

こうしたカストルでの彼の少年時代の生活も、卒業が間近になるにつれて、終わりに近づく。というのは、卒業後彼はフランス全国の俊英が集まる高等師範学校《エコール・ノルマル・シュペリウール》に進学するために、カストルを去ってパリに赴くことになるからだ。ジョレースが高等師範学校《エコール・ノルマル・シュペリウール》に進学するに至る経緯については一つの「伝説」がある。それは中等教育全国視学官総監フェリックス・デルトゥール Félix DELTOUR が視察中に立寄ったカストル高等中学校の教室で、ずば抜けて秀れた生徒であるジャン・ジョレースを見い出して、彼が高等師範学校《エコール・ノルマル・シュペリウール》に進む道を拓いた、という「伝説」である。[63] その「伝説」とは、詳細には次のような出来事であった。

元ルイ-ル-グラン Louis-le-Grand 国立高等中学校《リセ》教授で、古典古代の文学に関する数々の研究書、とりわけアカデミー・フランセーズの賞を受けた秀抜な博士論文である『一七世紀におけるラシーヌの論敵たち *Les ennemis de Racine au XVIIe siècle*』の著者である視学官総監フェリックス・デルトゥール氏は、全国を行脚し優秀な生徒を発掘して高等教育機関、とりわけ高等師範学校《エコール・ノルマル・シュペリウール》に進学させるように指導する職務にあたっていた。[64] そして一八七五年（ジョレースが一六歳だった年）に、彼はカストル高等中学校《コレージュ》を訪れた。この時、ジョレースは修辞学クラスの生徒だった。「鳥のような首した、澄んだ声を持った、小心翼々とした身振りの小男」[65]（M・オークレール）であるこの視学官総監は、校長に案内されて、ジェルマ教授が担任している修辞学クラスを視察するために教室に入った。そしてそこで視察中に彼はジョレースが手に持った教科書の間から誤って滑り落ちた彼のラテン語論文の下書を拾い、素早く目を通し、その出来映えに心を打たれた。[66] 視学官総監がその場でジョレースに将来何になりたいか質問した時、彼はこう答たという。「私がバカロレア（大学入学資格試験）に合格したらすぐに、郵便局員の試験に受かるつもりです。母から遠ざからないために、タルン県で仕事をすることが私の望みです」[67]。この後、視学官総監は教室に出て校長室で教授達とジョレースについて協議し、続いてジョレースを呼び、二時間にわたって彼の学力を試験した。結果は合格だった。それから視学官総監はジョレースの両親に会って、息子を高等師範学校《エコール・ノルマル・シュペリウール》に進学させるように説得した(68)。

こうした、デルトゥール視学官総監がジャン・ジョレースの才能を「発掘した」とする説に対し、前述のルイ・スーレなどはカストル高等中学校の校長と副校長が以前からジョレースの能力を高く評価していて、彼をパリの名門の国立《リ》高等中《セ》学校に進学させるために画策していたというのが真相であるとして異論を唱えた(69)。彼は自説の根拠として前出の副校長デルペックの証言を引用している。それに依れば真相はこうだと言う。

「こんなにも豊かな才能を与えられた人間ジョレースに立派に実を結ばせるためには、彼をパリの名門の国立《リ》高等中《セ》学校に行かせて彼の学業を完成させなければならない。このことを私は傑出した人物であったセーニョット SEIGNOTTE 校長と常々語り合っていた。その機会が一八七五年に訪れた。視学官総監デルトゥール氏の来校が私に伝えられた。セーニョット氏はこれはジャン・ジョレースの能力を証明し、彼が奨学生としてパリの国立《リ》高等中《セ》学校に入学できる道を拓いてやる機会だと私に言った。ジョレースについては前もってデルトゥール氏に注目するようにはっきりと指示してあった。デルトゥール氏は修辞学の教室に入るとすぐにジョレースに心を奪われて、彼に二時間にわたって根掘り葉掘り質問し、続けざまにフランス語とラテン語とギリシア語のテキストについて注釈させるか説明させるかした。教室を出るとデルトゥール氏は言った。『私がこの仕事してこの方、こんな風に高い知的能力をまとめて持っている生徒をどこでも会ったためしが無い。彼は素晴らしい素質を備えている。私は彼の面倒をみるだろう』(70)。」

こうした資料によって裏付けられるように、ジョレースの才能を最初に評価し、彼がパリの高等中学校に進学して高等師範学校《エコール・ノルマル・シュペリウール》受験を準備するように取り計らってくれたのは、カストル高等学校《コレージュ》の校長と副校長、それに教授たちであったにしても、ジョレースがこうした進路にすすむためにデルトゥールが果した役割は極めて大きかったことは疑う余地がない。そして彼もデルペック副校長たちと同じほどに、否それ以上に、ジョレースの才能を評価した。この事はジョレースのサント‐バルブ高等中学校への進学の便宜を計ってもらうために、一八七六年一〇月五日に彼の友人である同校校長デュビエフ DUBIEF 氏に宛てた手紙によって確かめることができる。

「親愛なるデュビエフ。

私は前回の視察旅行の間に、カストル高等中学校《コレージュ》で最も優秀な青年の一人であるジャン・ジョレースを見つけ出しました。彼は同姓の二人の海軍提督の親戚です。

ところで私は彼に質問し、彼の作文のいくつかを読んで、彼は最良の高等師範学校生《ノルマリアン》の一人になるであろうという確信を持つに至りました。私はこうした考えから、高等師範学校《エコール・ノルマル・シュペリウール》への進学を懸命に準備するように彼を励まし、彼も同意するに至っています。そして私は彼にそのための便宜をはかると約束しました。

こうした具合ですので、この若きジョレースはサント‐バルブ私立高等中学校《コレージュ》に必ずや栄誉をもたらす生徒となるでしょうし、すぐにルイ‐ル‐グラン国立高等中学校《リセ》〔ジョレースはこのサント‐バルブ私立高等中学校《コレージュ》に学籍を置きながらルイ‐ル‐グラン国立高等中学校《リセ》の授業を受けた。〕のクラスで第一位を占めることでしょう。……(略)……(71)」

このデルトゥール視学官総監は、パリで寄宿生となったジョレースを、親切に世話している。彼はジョレースの「発見者 inventeur(72)」(ルイ・スーレ)ではなかったとしても、彼が高等師範学校《エコール・ノルマル・シュペリウール》に進学するうえでの重要な「恩人 bienfaiteur」[73]（シャルル・ラボポール）であった。それでは彼がジョレースの教育に心血を注ぎ彼の将来に大きな期待をかけたのは、単にジョレースの学問的才能を高く評価したからだけであろうか。この論点についてはピエール・ランベールが興味惹かれる説を主張しているので[74]紹介しておこう。彼に依れば、デルトゥールがジョレースを気に入ったのは彼の知的能力を見込んだからという理由もさることながら、古典古代の文化・文学に造詣が深くこれを心底愛していた彼が、同じ嗜好を持っていた生徒ジョレースに共鳴するものを感じたということ、さらには敬虔なカトリック教徒でオルレアン王朝派の「名うての反動 fieffé réactionnaire」[75]（G・テリー）であった彼は、保守的な環境で育った純粋な農村青年ジョレースに思想的イデオロギー的な同質性を感じたであろうこともその大きな理由であるとされる。

第三節　高等師範学校《エコール・ノルマル・シュペリウール》時代

一八七六年一〇月末頃にジャン・ジョレースはパリに着き、高等師範学校《エコール・ノルマル・シュペリウール》の入学試験に備えるためにサント-バルブ高等中学校《コレージュ》[76]——この学校は当時パリの名門の私立高等中学校《コレージュ》で国庫補助を受けていた——の寄宿生となり、これと隣接するルイ-ル-グラン国立高等中学校《リセ》の授業に出席した。サント-バルブに学籍を置き、ルイ・ル・グランの講義を受けるという変則的な形をとったのは、当初高等師範学校《エコール・ノルマル・シュペリウール》への進学に有利なルイ・ル・グラン国立高等中学校《リセ》に進むつもりだったが、ジョレースが取得した公私立高等中学校《コレージュ》の奨学金を国立高等中学校《リセ》のそれに振り替えできなかったために採った苦肉の策の結果であった。[77]こうしたことからも、デルトゥールがジョレースのために払った苦労がうかがえる。彼は一八七六年から一八七八年までの二年の間サント-ジュヌヴィエーヴ Sainte-Geneviève 丘陵の上、いわゆる学生街ラテン街《カルチェ・ラタン》の中心部——行政区画でいえばパリ五区——に位置するこのサント－バルブ私立高等中学校《コレージュ》に在学した。この間、ジョレースはデルトゥール視学官総監やデュビエフ校長の期待にたがわない成績を収めた。ルイ・ル・グランで彼は最初の学期《トリメストル》に二度生徒七二人中の首席を占めた。また第二学期には、彼は第一位優秀褒状をとっている。[78] しかしパリの最良の国立高等中学校《リセ》の一つであるルイ－グランで優れた成績を占めるのは一筋縄の仕事ではなかったらしく、彼はこの時期非常な努力をしている。このことを物語る一つのエピソードがデルペック・カストル高等中学校《コレージュ》副校長の回想によって知ることができる。

「カストル高等中学校《コレージュ》では、ラテン語詩文はこの科目の試験がバカロレア（大学入学資格試験）の作文科目から外されて以来習われなくなっていた。しかし高等師範学校《エコール・ノルマル・シュペリウール》の入学試験にはこの科目は残されていた。ジョレースは全くこの科目の訓練を欠いていた。彼の最初の試みは苦労の多いものだった。この際の彼の劣等感は大変なものだった。彼はしかし意を決してその勉強にとりくみ、これを短期間に習得するのに成功した。外出日にも彼は学校にのこり、学習室に閉じ込もって、彼に可能な限りの総ての注意力を傾けて八〇行からなる一篇の詩を書き上げた。

『私はその出来具合になかり満足していて、私の教授に賞められると決めこんでいた』と、ジョレースは私に語った。

なんとがっかりさせられたことか！　教授が添削した宿題を返えした時に、彼はひどく厳しい調子でジョレースを叱ってこう言った。『ねえ君、僕は君が真面目で誠実だと信じていたが、残念ながら見損っていたのが分った。君は剽窃者でしかない。これらの詩句は君の作った文ではない。君がどんなに頭が良くても、こんなに僅かな期間に君がこんなに上達できる訳がない』。

この哀れジョレースはひどく心を痛めた。彼は口ごもりながらおずおずと弁解した。しかし教授はもっと手ひどく彼の向う水な頑固さを責めた。ジョレースはもう弁明しなかった。彼はしばらくの間、恥しい思いで学友たちの眼差をうけ、また彼の先生の信用を失墜させた。
やがて作文の試験の日が来た。教授は評点を付けて答案を返した時、彼はジョレースに詫びを言った。……」(79)

こうして熱心に受験勉強に取り組んでいたこの頃から、ジョレースの生涯の持病である偏頭痛の発作に悩まされ始める。(80)

ところで彼のサントｰバルブでの生活の様子については、ジョレース自身が故郷の友人ジャン・ジュリアン（C・ｰA・ジュリアンの父親）に宛てた手紙からも一瞥することができる。

「サントｰバルブにて、一八七九年二月二四日。
親愛なるジュリアン君。
僕に手紙を書いてくれたことをとても嬉しく思っています。僕は定期的に君についてのニュースを受け取っていますが、フェディアルの丘（＝ジョレースの実家――筆者注）から来る手紙はまずもって僕の眼前にフェディアルの丘の像を蘇えらせてくれますが、僕の意志とは別にモンプレジール Montplaisir〔フェディアル・オートの近所にあるジュリアン家の領地の名前。〕は魅惑的遠景のように少しばかり遠くに停っています。だけど君の手紙は、喜びにそして住人の善良さに微笑んでいる素敵な白い家の前にあるサイックス橋〔ジュリアン家の前にある橋。〕を僕に送ってくれます。しばしば夕暮時に君がシャルトルーズ修道院の壁に沿ってその大きな正門のところまで歩いて長びかせたがったあの会話を、長い沈黙ののちに再び始めたような気が君にはしないでしょうか。僕にしてみれば、君の手紙が私にもたらした歓びのせいで、君の話をもう一度聴いているように僕には思えます。僕は君がこれらの魅惑的な思い出を新鮮なままに僕に送ってくれたことに礼を言います。それは僕たちがここで送っている少しばかり熱に浮かされたような人生にとっての鎮静剤です。サント-バルブには、様々な好みと希望とを持って高等師範学校《エコール・ノルマル・シュペリウール》への入学を準備する一〇人ほどの生徒がいます。或る者は文学を好み、あるものは歴史を、そして哲学を愛しています。私たちは各人の読書、思想、熱中していること、発見、そして思想体系（一九才の今日、各人はそれぞれの思想体系を持っている）を互いに伝え合っています。そしてこの永続的な交流は精神の中に驚ろくほどの活動を作り出してくれます。この交流は混じりあい、結び付き合い、揺れ動く思想の休みない波によって浸されています。これに加えて、政治・文学・演劇活動などの諸々の出来事がいつもパリの高等中学校《コレージュ》に反響を呼び起こしていますし、日曜日の外出日に生徒たちは新作発表のギャラリーで陳列品を見、博物館に立ち寄り、朝な夕なに劇場にぶらぶらと行きます。君はこの強烈で休みない思想の動きを、パリならではの幸福であり特典であると考えるでしょう。しかしこの思想の動きは、もし長期休暇《ヴァカンス》がこの火を鎮めてくれないならば、仕舞には頭脳に病的な興奮を与えてしまうでしょう。パリでは外出すると、すべてが君を熱狂させるでしょう。……」(81)

ジョレースはパリの喧騒と絢爛さに耳目を奪われながらも、ここでは清らかな大気と眩しい陽光が乏しいことを悲しみ、郷里のカストルを懐しがった。そして彼は木曜の外出日には殆んど必ず外出し、他の高等師範学校《エコール・ノルマル・シュペリウール》受験生にありがちだったように外出日まで部屋に引き籠って勉強することはまずなかったという。(82) 外出日にはジョレースはよくフェリックス・デルトゥール氏宅を訪れ、一緒に夕食を摂り、文学や修辞学の話題に花を咲かせた。二人はホメロスやウェルギリウスについて、あるいはラシーヌやギリシア悲劇について議論した。デルトゥール家の人々は彼をこぞって賞賛したが、ただカストル地方の農民のやり方で片手にパンを片手にチーズを持って食べるのが玉に傷であったと回想する。(83)

サント－バルブ時代のジョレースは若々しくて、南仏人らしく外交的かつ直情径行で、農民のように純朴で、少し気難しく、博識で、並外れた才能を持っている生徒だと周囲から見られていた。彼は決して猛烈な勉強家タイプではなく、いつも勉強は素速くやり上げて、良く眠った。授業中にまで居眠りして教師の顰蹙を買ったりもした。規則に喧しいルイ－グランは彼には多少窮屈だったらしいが、にもかかわらず、余りそれに拘わらずに豁達に学園生活を送っていたらしく、彼の予想外な質問や意見の発表、絶えず体を動かしたがる性質、彼の高笑いは静かな教室での授業に慣れていた古くからの教授を当惑させた。しかし彼はとても素朴で善良な青年だったので、間もなく人は彼を愛するようになった。(84)

ジョレースはサント－バルブを卒業する直前に、デルトゥールの勧めに従ってパリ・ヴェルサイユ大学区全高等学校《コレージュ》卒業学業コンクールに参加して、フランス語論説文で第一位を得た。この時の論題は「デュシャーテル DUCHÂTEL からフランソワ一世 FRANÇOIS Ier〔一四九四―一五四七年。一五一五年に王位に就き、学問芸術を愛しフランス・ルネッサンス文化を育てたことで知られる。〕に宛てて」というものであった。フランソワ一世は、一五四六年にブールジュ大学のラテン語とギリシア語の教授をつとめて糊口をしのぎ、貧苦に喘ぎながらギリシア古典のフランス語への翻訳を続けてきたジャック・アミョー Jacques AMYOT〔一五一三年―一五九三年、一五三六年から四六年までブールジュ大学で教鞭を取り、次いでアンリ二世王子たち（将来のシャルル九世とアンリ三世）の家庭教師をつとめ、やがて宮中司祭長に昇進した。彼の『プルタルコス英雄伝』の訳文は、フランス古典文の模範の一つとされている。〕に対しベロザンヌ Bel-lozane 大修道院長聖職禄を授けて労に報い、また彼が着手していた『プルタルコス英雄伝』の翻訳の仕事を励ました。このフランソワ一世による報奨が決められるにあたって、国王の朗読係にして熱心なギリシア研究家であったテュール Tulle 司教ピエール・デュシャーテルの推薦が決定的な役割を果したと言われている。この時国王に宛てて認《したた》められたであろう推薦の言葉を作文するのがこの試験における課題であった。(85) 多分ジョレース青年は苦学生アミョーに自分の姿を、デュシャーテル司教にデルトゥール視学官総監の像を二重写しにしながらこの論文を書き上げたことだろう。(86)

この作文の中で、先ずジョレースはデュシャーテルの筆を借りてアミョーが貧しさと闘いながら如何に苦労して学業に励んだか、そして彼が到達した学問の水準が如何に高いものか、そして貧窮が如何に彼の学業の成就にとって障碍になっているかを説き、翻えって、彼が着手している『プルタルコス英雄伝』の訳業が必ずやフランス文学の発展とフランス語の洗練に多大な貢献をするであろうと主張している。このジョレースの論文は、一八歳の若者の筆になるとは思われないほどの円熟した流麗な文章によって綴られている。彼はその一節でおそらくは彼自身の境遇に思いを馳せつつ、アミョーの青年時代をこう叙述する。

「……諸々の想像力《イマジナシオン》が花盛りだというのに、味気ない凡俗な仕事に身を委ねなければならなかったのです。青年にとって誘惑は非常に強かったのですが、しかしアミョー君はそれを退ぞけました。そして彼は神とミューズの神々〔文芸美術を司る九女神。〕に加護をもとめて、我が国王陛下が開校されて間もない王立大学《コレージュ・ロワイヤル》があるパリに赴きました。貧苦はそこまでも彼を追い駆けてきました。貧苦と闘うために日に数時間を犠牲にし、一時これを退散させましたが、依然貧困は彼の門口に居座り続け、学業の短かい喜びの中にあった彼を悩ませようと手ぐすねを引いていました。しかし彼は挫けませんでした。……」(87)

いつも見すぼらしい身なりをしていた貧しい奨学生ジョレースも、労苦が報われる日が来た。パリで万国博覧会 Exposition Universelle が開かれていた年である。一八七八年の学期末に彼は第一位の成績で高等師範学校《ニコール・ノルマル・シュペリウール》に合格した。この年に同じ学年《プロモシオン》の文科系クラスには将来の大哲学者アンリ・ベルクソン Henri BERGSON や枢機卿ボードリアール BAUDRILLART、歴史家クリスチャン・フィステル Christian PFISTER とシャルル・ディエル Charles DIEHL、哲学者ポール・デジャルダン Paul DEJARDINS などがいた。(88)

ところでこの高等師範学校《エコール・ノルマル・シュペリウール》は一七九五年一月二〇日に国民公会により創設されたが間もなく廃校になり、第一帝政期の一八〇八年のデクレにより再建された。この時は中等教育機関の教員養成を目的として設立された。このの ち世俗的（非宗教的）哲学を教えたということを問われて一八二二年に再度廃校になり、一八二六年また再建されるというように、当時の政府の政治的思惑に左右されて目まぐるしい変遷を経過した。この学校が今日のユルム街 rue d'Ulm 街に移転し高等師範学校《エコール・ノルマル・シュペリウール》という名称を持つに至ったのは七月王政（オルシアン王朝）期のことである。その後高等師範学校《エコール・ノルマル・シュペリウール》は、第一線の作家、詩人、歴史家、外交官、教授、政治家等を輩出するフランス最高の高等教育機関の一つとなった。(89) 十九世紀に限っても歴史家のテーヌ TAINE、社会学者デュルケーム DURKHEIM、レヴィ－ブリュール、哲学者のベルクソン、作家ロマン・ロラン、シャルル・ペギー、政治家ではレオン・ブルムやエドゥアール・エリオ、アルベール・トマ等の俊英がこの学校の卒業生（中退者）である。(90)

ジョレースが属する一八七九年入学組が入学すると、例年と同様に「次乗《カレ》 carres」ないしは「三乗《キューブ》 cubes」と呼ばれる上級生によって、新入生いじめが行われた。「新兵《ヌフ》 gnoufs」と学生間の隠言で呼ばれる新入生はストーブの台座の上に上らされ、「この王座の上で君は何を考えているのか？　何も思わないのか？何か言ったらどうだ」と、上級生に尋問される。この新入生いびりの餌食になるのは、優秀な目立つ新入生だった。「酋長《カシク》 cacique」と呼ばれる首席入学者のジョレースは、もちろんこの「通過儀礼」を免れることはできなかった。しかし彼は難なくこの難関を通り抜けた。彼は台座に上ると直ぐ様話しはじめ、二〇分間のおどけた即興の演説を終えると、雷鳴のような拍手が湧き起ったという。この後、彼は校内の人気者となった。(91) 高等師範学校《エコール・ノルマル・シュペリウール》の新入生苛めには、年に一度の「カーニュラール khânular（悪ふざけ）」祭に行われる博物誌研究室に飾られるメガテリウム〔南米更新世の哺乳動物〕の巨大な骨格標本の尾に接吻することを新入生に課する儀式というものもあった。ジョレースが入学した翌年に行われたこの儀式において、将来「ルビュ・デ・ドゥー・モンド *Revue des Deux Monde*（両世界評論）」の編集長で、アカデミー・フランセーズの終身書記となる新入生ルネ・ドミック René DOMIC がこれを拒否して一悶着を起こした時に、仲裁役として呼び出され、長広舌を奮ったのもジョレースであった。[92]

ジョレースは高等師範学校《エコール・ノルマル・シュペリウール》でも、以前と同様に様々な分野に関する厖大な分量の書物を読みあさり、彼の果てしない好奇心を堪能させた。[93] こうした博覧強記の結果、彼は同学年の二六人の秀才の中でも頭角をあらわした。彼と首席の座をいつも争ったのは、将来の大哲学者ベルクソンであった。この二人のライヴァルを対決させて、どちらが勝《まさ》っているか黒白をつけようと思いたったのは歴史学教授エルネスト・デュジャルダン Ernest DUJARDIN であった。彼の提案に従って、キケロの弁護によって職務背任の罪を免れたローマ帝国ナルボンヌ属州総督フォンテイウスの模擬裁判を開き、ジョレースは検察側、ベルクソンは弁護側に立って議論をたたかわせた。どちらが勝ちを占めたか記録に残されていないが、同級生であったボードリアール（後の枢機卿）によれば、冷徹な論理を武器とするベルクソンの弁舌が熱烈なジョレースの雄弁を凌いだという。[94]

ところでこの時期のジョレースの親友で、のちにグルノーブル大学文学部長となったポール・モリオ Paul MORILLOT は同級生が見た高等師範学校《エコール・ノルマル・シュペリウール》時代のジョレースの像《イマージュ》を次のように述懐している。

「私は彼ほどに純粋で自然な魂をほとんど知らない。彼のうちで私の心を打つのは、そしてとりわけ私たちが敬愛するのは、彼の驚ろくべき弁舌の能力とともに、彼が保持する古典文化についての素養と彼の桁外れの記憶力である。彼はいとも手易すくギリシア語を読み、ホメロスとプラトンを忘我の境で空んじていた。……彼は講義を筆記しなかったし、私たちにしばしば聴かせてくれた豪華で激烈な演説もメモなしで行った。彼は前もって逍遥しつつ演説の構想を練った。彼は演説を頭の中に下書きした。私は彼が瞑想し夢中になってそうしているのを、いつも見ていた。その時彼の眼は知性で輝き、紙切れか草の新芽を噛みながら思いに更っていた……彼が講義を準備する時もこんな風だった。彼はユゴーの様に『原稿を見る』ことをせず、草稿の紙をインクで染めることをのぞまなかった。そして彼は総てを頭に想い浮べ、他の人々に語るべきことを自分自身に歌って聴かせた。……（中略）……

彼は総てのことに関心を持ち、総ての問題に情熱を燃した。彼は何でも理解することができ、また沢山のことの根本や細かいことを知っていたとは言わないまでも、その概要と外観は少なくとも理解していた。(95)」

さらに続けて、モリオは当時のジョレースの政治的傾向について次の様に証言する。

「彼はきわだった明確な思想は持っておらず、定まった支持する傾向さえ持ってなかったけれど、高等師範学校時代《エコール・ノルマル・シュペリウール》から政治に親しみ惹きつけられるようになっていた。私たちによって彼は一層こうした道を進んだ。私たちは彼が非常に近いうちに代議士になり有名になるだろうと判断し、そして彼は素晴しい演説を行うだろうと見ていた。

彼は非の打ち所のない共和主義的見解を述べていた。しかし何によっても彼が社会主義の方向に進むとは予想できなかった。私たちは彼と一緒にジュール・フェリーを左翼の敵対者たち（クレマンソー）からも、右翼の敵対者たち〔教育の共和主義的改革のための―筆者注〕デクレと第七条〔一八七九年三月一五日に上程された教育改革のための法案の第七条で、この条項で無認可修道会のメンバーが教育することを禁じたために右翼・カトリック教権派の猛反対にあい一八八〇年三月九日に元老院でこの第七条は否決された。〕(96)の時期であった）からも擁護していた。……」

この当時、同校の哲学教授レオン・オレ－ラプリュヌ Léon OLLÉ-LAPRUNE〔一八三九年―一八九八年。熱心なカトリック教徒で、高等師範学校《エコール・ノルマル・シュペリウール》教授。著作には『アリストテレス道徳学試論』、『人生の価値』などがある。〕が「第七条」反対の運動をしたとして一八八一年に教育省が講義停止の処分をしたが、ジョレースはこの「第七条」を支持しながらも、思想の自由を冒すものとしてこのカトリック派（同校の学生はカトリック派を「タラ Talas」と呼んだ。「ミサに行く人たちの ceux qui vonT À LA messe」の略号である）の教授を擁護して、反教権派の作家エドモン・アブート Edomont ABOUT の高等師範学校生（ノルマリアン）はオレ教授に同情していないとする言説に抗議する文を新聞に投稿したり、学生の意見を表明するために代表者を率いてサン－ジェルマン－デ－プレにあるオレ教授のアパルトマンを訪れたりしている。(97) しかし彼はすでに確固とした共和主義者となっていたことはモリオの前掲の証言に加えて、彼が一八八〇年の正月休みに郷里のカストル一区選出の代議士フレデリック・トマ宅を尋ねていることからも裏付けられる。(98)

他方、この時代のジョレースが社会主義運動や労働運動に関心を惹かれたり支持を寄せたりした徴候は、ほとんど見い出すことができない。ただこのパリでの生活が労働者と接触する機会を多少なりとも彼に与えたことは確かで、例えば一八七九年一月一一日付のジャン・ジュリアンに宛てた手紙の中で、カストルからパリに帰る汽車の旅で会った「大革命の舞台を見に行く」(99)と話し会って興奮していた万国博覧会へのオート－ガロンヌ県の労働者代表団の様子に心を惹かれたことを述べていることからも、そのことを知ることができる。

また、モリオはジョレースのこの時期の生活態度を次のように描写している。

「ジョレースは全くもって金銭の価値に無知だった。本当に彼はポケットに一スーも持たないでも、またしばしば乗合馬車に乗る金も持たなくとも、王様の様に幸福だった。……（中略）……また彼は服装にきわめて無頓着であったけれど、好みがないわけではなかった。しかし、『お洒落』の問題は彼にとって全く存在しなかった。同じように彼一流の無邪気さで世俗的体裁や多分外的な優雅《エレガンス》ささえも気に留めなかった。このことを馬鹿にして私たちは面白がり、有頂天になり、多くの冗談の種にした。あるシャンソンは『ジョレースの帽子』を歌って、長いことその思い出を伝えた。しかし私たちは彼に深い敬意を抱いていた。私たちは、心底彼の本当に子供のような心のその素直さと純朴さを敬愛していた。(100)」

この南仏の農民の純朴な心を持つ青年の魂は、長期休暇《ヴァカンス》で帰省し大自然に囲まれて農作業を手伝う時、水を得た魚のように生々とした。彼はその模様を、学生寮で同室（学生は寮室を「あばら家turne《テュルヌ》」と、部屋を共にする寮生を「あばら家同居人co-turne《コテュルヌ》」と呼んだ）に住む生涯の友シャルル・サロモン Charles SALOMON に、一八八一年六月二五日付の手紙で次のように書き送っている。

「親愛なる我が友。

私はこうして三日前から田舎に来ております。私はここではすべての人が健康であることに気がつきました。〔ジョレースはこの時病気がちだったので、他の生徒より六週間早く帰省を許された。〕……（中略）……

この時節の田園はとても美しい。人々は干し草作りに余念がありません。小麦はほぼ実を結び、来週には実をたれることでしょう。……（略）……しかしこの地方には葡萄はほとんど実をつけていません。玉蜀黍《とうもろこし》はよく育っています。この年はここでは大豊作とは言えないまでも豊作であるようです。

私はここで素晴らしい日々を送っています。最初の日はどんよりした天気でしたが、少しの雨ですっきりとしました。私たちはライ麦を刈り取り、それから家族全員で大昔のように麦束の上に腰かけて、仕事の進み具合を見渡しました。……(101)」

高等師範学校《エコール・ノルマル・シュペリウール》の文科系の学生は、三年目の学年で専攻学科を決めることになっていた。この時ジョレースはドゥ・セヴィニェ de SÉVIGNÉ 夫人〔一六二六年―一六九六年。文筆家。娘への書簡で有名。〕についての研究報告で学士号を取り、哲学を専攻学科に決めて、エミール・ブートルー Émile BOUTROUX 教授の下で哲学の教授資格試験に取り組んだ。(102) 彼は哲学を学ぶと同時に、同校の教授フェステル・ドゥ・クーランジュ FUSTEL DE COULANGES やエルネスト・ラヴィス Ernest LAVISSE、カブリエル・モノー Gabriel MONOD などの歴史学者の薫陶のもとに彼らが唱える科学的実証的歴史学にも関心をもった。(103)

三年間に及ぶ高等師範学校《エコール・ノルマル・シュペリウール》での学生生活の最後に、ジョレース教授資格試験《アグレガシオン》 concours d'agrégation を受けた。一七六六年以来の伝統を持つこの試験は、今日に至るまで非常に難関で、これに合格した学生には国立高等中学校《リセ》か公私立中学校《コレージュ》、あるいは大学の教職が保障されている。学年たちの間ではこの一八八一年度の教授資格試験《アグレガシオン》で、ジョレースとベルクソンのどちらが首席を占めるかに話題が集中していた。ジョレースの公開口頭試験が行われた時、会場の階段講堂は学生で埋めつくされ、彼の試験が終わるとおおかたの聴衆が退席した。この出来事は多分に審査官の教授の心証を害したらしい。結果は予想外にも第一位がレバゼイユ LESBAZEILLE（彼は生涯名を成すことはなかった）、第二位がベルクソン、そして第三位がジョレースであった。この結果を見て審査員の教授に対し学生の間から不満の声が上がったという。(104)

この試験に合格して教授資格者《アグレジェ》となったジョレースは、両親の近くで暮すために、アルビ国立高等中学校《リセ》の哲学教授のポストを選んだ。彼はローマ・フランス学院 École française de Rome に赴任する友人サロモンと別れを惜んで一緒にパリを散策したあとで、任地のアルビに向った。

第二章　注

（1）　cf. FABRE, Daniel et LACROIX, Jacques: *La vie quotidienne des paysans du Languedoc au XIX*^e *siècle. op.cit*, pp.86–87.

（2）　*Ibid*. p.90.

(3) *Ibid.*, pp.91-94.

(4) *Ibid.*, p.95.

(5) *Ibid.*, pp.97-98.

(6) *Ibid.*, pp.98-103.

(7) *Ibid.*, pp.103-107.

(8) *Ibid.*, pp.108-113.

(9) *Ibid.*, pp.113-115.

(10) *Ibid.*, pp.115-116.

(11) RIMBERT, Pierre: 《*Jean Jaurès. L'évolution vers le Socialisme*（1re partie）》Cahier n°14 de *L'Ours.*（pubilication mensuelle éditée par l'Office Universitaire de Recherche Socialiste）novembre, 1970, p.18.

(12) GRILLOU, E.: 《Les ancêtres dourgnol de Jaurès》. *op. cit.*, p.4.

(13) AUCLAIR, M.: *La vie de Jaurès. op. cit.*, p.17.

(14) LÉVY-BRUHL L.: *Jean Jaurès. op. cit.*, p.16. du même: *Quelques pages sur Jean Jaurès. op. cit.*, p.8. POULAIN, G.: 《La famille de Jaurès》 *op. cit.*, p.11.

(15) ジャン・ジョレースの出生届の全文はZÉVAÈS. A: *Un apôtre du rapprochement franco-allemand. Jean Jaurès. op. cit.*, p.11. du même: *Jean Jaurès.op.cit.*, P.13を参照せよ。

(16) POULAIN, G.: 《Biographie de Jean Jaurès》（Chap. II de AURIOL V.（présenté par）: *Jean Jaurès. op. cit.* pp.20-32）pp.20-21, du même: 《La famille de Jaurès》 *op. cit.* pp.11-12.

(17) cf. AULAIR ,M.: *La vie de Jaurès. op. cit.*, p.19.

(18) cf. POULAIN, G.: 《La famile de Jaurès》. *op. cit.*, pp.14-15.

(19) *Ibid.*, pp.11-12, AUCLAIR, M.: *La vie de Jaurès. op. cit.*, p.18.

(20) POULAIN,G.: 《La famille de Jaurès》. *op. cit.*, pp.12.

(21) ジュール・ジョレースがオルレアン王朝派支持者（オルレアニスト）であるとする説を採っている文献には、次に掲げるものなどがある。GOLDBERG, H.: *The Life of Jean Jaurès. op. cit.*, p.11, AUCLAIR, M.: *La vie de Jaurès. op. cit.*, p.31（但しオークレールはジュールの枕元に正統王朝派の王位継承資格者アンリ五世＝シャンボール伯爵の肖像が飾られていたとも書いていて、多少一貫しないようにも思える。cf. *Ibid.*, p.25）, REBÉRIOUX, M.: *Introduction* à JAURÈS, Jean; *Textes choisis.* t. 1, *op. cit.*, p.8.

これに対し彼は正統王朝派支持者（レジティミスト）であったとするテキストは次のものなどがある。POULAIN, G.:《Biographie de Jean Jaurès》. *op. cit.*, p.21, LÉVY, A.:《Deux militaires, oncles inconnus de Jean Jaurès》*op. cit.*, p.9, LEFRANC, Georges: *Jaurès et le socialisme des intellectuels. op. cit.*, p.16, しかしピエール・ランベールが言うように、「ジャン・ジョレースの父親の政治的パーソナリティーは余りはっきりしない」（RIMBERT, P.:*Jean Jaurèes. L'évolution vers le Socialisme*（1re partie）. *op. cit.* p.17）と言うのが正しい評価であるのかも知れない。

(22) AUCLAIR, M.: *La vie de Jaurès. op. cit.*, p.25, POULAIN, G.:《Biographie de Jean Jaurès》. *op. cit.*, p.21.

(23) RABAUT J.: *Jaurès. op. cit.* p.17.

(24) LÉVY-BRUHL, L.: *Jean Jaurès. op. cit.*, pp.16-17, du même: *Quelques pages sur Jean Jaurès. op. cit.*, pp.8-9.

(25) cf. RABAUT, J.: *Jaurès. op. cit.*, pp.37-38, GOLDBERG, H.: *The Life of Jean Jaurès. op. cit.*, p.25, AUCLAIR, M.: *La vie de Jaurès. op. cit.* p.50.

(26) SOULÉ, Louis: *La vie de Jaurès. 1895-1892.* Paris. L'Emancipatrice, 1921, p.9. なおスーレのより詳しい政治的経歴については J. MAITRON（sous la dir. de）: *Dictionnaire biographique du movement ouvrier français. op. cit.*, t. 15, pp.181-182. を参照せよ。

(27) GOLDBERG, H.: *The Life of Jean Jaurès. op. cit.*, p.6.

(28) *Ibid.*, p.25.

(29) LÉVY-BRUHL, L.: *Jean Jaurès. op. cit.*, p.17, du même: *Quelques pages sur Jean Jaurès. op. cit.*, p.9.

(30) cf. ANCLAIR, M.: *La vie de Jaurès. op. cit.*, pp.17-18.

(31) cf. LÉVY-BRUHL, L.: *Jean Jaurès. op. cit.*, p.17, du même: *Quelques pages sur Jean Jaurès. op. cit.*, p.9.

(32) LÉVY-BRUHL, L.: *Jean Jaurès. op. cit.*, pp.17-18, due même: *Quelques pages sur Jean Jaurès op. cit.* pp.9-10. SOULÉ, Louis: *La vie de Jaurès. op. cit.*, p.15.

(33) GOLDBERG, H.: *The Life of Jean Jaurès. op. cit.*, p.6.

(34) AUCLAIR, M. : *La vie de Jaurès. op. cit.*, p.15.

(35) RABAUT, J.: *Jaurès. op. cit.*, p.18ところで知識人出身の社会主義者で、ジョレースとも親しかったフェリシアン・シャラーユは、ジョレースの性格を次のように描いている。「幼いジャンは明敏な子供であり、陽気にして謹厳、外向型にして思慮深かった。そして変わることない上機嫌さと早熟な高貴さをそなえていた」CHALLAYE ,Félicien: *Jaurès.* 《coll. Les Philosophes》. Nouvelle édition revue et angmentée. Paris. Édi. Mellottée. S.d., (1948). p.18.

(36) LÉVY-BRUHL ,L.: *Jean Jaurès. op. cit.*, pp.13-15. du même: *Quelques pages sur Jean Jaurès. op. cit.*, pp.6-8.

(37) この神父の名前は殆んどのジョレース伝で本文のように Rémy SÉJAL と書かれているが、ゼヴァーエスの著書では Rémy SIJAL (ZÉVAES, A.: *Jean Jaurès. op. cit.*, p.15, du même: *Un apôtre du rapprochement franco-allemand. Jean Jaurès. op. cit.*, p.12 の場合)と、あるいはランベールの著書では Rémi SEGAL (RIMBERT P.: *Jean Jaurès. L'évolution vers le Socialisme.* (1re partie). *op. cit.*, p.20 の場合)と綴られている書もある。

(38) cf. ZÉVAÈS, A: *Jean Jaurès. op. cit.*, p.15, du même: *Un apôtre du rapprochement franco-allemand. Jean Jaurès. op. cit.*, p.12, LÉVY-BRUHL,L.: *Jean Jaurès. op. cit.*, p.18, du même: *Quelques pages. op. cit.*, pp.9-10.

(39) cf. ZÉVAÈS, A.: *Jean Jaurès. op. cit.*, p.15. du même: *Un apôtre du rapprochement franco-allemand. Jean Jaurès. op. cit.*, p.12, L. SOULÉ: *La vie de Jaurès. op. cit.*, p.11.

(40) ZÉVAÈS, A.: *Jean Jaurès. op. cit.*, p.15. du même: *Un apôtre du rapprochement franco-allemand. op. cit.*, p.12.

(41) SOULÉ, L.: *La vie de Jaurès. op. cit.*, p.11.

(42) AUCLAIR, M.: *La vie de Jaurès. op. cit.*, p.16.

(43) SOULÉ, L.: *La vie de Jaurès. op. cit.*, p.11.

(44) LÉVY-BRUHL, L.: *Jean Jaurès. op. cit.*, p.19, du même: *Un apôtre du rapprochement franco-allemand. Jean Jaurès. op. cit.*, p.10.

(45) 本著、第1章、注(12)を参照。

(46) Archives départmentales du Tarn, T 2. Instruciton secondaires. Bourses. 1808-1897.

(47) LÉVY A.: 《Deux militaire, oncles inconnus de Jean Jaurès》. *op. cit.* pp.8-9.

(48) cf. LÉVY-BRUHL, L.: *Jean Jaurès. op. cit.*, p.19, du même: *Quelques pages.* pp.10-11, SOULÉ, Louis: *La vie de Jaurès. op. cit.*, p.19.

因みにカストル高等中学校《コレージュ》でのジャン・ジョレースの学年ごとの成績は次の通り。

・一八六九―一八七〇年度(初等クラス)――第一等優秀賞:ラテン語翻訳、ラテン語作文、ギリシア語。次席賞:フランス語、次席褒状:歴史学、地理学。

・一八七一—七二年度（第四学年）——第一等優秀賞：ギリシア語翻訳、ラテン語作文、フランス語、歴史学、地理学、ギリシア語作文、ラテン語翻訳、博物誌、算術、ドイツ語。（全科目第一等賞）
・一八七三年度（第三学年）——第一等表賞、優秀賞、半期試験賞：フランス語創作、ラテン語翻訳、ギリシア語翻訳、歴史、数学。第一等褒状：暗　誦《レシタシオン》。
・一八七四年度（第二学年）——次席賞：宗教教育。第一等優秀賞：フランス語創作、ラテン語会話、ラテン語翻訳、ラテン語詩文、ギリシア語作文、ギリシア語翻訳、歴史学、数学、博物誌、暗誦、ドイツ語。（全科目受賞）
・一八七五年度（修辞学クラス）——第一等賞：宗教教育。優秀賞：ラテン語論文、フランス語論文、ラテン語翻訳、ラテン語詩文、ギリシア語翻訳。次席褒状：歴史学、地理学。第一等褒状：数学。第一等賞：ドイツ語。（哲学クラス）——第一等優秀賞：フランス語論説文、ラテン語論説文、数学、物理学、博物誌。第一等褒状：ドイツ語。
・トゥルーズ大学区《アカデミー》全国立高等中学校《リセ》・公私立高等中学校《コレージュ》学業コンクール：栄誉賞
——第四学年。第二等褒状：ドイツ語。

——第三学年。第三等褒状：ギリシア語翻訳。

——第二学年。第一等栄誉賞：ラテン語論文。第七等褒状：歴史学。

——哲学クラス。第一等賞：フランス語論説文。（この時のコンクールで弟のルイは数学クラスで第一等賞をとった。）
・全フランス国立高等中学校《リセ》・公私立高等中学校《コレージュ》学業コンクール——次席賞：ラテン語論文。次席褒状：フランス語論説文。（哲学クラス） cf. SOULÉ, L.: *La vie de Jaurès. op. cit.*, pp.19-20.

（49） SOULÉ, L.: *La vie de Jaurès. op. cit.*, pp.12-13.

（50） *Ibid.*, pp.13-14.

（51） 我々はL・レヴィ-ブリュールの著作によって、ジェルマ教授とブリノン教授がジャン・ジョレースをどのように評価していたかをより詳しく知ることができる。

「最近亡くなられた彼の修辞学クラスの教授であったジェルマ先生は、オノレ・デュルフェ Honoré d'URFÉ（一五六七—一六二五年。ユグノー戦争時にカトリック同盟（リーグ）に組した小説家・詩人で、とりわけ物語『アストレー *Astrée*』の著者として知られる。彼の文学は、17世紀前半のフランス文化に多大な影響を与えた。）についての本の著者でもあられたが、彼は『模範的で、とても素直で、勤勉でバランスのとれた、そして非常な洞察力と明敏さに恵まれたこの生徒』についての思い出を心に抱いておられた。この時期にはジョレースは至極容易にラテン語を読んだ。彼はすでにギリシア語を非常に良く知っていたし、ドイツ語をかなり良く通じていた。彼はしばしば教授たちに難しい質問を浴せて困らせていた。ある時そうした教授の一人が彼の伯父サルヴェール氏（ジョゼフ・サルヴェール教授の孫ジュール・サルヴェールのこと。彼はジャン・ジョレースの伯父ではなく母アデライドの従兄弟である。彼も祖父の跡を継いでカストル高等中学校の教授をつとめた）に『授業のプログラムから外れないように彼に言ってやって下さい』と言った。彼の哲学クラスの教授であったブリノン先生は、彼を生徒というよりは友人のように扱った。しばしば先生は彼の肩を抱いて、二人は一緒に話をしに立ち去っていった。」cf.LÉVY-BRUHL, L.: *Jean Jaurès. op. cit.*, p.20 , du même: *Quelques pages sur Jean Jaurès. op. cit.*, p.11.

(52) SOULÉ L.: *La vie de Jaurès. op. cit.*, pp.16-17.

(53) cf. TÉRY Gustave: *Jean Jaurès.* Paris. Lib. Felix Juven. 1907. pp.224-227.

(54) RABAUT,Jean: Jaurès. *op. cit.*, p.19.

(55) cf. AUCLAIR, M.: *La vie de Jaurès. op. cit.*, pp.20-22.

(56) GHEUSI, P.-B.: *Cinquante ans de Paris.* Paris. Plon. 1939. t. 1 p.3 cité par RIMBERT, P.:《*Jea Jaurès. L'evolution vers le Socialisme*（1re partie)》*op. cit.*, p.22.
ところでこの出来事について証言をのこしているグージは、ジョレースの同郷人であり、友人であり、また秘書でもあった。（DEVOISINS, Louis:《Jaurès et le pays albigeois》*op. cit.*, p.8.

(57) GOLDBERG,H.: *The Life of Jean Jaurès. op. cit.*, p.10.

(58) RABAUT; Jean: *Jaurès. op. cit.*, p.21. より詳しいフレデリック・トマの経歴はESTADIEU, M.: *Annales du pays castrais. op. cit.*, pp.429-430. を見よ。

(59) RABAUT; Jean; *Jaurès. op. cit.*, pp.20-21.

(60) *La Petite Republique, 29 janvier 1898.* cité par AGERON, C.-R.:《Jaurès et les socialistes français devant la question algerienne（de 1895 à 1914)》*op. cit.*, p.152 この「アルジェリアにて En Algérie」と題されたジョレースの書いた記事は *B.S.E.J.* n° 2 juillet 1961. pp.6-9 に再録された。

(61) cf. RIMBERT, Pierre:《*Jean Jaurès. L'évolution vers le Socialisme*（1re partie)》. *op. cit.*, pp.20-22, LÉVY-BRUHL, L.: *Jean Jaurès. op. cit.*, pp.22-24 du même: *Quelques pages. op. cit.* pp.12-14.

(62) SOULÉ, L.: *La vie de Jaurès. op. cit.*, pp.17-18.

(63) ルイ・スーレはこうした「伝説」を作り上げた著者としてレヴィ－ブリュールとギュスタヴ・テリーの名前を挙げている。cf. SOULÉ, L.: *La vie de Jaurès. op. cit.*, p.14（因みにこれら二人の著者がこの「伝説」を語っている箇所は次の通り。LÉVY-

BRUHL, L.: *Jean Jaurès. op. cit.*, pp.24–25. du même *Quelques pages. op. cit.*, pp.14–15. TÉRY, G.: *Jean Jaurès. op. cit.*, pp.53–54)

(64) ZÉVAÈS A.: *Jean Jaurès. op. cit.*, pp.15–16, du même: *Un apôtre du rapprochement franco-allemand. Jean Jaurès. op. cit.*, p.13.

(65) AUCLAIR M.: *La vie de Jaurès. op. cit.*, p.23.

(66) *Ibid.*, pp.23–24, RABAUT,Jean: *Jaurès. op. cit.*, p.22.

(67) GHEUSI P.B.: *Cinquante ans de Paris. op. cit.*, t.1, p.4 cité par RIMBERT,P.: 《*Jean Jaurès.* (1re partie)》 *op. cit.*, p.25.

(68) AUCLAIR, M.: *La vie de Jaurès. op. cit.*, pp.24–26, RABAUT,J.:*Jean: Jaurès. op. cit.*, p.22.

(69) cf. SOULÉ, L.: *La vie de Jaurès. op. cit.*, pp.14–15.

(70) *Ibid.*, p.15.

(71) PSICHARI-RENAN, Henriette: 《Jean Jaurès lycéen》. *Éducation nationale.* 1 février 1915 cité par RIMBERT,P.: 《*Jean Jaurès.* 》 (1re parties) *op. cit.*, p.24.

(72) SOULÉ, L.: *La vie de Jaurès. op. cit.*, p.15.

(73) RAPPONPORT, Ch.: *Jean Jaurès., op. cit.*, p.6.

(74) cf. RIMBERT P.: 《*Jean Jaurès* (1re partie)》 *op. cit.*, pp.23–26.

(75) TÉRY G.: *Jean Jaurès. op. cit.*, p.53.

(76) ジョレースの社会主義運動における盟友となるエドゥアール・ヴァイアンも、このサント-バルブ高等中学校《コレージュ》の卒業生である。cf. DOMMANGET ,Maurice: *Édouard Vaillant. Un grand socialiste. 1840–1915.* Paris. Table Ronde. 1956. P.17.

(77) RABAUT,Jean: *Jaurès. op. cit.*, p.22.

(78) AUCLAIR, M.: *La vie de Jaurès. op. cit.*, p.26.

(79) SOULÉ, L.: *La vie de Jaurès. op. cit.*, pp.21–22.

(80) AUCLAIR, M.: *La vie de Jaurès. op. cit.*, pp.26–27.

(81) *lettre de Jean Jaurès à Jean Julien, le 24 février 1878*, dans 《Huit lettres de jeunesse de Jean Jaurès》. *op. cit.*, pp.42–43.

(82) cf. LÉVY-BRUHL, L.: *Jean Jaurès. op. cit.*, pp.26–27, du même: *Quelques pages. sur Jean Jaurès., op. cit.*, pp.15–16.

(83) SOULÉ, L.: *La vie de de Jaurès. op. cit.*, pp.15–16. RABAUT,Jean: *Jaurès. op. cit.*, pp.23–24.

(84) LÉVY-BRUHL, L.: *Jean Jaurès. op. cit.*, pp.26–27, du même: *Quelques pages sur Jean Jaurès. op. cit.*, pp.15–16.

（85） このフランス語論説文試験の論題 sujet の全文は SOULÉ, L.: *La vie de Jaurès. op. cit.*, pp.22-23, RIMBERT.P.《*Jean Jaurès. L'évolution vers le Socialisme*（1re partie）》*op. cit.*, pp.29-30 を見よ

（86） cf. AUCLAIR, M.: *La vie de Jaurès. op. cit.*, pp.29-30. GOLDBERG H.: *The Life of Jean Jaurès. op. cit.*, pp.14-15.

（87）《Duchâtel à Francois 1re》. Discours français pour le Concours général, année 1878, par M.-J.-J.-A. JAURÈS. dans SOULÉ, L.: *La vie de Jaurès. op. cit.*, pp.23-24. et dans RIMBERT.P.:《*Jean Jaurès. L'évolution vers le Socialisme*（1re partie）》*op. cit.*, p.30.

このジョレースの論文の全文は最初 *Recueil de discours français. Extraits des Annales des concours généraux, période de 1831 à 1879*. Paris. Imprimerie et Librairie Classique Delalaine Fréres. 1879 に公表され、その後 SOULÉ, L.: *La vie de Jaurès. op. cit.*, pp.23-27 と RIMBERT.P.:《Jean Jaurès. L'évolution vers le Socialisme（1re partie）》*op. cit.*, pp.30-33 に収録された。

（88） RABAUT.Jean: *Jaurès. op. cit.*, p.26.

（89） cf. PROST Antoine: *L'enseignement en France. 1800-1967* .Paris. A. Colin.《coll. U》. 1968.p.72, LÉON, Antoine: *Histoire de l'enseignement en France*. Paris. PUF.《coll. Que sais-je?》1967. 邦訳、アントワーヌ・レオン著、池端次郎訳、『フランス教育史』、白水社、《文庫クセジュ》一九六九年、六四、九〇頁

（90） 十九世紀後半期の高等師範学校《エコール・ノルマン・シュペリウール》の状況については、BOURGIN, Hubert: *De Jaurès à Léon Blum. L'École Normale et la Politique*. Paris. Fayard. 1938. SMITH, Robert, J.:《L'atmasphère politique à l'École Normale Supérieure à la fin du XIXe siècle》*Revue d'histoire modern et contemporaine*. tome XX. avril-juin 1973. pp.248-268 等が参考になる。

（91） AUCLAIR, M.: *La vie de Jaurès. op. cit.*, p.34., ZÉVAÈS A.: *Jean Jaurès. op. cit.*, pp.18-19, du même: *Un apôtre du rapprochement franco-allemand. op. cit.*, p.15.

（92） RABAUT.Jean: *Jaurès. op. cit.*, p.25. ZÉVAÈS, A.: *Jean Jaurès. op. cit.*, p.19, du même: *Un apôtre du rapprochement franco-allemand. op. cit.*, pp.15-16.

（93） LÉVY-BRUHL, L.: *Jean Jaurès. op. cit.*, pp.27-28, du même: *Quelques pages. op. cit.*, p.16.

（94） AUCLAIR, M.: *La vie de Jaurès. op. cit.*, p.36 またジョレースは高等師範学校《エコール・ノルマン・シュペリウール》時代から、一年後に同校に入学してきた将来の大社会学者エミール・デュルケームと親交を持った。GOLDBERG.H.: *The Life of Jean Jaurès. op. cit.* p.16.

（95） LÉVY-BRUHL, L.: *Jean Jaurès. op. cit.* pp.29-30. du même: *Quelques pages. op. cit.*, pp.17-18.

（96） LÉVY-BRUHL, L.: *Jean Jaurès. op. cit.*, pp.30-31 du même: *Quelques pages. op. cit.*, p.18.

(97) GOLDBERG,H.: *The Life of Jean Jaurès. op. cit.*, p.20. RABAUT,Jean: *Jaurès. op. cit.*, p.28.

(98) cf. *letter de Jean Jaurès à Julien le 22 janvier 1880.* dans POULAIN, Elisabeth:《Huit lettres de jeunesse de Jean Jaurès》 *op. cit.*, pp.48-49.

(99) cf. *letter de Jean Jaurès à Julien le 11 janvier 1879* dans *Ibid.*, p.47.

(100) LÉVY-BRUHL, L.: *Jean Jaurès. op. cit.*, pp.31-33, du même: *Quelques pages. op. cit.*, p.19.

(101) *letter de Jean Jaurès à Ch. Salomon le 25 juin 1881* dans LÉVY-BRUHL, L.: *Jean Jaurès. op. cit.*, pp.139-141, 初恋の女性マリー－ポール・プラート Marie-Paule PRAT との恋愛が芽生えるも、この一八八一年夏のヴァカンスのことである。この話は第三章第二節で詳述する。

(102) RABAUT,Jean: *Jaurès. op. cit.*, p.27.

(103) *Ibid.*, p.30.

(104) LÉVY-BRUHL, L.: *Jean Jaurès. op. cit.*, pp.33-34, du même: *Quelques pages. op. cit.*, p.20. AUCLAIR, M.: *La vie de Jaurès. op. cit.*, pp.41-42.

第三章　アルビ国立《リ》高等中学《セ》校教授時代のジャン・ジョレース（一八八一年―一八八三年）

プロローグ

この章では、ジャン・ジョレース(1)（一八五九年―一九一四年）のアルビ国立《リ》高等中学《セ》校教授時代(2)についての考察をおこなう。

ジョレースは高等師範学校《エコール・ノルマル・シュペリウール》での学業を終えると、先ず故郷のカストル市の郊外にある実家のフェディアル・オート（羊小屋の丘）に帰って休暇を過ごしながら、一〇月に始まるアルビ国立《リ》高等中学《セ》校の新学期の講義に備えた。彼は当初古典古代《アンティキテ・クラシーク》文化発祥の地ギリシアにあるアテネ・フランス学院 École française d'Athènes で教鞭を取ることに心を惹かれたが、これを断念してアルビ国立《リ》高等中学《セ》校の教授になることを決意した。その理由というのは、彼は両親と離れて暮すことを望まなかったからであり、加えて以前から病床に伏していた父親の病状が悪化してきたことだった。さらにもう一つの理由が彼の胸中に秘められていた。それはこの年の夏期休暇《ヴァカンス》中に郷里で交際を始めるようになった初恋の相手マリー゠ポール・プラート Marie-Paule PRAT から遠ざかった所に行きたくなかったからである。この恋愛事件については、本章第二節の中で詳しく述べるが、それは実を結ばない悲恋に終わる。

ところでジョレースは一八八一年一〇月にアルビ国立《リ》高等中学《セ》校の教授に就任してから、トゥルーズ大学文学部講師に着任するためにこの職を辞する一八八三年九月までの二年間、この学校で哲学を教えた。この時期の彼について記憶に留められるべき主要な出来事には、プラート嬢との失恋、一八八一年の総選挙での共和派候補への加担、父親の死などを挙げることができる。

第一節　アルビ国立《リ》中等学《セ》校教授ジョレース

ジョレースがアルビ国立《リ》高等中学《セ》校の教授に着任して暫くたった一八八一年一〇月二五日に、当時パリのサン−ミッシェル大通り Boulevard Saint-Michel 六番地に住み、間もなくローマ・フランス学院 École française de Rome の教職に就くためにローマに旅立とうとしていた親友のサロモン SALOMON に宛てて、アルビでの近況を知らせる一通の手紙を書いている。この中で彼は以下のように語っている。

「……ところで君はやがて陽の光と古典古代文化《アンティキテ》に浴することでしょう。幸運を祈ります！　夢想し、散策し、そして幸福な気分を味わって下さい。また鋤を引いたり、畑の畝を起こしたりしている者たちを、忘れないでください。でもだからといって、そうした田園生活のイメージから、私の生活は苦労が多いと私が考えているなどとは思わないで下さい。だって第一に、私は良い牛小屋と秣棚を持っていますし、第二に私の一週間の労働時間は一一時間で、そのうち金曜日に五時間働らき、木曜日と土曜・日曜が完全に自由な日です。私は最近の二日間を家で過ごしています。私は五人の生徒を受け持っていますが、彼らは皆《みな》気立てが良く、またそのうちの一人は非常に頭が良いので、私は彼に〔高等師範学校《エコール・ノルマル・シュペリウール》の―筆者注〕入学試験を受けることを運命づけています！[3]」

かくしてジョレースのアルビでの教師生活は始まった。彼はアルビ国立高等中学校《リセ》のほかに、アルビ師範学校（小学校教員養成課程）でも朝の六時に始まる一齣の講義を担当した。また、この頃から彼は博士論文の準備に着手している。この成果はやがて『感覚的世界の実在性について *De la réalité du monde sensible*』（一八九一年）と『ドイツ社会主義の諸起源（ラテン語原題『*De primis socialismi Germanici lineamentis apud Lutherum, Kant, Fichite et Hegel*（ルター、カント、フィヒテ、ヘーゲルにおけるドイツ社会主義の初期の発現）』（一八九二年）――博士論文の主論文と副論文――として結実することになる。

彼はこのアルビ国立高等中学校《リセ》で、教師として華々しいデビューを飾ることができた。彼が博覧強記によって蓄えた博識を持ち前の雄弁にのせて行なう講義は、生徒たちを魅了した。(4) 彼の生徒の一人だったモレル MAUREL は、ジョレースのこの学校での教師ぶりについて、次のような証言を書き留めている。彼は次のように言う。

「彼はアルビでの教授在職期間に、問題となるようなことは何も起こさなかった。彼は無条件ですぐさま『敏腕の奴《ティープ・エパタン》』だと認定された。講義はノートなしに行なわれ、非の打ち所のない言葉で語られた。ジョレースは語をはっきりと区切りながら、ゆっくりと話した。身動きは稀れであった。しかしながら私は、この時代にすでに見覚えのあった彼の動作を、のちに議会で再び確認することができた。それは多少閉じられた手の平で、上から下に空を切るというものであった。即興の部分は、ほとんど零《ゼロ》といって良かった。しばしば彼は講義の一部分を繰り返えすことがあったけれど、その場合には、彼は一言一句に至るまで正確に再現した。ジョレースは講義形式を中断して生徒の前にやって来て、その部分を滔々と空んじたものだった。授業は何回かの数分間の休憩によって区切られ、その休憩の間ジョレースは私たちと親しく語り合った。(5)」

ジョレースのこの学校での講義の内容は、一八八二―八三年度の彼の哲学の講義を受講した生徒ルイ・ラスコル Louis RASCOL[6]――彼はのちに、今日では彼の名を冠せられてルイ・ラスコル職業技術教育高等中学校 Collège Technique Louis Rascol と呼ばれている学校（所在地：アルビ市）の校長を務めた――が遺したノートによって、その概要を知ることができる。[7] その講義の中で、彼は――高等師範学校《ニコール・ノルマル・シュペリウール》で徹底的に叩き込まれた形而上学《メタフイジーク》の枠内にとどまりながらも――キリスト教・唯心論《スピリチュアリスム》ばかりか、ある種の観念論《イデアリスム》をさえ痛烈に批判している。そしてその批判の調子の強烈さは、それから一〇年後の一八九二年に博士号申請論文の主論文としてソルボンヌ（＝パリ大学人文学部）に提出された詩的汎神論の色彩が濃い彼の哲学論文『感覚的世界の実在性について』を凌いでいる。[8] しかし講義として述べられた内容であるためか、このノートにみられるジョレースの哲学は多分に図式的である。

ともあれ、この時代のジャン・ジョレースの講義の内容を十分に検討するならば、この時期の彼の哲学は彼の高等師範学校《エコール・ノルマル・シュペリウール》の師であるエミール・ブートルー Émile BOUTROUX〔一八四五年―一九二一年。一八七四年に提出した博士論文『自然の諸法則の偶然性について *De la contingence des lois de la nature*』で学界にデビューし、一八七八年に高等師範学校《エコール・ノルマル・シュペリウール》に着任。一八八五年にソルボンヌに移っている。ベルクソンも彼の弟子である。〕やブートルーの師であるジュール・ラシュリエ Jules LACHELIER〔一八三二年―一九一八年。一八七一年に著名な論文『帰納法の基礎について *Du fondement de l'induction*』で博士号を受け、一八六四年から一八七五年まで、高等師範学校《エコール・ノルマン・シュペリウール》で教えた。彼の哲学の中心テーマは、経験的世界の存在の条件と認識の条件を探ることであった。〕、さらにはこの二人に決定的な影響を与えた十九世紀フランス最大の形而上学者メーヌ・ド・ビラン MAINE DE BIRAN〔一七六六年―一八二四年。ドルドーニュ県の行政官や代議士を務めた哲学者で、『思考能力への慣習の影響力 *Influence de l'habitude sur la faculté de penser*』（一八〇二年）、『思想の分解についての論考 *Mémoire sur la décomposition de la pensée*』（一八〇五年）、『直接的知覚について *De l'aperception immédiate*』（一八〇七年）などの論文がある。〕の唯心論的実証主義 positivisme spiritualiste（＝唯心論的現実主義 réalisme spiritualiste）の強力な影響のあとを見い出すことができる。[9]

つまり、外的世界の実在性を強調する実証主義的思考形式と、観念論《イデアリスム》への一定の執着が混在する思想がこの時期の彼の哲学を構成していた。

彼の講義の内容を、つぎに概観しておくことにしたい。

一八八二―八三年のジョレースの哲学講義の第一課は、ラスコルのノートに依れば、「哲学とは何か？」と題されていた。彼は最初に哲学を次のように定義する。

「『哲学』とは何か？　『哲学』とは人間の天与の仕事のひとつである。つまり、専ら人間にのみ固有の業である。さらに宗教や芸術や科学と同じように、欲得づくの仕事ではない。……（中略）

Ⅳ、『哲学』はあらゆる事物の真実かつ現実の本質と内在する隠された存在を研究することを目的とする。光、音、生命、思惟は現われ、いっ時存続し、そして消えていく。ところで、これらのものは何処からやって来るのか？　現れる以前には、それらのものは全くの無なのであるのか？　夜闇の前に光線が、死の前に生命が、知覚能力のない物質の盲目的運動の前に思惟が存在するのではないのか？　また、総てのものは無から生じ、無が何物かになることが出来るとは考えられない。だから、竈《かまど》の火や光線や音や感情・思惟などは顕現し出現する以前から、何らかの形式で私たちには分からない形態のもとに存在していたはずである。多分それらの散在する諸要素を私たちは知覚できないでおり、それらが集合した場合にしか姿を現わさないのかも知れない。それはちょうど、鏡が散らばっている熱を拾い集め、集中させるのに似ており、また耳に聴こえないばらばらの数知れない物音を、耳殻が拾いあつめて耳に感受させるのと同じである。現われるすべてのものは確実にもうひとつの別な形で存在するのであり、消滅する時でも決して破壊されない。事物は絶えず変化してはいても、この世界に本当の意味での創造や解体はあり得ず、ただ単なる様々な形体での継続があるだけだ。ある形体では私たちに知覚できないけれど、別の形体であるなら感覚できるのである。つまり、光線や火や音や思惟のような私たちに関係の深い諸形体の下には秘められた現実、隠された本質があるのであり、前に言った諸形体などはその一時的な発現なのである。哲学が研究するのは、この実在の本質にほかならない。[10]」

ここには明確な一種のイデア論《イデアリスム》を見ることができるが、ここに見られるイデア論《イデアリスム》はプラトンのそれと言うよりは、むしろ多分に彼の師ブートルーを通したライプニッツの観念論《イデアリスム》の影響を見い出すことが可能である。(11)そして同じくブートルーを受け継いで――そして同じ彼の弟子ベルクソンのように――形而上学《メタフィジーク》と科学《シアンス》を結びつけようとする努力に彼の学問的営為を傾注している。このことは、この講義の続きの部分の中に確認することができるのである。

「それによって、哲学は事物をそれらの総体において、かつ統一性において研究されなければならないようになる。何故なら、この世界の表面上での事物の表われ方が多様でかつ数多《あまた》であればあるほど、それらの本質はますます相互に関連し、結び付くのである。プリズムの七色ほどに多様なものはありえないかのようだが、これら七つの色のそれぞれは、光が様々に転形したものにほかならず、だからこうした七つの発現形態には一つの隠された本質しかない。いずれにしても、この世界の基底にはいくつかの異った本質があるにしても、互いに結びついている。たとえば、精神と物質は表面上ばかりか現実的にも互いに異った二つのものではあるにしても、それでもやはり、それら二つは常に連関関係にあり、また肉体《コール》が魂《アーム》に魂が肉体に影響を及ぼしていることからみて、私たちは精神の本質を知らずして物質の本質は理解できないし、逆についてもそう言える。こうして人がもはや事物の、他とは違った発現形態を研究せずに、それらの本質を研究しようとするならば、一つの点に触れる場合にも他のすべてを揺がさずにはおかないだろうし、すべての問題を解決することなしには一つの問題をも解決できない。(12)」

こうした彼の哲学理論には、ライプニッツの「モナド論」もしくはラシュリエやブートルーの〝法則性と偶然に関する理論〟の影響があると言えよう。さらに彼の講義の続きを拝聴しよう。

「哲学は事物の真実の存在を研究するものであるからして、まさに空間・時間・運動のような基本的な諸形相をこそ、研究し説明する。科学は、空間や運動が何であるかを説明することはできない。何故ならば、科学は時間と空間の中に現われ、空間なしには理解され得ず、従がって空間を理解するには役に立たない、諸々の事物を研究するからである。これとは反対に、哲学は諸々の事物の本質を探究しながら、すべての様々な変化する外形の奥底に、それのあらゆる点で類似する一つの存在を発見するのであるからして、ちょうど波の下にある深海のように動かないいわゆる空間なるものを超越しているのであり、また時間を超越してるのである。哲学は空間ならびに時間を、この存在の発現形態と見なすのであって、だからそれらのものをより本質的な一つの実在によって説明することができるのである。[13]」

一年間に及ぶこの講義の中で、注目に値する講義には、この第一講のほかに、科学の限界と科学の基礎を形作っている哲学の意義を論じた「諸科学の分類。実証主義者たち。Classification des sciences: Les positivistes」と題する第二講や[14]、十九世紀フランス哲学に極めて大きな影響力を持ったメーヌ・ド・ビランの主意主義的精神主義《スピリチュアリズム・ヴォロンタリスト》（もしくは精神主義的実証（＝現実）主義）哲学の意義について語る第四講「意識、その主体と客体。メーヌ・ド・ビランによれば如何にして意識は現われるのか。La conscience: le sujet et l'objet. Comment apparaît la conscience d'après Maine de Biran.」[15]、彼の博士号取得主論文「感覚的世界の実在性について」と同じ感知できる外的世界と人間＝主体の意識について議論している第六講「外的感覚 Sens exterieurs」[16]、さらには彼の思想の唯物論への接近の徴候を窺わせる第三四講「霊魂について――霊魂と肉体の関係 De l'âme.――Rapport de l'âme et du corps」[17]や彼の理想主義的倫理観・道徳観を示す第三七講「道徳律 La loi morale」[18]と第三八講「功利的道徳 La morale utilitaire」[19]、そして無神論といっていい立場を明確に表明した最終講義（＝第四三講義）「神の存在についてのいくつかの証拠 Preuves de l'existence de Dieu」[20]などがある。

そしてその中でもとりわけ私たちの関心が惹かれるのは、おそらくジョレースが稀れにしか語ることがなかった、美についての講義であるだろう。その講義は、第二八講の補講であり「諸問題 Questions diverses」と題されているが、この中でジョレースは、経験論者の美の把握の仕方とカント主義者の美の理解・解釈の双方を批判し総合しつつ、彼独自の美についての見解を展開している。[21]

彼は次のように言う。

「私たちは、美はもっぱら感性の中にあるとする経験論学派の学説も、それがただ知性の中にのみあるとするカント派の学説も退けてきた。そして私たちには、感性と知性とを結合させる仕事が残されている。とはいっても、こうした考え方は、特殊によって普遍が表わされ隠される、私たちにすでに与えられている美から造り出される茫然とした観念と一致する。何故なら、個別は感性に依拠しており、普遍は知性に依存しているからだ。しかし、美が知性と感性の間に横たわる、媒介のための取るに足らない事物であると、私たちは考えてはならないし、また美は知性の無限の自由の領域内にあるとか、感性の不可侵性や自然発生性の賜物であるなどとは見るべきではないのではないだろうか？　本当のところ、その通りである。どうしてかと言えば、知性は感性の中に両者の深さほど滲透しているし、それだから私は美というものを、自然のいくつかの最終的な土台の上に築き上げることができるのである。実際のところ、私たちは充分で規則正しい力の意識を持つ時に、美を人間の構成の最も原初的な諸要素に再発見できるし、美は私たちの諸器官の感覚の中に、すなわち私たち自身の肉体の感受性の中に顕現するのである。酩酊による興奮は、存在の内部に捌け口のない、適正な消耗によって再びあらたなものになることのない行き過ぎの活動を発展させるとしても、それは審美的なるものを一切持たない。それだからして、私たちは自分の諸力が強さと調和《アルモニー》を同時に持ち得た場合にのみ、自分の肉体的存在の中にはじめて美を感得することができる（早朝の大気を深呼吸することによって、私たちは血液を蘇えらせ、私たちの活動力に活気を与え、一日の仕事にそれを活用するように）。つまり、協調《アンタント》と調和《アルモニー》こそ美の本質があるのである。[22]」

この時代のジョレースの哲学は、現代フランスの哲学者アンドレ・ロビネ André ROBINET によってメーヌ・ド・ビランとメルロ－ポンティ MERLEAU-PONTY の哲学の架橋の役割を果したと評価される。[23] ここには彼の哲学の将来的発展を予期させるほとんど全ての素材を発見することが可能であると言えよう。そしてジョレースののちのマルクス主義の受容はこうしたフランス哲学思想史の文脈の中で行われたのであり、その土台の上に彼のマルクス主義解釈が築き上げられたことを留意しておく必要があるだろう。[24]

第二節　ジョレースの失恋

彼は故郷のカストル市からは大して遠くないが、地味で重厚なこの都市とは対照的に、南仏の他の諸都市がそうであるように明るく華やいだ――そして親友のサロモンがその頃住んでいたローマにも似た――アルビ市を愛した。そしてこの都市の散策路であるリス大通り Boulevard des Lices（今日のリス－ジョルジュ・ポンピドー大通り Boulevard des Lices et Georges Pompidou で、今ではこの南端にはジョレースの雄大なブロンズ像が聳えるジャン・ジョレース広場がある）を闊歩するのを愛した。彼の学生たちと共に談笑しながら、彼はこの街並を散歩した。[25] ジョレースがどれほどにこのアルビ市に愛情を注いでいたかは、一八八一年一二月二二日に親友のシャルル・サロモンに宛てて書いた手紙の文面によって確かめることができる。その手紙を以下に引用する。

「アルビはイタリアの都会に似ていると人は言うのですが、ここでは陽の光がいまひとつ足りません。そのせいか、この数日間、私たちは霧と雨の体制の中に身を置いています。ローマでも、時折人はぬかるみの中を歩いていると僕に言って下さい。そしてもしもアルビがもはやローマに似ていないようになってしまったとしたら、ローマの方がアルビに似ているようになり始めたと私に告げて下さい。……（中略）……私が狭い路地を散歩していると、私はそこで古びた門に立ち止まっている牛乳配達の女性や、瞑想に耽り心を慰められて大伽藍《カテドラル》から出て来る哀れな足の不自由な娘に出会ったりします。私はサント－セシル大伽藍 Cathédrale Sainte-Cécile に入ります。そしてそこから朝の間の静かな悲しみを持ちかえり、遠い地に在る友人たちに想いを馳せながら、この悲しみに耽ります。それから私は、かつてよりも緩やかな速度で少しばかり読書をします。ここかしこに立ち止まり、ゆっくりと味わいながら。現在私は聖書をゆったりとした速さで読んでいます。そして私は、この大いなる宗教的苦難に貫かれた素朴な牧人の生活に入り込んでいます。私の偏頭痛が直る時、しばしばこの本の奥底から、もう少し野心的な理念《イデー》ともう少し活気のあるイメージで私の一日を形作る、沈着かつ単調な思想《パンセ》が湧き出てくるのを感じて、私は一瞬たじろぎ、そして再び心を落ち着かせます……」(26)

このサロモンへの手紙の後半部分から感じ取ることのできる憂いと悲しみの基調音は、何に由来しているのであろうか。それは多分に、この年の夏期長期休暇《ヴァカンス》に再び巡り合った幼な馴染みのマリー－ポール・プラートとの恋愛が、はかばかしいかたちで進んでいなかったからであるだろう。

プラート嬢は、華麗で深遠で甘美な、そして優しい眼を持っていたと言われる。[27]「ラ・クルーザリエ La Crouzarié」と呼ばれた彼女の両親の屋敷は、ジョレースの実家「フェディアル・オート」から一キロメートル余りしか離れておらず、双方の母親は親しい関係にあったと言われる。そしてジャン・ジョレースと彼女も、幼ない頃には共に遊んだ近所同志の幼な友達だった。[28]やがてジョレースがパリに行って高等師範学校《エコール・ノルマン・シュペリウール》に首席で入学するという快挙を遂げ、カストル市の人々を驚ろかしたが、その華々しい噂は彼女の耳にも届いたであろうし、彼女がこの青年の将来が輝かしいものであるだろうと予想したに違いない。

この二人の幼な馴染みの再会は、すでにキリスト教から離別したジョレースが、にも拘《かか》わらず敬虔なカトリック教徒であった母親のために、附き添って教会のミサに出席した時のことであった。一八八一年七月四日付のサロモンに宛てた手紙の中で、彼は次のようにこのことについて語っている。

「昨日ミサに行き、その帰りにとても愛らしく才気煥発な若い魅力的な女性と道を共にしました。彼女に高等師範学校《エコール・ノルマン・シュペリウール》の本当の観念《イデー》を与えるためには、貴方から来た手紙を彼女に見せる必要がありそうです……」[29]

そして間もなく、ジョレースは熱烈に彼女と結婚したいと望んだらしい。しかし彼の思いが重大な困難に遭遇したことは、彼がこの年の一〇月二五日にサロモンに宛てて書いた手紙の文面から察知することができる。彼は次の様に書いている。

「私は講義に念を入れ、博士論文をも多少準備しています。要するに私は野心的になっているのです。我が親愛なる友よ、私は今君の知っている或る女《ひと》に捧げる安楽な憩いの場が欲しいのです。しかしもちろん彼女がそれを受け取ればの話ですが。私の希望の実現は延期されていますが、潰されてしまったわけではありません。私はこれから君に、この世がはじまって以来繰り返されている古い物語を話します。父親はすでに年老いていますが、才覚があり愛すべき人物であり、彼は娘を熱愛しています。しかし彼は耳が聴こえず、完全な孤独の中に閉じ込もって仕舞うようになっています。彼の娘は父親にとって唯一の心の慰めとなっており、娘が離れていってしまうと考えただけでも腹を立ててしまうのです。娘はこの専制政治を苦痛に感じていますが、しかし彼女はそれを甘受しなければならないのです。私の母親はこの父娘と彼女の母に、私の愛の誓いを伝えました。相手方は全く異論を挟む意思がないようでしたし、その後彼らはいく度も私に対してよろしく伝えて下さいと言ったそうです。私は日曜日ごとにこれらの母娘に会っていますが、このことは私にとっての大きな歓びです。しかしどのように妨害が降りかかるか分かりません。……(30)」

この恋愛はジョレースの期待通りには順調に進まなかった。ことのほか多難で、期待と不安に入り混った長い時間の経過――この時代の彼の心境の一端を、前掲のサロモンに宛てた一八八一年一二月二一日付の手紙は我々に伝えてくれる――の後に暗黒の絶望が彼を待っていた。ジョレースのプラート嬢との二年にわたる交際も甲斐なく、彼女は両親に説得されて、フールヌ FOURNES という地方弁護士と結婚することに踏み切ったのであった。

この時にジョレースが経験した混乱と悲しみを、彼は一八八三年三月一一日付のサロモンに宛てた手紙の中にこう綴っている。

「僕が君の手紙を受け取ったあとで、ある重大な出来事が起きました。僕が君によく話してきた女性が、私がまったく彼女から聞いていなかった青年弁護士と結婚したのです。つい最近でも親しい交際を続けていたのに、どうしてこうした急展開が行なわれたのでしょう？　このことは私にとって、そして他の人には尚更のこと謎なのです。この事件は私の中に悲しんでいる余地がないほどの大きな驚ろきと、私の思考《イデー》の豹変を生み出しました。僕は、あたかも長い素敵な夢から目を覚ましたかのようです。この目覚めがたといいかに唐突なものであったにせよ、雲散霧消した夢想について悲嘆に暮れる人はいません。いずれにせよ、僕はもうこの方角には幸福を追い求めたりはしないでしょう……(31)」

この手紙の文面からは、彼が挫けてしまい、悲しみに溺れそうな自分の心を、必死で支えていたことが如実に伝わってくる。この悲しい恋の別離の後に、この二人の永遠に結ばれることのなかった恋人は、それぞれ新しい幸福を見つけて手中にすることが出来たであろうか。恐らく否《ノン》であろう。ジョレースのこの後の結婚生活は序論で引用したジュール・ルナールの『日記』に見られるようにあまり幸福なものではなかったし、長寿を全うしたマリー＝ポール・プラートは、のちに多大な尊敬の念と多少の悔恨の気持を込めながら、ジョレースについて回想していたと言われる(32)。

第三節　政治への関心

この時代のジョレースは、政治問題にも関心を寄せ、地方政治に多少コミットしている。すなわち、一八八一年八月二一日代議院《シャンブル・デ・デピュテ》（下院）議員総選挙が行なわれたが、女流作家マルセル・オークレールの著書『ジャン・ジョレースの生涯、もしくは一九一四年以前のフランス』によれば、タルン県アルビ一区の共和派の候補者キャヴァリエ CAVALIÉ（前職議員）〔一九三二年―一九一六年。一八七六年から一八七七年までと一八七八年から一八九三年までの間、タルン県選出代議院《シャンブル・デ・デピュテ》議員をつとめた。〕を応援して、数日の間精力的に選挙

運動を行ったが、有力な対立候補のいなかったこの候補は、一四、四八三票を獲得して難なく当選している。(33)

ジョレースがサロモンに宛てて書いた一八八一年七月二七日付の手紙の中で、彼はこうした選挙活動への参加を予感させるかのように、「……最近私は、地方政治に対して強烈で積極的な関心を抱いています。しかしこの事についての詳細は、のちほど君に報告します……」(34)と書いているけれど、この約束をジョレースは果たさなかったために、私たちは彼の手紙の文面からは、彼がこの時の選挙活動にどのように関わったかを知ることは出来ない。想像するに、彼のこの総選挙へのコミットメントは、共和派候補の討論集会への参加ぐらいの限定されたものだったのではないだろうか。因みに、この選挙のための共和派の委員会を構成する五〇名余の名簿の中に、ジョレースの名前は見当らない。(35)そしておそらく彼は、この選挙時に垣間見た政治と政治家の実像に対し、失望にも似た感情を味わい、暫らくの間政治から遠ざかりたい気持を抱いたのではないだろうか。

こうした憶測を多少とも裏付けるように、この時から一年ほど後の一八八二年八月一〇日にサロモンに差し出した手紙の中で、その頃の彼の心境を次のように吐露している。

「私は政治から大きく遠ざかっています。何故かと言えば、政治と私との間には数多《あまた》の秘密が存在し、私は色々と片付けたあとで、率直にそれらの秘密を暴こうと探究しています。しかし四年の間に、私はここでの総ての問題を片付けてしまおうと願っているのですから、政治のことはただ延期になっているだけです。やがて私が世界《ユニヴェール》の基底部に触れることが出来た暁には、非常に混沌とし波瀾に満ちた表面へと戻ってくるでしょう。(36)」

しかしジョレースの政治への熱情は止みがたいものがあったらしく、前掲の手紙の末尾に近い部分で、彼の将来の政治参加の展望を次のように語っている。

「私の親愛なる友よ、私はこうした事〔―ジョレースがこの文の前で語っている政治の現状に対する彼の失望を指す―筆者注〕によって政治から遠ざかるどころか、逆に政治に関わるであろうことを君に告白しておきます。私は自分に欠けているものが何であるかを、強く感知しています。しかし正直を言って、私はほかの多くの人よりも野心を抑制することができる自覚しています。何らかのグループの書記長に私が指名されたとしても、私はむざむざと我が哀れなる故郷を世間の物笑いの種いはしないつもりですし、我が尊敬すべき議員諸君の頭痛の種であるお決まりのカフェに入り浸る政治屋《ポリテイシャン》と堂々と弁論によって対峙する勇気を持ちあわせているつもりです。

誰ぞ知るや、もしフレデリック・トマ代議士が引退するならば、私はこの四年のうちに多分決心を迫られることでしょう。そして私が生まれ故郷の都市〔カストル市〕から、私の知っている悪魔に取り憑かれたように最も内容のない低劣な幾人かの候補を選出させないというほかに役立つことができないでしょうが、それは私が試みなければならない義務と言って良いような行為であり、そして私はそれを試みる積りです。……」(37)

彼が予想していた通り、彼は一八八五年に行なわれることになる次回の総選挙に立候補し、当選を果たすのであった。

第四節　父の死

ジャン・ジョレースがアルビ国立高等中学校《リセ》の教授に就任して一年にも満たない一八八二年五月二七日に、この研究と教育に意欲を燃やす青年教師を癒し難い深い悲しみが訪れる。それは父親の死である。

すでにこの年の復活祭《パック》の休暇の頃から父親の病状が非常に悪化し、浮腫《むく》みが脚部から腹部へと昇って来ていた。

この頃にシェルブール Cherbourg 港に寄港していた海軍士官の弟ルイを家に呼び寄せている。[38] 五月二七日に父はこの世を去ったが、この日ジョレースは親友のサロモンにこの不幸を伝える短文の手紙を書いている。彼はこう綴っている。

「我が親愛なる友よ、
私の哀れなる父は苦しみも無く私たちのもとから去って逝きました。私たちを悲しむままにさせて下さい。何故なら私達はそれを欲しているのですから。
君を心を込めて抱擁します。
ジャン・ジョレース[39]」

父の死から二週間ほど経った六月一一日に、この不幸の詳細な経過を伝える手紙を、彼はサロモンに書いている。その中でジョレースはこう言っている。

「午前一一時に臨終が訪れましたが、息を引き取る際に多少身動きをしました。彼は右に左に頭を傾《かし》げたのち、私たちから去って逝きました。我が気の毒なる友よ、私たちの試練はここで終った訳ではありません。どこまで私は書き綴って伝えるべきか知りませんが、しかし僕は君がその場に立ち合ってくれたなら、知り得た総ての事を君に話したいのです。死は我が家を訪ずれるに際して、最も悲痛な形をとりました。聖霊降誕主日《パントコート》の日〔復活祭後七度目の日曜日〕には埋葬ができないので、私たちは土曜日から月曜日まで丸二日間待たなければなりませんでした。病患によって衰弱し切ったこの哀れな屍骸は腐敗していき、部屋は屍臭で満ち溢れました。それで弟と私は父の遺骸を早々と柩《ひつぎ》に収めて、納屋に運び、家の外で最後の夜の通夜を行なわなければなりませんでした。私たちがどれほど悲痛な思いをしたか、君なら分かってくれるでしょう……(40)」

父の死は、ジョレースにとって極めて大きな試練だったけれど、彼はそれによって母親に対する溺愛に閉もってしまうことをしないで、両親から自立し自分自身で道を切り拓く出発点としたのではないだろうか。何故なら、彼は父親の思想と対立する共和主義の道、そして社会主義の道へと大きな前進を開始するからである。(41)

＊＊＊

やがて仕事の面での、そして学問上の新しい転機が、彼を訪れた。アルビ国立高《リ》等中学校《セ》を視察に訪れたトゥルーズ大学学長クロード－マリー－ペルー Claude-Marie PERROUD 氏――彼は共和主義的思想を持つフランス革命史研究者である――は、ジョレースの講義の素晴しさに感嘆し、彼を自分の大学に教官として招聘するために力を尽した。その結果、ジョレースは一八八三年一月一五日から週一回の哲学講義を（アルビ国立高《リ》等中学校《セ》の教授と兼任しながら）、受け持つことになった。彼はこの講義のテーマを「人間性の価値 la valeur de la nature humaine」と設定した。その言わんとするところのものは、「人間《ユマニテ》は総体として観れば、一点の愚かさも一点の悪意もない人格《ペルソンヌ》である」(42)（一八八二年一一月一九日、サロモン宛ての手紙）に集約できるであろう。さらに一八八三年秋の新学期から、ジョレースはトゥルーズ大学哲学専任講師《シャルジェ・ド・クール》に着任する。(43) こうして、彼は中等教育機関（＝国立高《リ》等中学校《セ》）から大学へと移り、いよいよアカデミックな世界での活動の空間はジョレースの前に開かれた。そして〝外的世界の実在性〟についての彼の博士論文への取り組みに、彼は総ての熱情と勢力を傾注することになるであろう。

エピローグ

一八八一年から一八八三年に及ぶ、ジャン・ジョレースのアルビ高等中学校《リセ》時代の二年間は、ジュール・フェリーやレオン・ガンベッタなどの第三共和政初頭の共和派政治家の巨頭が、フランス政治の中枢で活躍していた時代であった。こうした政治の動向に鋭敏に反応していたジョレースは、この時代の政治的環境によって彼の政治的感覚《センス》と政治的理念《イデー》の素地を形成されたと言っても決して過言ではない。一八八五年に誕生する最年少青年議員ジャン・ジョレースの進む政治的方向性が、このことを如実に示しているであろう。

第三章　注

（1）ジャン・ジョレースに関する資料状況・研究動向・問題性《プログレマティーク》等については、本著序論を参照されたい。

（2）ジャン・ジョレースのアルビ国立高等中学校《リセ》については、我が国はもとより、欧米諸国でも、本格的な研究はほとんど皆無といって良い状況だったが、最近のピエール・ランベールの研究の一章「アルビの教授《Professeur à Albi》」によって一定程度研究が進歩したと評価できる。cf.RIMBERT, Pierre: *Jean Jaurès. L'évolution vers le Socialisme* (1re partie). *op.cit.*, pp.45-55.

（3）*Lettre de Jean Jaurès à Charles Salomon. le 25 octobre 1881* dans LÉVY-BRUHL, Lucien: *Jean Jaurès. Esquisse biograhique suivie de lettres inédites.op.cit.*,pp.152-153.

（4）ジョレースがアルビ国立高等中学校《リセ》で教えた教室は「上級生教室《クール・デ・グラン》cour des grands」と呼ばれる右手の三番目の教室で、やがて彼の名前をこの部屋に冠したが、両大戦間に曖昧な理由で、彼の名の使用を取り止めた。cf. DEVOISINS, Louis:《Jaurès et le pays albigeois》. *Revue du Tarn.op.cit.*, p.6.

（5）cité par SOULÉ, Louis: *La vie de Jean Jaurès 1859-1892.op.cit.*,. P.32.

（6）ルイ・ラスコルと同じ学年《プロモシオン》には、彼のほかに、のちにアルビ商事裁判所調停判事になったピエール・コスト Pierre COSTE や、始めに左翼系のアルビ市助役を務めやがて王党派右翼アクション・フランセーズの有力者となったデュラン DURAND 医学博士など、合計一四名の生徒がいた。その名簿は次の通り。Paul ANGLÈS, Léon BARTHES, Félicien BAUGUEL, Félicien CREISSELS, Docteur DURAND, Albert de GORSSE, Albert JULIA, Jacques de GORSSE, GAULHET, Pierre COSTE , Léon MARROULE, Louis RASCOL, Léon VAYSSE, Charles BOUNHIOL. cf. CHEYRON,Henry :《Introduction de Jean JAURÈS: « De la beauté »（chapitre inédit du Cours de Philosophie.)》. *Revue du Tarn.* le 15 mars 1959. p.23.

また、ジョレースが教えた生徒の中のいく人かについての回想は、DEVOISINS Louis;《Jaurès et le pays albigeois》. *op. cit.*, pp.6-8を見よ。

（7）この二冊の講義ノートは、ルイ・ラスコルが、彼の死の直前にかつて校長を務めたルイ・ラスコル職業技術教育高等中学校に彼の蔵書とともに寄贈した。CHEYRON, Henry; « De la beauté »（chapitre inédit du Cours de Philosophie.)》*op. cit.*, p.20.

そしてこの講義ノートの抜萃が、『ウーロップ』誌（JAURÈS, Jean:《Cours de philosophie（1882-1883)》avec l'introduction de Michel LAUNAY. *Europe.* N°354-355 . octobre-novembre. pp.125-139）と『ルヴェ・ド・タルン』誌（《De la béauté 》*Revve du Tarn op. cit.*）に、さらには、ROBINET, André: *Jaurès et l'unité de l'être. Prèsentation, choix de textes avec des inédits. Biographie et Bibliographie.* Paris. Seghers.《Philosophes de tous les temps》. 1964. pp.138-148に公表された。

（8）LAUNAY, M. :《Introduction de Jean Jaurès: Cours de philosophie》*op. cit.*, p.125.

（9）ROBINET, André: *Jaurès et l'unite de l'être. op.cit.*,pp.183-184.

（10）JAURÈS, Jean :《Cours de philosophie》*op. cit.*, pp.126. 127-128.

（11）ROBINET, André: *Jaurès et l'unité de l'être, op. cit.*, p.184.

（12）JAURÈS, Jean :《Cours de philosophie》. *op. cit.*, p.128.

（13）*Ibid.*, p.128.

（14）cf. JAURÈS, Jean :《Cours de philosophie》*op. cit.*, pp.129-130.

（15）reproduit dans André ROBINET: *Jaurès et l'unité de l'être. op. cit.*, pp.138-146.

（16）cf. JAURÈS Jean :《Cours de philosophie》*op. cit.*, pp.13-131.

（17）cf.*Ibid.*, pp.134-135.

（18）cf. *Ibid.*, pp.135-137.

（19）cf. *Ibid.*, p.137.

（20）cf. *Ibid.*, pp.137-139.

（21） CHEYRON, H.：《Introduction de Jean Jaurès: "De la beauté》 *op. cit.*, pp.21-22.

（22） JAURÈS, Jean：《"De la beauté"》 *op. cit.*, pp.25-26.

（23） cf. ROBINET, A.：*Jaurès et l'unité de l'etre. op. cit.*, p.29 仮説―演繹的方法を排したジョレースの哲学は、現象学的であるとロビネは指摘する。 *Ibid.*, p.10.

（24） cf. ROBINET, André: *La philosophie française*. Paris. PUF《Que sais-je? N°170》, 1966, p.113-114.

（25） RABAUT, Jean: *Jaurès.op.cit.*, P.35.

（26） *Lattre de J. Jaurès à Ch. Salomon. le 22 décembre 1881* dans LÉVY-BRUHL L.: *Jean Jaurès. op. cit.*, pp.154-156.

（27） AUCLAIR, Marcelle: *La vie de Jean Jaurès ou la France d'avant 1914. op.cit.*,p.43.

（28） *Ibid.*, pp.44.

（29） *Lettre de J. Jaurès à Ch. Salomon. le 4 juillet 1881* citée par RIMBERT,P.: *Jean Jaurès. op. cit.*, p.45. L・レヴィ-ブリュールの著書 *Jean Jaurès. Esquisse biographique. op. cit.*, の後半部分（pp.127-185）を占めるジョレースのサロモンに宛てた書簡集では、手紙の中のプラート嬢に関する記述並びに全篇を彼女に関する記述で占められている手紙は、あえて――プライヴァシーを思んばかってか――省かれている。省略されている部分を復元するためには、その部分を引用している著書（AUCLAIR, M.: *Jean Jaurès. op. cit.*, RIMBERT,P.: *Jean Jaurès. op. cit.*, 等）を参照するか、フランス国立図書館《ビブリオテーク・ナショナル》 Bibliothèque Nationale の手稿部門 départment des Manuscits が所蔵している原資料を見なければならない。

（30） *Lettre de J. Jaurès à Ch. Salomon. le 25 octobre 1881* citée par RIMBERT,P.: *Jean Jaurès. op. cit.*, pp.45-46. 引用部分は LÉVY-BRUHL, L.: *Jean Jaurès. op. cit.*, 収録のこの手紙から省かれている。

（31） *Lettre de J. Jaurès à Ch. Salomon. le 11 mars 1883* citée par *Ibid.*, pp.46-47. この手紙はレヴィ-ブリール編の書簡集（LÉVY-BRUHL,L.：*Jean Jaurès. op. cit.*,）から完全に除外されている。

（32） AUCLAIR, M.: *Jean Jaurès. op. cit.*, p.43. note.1.

（33） *Ibid.*, p.47.

（34） *Lettre de J. Jaurès à Ch. Salomon. le 27 juillet 1881* dans LÉVY-BRUHL,L.: *Jean Jaurès. op. cit.*, pp.147.

（35） cf. RIMBERT,P.: *Jean Jaurès. op. cit.*, p.47. note（3）

（36） *Lettre de J. Jaurès à Ch. Salomon, le 10 août 1882.* dans LÉVY-BRUHL,L.: *Jean Jaurès. op.,cit.* p.168.

（37） *Ibid.*, pp.170-171.

（38） cf. *Lettre de J. Jaurès à Ch. Salomon. le 2 mai 1882* dans *Ibid.*, pp.159-160.
（39） *Lettre de J. Jaurès à Ch. Salomo. le 27 mai 1882* dans *Ibid.*, pp.162.
（40） *Lettre de J. Jaurès à Ch. Salomon. le 11 juin 1882* dans *Ibid.* pp.164-165.
（41） cf. GOLDBERG, Harvey: *The Life of Jean Jaurès. op.cit.*,p.25.
（42） *Lettre de J. Jaurès à Ch. Salomon. le 19 novembre 1882.* dans LÉVY-BRUHL,L.: *Jean Jaurès. op. cit.*, pp.172-173.
（43） トゥルーズ大学文学部に専任講師として着任する二、三か月ほど前の一八八三年八月五日に、アルビ国立中学校《リセ》の表賞式で恒例の哲学教授の演説を、生徒と父母の前でしている。この時には、のちにジョレースと共に第三共和政期の傑出した政治家となる当時のタルン県知事レオン・ブルジョア Léon BOURGEOIS〔一八五一年―一九二五年。県知事等を歴任ののち一八八八年から一九〇五年までマルヌ県選出の代議院《シャンブル・デ・デピュテ》（下院）議員を、次いで一九〇五年から死ぬまでこの県選出の元老院議員をつとめた。そしてこの間一二回の大臣職と一度の首相（一八八五―八六年）をつとめた。彼の社会改良の思想「連帯主義（ソリダリスム）は有名。一九二〇年にはノーベル平和賞を授賞している。〕とガブリエル・コンペレ Gabriel COMPAYRÉ 議員がこの式典を主宰した。SOULÉ, Louis: *Jean Jaurès. op. cit.*, p.33 この時の演説のテーマは「思いやり bienveillance」であり、その全文はルイ・スーレのジョレース伝に収録されている *Ibid.*, pp.33-43。

その一節をここに紹介しておこう。

「思い遣り《ビアンヴェイヤンス》とは、総ての者に平等にそして無分別にかけられる精神と心の自己満足的親切《コンプレイザンス》ではありません。そんなものは、まことに最も稀れな愚かさの変種でしかないし、愚かさの中で最も愛すべき変種のひとつでしかないのです。……（中略）……

思い遣り《ビアンヴェイヤンス》の装いのもとに善良な人間の融通のきかない無知を良いことに、悪は大胆にかつ破廉恥にもこの世界に入り込んできます。それに、どうして自己満足的親切《コンプレイザンス》によって、愚かさを治すことが出来ましょうか。何故ならば愚かさというものはいつも余りにも自分自身に優しく親切であります！ ペテン師たちは騙され易い人を作るのに充分な方法を身につけています。だから盲目的な慈悲深さによって、ペテン師にすすんで手を差し延べたり、思い遣りを、本来思い遣りが治すはずの悪の同盟軍や共犯者にしてしまってはなりません。（拍手）」（*Ibid.*, pp.33-34.）

こうしたジョレースの見解に、彼がこの当時から単なる愚直な理想主義者《イデアリスト》ではなく、極めて鋭い批判的精神の持主であったことを知るであろう。

第四章　共和派の青年代議士ジャン・ジョレースの誕生

——一八八五年の政治情況とジョレースの方向転換——

プロローグ

本章では、やがてフランス社会党・労働者インターナショナル・フランス支部（Parti socialiste, Section française de l'Internationale ouvrière）の政治的指導者となるジャン・ジョレースが、一八八三年にトゥルーズ大学の哲学を担当する専任講師に就任した時から一八八五年一〇月の総選挙で代議院《シャンブル・デ・デピュテ》議員選挙に当選し政界にデビューするまでの時期を対象とする一考察をおこなう。

第一節　時代情況とジョレースの思想的軌跡

一八八五年という年は、ジョレースの生涯において一大転換の、そして新しい出発の年であった。それは彼が哲学を攻究する大学教員という彼のアカデミーの世界でのポストを投げ打って、かねてから彼の心中で深化され緻密化されてきた共和主義という大義（＝政治理念）を実践を通じて現実化するために、職業政治家として生きる道を選んだ年であったからだ。こうした共和主義という政治理念の現実的実践に生きるという彼の二六歳の時点における人生上の選択は、さらに七年という歳月をへだてた一八九二年に——ジョレースが三三歳の年に——社会主義の道を選び採ることによって新たな質的転換を遂げることになる。そして明くる一八九三年月のタルン県アルビ第二区の代議院《シャンブル・デ・デピュテ》（下院）議員補欠選挙に社会主義派の候補として立候補して当選を果し、社会主義者としてのジョレースの第一歩をしるした。

共和主義的哲学者＝思想家から共和主義の政治的実践者へ、さらには共和主義者から社会主義者へと移行することの二度にわたる転換は決して或る日突如青天の霹靂のように行なわれたのではなく、長期の歳月を要して行なわれた彼の内面＝精神での熟考の結果としての慎重な選択であり、同時にジョレースが生きた時代の流動する時代環境に対する彼の観察と認識が行きついた結論であったと言えよう。第一に、ジョレースの内面の世界で行なわれた「熟考」について推察するならば、彼の「共和政」と「共和主義」に対する信仰にも似た確信と評価は、おそらく彼が高等師範学校《エコール・ノルマル・シュペリウール》の学生時代から抱き始め終生を貫く根本的信条体系であり、確固とした共和主義の実践者となることを決意した一八八五年の「転換」はもとより、社会主義者としての旗色を鮮明にした一八九二・九三年の「転換」に際しても、彼の精神内での突然の飛躍は無かったと想像できる。何故なら、ジョレースにとって社会主義とは「共和政」・「共和主義」を否定したうえに築かれるものではなく、それを更に発展・徹底させ、完成させるものだったからだ。過去においてはフランス革命が政治的共和政を創り出したが、将来における社会主義革命は社会的共和政を完成させるであろうと彼は考えていた。(1) 後者は前者がやり遺した社会的・経済的平等の実現等の諸課題を成し遂げるというのである。

このように、ジョレースは彼の内面において、彼の価値体系の基軸にある――自由・平等・友愛を現実化する政治構成体としての――〝共和政〟についての認識と問題意識《プロブレマティーク》を緻密化し深化させていく積み上げの結果として、政治的・思想的「転換」を遂げていったと見ることができよう。

第二に、こうした彼の「転換」を行なうに至る過程で彼が影響を被った時代環境＝時代背景を概観する作業が必要とされるであろう。

彼が共和派の——多分当時政権の座にあった穏健共和派の——青年代議士として政界に乗り出した一八八五年は第三共和政の新しい危機の始まりの年であったし、また彼が社会主義者の立場を明らかにした一八九二—九三年は、パリ・コミューン倒壊以後はじめてフランス社会主義運動がフランス政治全体に影響を与える力を持ち始めた時期であった。このような時代環境＝政治情勢の推移とジョレースの政治的・思想的「転換」の時期の一致は、ジョレース時代情況に対する認識の感覚的鋭敏さを物語ると同時に、時代的脈絡の中において彼の思想と態度と行動の推移を裏付ける重要さを我々に教えてくれるのである。

ここで一八七七年—一八七九年以来の第三共和政の新しい危機の始まる年である一八八五年の政治情況が創り出される過程について簡略に俯瞰しておこう。

この新しい危機の直接的原因となったのは、ジョレースが当選してデビューを飾った選挙である一八八五年一〇月四日・一八日の総選挙の結果であった。(2) 前回（一八八一年八月）の総選挙で大勝して安定多数の議席数を獲得できた「日和見主義派《オポルチュニスト》 opportunistes」と呼ばれた与党の穏健共和派は、この時の総選挙の第一回投票で保守派に思いがけない敗北を喫し、第二回投票で急進共和派《ラディコー》の協力を得てようやく共和派の議会での多数派を確保することができた。しかし与党の「日和見主義派《オポルチュニスト》」＝穏健共和派は単独では過半数を制することができず、(3) また常に共和派内の急進派を当てにするわけにはいかなかったので、政局は不安定になった。ブーランジェ運動《ブーランジスム》 movement boulangiste(4) に跳梁跋扈の機会を与えたのは、この総選挙の結果成立した第三共和政第四回議会任期《レジスラチュール》（一八八五年一一月一日—一八八九年七月一五日）の時代であった。

こうした「日和見主義派《ナポルチユニスト》」の退潮の原因は、一八七九年一月三〇日に同派の中心的人物ジュール・グレイヴィ Jules GRÉVY〔一八〇七年—一八九一年。第二帝政期から共和派の政治家としてデビューし、第三共和政が始まった頃には、ガンベッタに対抗する共和派を結集し、国民議会議長をも務めた。一八七九年には大統領に選挙されたが、娘婿のダニエル・ウィルソン Daniel WILSON の売勲事件の影響を受けて一八八七年一二月に辞職した〕

が大統領に選出されて以来続いてきた「日和見主義派《ナポルチュニスト》」の政治が国民の間で不人気であったことだ。第一に一八八〇年頃から始まった深刻な経済不況に対し、政府は有効な手を打ち得ず、大量の失業者が生み出されたこと、第二に強硬な政教分離政策と教育の世俗化《ライシザシオン》政策を推進したために保守的カトリック教徒層の反感を買ったこと、第三に工業化が進行し労働階級が擡頭していたにも拘らず、彼らの境遇を改善する社会政策＝労働立法が立遅れたままで手を尽くすことを余りしなかったこと、第四に長期にわたって「日和見主義派《ナポルチュニスト》」の政権が続いたために、またこの政権と産業界との結びつきが深かったために、政治腐敗が進行して、――しかしこのことが大事件となって世間を騒がせるのは、一八八七年のウィルソン売勳事件(5)〔共和派の議員で、グレヴィ大統領の娘婿であるダイニエル・ウィルソンがひきおこした売勳事件で、グレヴィ大統領を辞職に追いこんだ。〕と一八九〇年に始まるパナマ事件〔パナマ運河建設資金調達にからむ汚職事件。〕に至ってからのことである――民心が離れたこと、第五に――これは歴史的にみて最も直接的な原因であったのだが――ジュール・フェリーの植民地拡大政策は人員的・財政的に国民に多大な犠牲を強いたために、トンキン事件を契機に不満が爆発したことなどが「日和見主義派《ナポルチュニスト》」政権の不人気をつくりだす要因となった。

ジュール・フェリーの二期の政権（第一次内閣＝一八八〇年九月二三日―一八八一年一一月一〇日、第二次内閣＝一八八三年二月二一日―一八八五年三月三〇日）にその頂点を極めた「日和見主義派《ナポルチュニスト》」政権の時代は、一八七〇年に第二帝政が倒れて共和政の樹立が宣言されてから八年余たった一八七九年の始めにようやく樹立された。この政権こそが第三共和政最初の『共和主義者の共和政 *la République des républicains*』（ジャック・シャストゥネ）(6)であり、それまでは大統領・内閣・元老院を正統王朝派《レジティミスト》・オルレアン王朝派・帝政派（＝ボナパルティスト）からなる保守派に掌握されていた『公爵たちの共和政 *la République des ducs*』(7)（ダニエル・アレヴィ）であった。一八七〇年に独仏（普仏）戦争の瓦解的敗戦の結果、第二帝政が没落して第三共和政が打ちたてられたけれど、一八七一年二月八日の国民議会 Assemblée nationale の総選挙では、徹底抗戦を主張するレオン・ガンベッタ（国民防衛政府 Gouvernement de Défense nationale 内相）が率る共和派は、和平を主張するアドルフ・ティエールをはじめとする保守派に大敗を喫し、しばらくは王政復古の脅威にさらされ続ける時代が続いた。[8] この王党派によって脅かされた共和政の不安定な時代は、ティエールの時代とマクマオン MACMAHON の時代との二つの時期に区分できる。第一期は一八七一年二月一七日に国民議会によって「行政府長官 chef du pouvoir exécutif」に任命され、ついで同年の八月三一日に「リヴェ－ヴィテ法 loi Rivet–Vitet〔国民議会議員のリヴェ RIVET（一八〇〇年―一八七二年）とヴィテ VITET（一八〇二年―一八七二年）が共同提案した執行権力を共和国大統領に帰属させる法律〕」によって共和国大統領に就任したティエールが統治した時代であった。ティエールは当初パリ・コミューンの過酷な処刑者として、かつ屈辱的な――アルザスとロレーヌの一部の割譲と五〇億フランの賠償金の支払いを取り決めた――フランクフルト講和条約（一八七一年五月一〇日）の締結者として不人気だったが、期限内に賠償金を支払って占領地域からのドイツ軍の撤退を実現させ、また地方行政改革（＝県議会 Conseils généraux の設置）や兵制改革などの国内改革にも実績をあげて、彼の政権は安定するかに見えた。[9] しかし中道左派 Centre gauche ＝オレアン左派に位置していたティエールは――王党派の一角に身を置いていたが――、本心では王政復古を望まず、むしろ「保守的共和政」の存続を期待した。その間共和派は帝政派＝ボナパルティストと共に補欠選挙で勢力を急伸させたが、議会内の王党派はそれをティエールの親共和派的政策のせいにし、一八七三年五月二四日には彼を辞任においこんだ。そして同日、新しい大統領にマクマオン元帥を選んだ。[10]

この第二期の主役であるマクマオン元帥は敬虔なカトリック教徒で、かつ正統王朝主義《レジティミスム》の信奉者であり、宗教的（＝カトリック的）秩序を確立するという大統領の政治方針から、この体制は――宗教的秩序という意味をこめて――『道徳秩序《オルドル・モラル》 Ordre moral』と呼ばれた。こうして王政復古の可能性はティエールの時代よりも高まったかに思われた。一八七三年八月五日にはオルレアン家の王位継承権者パリ伯爵がブルボン家（＝正統王朝）王位継承権者シャンボール伯爵が住むオーストリア東部のフロースドルフの居城を訪れて両家の〝統合 fusion〟――最初シャンボール伯爵がフランス王に即位するが、世嗣ぎのない彼のあとはオルレアン家の者が継ぐという内容――を実現したが、時代錯誤的なシャンボール伯爵の三色旗を国旗にすることの拒否と白色旗への執着によって王政復古の企ては失敗した。(11) 中道右派 centre droite ＝オルレアン派のアルベール・ドゥ・ブローイ首相は王政復古を当面断念し、マクマオン大統領に〝七年の任期《セプテナ》 septennat〟を臨時的に与えてオルレアン家の王による王政復古の機会を窺うことにして、この法案を議会に可決させた。しかしこの立法はこれを不満とする正統王朝派《レジティミスト》と主唱者オルレアン派との亀裂を深くして議会内多数派は不安定なものとなり、またボナパルト派が補欠選挙で躍進し帝政復古の動きも強まるなどしたため、政府は体制に確固とした枠組を与える必要にせまられ憲法の起草を急いだ。政府＝与党（とりわけ中道右派＝オルレアン派）が構想した憲法は、あくまで共和政が急進化することに歯止めをかけた《保守的共和政》を維持するという限りにおいて共和政を認知するものであった。それ故第二院《スゴンド・シャンブル》＝元老院 Sénat の設置が最大の眼目となった。一般に一八七五年に制定された「第三共和政憲法」と言われるものは、「元老院の機構」（二月二四日可決）、「諸公権力の機構」（二月二五日）、「諸公権力間の関係」（七月一六日）の三つの統治機構に関する基本法と元老院 Sénat と代議院《シャンブル・デ・デピュテ》の議員についての二つの選挙法からなっている〝法の集成 corpus juridique〟であった。諸党派間の妥協の産物であり、前文や原理の規定や体系性を持たないこの憲法はまた、十九世紀フランスのいくつかの政治制度や法・政治思想をよく検討した上で作成された、――二院制、権力分立等によって――権力の乱用を防ぐ機能を備えているという利点を持った憲法でもあった。(12) その結果この憲法は基本的には一九四〇年まで長期にわたってその命脈を保つことになる。一八七五年一二月三〇日に憲法が施行され、翌日国民議会《アサンブレ・ナショナル》は解散されて、各党派は上院にあたる元老院議員選挙と下院にあたる代議院《シャンブル・デ・デピュテ》議員の総選挙の準備に入った。一八七六年一月三〇日の元老院議員選挙では、定数三〇〇名中――この中には国民議会《アサンブレ・ナショナル》が前年の一二月に選出した七五名の終身議員を含む――保守派が一五一名を得て辛うじて過半数を制したけれど、二月二〇日・三月五日の代議院《シャンブル・デ・デピュテ》議員総選挙では反対に共和派が圧勝した。この代議院《シャンブル・デ・デビュテ》議員総選挙で当選者総数五三三名中共和派は約三六〇名を占めたのに対し、保守派（＝王党・帝政派）は一五〇～一六〇名――うちボナパルト派が七五名ほど――を得たにとどまった。(13) このマクマオンは最初に中道左派のジュール・デュフォール Jules DUFAURE〔一七九八年―一八八一年。弁護士出身の政治家で、一八七一年から一八七九年にかけて五回首相の座についた。〕（一八七六年二月二三日―一〇月三日）を、次いで共和派のジュール・シモン Jules SIMON〔一八一四年―一八九六年。高等師範学校《エコール・ノルマル・シュペリウール》卒業生で哲学博士。一八七〇年国防政府のメンバーになり、第一次デュフォール内閣の公教育大臣をも務めた。アカデミー・フランセーズ会員。〕を首相に任命して共和派に譲歩するかにみえたけれど、シモン内閣とイタリア問題や出版取締法をめぐって亀裂が深まり、ついに一八七七年五月一六日にシモン首相を解任して（いわゆる五月一六日事件《セーズ・メイ》）(14)、翌日オルレアン派のブローイを新しい首相に任命した。これに対し、共和派は反撃を開始し、五月一八日に同派の領袖であるガンベッタの腹心スピュレル SPULLER〔一八三五年―一八九六年。自由主義的弁護士だった彼は、第三共和政樹立後ガンベッタと行動を共にし、気球でガンベッタと共にパリを脱出したことでも有名。ガンベッタ内閣の官房長官や代議院《シャンブル・デ・デビュテ》（下院）副議長を歴任した。〕が起草した共和政の防衛を訴える宣言文は、共和派議員『三六三名』――この員数は歴史に残る有名な数字となる――（定数五三三名中）の署名を得て翌々日の二〇日に公表された。(15) 一方政府側は大統領の教書《メサージュ》によって議会を一か月休会にし、その間に法務大臣のバルディ・ドゥ・フルトゥ Bardy de FOURTOU〔一八三六年―一八九七年。弁護士出身のボナパルト派の政治家でいく度か大臣を務めリベラルな公務員を迫害したことで知られる。〕が陣頭指揮をして共和派に同情的な知事や市町村長などの公務員を解職したり訴追したりして迫害し、行政機関による選挙干渉の態度を整えた。そして六月一六日の休会明けののち、議会では大統領の議会解散権の行使をめぐって激論が闘わされた。六月二二日に元老院は賛成一四九票反対一三〇票で解散権の行使を認可し、二六日に代議院《シャンブル・デ・デビュテ》は解散された。解散後の代議院《シャンブル・デ・デビュテ》議員総選挙は一〇月一四日・二八日に行なわれ、共和派は多少後退し保守派は議席数を増やしたけれど、共和派は政府の激烈な選挙干渉にも拘らずあくまで完全な多数派を維持した。それぞれの議席数は、共和派が三二三議席、保守派が二〇八議席であった。ブローイ－フルトゥー内閣は新たに議会が召集されて間もない一一月一九日に総辞職したけれども、マクマオン大統領はあくまで対決の姿勢を崩さず、一一月二三日に自分の戦友であるドゥ・ロシュブエ de

ROCHEBOUËT 将軍を首相の座に着けて議会多数派への抵抗を試みたが、共和派が多数を占める議会が一切の対話を拒んだために翌日辞職を余儀なくされた。[16] 地方選挙でも共和派に敗れ、元老院からは再度の代議院《シャンブル・デ・デピュテ》の解散に同意しないと宣告され、さらにオルレアン王朝派からもその強硬策を批判されて窮地に立たされた保守派のマクマオン大統領は、一二月一三日に後任の首相として中道左派《サントル・ゴーシュ》＝保守的共和派のデュフォールを選ばざるを得なかった（第五次デュフォール内閣の成立）。この内閣には左翼から公共事業相として――交通運輸機関の整備を行ない重工業の発達に寄与した有名な「フレシネ・プラン」[17]の立役者――シャルル・ドゥ・フレシネ Charles de FREYCIENT〔一八二八年―一九二三年。理工科専門学校（エコール・ポリテクニーク）の卒業生で、一八七六年から一九二〇年までパリ選出の元老院議員を務めた。首相を四期歴任した第三共和政前期の代表的な穏健共和派の政治家である。〕が入閣した。さらに大統領は一二月一五日に両院に宛てて教書を送り、その中で大統領の無責任性と大臣の連帯責任性及び個人責任性を確認し、大統領は議会制のルールに従がうと言明した。かくしてフランス第三共和政下の大統領は「エリーゼ宮の捕虜」となり、第三共和政の終わりまで大統領の代議院《シャンブル・デ・デピュテ》（下院）解散権は行使されることがなかった。この先、共和派が共和政政体の全体を掌握するには元老院で多数派になりさえすれば良かった。次回の元老院議員選挙（三分の一改選と補欠選挙）は一八七九年一月五日に行なわれ、改選定数八二議席中六六議席を占めるという共和派の圧勝に終わり、同派は元老院でも過半数を占めるに至った。こうした両院における共和派の圧倒的優位という情勢を背景に、デュフォール内閣は行政と軍部内の反共和主義的分子の粛清を開始したが、マクマオン大統領は軍部の粛清に同意しなかったために、同年一月三〇日に辞任を余儀なくされた。同日国民議会（大統領を選ぶための両院議員総会）でガンベッタ、フェリー等と共に共和派の総帥の一人であり代議院《シャンブル・デ・デピュテ》の議長を務めるジュール・グレヴィを大統領に選出した。マクマオン大統領辞任と同じ日に首相デュフォールも辞任し、その後継者に、古銭学者として世界的に知られ、また一八七八年のベルリン会議での全権大使として外交手腕を謳われたヴァディントン WADDINGTON〔一八二六年―一八九二年。一八七一年二国民議会議員に当選して政界入りをし、第五次デュフォール内閣の外相等を務めた。〕が首相に就任した。この内閣の公教育大臣になったのが、このの ち二期にわたり首相を務め一時代を画したジュール・フェリーであった。かくして「共和主義者の共和政」は始まった。この共和派の保守派＝王政派に対する勝利は、ガンベッタの言う「新しい社会諸階層 nouvelles couches sociales」(18)（一八七四年六月一日のオセール Auxerre での演説）＝小ブルジョアジーの特権的大ブルジョアジー・商工業大ブルジョアジーに対する勝利というよりは、むしろJ・M・マイユールなどが指摘するように共和主義を王政主義・教権主義《クレリカリスム》から擁護するという政治理念を持った大ブルジョアジーの一フラクションや中間階級、職人・労働者、進歩的農民等の社会諸階級＝諸階層の勝利と言うことができるだろう。(19) つまり社会的・階級的対立を政治理念の確執の方が超越していた一時代があったことはおそらく否定できない。

ところで一八七九年にヴァディントン内閣が樹立されてから一八八五年三月三〇日にトンキン事件に端を発して第二次ジュール・フェリー内閣が倒閣するまでの「日和見主義派《ナポルチュニスト》」＝穏健共和派の時代を「ジュール・フェリーの時代」と名附けることが可能であるだろう。何故なら、ジュールフェリーはこの六年間において五年間公教育大臣の座にあって教育の共和主義的改革に邁進し、また二期、三年二か月二五日間首相として国内的にはとりわけ公教育の近代化・世俗化《ライシザシオン》と対外的には植民地拡大＝帝国主義的世界分割に精力を注いだからだ。(20) また共和派最高の指導者と目されていたガンベッタの「偉大なる内閣 grand mnistère」（一八八一年一一月一四日―一八八二年一月二七日）でさえ、二か月余しか持続せず、見るべき成果をあげられなかったのに比べるなら、その実績は多大であるからだ。

第一にこの「日和見主義派《ナポルチュニスト》」＝穏健共和派の最盛期の成果として挙げることが出来るのは、教育の近代化・「世俗化《ライシザシオン》」であるだろう。フェリーはまずヴァディントン内閣の公教育大臣として一八七九年三月一五日に、公教育最高評議会 Conseil supérieur de l'Instruction publique からカトリック聖職者等、教育に関係を有しない者を排除する法案と、学位授与権を私立のカトリック系大学から奪う法案を提出した。後者の法案には非公認修道会――

とりわけジェズイット会が目標とされた——に所属する者に教育する資格を認めないことを規定したいわゆる『第七条』が含まれていて物議をかもした。前者の法案は一八八〇年二月二三日に議会を通過して、同月二七日に公布され、後者の法案は『第七条』のみが同年三月九日に元老院で否決されたが、代議院《シャンブル・デ・デピュテ》の求めに応じて政府は非認可修道会が認可を求めるか、さもなければ解散されるとする二つの「デクレ」を公布した。(21) さらに同じくフェリーの提案になる初等教育の無償に関する法案（一八八一年六月一六日公布）と義務化及び世俗化《ライシザシオン》に関する法案（一八八二年三月二八日公布）が両院を通過している。(22) またフェリー派の「共和主義左翼 Gauche républicaine」に所属する議員カミーユ・セー Camille SÉE〔一八二七年—一九一九年。弁護士出身のセーヌ県サン・ドニ選出の議員。〕の提案になる女子中等教育に関する法案（一八八一年七月二六日公布）と、女子中等教育の教員を養成するための女子高等師範学校設立に関する法案（一八八一年七月二六日公布）が両院で可決されたのもこの時代であった。(23) こうしてカトリック教会の教育界に対する支配を容認したファルー法の時代は終わりを告げ、さらにヴァルデク－ルソー内閣〔一八九九年六月二二日—一九〇二年六月四日〕とコンブ内閣〔一九〇二年六月七日—一九〇五年一月一八日〕の完全な政教分離と教育の世俗化《ライシザシオン》が実現される時代に道を拓いたのであった。

この時代の第二の成果は、第二帝政ならびに「道徳秩序《オルドル・モラル》」の時代に抑圧されていた民主政的自由を一定程度実現・回復したことであった。予防拘禁制や出版取締法規は大幅に緩和され、一八八一年六月三〇日法は事前の予告と主催者の明示という条件を満たせば自由に集会を開くことを認めた。自由化を認める諸法案の立法化は一八八四年に達成した。三月二一日には労働組合を合法化したヴァルデク－ルソー法が、(24) 四月五日には市町村自治体《ミユニシパリテ》に大幅な自治を容認した市町村自治体法が、さらに七月二七日には離婚を合法化したナケ法 loi Naquet が立法化されている。

最後に暗い側面を多分に含んでおり、後世から繰り返えしそれを断罪されているのではあるが、ここで「フェリーの時代」の「成果」として〃植民地の拡大〃をあげることができる。一八七〇—七一年の独仏（普仏）戦争での敗戦の結果失ったフランスの一大工業地帯アルザス・ロレーヌと名誉をヨーロッパの外にその代償を求めることによって回復するという考え方は、ビスマルク・ドイツによっても支持され、一八七八年のベルリン会議ではフランスのチュニジアにおけるフリーハンドがイギリスによって認められ、ドイツも中立的立場を守る姿勢を示した。かねてから宗主国 régence《レジャンス》 の立場にあったフランスは、一八八一年四月にチュニジアに軍事介入してチュニジア王《ベイ》を屈服させ同年五月一二日にバルド Bardo 条約に調印させて保護国 protectorat にし、総督府を樹立した。しかし予想外の地方諸部族の反撃に遭い、損失の大きかったこの植民地征服戦争は世論に酷しく非難され、第一次フェリー内閣〔一八八〇年九月二三日に成立〕は一八八一年一一月一〇日に総辞職した。(25) またこの時代のフランス政府は――特にフェリーの主導の下に――イギリスに対抗してマダガスカルに軍事介入（一八八三―八五年）して従属関係を強化し、一八九六年の併合への手懸かりを作り、中央アフリカの西岸のコンゴ河下流域の支配権を掌握し、セネガルからナイジェリア方面に進出していった。しかしこうした植民地拡張のための対外進出の中で政局に最大の影響を及ぼしたのは、インドシナ北部――すなわちトンキン地方――への進出の結末であった。一八八三年五月一九日にトンキン地方に派遣されたアンリ・リヴィエール Henri RIVIÈRE 海軍中佐がハノイ近郊で殺害されたことを契機に生じたフランスと中国及びヴィエトナムとの対立は、フランス軍の介入による一八九三年のヴィエトナムの保護国化、さらには一八九四年の清仏戦争へと発展し、多大な軍事費を費し相次いで増援軍を派遣したにもかかわらずランソンを仏軍が撤退するに及んで世論と議会は激昂し、議会で急進派《ラディコー》の指導者クレマンソー CLEMENCEAU にフェリーは糾弾され、第二次フェリー内閣〔一八八三年二月二一日―一八八五年三月三〇日〕は一八八五年三月三〇日に倒壊した。(26) こうして事実上「フェリーの時代」は終焉した。

そして前述のようにこの年の一〇月四日―一八日の代議院《シャンブル・デ・デピュテ》議員総選挙でジャン・ジョレースは議員に当選し、政治家としてのデビューを飾ったのであった。

第二節　ジャン・ジョレースの選挙運動と選挙結果

　ところで、ジャン・ジョレースは一八七六年一〇月末頃にパリに赴いてサント－バルブ高等中学校《コレージュ》に入学し、翌々年の一八七八年に同校を卒業して同年高等師範学校《エコール・ノルマル・シュペリウール》に入学。一八八一年に同校を卒業後、一八八三年までアルビ国立高等中学校教授を務めたのち、トゥルーズ大学文学部で哲学を教える専任講師《シャルジエ・ドゥ・クール》に就任している。すなわち、人生において社会情況や政治情勢に最も鋭敏に反応する感覚と意識を持ちあわせていると思われる十代後期から二十歳過ぎまでの年代を、前節で概観したような共和政の危機――それは五月一六日事件《セーズ・メイ》によって象徴される――と、それを潜り抜けての「共和主義者の共和政」の実現と発展・成熟という時代環境の中で過ごしたのである。恐らくそれ故か、彼の生涯を通じて資本制社会対社会主義社会という二分法的社会観と平行して、あるいは二重写しに君主政と共和政――もちろんジョレースは後者の共和政並びに社会的共和政の熱烈なる擁護者なのであるが――とが対抗・闘争しているという社会観を有し続けるのである。また彼が選挙に初出馬し、最年少議員として政界入りを遂げた一八八五年の総選挙が、フランス・ブルジョア社会＝資本制社会内における共和政政治が一つの危機＝限界に直面した一時代の帰結点であると同時に新たな危機への始発点であったことは極めて興味深い。

　ジョレースは一八八三年度の新学期にトゥルーズ大学の専任講師《シャルジエ・ドゥ・クール》に着任するために、カストルの旧居からトゥルーズ市フリザック大通り avenue Frizac 二番地の二《ビス》の新居に母親と共に移転した。トゥルーズ大学で彼は学士号 licence 取得を目指す一五人の学生のうちで、教授資格試験《アグレガシオン》を受験する六人の学生を担当した。講義は週三回だった。[27] さらにここで女子国立高校《リセ》中学校の一七名の学生に対する心理学の講義をも担当している。[28] この頃の彼の講義は専ら「哲学史」と「プラトン」に集中した。彼がこの時期大学図書館から借り出した書物を彼の学問的関心を知る手掛かりにするならば、彼はこの頃シャルル・ルヌーヴィエ Charles RENOUVIER〔一八一五年―一九〇三年。新カント派の哲学者。『現代哲学教程 *Manuel de philosophie moderne*』、『一般的批判試論 *Essais de critique générale*』等の著作がある〕、パスカル、シュトラウス〔一八〇八年―一八七四年。ドイツの哲学者一八三五年初に表した『イエスの生涯 *Das Leben Jesu*』を発表し反響を呼び起こした。〕、ルナンの『イエスの生涯』、ジョルジュ・オザノー Georges OZANEAUX〔一七九五年―一八五二年。哲学者。視学総監を務め哲学書の他歴史書や歴史劇をも遺している。〕、テーヌ、ラムネー、ヘーゲルに関する著作、アリストテレスについての注釈書、フィヒテ、アリストテレスの諸著作、ヴォルテール、トクヴィルなどを読み(29)、彼の学問と思想の糧としていたというが、この頃の彼がギリシア古典哲学と共に宗教思想等にも関心を寄せていたことが分かる。

すでに筆者はジョレースの政治への熱情が止み難く、一八八二年の時期にすでに政治家になる意志を抱いていたことを、彼が親友のサロモンに宛てて書いた手紙（一八八二年八月一〇日付）を引用して明らかにした(30)。トゥルーズ大学専任講師時代（一八八三年―一八八五年）にも、ジョレースが今までに増して政治の世界に強い関心を抱いていたことを裏付けるいくつもの証言がある。

先ずジョレースがカストル高等中学校《コレージュ》に在学中この学校の副校長を務めていた――のちに彼はアリエージュ県選出の共和派に所属する元老院議員になった――デルペックが、ジョレースに政治家になることを薦める手紙を、彼がトゥルーズ大学専任講師に就任しようとする二か月ほど前の一八八三年八月に彼に宛てて書いている。その中でデルペックはジョレースにこう言っている。

「拝啓。貴方の同輩の一人が、貴方が高等師範学校《エコール・ノルマル・シュペリウール》にあって雄弁の才でひときわ脚光を浴びたと教えてくれました。そこで貴方に助言をしたいという私の気持をお認め下さい。カストルの頃から、私は貴方の知的・精神的能力を知っていました。貴方はそれに加えて弁舌の才を兼ね備えています。政治の世界に向かって貴方は歩を進めるべきです。私が貴方を見る眼が正しいとしたなら、貴方は議会に議席を占めるべき人物です。我らが若き民主政は、教養にみち寛容で自由と正義の理想に燃え、祖国の将来が懸かっている未だ開明されざる民びとを進歩の道へとみちびき、彼らに共和主義的教育を行なうことに尽力しようとする意欲を持つ人物をすぐさま必要としています。貴方はこの方面に自分の才能の崇高で栄誉ある役立て方を見い出すことでしょう。そのことを良くお考え下さい。[31]」

この手紙に対するジョレースの返事は次のようなものだった。

「拝啓。デルペック氏。私は貴方の好意にみちた手紙と、私に示して下さった慮りにお礼を言います。私は数年前に貴方の私と弟に対して与えて下さった御厚情を、そして色々な問題についての私たちの会話を感謝の念を抱きつつ思い出します。これまでに私は貴方に最初の学術的業績〔一八八三年五月のアルビ国立高等中学校の表彰式での彼の演説文。〕を送りました。この二年のうちに、私はこれを多少長い著作にする仕事に熱を入れようと考えています。その著作とは、先頃取りかかったばかりの私の博士論文のことです。それまでは、あるいは多分ずっとそれより先まで、私は哲学に専念します。私は時がたつにつれて政治の喧騒に耳を傾けるようになりつつあるのを敢て否定しませんし、多分私はその流れに身を委ねるようになるでしょう。しかしきっとそうなると私は保証できませんし、私のうちに個人的な抵抗する心があって、それが私に自分はもっと平穏な暮しに向いていると囁くのが聞こえます。しかし私は将来のことをそうするこうすると断言する訳にはいきません……[32]」。

この手紙の文面からは、ジョレースが学問・研究への情熱と政治的使命感の間で身が二つに裂かれる思いをしていることを窺い知ることができる。こうした彼の躊躇と逡巡の原因のひとつは、母親アデライドの反対であったという。このことについては一つの逸話が残っている。息子が政治家になることに並々ならぬ意欲を持っていることを案じた母親のアデライドは、亡き夫の従兄弟《いとこ》で共和派の元老院議員のバンジャマン－コンスタン・ジョレースに相談したと言われる。バンジャマン－コンスタンはアデライドにこう返事したらしい。「私の従姉妹よ。ジャンのなすままにさせなさい。悲しんだりするのはいけません。彼は自分のしていることを分別できるのですから。結局貴女も彼の進路を妨げることは出来ないでしょう。家鴨《アヒル》が水に向かうようにジャンは政治に進むのです」[33]。このように助言されたアデライドは、息子の政界入りを引き止めることを断念しなければならなかったと言う。

トゥルーズ大学でのジョレースの教師ぶりについては、彼の学生の一人モレル MAUREL が回想を書き留めているので紹介しておこう。

「……それはトンキン戦争の時代だった。ジョレースが教科に入る前に、トゥルーズの「デペッシュ（至急通信）」紙を拡げてコミュニケを読み、情熱的な関心でもって諸事件をフォローして解説し、ジュール・フェリーの功績に対し多大な賞讃の念を表わしていた」。

「彼の精神の権威は大変なものであった。彼は教育の中に政治の問題を殆んど持ち込まなかったけれど、私は時局の政治について話をしたかった。……けれど講義の極めて大きな部分を理論と原理に割り当てていた」[34]。

ある時、トゥルーズ大学の階段教室で第二帝政時代の与党の代議士だったエスタンスラン ESTANCELIN（一八二三年―一九〇六年）が政治講演会を開催していたが、ジョレースは講師が「ジュール・フェリーなる奴は」と言いかけた時に発言を求めた。講師は「一体貴方は誰ですか」と聞いたのに対して「私はこの大学で教えている者です。だから発言する権利があると存じます」とジョレースは答えた。彼が演説を終えると敵対的だったはずの聴衆の間から割れんばかりの拍手が鳴り響いたという。あとから急を聞いて駆けつけたペルー学長は部下に「何という新発見だ。ボーダン BODIN 裁判〔第二帝政末期に、ルイ・ナポレオンのクーデタに抵抗して一八五一年一二月三日に殺された共和派のボーダン議員の記念像を立てようとして募金を行った共和派の新聞社が起訴され裁判にかけられた事件。ガンベッタが弁護士として雄弁をふるったことで有名。〕の時のガンベッタのようだ」と囁いたと伝えられている。(35)

一八八五年の総選挙が近づくにつれて、ジョレースは政界入りする決意を固めるようになり、また選挙出馬に向けての準備の運動に身をのり出すようになった。

ジョレースは高等師範学校《エコール・ノルマル・シュペリウール》の寮の同室で暮したシャルル・サロモン——当時ランス Reims 国立高等中学校《リセ》の教授になっていた——に宛てた一八八四年五月二八日付の手紙の中で「私は多分一年以内に選挙に際しての一大決断を行なわなければならないでしょう(36)」と述べて、彼の立候補の決断が間近いことを告げている。

さらに同年一二月六日には郷里のカストルの友人ジャン・ジュリアン Jean JULIEN 宛てて、「私は恐らく共和派の講演会を行なうために、この三週間のうちにカストルへ行くでしょう。人は口先だけでなく心の中からの覚醒と活気と精神の本当の和合を多少なりと求めていると私は考えています(37)」と書いており、すでに選挙運動を開始する態勢に入っていたことが分かる。

このカストルでの講演会は一八八五年一月四日に行なわれ大好評を博したことが、また前年に死去した共和派の代議士フレデリック・トマの後継者にジョレースがなるであろうと予定されていたことが、当時の新聞「デペッシュ・ドゥ・トゥルーズ」紙によって知ることが出来る。(38) 続く一月三一日のアルビ市での講演会でも大成功を収め、さらにカトリック教会の力が強く保守勢力の地盤である工業都市マザメでも、二月八日の講演会に一、二〇〇人もの聴衆を集めて世間を驚かせた。(39) 八月一三日のワインの産地ガイヤックでの講演会の好評ぶりも、ガイヤック郡長《スー・プレフェ》が翌日タルン県知事に送った報告書——今日タルン県文書館 Archives départementales du Tarn に所蔵されている——によって確認できる。その報告書にはこう記されている。

「拝啓。県知事殿。
トゥルーズ大学文学部教授のジョレースが、昨夕ガイヤックの市役所の一広間で公開政治講演会を行ない、沢山の人々（約五〇〇人）がこの集会に集まり、その聴衆の中には反動派さえもがいたことを報告申し上げます。……ジョレース氏は一時間近く講演を行いました。聴衆は優雅でかつ熱烈な弁論に魅せられました(40)……」。

ところでタルン県の共和派の代議院《シャンブル・デ・デピュテ》議員候補を指名するための大会は一八八五年八月六日にアルビ市で開かれた。この大会でタルン県の県会議員、郡会議員、市町村長等の県内の共和派の有力者三七二名の代表によって指名された候補者名と得票は次の通りであった。

コンペイレ COMPAYRÉ	三四三票
ジョレース	三三六票
キャヴァリエ CAVALIER	三三二票
エラル HÉRAL	二九三票
ラヴェルニュ LAVERGNE	二六九票
フュジエ FUZIER	二二四票

弱冠二五歳で初出馬のジョレースが、共和派の有力な議員の一人であるベルナール・ラヴェルニュなどを凌いで

二位で当選していることは彼の人気と人望が如何に厚かったかを物語っている。ジョレースがどれほど他の候補に比べて若かったかは、ジョレースと同じく学者出身――彼は教育学者だった――のコンペイレが一八四三年生まれの四二歳、キャヴァリエが一八三一年生まれの五四歳、後に保守派のカルモー鉱山を経営するドゥ・ソラージュ侯爵家と結びつき、一八九三年の補欠選挙（アルビ二区）でジョレースの対抗馬として立候補して敗れることになるエラルは一八二二年生まれの六二歳、共和派の重鎮ラヴェルニュにいたっては、一八一五年生まれの七〇歳であったことを見るならば、明らかであろう。(41)

一八八五年の代議院《シャンブル・デ・デピュテ》議員総選挙は一〇月四日に行なわれた。県ごとの非拘束名簿制《リスト》――この選挙制はガンベッタ派の主張に基づいて今回新しく実施された――によって行なわれたこの選挙で、ジョレースは定員六名のタルン県選挙区における最高位で当選した。タルン県では定数六名中、共和派がジョレース（第一位）、ラヴェルニュ（第二位）、キャヴァリエ（第四位）、コンペイレ（第五位）、エラル（第六位）、の計五名が、保守派からは〝黒い山地《モンターニュ・ノワール》〟〔カストル南部の山地〕の王といわれたルネ・レイユ René REILLE 男爵〔一八三五年―一八九八年。一八六九年に第二帝政の立法院議員に当選してデビュー後、いく度かタルン県から代議士として当選している。息子のアメデとザビエルも政治家になっており、ジョレースの不倶戴天の敵ドゥ・ソラージュ家とは姻戚関係にある。〕だけが第三位で当選している。各当選者の確定得票数は次に示す通りである。

ジョレース	（共和派）	四八、〇四〇票
ラヴェルニュ	（共和派）	四七、九七〇票
レイユ	（保守派）	四七、九三〇票
キャヴァリエ	（共和派）	四七、六〇三票
コンペイレ	（共和派）	四七、五九七票

エラル（共和派）　四七、二一六票
次点　フュジエ（共和派）　四六、九八三票

この一八八五年総選挙のタルン県における結果を概観するならば、他の諸県と同じように予想以上の保守派の善戦が目立ち、共和派と保守派が接戦を演じた末に、ようやく共和派が逃げ切ったという評価が当たっているだろう。郡《アロンディスマン》 arrondissement ごとの結果を見るならば〔表―1を参照〕、タルン県の四郡のうちアルビ Albi 郡とガイヤック Gaillac 郡で共和派が保守派に勝利し、カストル Castres 郡で敗北し、ラヴォール Lavaur 郡でほぼ互角に闘った。つまりタルン県北部に共和派は強固な地盤を持ち、南部ではその地盤が脆弱であったことが分かる。こうした共和派がアルビ市を中心とした県北部を地盤としていた傾向は、一八四九年五月一三日の立法議会 Assemblée législative 議員総選挙〔図―3参照〕でも、ジョレースの父親の従兄弟であるバンジャマン‐コンスタン・ジョレース海軍提督が出馬し当選した一八七一年七月二日の国民議会補欠選挙〔図―4参照〕でも同様であったと言える。

すなわち一八八五年の総選挙において共和派の得票数が保守派のそれを凌いだ一二の小郡《カントン》であるアルビ Albi、モネスティエス Monestiés〔カルモー小郡《カントン》が出来る一八八九年まで存続した〕、パンプロンヌ Pampelonne（以上アルビ郡《アロンディスマン》）、カデラン Cadelen、カステルノー Castelnau、コルド Cordes、ガイヤック、リール Lisle、ヴァウール Vaour（以上ガイヤック郡《アロンディスマン》）、カストル、ドゥールニュ Dourgne（以上カストル郡《アロンディスマン》）、グローレ（ラヴォール郡《アロンディスマン》）のうち、九小郡《カントン》（リール、ヴォーウル、ドゥールニュの三小郡《カントン》を除く）で一八四九年総選挙において共和派が県平均得票率以上の得票を獲得しており、また前記の一二小郡《カントン》のうち一〇の小郡《カントン》（リールとカストルの二つの小郡《カントン》を除く）で一八七一年の補欠選挙において共和派のバンジャマン‐コンスタン・ジョレース候補が自分の県平均得票率以上の得票率を得ているのである。

表ー1　1885年代議院議員総選挙におけるタルン県の候補者の小郡（canton）及び郡（arrondissement）別の得票数

郡名 (Arrondissement)	小郡名 (Cantons)	有効投票数	候補者名 共和派 Cavalier	Compayrè	Fuzier	Héral	Jaurès	Lavergne	保守派 Abrial	Bellomayre	Daguilhon	Delbreil	Gorsse	Reille	その他
Albi	Alban	1949	670	665	657	670	668	674	1268	1261	1263	1262	1281	1284	14
	Albi	6983	4543	4553	4421	4494	4541	4563	2436	2337	2391	2363	2467	2597	
	Monestiès	4700	3055	3099	3004	3275	3136	3126	1534	1497	1519	1444	1620	1820	
	Pampelonne	2536	1392	1389	1368	1456	1401	1396	1134	1188	1130	1095	1157	1180	
	Réalmont	3077	1499	1501	1464	1467	1496	1512	1612	1523	1577	1572	1616	1644	29
	Valdériès	1606	611	625	604	631	619	620	969	954	965	944	989	997	
	Valance d'Albi	2183	779	708	706	758	766	762	1403	1394	1422	1377	1461	1492	
	Villefranche	2233	1125	1112	1093	1085	1116	1117	1119	1103	1113	1100	1126	1174	
	小計	25267	13674	13652	13397	13936	13743	13770	11478	11197	11376	11164	11717	12188	43
Castres	Anglès	818	308	288	305	270	306	298	521	512	513	511	531	551	1
	Brassac	2325	624	622	629	623	629	631	1694	1695	1695	1693	1695	1710	13
	Castres	6358	3538	3523	3528	3472	3853	3496	2855	2708	2744	2681	2738	2988	9
	Dourgne	3096	1646	1613	1614	1634	1674	1647	1499	1415	1439	1413	1428	1523	10
	Labruguière	2011	811	786	798	799	828	801	1211	1176	1196	1182	1200	1291	1
	Lacaune	2668	1283	1283	1303	1276	1287	1283	1375	1361	1367	1359	1366	1393	7
	Lautrec	2277	841	837	804	795	876	845	1482	1347	1377	1382	1417	1457	15
	Mazamet	6321	2665	2663	2657	2632	2697	2662	3535	3511	3524	3509	3526	3645	10
	Montredon	1664	541	533	569	531	544	765	1081	1031	1068	974	1110	1118	
	Murat	991	450	450	450	447	449	451	538	537	537	541	537	551	1
	Roguecourbe	1439	414	419	412	413	429	420	995	982	992	985	988	1024	10
	St.Amans Soult	2384	1061	1064	1064	1052	1069	1064	1314	1308	1312	1307	1311	1344	13
	Vabre	2242	978	966	1103	949	960	999	1246	1228	1244	1165	1253	1307	2
	Vielmur	1782	776	787	763	758	791	779	1010	970	997	983	989	1033	8

	小計	36376	15936	15834	15999	15651	16192	16143	26356	19889	20005	19685	20089	20935	100
Gaillac	Cadelen	1501	836	830	797	815	833	838	705	622	646	649	658	692	
	Castelnau de Montmireil	2632	1855	1855	1831	1832	1855	1863	772	752	766	751	768	810	
	Cordes	2721	1592	1587	1561	1583	1590	1596	1037	1010	1012	1025	1034	1084	
	Gaillac	4348	2908	2012	2835	2847	2941	2919	1418	1345	－1405	1382	1469	1529	
	Lisle	1696	1005	995	993	991	1007	1003	639	678	676	689	682	710	
	Robastens	2584	1140	1143	1129	1126	1139	1120	1439	1424	1434	1430	1428	1462	
	Salvagnac	1588	757	755	759	754	770	758	818	808	813	816	808	829	
	Vaour	1307	870	865	853	857	863	875	430	426	432	444	433	465	
	小計	18377	10963	10942	10758	10805	10998	10970	7307	7065	7184	7086	7223	7581	9
Lavaur	Cuq Toulza	1433	556	571	544	546	555	551	875	862	884	867	876	882	4
	Graulhet	3233	2056	2084	2007	1982	2090	2071	1251	1125	1160	1128	1157	1246	11
	Lavaur	4968	2331	2406	2314	2320	2365	2358	2602	2527	2624	2561	2581	2641	48
	Puylaurens	5246	1120	1116	1109	1115	1128	1138	1417	1378	1420	1385	1396	1453	17
	St. Paul	1958	967	992	955	961	969	969	989	948	965	986	968	1003	20
	小計	14138	7030	7169	6829	6924	7107	7087	7134	6840	7053	6927	6996	7225	100
県全体の合計		94158	47603	47597	46983	47216	48040	47970	46275	44991	45618	44862	46025	47930	243

〔出典〕 Archives départementales du Tarn. cote Ⅱ M^3 59

図－1　タルン県の小郡（canton）名

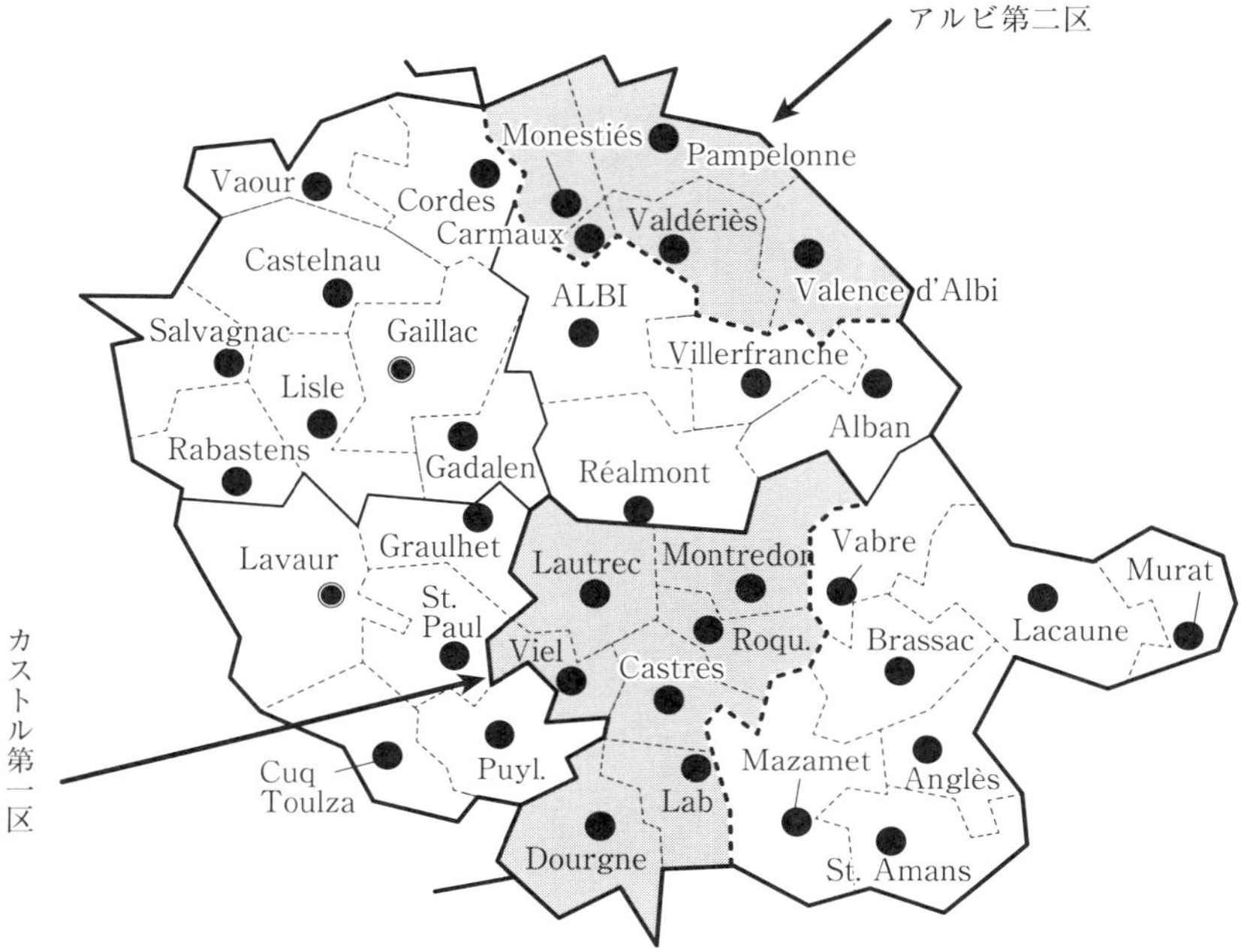

略号
Lab.：Labruguière
Puyl：Puylauren
Roqu.：Roquecourbe
Viel：Vielmur
Villefranche.：V.d'Albi

注：Carmaux 小郡は 1823 年に Manestiès 小郡に併合され，1889 年に再建された。

--------- 小郡境界線
――――― 郡境界線
━━━━━ 県境界線

〔出典〕 ARMENGAUD. André: *Les populations de l'Est-aquitain au début de l'époque contemporaine op. cit. p.538*

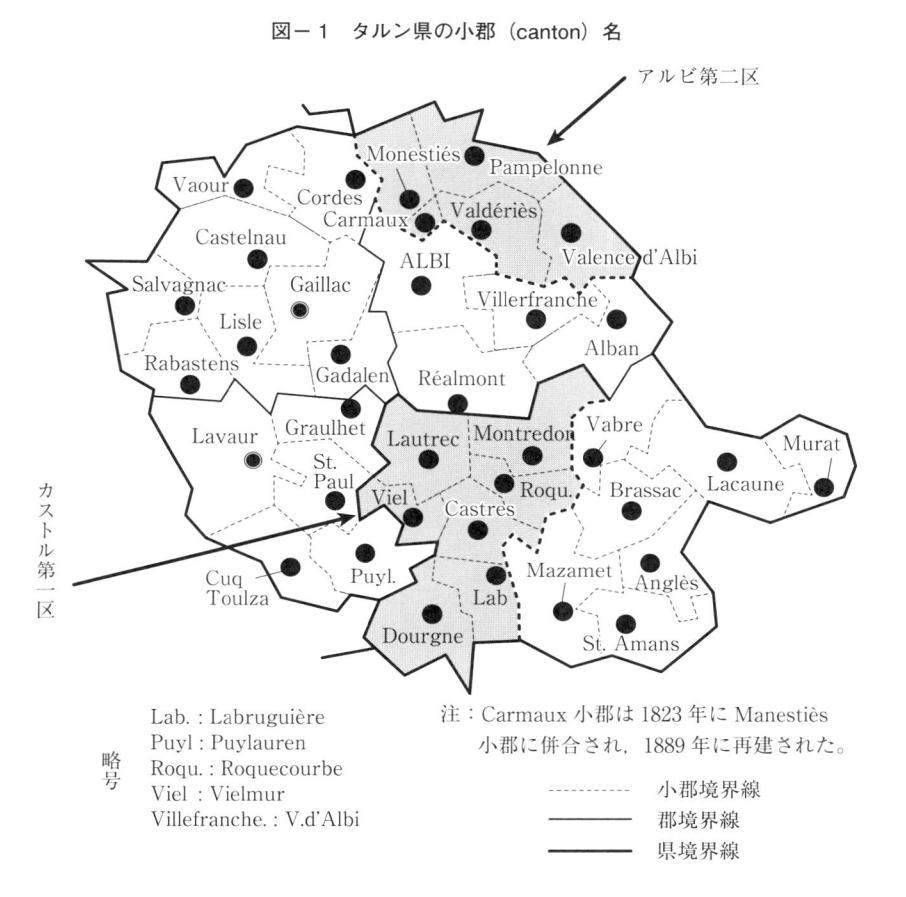

こうして詳しく小郡《カントン》ごとの得票数及び得票率を見た時、アルビ小郡《カントン》やカルモー炭田があるモネスティエス小郡《カントン》やカストル小郡《カントン》などの商工業都市を含む小郡《カントン》において共和派が善戦しているし、さらに有権者八、二七二人のアルビ小郡《カントン》のうち四、九七三名を占めるアルビ市では共和派が完勝しており——保守派で最も多くの得票を獲得したレイユ男爵が一、二八一票であるのに対し共和派の候補中の最高得票者ラヴェルニュが三、〇一七票、ジョレースが三、〇一一票であった[42]——、またのちに一八九三年以降ジョレースの選挙区となるアルビ二区のうちでも彼の金城湯池とされたカルモー炭田のあるカルモー市では、最高得票者のジョレースに一、四〇五票を投ぜられたのに対し、保守派の候補は軒並み三五〇票前後の得票しか得られず、同派中で最も多い得票を得たレイユにさえ四八四票しか投ぜられなかったことからみて[43]、商工業都市において共和派が圧勝し、農村部では保守派が善戦したという図式を人は簡単に創り上げてしまうかもしれないけれど、物事はそう単純ではない。なぜなら、フランス第一の羊皮剪毛業《デレイナージュ》の都市であり、タルン県最大の工業都市の一つであるマザメ市では、伝統的に労働者の間にいたるまでカトリック教会の影響力が強く、保守派の地盤であったし[44]、これとは逆に共和派が保守派を凌いでいる小郡《カントン》の数が最も多いガイヤック郡《アロンディスマン》は、おしなべて農業——とりわけ葡萄栽培業——が優位の地方であったからだ。

こうした保守派と共和派の勢力分布には、商工業の発展のみならず宗教意識——カトリック対プロテスタント（ユグノー）——や歴史的伝統その他の極めて複雑な要因が交錯しながら影響を与えていると評価して良いだろう。

ちなみに県南部地方、とりわけカストル地方において共和派の勢力が振わないという歴史的に持続して確認できる傾向は、カストル一区（ロートレック Lautrec、モルントルドン Montredon、ロククールブ Roquecourbe、ヴィエルミュール Vielmur、カストル、ドゥールニュ Dourgne、ラブリュギエール Labrugière の七小郡《カントン》から成る）でジョレースが一八八九年の総選挙において敗北した理由が理解できるし、一八九三年の補欠選挙でアルビ二区（モネスティエス Monestiés、パンプロンヌ pamplonne、ヴァルドリ Valderies、ヴァランス・ダルビジョア Valence-d'Albigeois、そしてのちにモネスティエースから分離

図－2　1885年の総選挙において共和派が得票数で保守派を凌いだタルン県の小郡（canton）

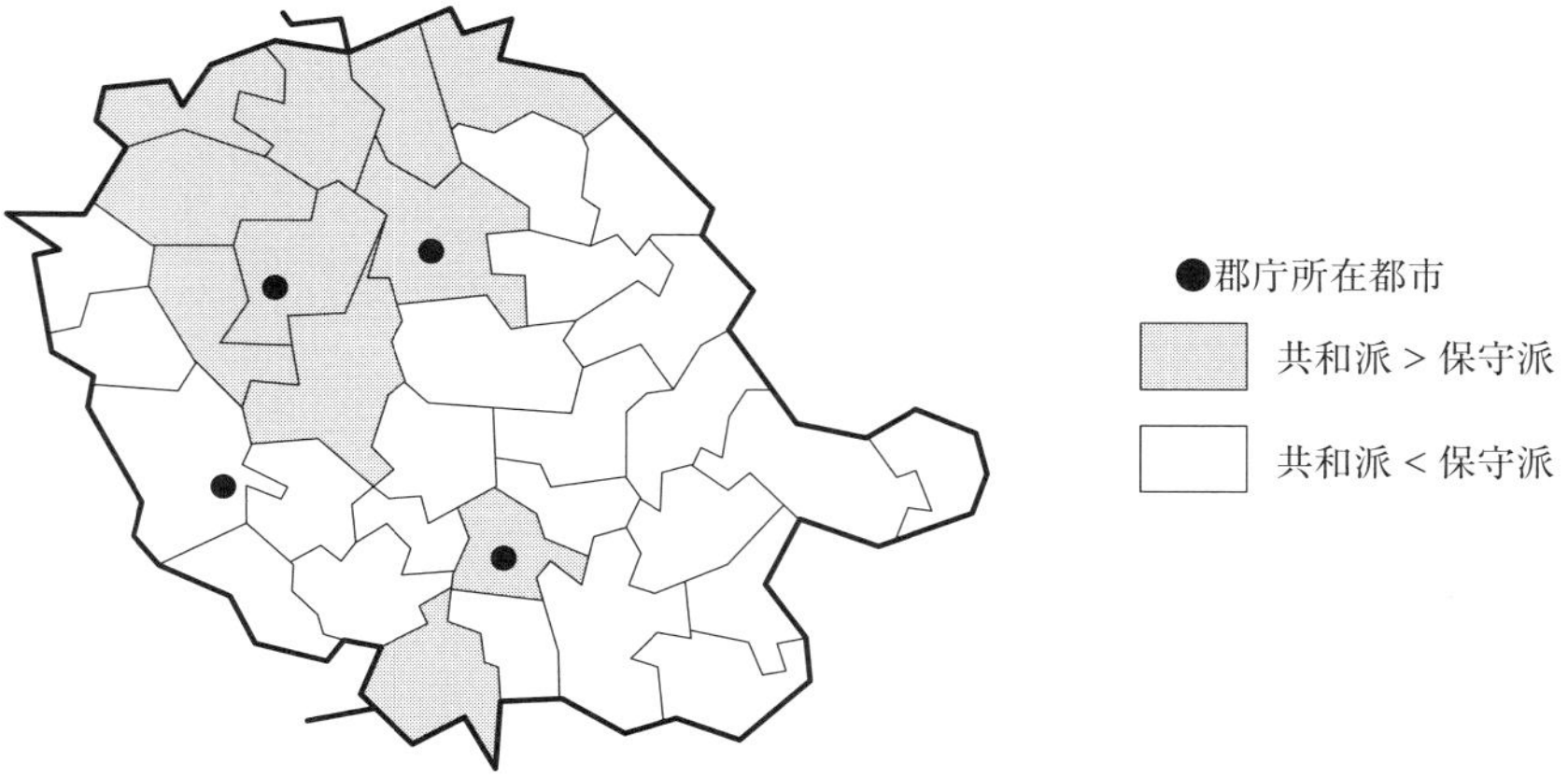

〔出典〕 表—1に基づいて筆者が作成した。

図－3　1849年5月13日の立法議会議員総選挙で共和派が県平均得票率以上の得票率を得た小郡（カントン）

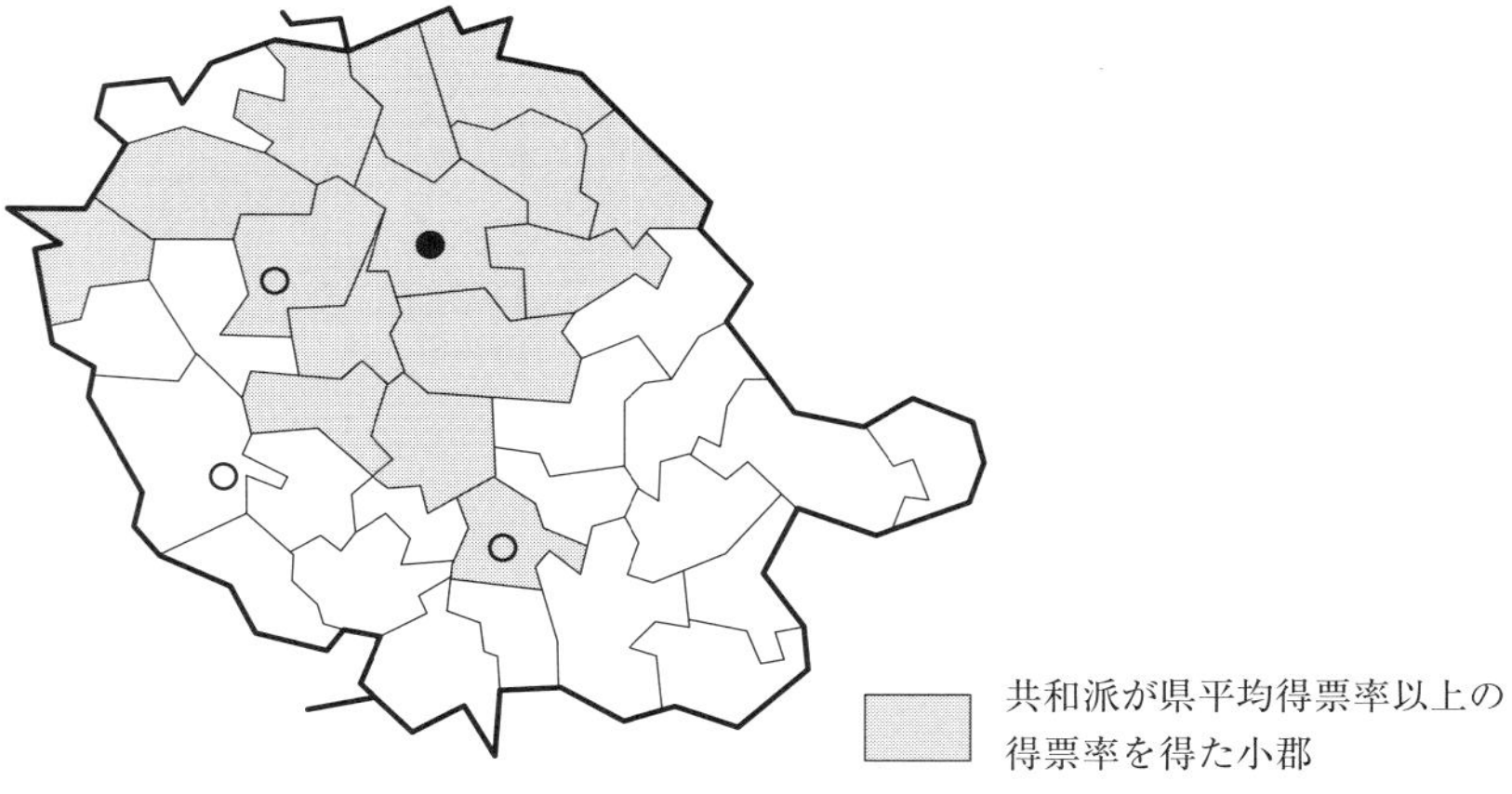

〔出典〕 ARMENGAUD André. : *Les populations de l'Est-aquitain au début de l'epoque contemporaine.* (*vers 1845-vers 1871*), *op. cit.*, p.552.

図－4　1871年7月2日の国民議会議員補欠選挙で共和派のバンジャマン＝コンスタン・ジョレース提督が県平均得票率以上の得票率を得た小郡（カントン）

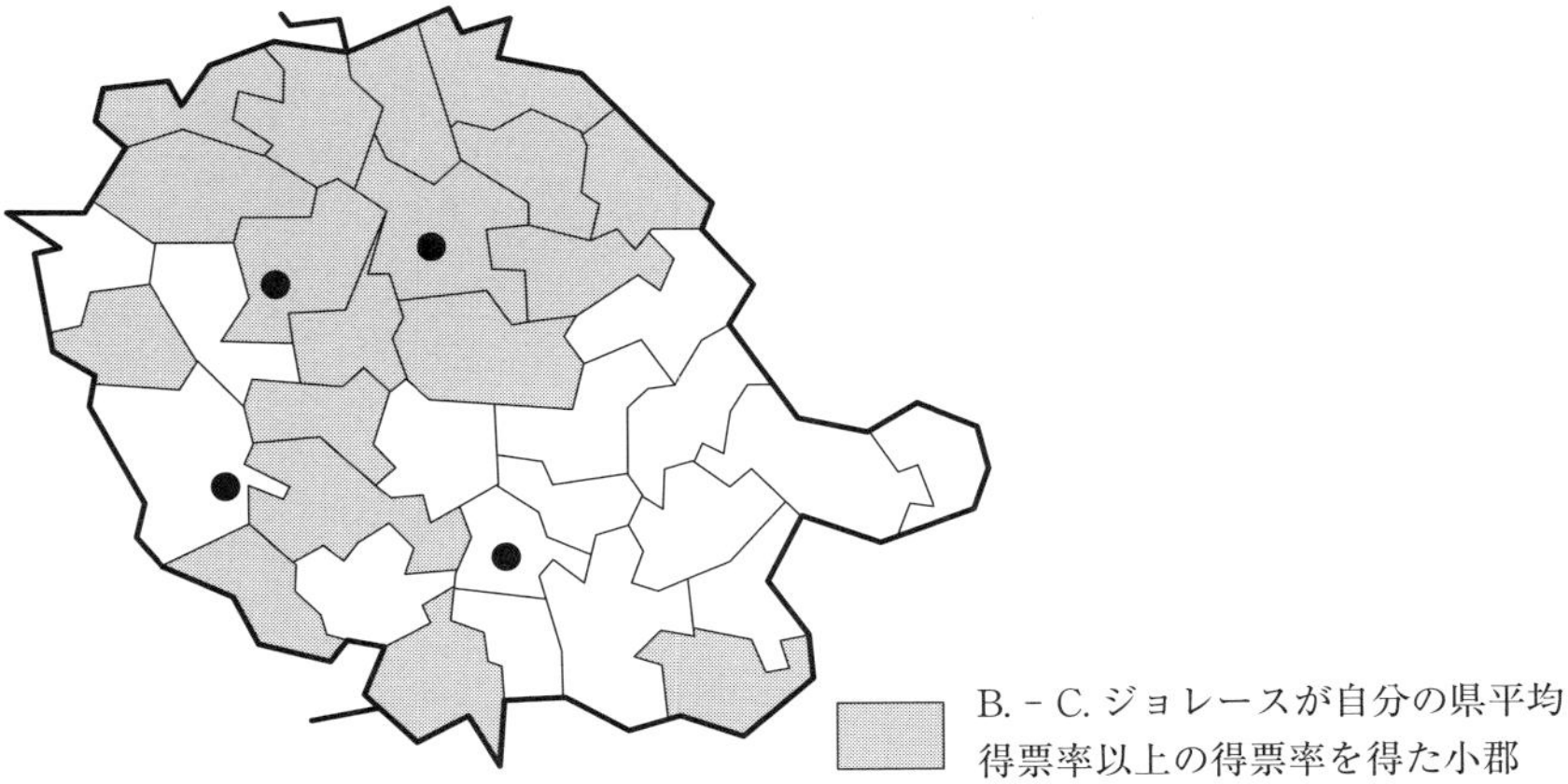
B. − C. ジョレースが自分の県平均得票率以上の得票率を得た小郡

〔出典〕 ARMENGAUD André.：*Les populations de l'Est-aquitain au début de l'epoque. contemporaine. op. cit.*, p.556.

したカルモーの五小郡《カントン》から成る）から彼が選出されてから、一八九八年の総選挙での落選を除けば、連続して当選できたという事実は、恐らく多少ともアルビ周囲のタルン県北部地域において、共和派のみならず、社会主義派の勢力も強かった――たとえばタルン県の社会党の発祥地の一つは県最北端のコルド（想い起こせばこの地は異端カタリ派（＝アルビジョア派）の抵抗の象徴である要害堅固な砦の聳立つところである！）であった――ことと無関係ではなかったはずである。

エピローグ

ジャン・ジョレースはこうして、最初は穏健共和派（＝フェリー派）の青年代議士として、フランスの政界に登場した。前にのべたように彼が初当選を果した一八八五年の総選挙は穏健共和派（＝「日和見主義派《オポルチュニスト》」）の政治的危機の――とりわけブーランジェ運動隆盛の――始発点となった。この時代に最初の議員生活を送ったジョレースは、危機に脅かされた「共和政」の意義と価値をあらためて評価しつつも、危機を生み出した現存する同時代の共和政の矛盾と限界をも次第に認識していくことになる。そして彼の「共和政」理解をさらに進化させ、その延長線上に「社会主義」を発見するには、彼の政治生活における『死』と『再生』を経験しなければならなかった。その『死』とは、一八八九年九月二二日の総選挙における共和派議員ジョレースの落選であり、その『再生』とは、一八九三年一月の補欠選挙における《社会主義派》議員ジョレースの誕生であった。

ともかくも、ジョレースの一八八五年総選挙への立候補と当選は、彼を〝アカデミズム〟の世界から〝政治〟の世界へと向かわせ、彼の人生を決定づけた一大転換点となったのであった。

第四章　注

（1）LÉVY,Louis: *Anthologie de Jean Jaurès*. Paris. Calmann-Lévy. 1946. pp.201-203, *Œuvre de Jean Jaurès. Études socialistes. I*, Paris. Les Éditions Rieder, 1932. pp.235

（2）この一八八五年総選挙の結果についての分析は、最も基本的な文献の一つとして、GOGUEL, François: *Géographie des élections françaises sous la Troisième et la Quatrième République*. Paris. A. Calin.《cahiers de la FNSP ,n°159》, 1970. pp.20-27, 62-63. etc. を参照。

（3）KAYSER,Jacques: *Les grandes batailles du radicalisme 1820-1901*. Paris. M. Rivière. 1962. p.147.

（4）ブーランジェ運動についての研究文献の中で、この運動を第三共和政の政治的文脈全体の中に位置づけた研究書 SEAGER Frederic H., *The Boulanger Affair: Political Crossroads of France, 1886-1889*, Ithaca,New York.Cornell University Press, 1969, に、フランスでは NÉRÉ Jacques, *Le Boulangisme et la presse*, Paris, Armand Colin, coll. « Kiosque », 1964, などのジャック・ネレの研究に注目したい。通史としては GARRIGUES, Jean: *Le boulangisme*, Paris.PUF. Coll. « Que sais-je ? », 1992 が好著である。

（5）この事件についての最も詳しい歴史文献は恐らく今日でも、DANSETTE, Adrien: *L'Affaire Wilson et la chute du Président Grévy*. Paris. Académique Perrin. 1936. であるだろう。

（6）CHASTENET, Jacques: *Histoire de la IIIe Republique. Naissance et Jeunesse*. Paris. Hachette. 1952. Chap. XIII

（7）この表現は HALÉVY, Daniel: *La fin des notables*. Paris. Grasset. 1930. の続巻である du même: *La République des ducs*. Paris. Grasset. 1937 の題名である。

(8) 第三共和政の樹立から、ジャン・ジョレースが最初に議員に立候補し当選を果した時点までのフランス史の文献として次に掲げるもの等を参照した。

GOUAULT, Jacques: *Comment la France est devenue républiaine. Les élections générals et partielles à l'Assemblée nationale. 1870-1875.* Paris. A. Colin. 《Cahiers de la Foundation nationales des sciences politiques.（以下では F.N.S.P. と略す）n°62》 1954. CHASTENET´ Jacques: *Naissance et Jeunesse. op. cit.,* HALÉVY, Daniel: *La fin des notables. op. cit.,* du même: *La Republique des duc. op. cit.,* MAYEUR, Jeam-Marie: *Les débuts de la III*^{e} *République. 1871-1891.* 《Nouvelle histoire de la France contemporaine》 Paris. Seuil. 1973. AZÉMA, Jean-Pierre, WINOCK, Michel: *La III*^{e} *République (1870-1940).* 《*Naissance et mort*》 Paris. Calmann-Lévy. 1970. LOMÉNIE, E. Beau de: *Les responsibilitiés des dynasties bourgeoises.* Paris. Denoël. I. *De Bonaparte à Mac-Mahon. 1943. II. Du maréchal de Mac-Mahon à Poincaré.* 1947. BOURGIN. Georges; *La Troisième Republique. 1870-1914.* Paris. A. Colin. 1967. REMOND, René: *La vie politique en France. t. 2. 1848-1879.* Paris. A, Colin. 《coll. U》. 1969. BROGAN, D. W. : *The development of modern France, 1870-1939.* volume I. *From the Fall of the Empire to the Dreyfus Affair.* Revised edition. New York. Harper. 1966. BOUJU, Paul M. et DUBOIS, Henri: *La Troisième Réqublique.* 《Que sais-je ? n°520》. Paris. PUF. 1971. BURY, J. P. T. : *Gambetta and the making of the Third Republic.* London. Longman. 1973. LOCKE, Robert.R.: *French Legitimists and the Politics of Moral Order in the Early Third Republic.* Princeton. Princeton UP. 1974. ROTHNEY, John: *Bonapartism after Sedan.* Ithaca. Cornell UP. 1969. RECLUS, Maurice: *La Troisième République de 1870 à 1918* Paris. Fayard. 1945. etc.,

(9) cf. J. CHASTENET: *Naissance et Jeunesse. op. cit.,* chap. ,VII pp.125-137.

(10) *Ibid.* pp.137-143 BOUJU. Paul M. et DUBOIS, Henri: *Troisième République. op. cit.,* pp.15-16.

(11) この王政復古の企てが失敗する経過については CASTRIES, Duc de: *Le grand refus de Comte Chambord. La légitimité et les tentatives de restauration de 1830 à 1886.* Paris. Hachett. 1970, の chap.4, 5, 6, 7, が特に詳細に述べている。

(12) CHASTENET, J.: *Naissance et Jeunesse. op. cit.,* pp.186-189.

(13) J.-M. MAYEUR: *Les débuts de la III*^{e} *République. op. cit.,*pp.35-36.

(14) 五月一六日事件《セーズ・メイ》については PISANI-FERRY,Fresnette: *Le coup d'État manqué du 16 mai 1877.* Paris. Laffont. 1965. という詳しい歴史書がある。

(15) *Ibid.,*pp.172-174. RÉMOND, René: *La vie politique en France.* t. 2. *op. cit.,* pp.340-341.

(16)　Halévy, D.: *La République des ducs. op. cit.*, pp.319-329.

(17)　このフレシネ・プランについては権上康男氏の仏文の秀れた研究、GONJO, Yasuo:《Le《plan Freycinet》1878-1882, un aspect de la《grande dépression》économique en France》. *Revue historique*. juill.-sept., 1972, pp.509-523 がある。

(18)　*Discours de Gambetta à Auxerre. 1er juin 1874.* cité par BARRAL, Pierre: *Les fondateurs de la Troisième République.* Paris. A. Colin《coll. U》1968. p.230.

(19)　MAYEUR, J.-M.: *Les débuts de la IIIe Répulbique. op. cit.*,pp.48-54.

(20)　ジュール・フェリーの時代の帝国主義的対外進出については、PISANI-FERRY. Fresnette〔彼女は第三共和政の基礎を形成した政治家として有名なジュール・フェリーの甥アベル・フェリー Abel FERRY（暗殺の前日にジョレースがパレ・ブルボンで外務政務次官であるアベル・フェリーと激論を交わした事件は有名）の娘である〕: *Jules Ferry et le partage du monde.* Paris. Grasset. 1962. POWER Jr. Thomas F. : *Jules Ferry and the Renaissance of French Imperialism.* New York. King's Crown Press. 1944. reprinted by Octagon 1977. GANIAGE, Jean: *L'expansion coloniale de la France sous la Troisième République.*（*1871-1914*）. Paris. Payot. 1968. 等の研究文献がある。

(21)　DANSETTE,Adrien: *Histoire religieuse de la France contemporaine.* Édition revue et corrigée. Paris. Flammarion. 1965. p.416.

(22)　cf. PROST Antoine; *L'enseignement en France. 1800-1967.* Paris. A. Colin.《coll. U》. 1968. pp.192-203. ACOMB, Evelyn Martha: *The French Laic Laws.*（*1879-1889*）, *The first anti-clerical campaign of the Third French Republic,* Columbia. Columbia UP. 1941. chap. v.

(23)　フランスにおける女子中等教育の確立過程については次のような浩瀚で秀れた研究がある。MAYEUR, Françoise: *L'enseignement secondaire des jeunes filles sous la Troisième République.* Paris. Presses de la F.N.S.P. 1977.

(24)　ヴァルデク-ルソー法の制定過程については、SORLIN, Pierre: *Waldeck-Rousseau. op.cit.*, pp.293-298. を参照。

(25)　GANIAGE, Jean: *L'expansion coloniale de la France. op.cit.*, pp.68-80.

(26)　*Ibid.* pp.132-139.

(27)　LÉVY-BRUHL,L.: *Jean Jaurès. Esquisee biographique.op.cit.*, p.40 du même: *Quelques pages sur Jean Jaurès. op.cit.*, p.28. RABAUT. Jean; *Jaurès.op.cit.*, P.37.

(28)　Jean RABAUT: *Jaurès. op. cit.*, p.37

(29)　SOULÉ,Louis: *La vie de Jaurès. 1859-1892. op.cit.*, p.43

(30) *Lettre de J. Jaurès à Ch. Salomon, le 10 août 1882.* dans LÉVY-BRUHL,L.: *Jean Jaurès. op.,cit.* p.168.

(31) cité par SOULÉ,Louis: *La vie de Jaurès. op. cit.,* pp.46-47

(32) cité par *Ibid.,* p.47

(33) LÉVY-BRUHL,L.: *Jean Jaurès. op. cit.,* p.39 du même: *Quelques pages. op. cit.,* pp.27-28

(34) LÉVY-BRUHL,L.: *Jean Jaurès. op. cit.,* p.40-41 du même: *Quelques pages. op. cit.,* pp.28

(35) AUCLAIR, Marcelle: *La vie de Jean Jaurès ou la France d'avant 1914. op.cit.,*p.46. RABAUT.,Jean.: *Jaurès. op. cit.,* p.38

(36) *Lettre de J. Jaurès à Ch. Salomon. le 28 mai 1884.* dans LÉVY-BRUHL,L.: *Jean Jaurès. op. cit.,* p.182

(37) *Lettre de J. Jaurès, à Jean Julien. le 6 décembre 1884* dans《Huit lettres de jeunesse de Jean Jaurès》*Revue d'Histoire economique et sociale.* n°1. 1960. p.51.

(38) cf. RIMBERT, Pierre: *Jean Jaurès. L'évolution vers le Socialisme.* (1re partie) *L'OURS .op.cit.,* p.63

(39) *Ibid.,* p.63 マザメ市とジョレースの関係については、CAZALS. Rémy:《Jaurès à Mazamet》. *B.S.E.J.,* n°61. Avril-juin 1976. pp.17-24 を参照。

(40) Archives départementales du Tarn. cote II M^3 3. 55

(41) コンベイレ、キャヴァリエ、エラル、ラヴェルニュの政治的経歴については、*Dictionnaire des parlementaires français. op.cit.,* を参照。なおラヴェルニュには次のような備忘録がある。LAVERGNE, Bernard: *Les Deux Présidences de Jules Grévy. 1879-1887,* Paris. Fischbacher. 1966. note et commentaires de J. ELLEINSTEIN.

(42) Archives départementales du Tarn. cote II M^3 59

(43) *Ibid.,*

(44) cf. CAZALS, Rémy: *Avec les ouvriers de Mazamet dans la grève et l'action quotidienne. 1909-1914. op.cit.,* pp.25-69.

第五章　共和派新人議員時代のジョレース（一八八五年―一八八九年）

プロローグ

一九〇五年に結党されるフランス社会党の理論的・実践的かつ精神的領袖となるジョレースは、一八八五年一〇月一四日の総選挙にタルヌ県選挙区から出馬し、四八、〇四〇票の最高得票を獲得し最年少議員として選出された。若干二六歳一か月のことであった。もちろんこれが彼の代議院《シャンブル・デ・デピュテ》議員への初当選である。しかしこの時代の彼は、社会主義議員グループではなく、穏健共和派（オポルチュニスト）＝ジュール・フェリー派に属する議員だと見なされた。というよりは彼が一八九三年に属することになる議会内の社会主義派グループは、漸くその萌芽が形成される段階でしかなかったのである。その当時未だ荒削りな労働者主義 ouvriérisme の枠内に留まっていた同グループは、精神的・倫理的基礎に基づく知性主義・観念主義的社会主義を追い求めていたジョレースのイデーとの合致点を見いだせなかったのであろう。また急進的先進的共和主義と社会主義の境界線がいまだ明確でない時代でもあった。

一八七〇年の独仏（普仏）戦争において決定的な敗北を喫し、スダン Sedan でナポレオン三世が捕虜になった直後の九月四日にパリの市庁舎で第三共和政の樹立が宣言されたが、翌年のパリ自治政府（コミューン・ドゥ・パリ）による社会的民主的共和政の試みは僅か二か月余りで挫折して、社会主義運動は一八七九年までフランスから姿を消した。一方、パリ・コミューンの鎮圧者アドルフ・ティエールによって共和政は保持された。しかし彼が失脚して骨の髄からの王党派マクマオン元帥が共和国大統領になると、共和政も命脈も尽きたかに見えたが、「五月一六日事件Seize-mai」に続く共和政転覆の企てが失敗してようやく「共和主義者の共和政」となった。一方、「コミューン参加者communards」への特赦（一八七九年・八〇年）の後、社会主義運動が労働組合運動のなかに蘇生し、その後も遅々とした歩みで地歩を固めていき、一八八二年にはジュール・ゲードの主導のもとにフランス最初のマルクス主義政党＝フランス労働党Parti Ouvrier Français（POF）が結党された。一八八五年の総選挙ではバリーBASLY、ボワイエBOYER、カメリナCAMÉLINAT、クロヴィス・ユグーClovis HUGUESなど数名からなる極左派＝社会主義者が当選したが、明確な組織・綱領を持たず、議会では労働者階級・労働運動の利益を擁護する言動以外余り注目される存在ではなく、もっぱら議会内の争点は共和主義か反共和主義かの対立であり、それに加えてせいぜい穏健共和主義か急進的共和主義かの選択に過ぎなかった。

ジョレースが共和主義派の代議士から一大転換を経て社会主義派の代議士になるのは、一八八九年総選挙でカストル第一区から出馬して僅差で落選したのち、カルモーの炭鉱労働者の支持を得て一八九三年補欠選挙でアルビ第二区から立候補し当選してからのことである。

第一節　ジョレースの結婚

代議院《シャンブル・デ・デピュテ》議員に選ばれて間もない一八八六年六月二九日に、ジョレースはルイーズ‐マリー・ボワLouise-Marie BOISと結婚した。ルイーズの父親はアルビ市で食糧品（特にチーズ）の卸売業者を営んでいて、商売は大変繁盛していた。ジョレースがこよなく愛したサント‐セシールSainte-Cécile大聖堂があり、また中世の「異端」

アルビジョワ派の名の由来で識られるこのアルビ市は、ジョレースにとって最初に教職に就いた都市であり、このようにして生涯の伴侶を見付け挙式を行った土地であり、ルイーズが嫁資として持参し、やがて二人の別荘地となる土地ベスーレで休暇を過ごす地であり、やがてパンテオンに改葬されるまで、暗殺された彼が埋葬されていた墓所の地であった。(1)

この結婚話が持ちあがった時、ジョレースは三年前に味わったマリー－ポール・プラートとの失恋の痛手から未だ完全には立直っていなかった。ジョレースの母は息子の苦悩を案じて、彼女の知り合いで恋を取り結ぶ名人として知られていたロワラック城館 Château de Loirac の住人デプラ夫人 Madame DESPLAT に頼み込んで息子の結婚相手を捜してもらった。(2) この詳しい経緯についてはデプラ夫人に近しい親戚の旧アルビ市長ルイ・ドゥヴォワザンの証言が最も信憑性があると思われる。彼によれば、アルビからさほど遠くないロワラック館にある彼女のサロンは聖職者をはじめ、医師・弁護士・実業家などこの地方の名士や、さらにはパリからやってきた作家、芸術家が寄り集うサロンとして知られていた。夫のデプラ氏はジョレースの故郷カストルの出身で、彼の家族と知り合いであった。(3) 他方、ルイーズ・ボワの両親と彼女自身もこのサロンの常連であった。(4) この地方での顔の広さを生かして、間もなくルイーズ・ボワを紹介してくれ、ジョレースもこのブリュネットの髪の、弱冠一七歳の美貌の女性に心を惹かれることになった。(5)

最初にこの縁談がどのような手筈で進められたかを知るよすがとなるジョレースからデプラ夫人に宛てた手紙が、夫人の手元に遺されていて、親戚のドゥヴォワザン氏によって公表されている。

トゥルーズ市、フリザック大通り、一一番地二号

「

親愛なる夫人。

私はあなたのかくも献身的で賢明な好意に心から感謝いたします。私と母親は二人ともあなたが成功されることを望んでおります。私は喜んでアルビに帰りたいのですが、もっともな口実を見つけるのが難しいうえに、むこうのお母さまと娘さんの完全な自由を尊重するためにも、私の一枚の写真を送って済ませた方がよいと思いました。私は七歳の折りに顎髭も未だまったくない写真しか持っていないので、修正をする訳にはまいりません。そこで今日の午後に写真館に行き、明日か明後日には私の肖像写真を送ります。どうかこの写真が彼女があまり気に入らないことのないように心から願っております。どうかお願いですので、向うの方には私の側としては写真を所望しておらず、あの人のことがとても気掛かりなのは、いつもあの人のことを思い浮かべていたせいでしょう。もしも私の写真が信頼をかちえたとしたら、あるいはともかくも私がアルビに戻る必要が生じたなら、一言お便りをいただけますか。私は直ぐ様帰ります。そして必ずや向うのおふたりにとってももっとも好都合な口実をさがします。私の方では心の底からの感情が自尊心をものとはしないようです（後略）[6]」。

こうしたジョレースの側の熱意にもかかわらず、この縁談は緒戦において手詰まりに陥ったらしい。それというのもボワ家の側がジョレースの職業は選挙の勝敗に左右され、安定性を欠いていると判断して躊躇したからだ。しかしこの結婚話しは再び蒸し返される。一八八五年八月三日にジョレースが故郷カストルの生家「フェディアル・オート」から夫人に書き送った手紙によってその経緯の一端を窺い知ることができる。

「あなたがロワラックで私に伝えてくれた知らせに、私は心騒がされております。そして私が当然返事すべきであり、かつそう返事したいと望んでいたようには、決して返事いたしませんでした。第一に軽率にも新たな失敗をしない術《すべ》を御存じであるあなたにすべてお任せしなければならなかったはずでありました。第二には私の気持ちは変わらないし、たとい私が失望を味わったとしても腹を立てたりする権利はまったくありませんし、それどころかこの話が再開されたと知っていたく感激し、幸せのかぎりで、貴女のご好意に、身を委ねるばかりです、とその時貴女に言うべきであったのです」[7]。

最終的にこの縁談は成功を収めて、ジョレースとルイーズ・ボワは結婚することになる。ジョレースが確固とした共和主義者であったが、結婚式は因習に従ってカトリック教会で行われた。いわゆる民衆には属していなかった二人の結婚は完全には民俗学的因習と伝統を踏まえた形をとらなかったであろう。ジョレースのような共和主義者の知識人階級は一定程度因習や習俗から距離をおこうとしたかも知れない。しかし上流階級や中産階級であれ、女性たちの世界へのカトリック教会の影響は過小評価できない。ジョレースの妻のルイーズは生涯敬虔なカトリック教徒であった。やがてジョレースは娘のマドレーヌが洗礼を行ったとして社会主義者から非難され、世論からの揶揄の声があがった。

しかしこの時代のラングドック地方の民衆は杓子定規にカトリックの教義に従って誕生から死までの人生のサイクルを送っていたわけでないことは、民俗学的研究によって知ることが出来る。すでに本著の第2章第1節で取り上げたダニエル・ファブルとジャック・ラクロワの共著『十九世紀のラングドック地方農民の日常生活』[8]に再び依拠して、この時代のラングドック地方の民衆の間ではどのように男女が親しくなり、婚約して、結婚に至っていたのかについて考察することを試みたい。この民俗学的なアプローチによる十九世紀ラングドック地方農民の日常生活について記したこの著書は、この時代の農民を主体とした民衆世界の若い男女の交流と婚約と結婚の実状をかなり詳細に伝えてくれる。学業で成功して社会的に上昇した共和主義者ジョレースと裕福な商人の娘のとの結婚ではあっても、民衆世界の因習と伝統から完全に離脱していなかったことは想像に難くない。

近代化・工業化の波が押し寄せる十九世紀ラングドックにあっても、農民を主体とする民衆の生活の中では依然として共同体の維持にとって不可欠な男女の性的な恒常的関係の形成、すなわち婚姻関係の成就は、その共同体にとっての重大関心事であり、外的掣肘と祭典的儀礼によって共同体のコントロールを受けており、特に家族の婉曲な介入によって釣り合いがとれた家庭環境のカップル形成がはかられた。恋の成就に際しての両性の役割分担は判然としており、若い未婚男性は祝祭日や小郡《カントン》での徴兵の日を利用して、イニシアティヴをとって若い未婚女性に積極的に働きかける。未婚女性の側は専ら求愛を待つ役割を負わされる。そうした彼女たちの心のよすがは、縁起かつぎ、星占いなどとなる。例えば葡萄酒の壜の最後の一滴を飲み乾すことは良縁に近々恵まれる予兆となり、猫の尻尾を踏むことはそれから遠ざかる徴候となる。(9)

またロデーヴ Lodève（セヴェンヌ山中の繊維工業都市）では夢占いとして九日続けて星を見つめ、九日目の夜に枕の下に鏡をおいて寝ると、将来の伴侶の顔が夢に現れると言い伝えられていた。またアリエージュ Ariège 県のオルメス Olmes 地方では夏至の三日後の吉日、サン－ジャン（聖ヨハネ）の日の夕べに篝火《かがりび》を焚いた後で、卵白をグラスに入れて窓辺におき一晩で凝固させ、朝にその形から将来のフィアンセの職業、容貌、性的能力を推し量ったという。未婚女性は結婚したい相手に気持ちを移す魔法を行ったりし、その人が飲むワインやカフェに自分の爪の切り屑などを混ぜたりした。また結婚式に参列して花嫁の着衣時にヴェールに触れたり、髪飾り couronne のピンを大事に保存しておくことは良い縁を招くとされた。こうした超験的なものへの執着は受け身であった性を特徴づけている。

男女の邂逅と交際の場は徹宵祈禱会、市場、祭典、定期市、農耕儀礼（五月一日のマイの女神祭典、乾草刈り、穀物収穫、葡萄収穫）などの社会的空間にあった。(10) 若い男女の交際には共同体や両親の目が光った――例えば舞踏会には母親が付き添った――が、その枠内での一定の黙認された自由な交際は完全に自由となり、婚前の妊娠（「枝の主日前の復活祭 Pascas danant los Rams［ラングトック語］」と称された）も黙認された。徹夜祈禱会での参加者たちの股間を次々と手渡しされる古靴を発見し取り戻す「パサ‐グロリャ Passa-grolha」や「アランカ‐ポラス arranca-poras」と呼ばれる椅子取りゲームなどの大人の遊戯や、青年が女性の足を脇の下に抱えて左右に大きく揺らす「ファイレ・パイセラ faire Paissela」は若い男女の接触欲を充足したが、しばしば聖職者の顰蹙と怒りを買った。祝祭日の監視の目から離れた二〇人余りの若い男女の納屋での雑魚寝の習慣や、いくつかの地域での男性の婚約者が親の黙認のもとに女性の側の家に招かれて、彼女の部屋で一夜を過ごす慣習（オート‐アリエージュ地方）、そして娘が頭巾を被って顔を隠した青年を夜の九時頃親と共有の寝室に導き入れて、両親が休んでいる間に暖炉の傍らで語り合い、夜半の一時頃まで時を過ごす慣習（エロー Hérault 県ソマイユ Somail 台地地方）などが認められていたが、聖職者はこれらの「悪習」を激しく非難し、これらが市民権を得たのは十九世紀のことであった。出生児数を制限するために新婦の方が新郎より若く、かつ晩婚が望まれた。ラングドックの十八世紀末の時点の初婚年齢平均の平均は男性が二九歳、女性が二五歳であったが、十九世紀になるとそれぞれ二歳から四歳ほど若くなった。同一社会集団内でかつ近隣の男女の結婚が共同体によって求められ、「雑婚 bigarrats」と呼ばれたカトリックとユグノー（カルヴァン派）との結婚は稀であり、かつ疎まれた。十九世紀は都市への人口流出の時代であった。

特に未婚女性の都市部への流出は深刻な問題であって、タルン県やアリエージュ県では、

山羊は　高きへ　　Carbas amont（ラングドック語）

娘は　低きへ　　　Filhas aval

と言い習わされた。

特に山岳部で過疎化が早く進んだロゼール県とアルデッシュ県では一九〇〇年頃に同郷内婚が強く求められた。同様にセヴェンヌ山岳地方では外部から地元の娘への求愛に成功した青年は、土地の若者の集会で石飛礫の歓迎を

受け、ヴィヴァレ地方のロラック Laurac とモンレアル Montréal では一八五〇年まで村の娘をよそに連れていって結婚する若者は、村の独身青年に二〇〜三〇スーの入関税を支払わなければならなかった。

ジョレースの結婚話のように、仲人（ラングドックではマリダイレ maridaire、ボレヤイレ borelhaire あるいはバランドラン balandran と称された）を介して縁談をまとめる場合もしばしばあったが、ラングドック地方中部では彼らの代わりに名親 parrain などの親戚がこの役割を果たした。娘の側が縁談を断る場合は象徴的行為でその意を表明した。オルメス地方では求愛を退ける娘は不運な青年を袋のうえに座らせ、エロー県バラリュック－ル－ヴィユ Bararuc-le-Vieux（トー Thau 潟に面した観光都市）では箒でドアを塞いだりしたが、一般的にこの地方一帯では契りの葡萄酒の杯を分かち飲むのを拒否することでその意志を表明した。当事者である若い男女の意志にかかわらず親族が反対した場合、二人は三日間村の外に「駆け落ち se raubar」し、再び村の若者に事実婚を承認されれば親族は反対を撤回せざるをえなかった。

婚約式では純粋に経済的領域の交渉が行われ、談判と契約締結から成り立っていた。資産の乏しいもの同士の婚約でさえ地元の公証人の前で書面によって確認された。この時女性側は両親によって代行され、男性の婚約者は自身で立ち合った。嫁資は金銭、家畜、家財などからなり、これらは登記され、十九世紀に多く持参された「貴金属」は、子供ができない場合、妻の親に返還された。こうした経済的取り決めの後に、将来の新郎と新婦の家で一度ずつ会食が行われ、女性のフィアンセは指輪、首飾り、腕時計を受取り、お返しに結婚式用のシャツを将来の夫に贈った。

結婚式の日取りは「驢馬の月 mes dels ases」の五月はキリスト教以前の地中海的信仰から発し、マリア崇拝再興が起きた十九世紀にはキリスト教化されて、不吉な月とされ避けられた。「猫の月 mes gatier」二月も、「死者の月 mes dels morts」一一月（朔日の万聖節の翌日は「死者の日」である）も結婚を禁じられた。四旬節 Carême の結婚は肉断ちを破るとして反対したのは教会権力であったが、アリエージュ県では「聖ジョセフの日」＝春分の日は結婚にとっての吉日とされた。農業暦からして春、晩秋、冬の終わりが好ましいとされたため、四月と一〇月、それに謝肉祭の時期に結婚が集中した。曜日では、金曜日が最も疎まれ、土曜日と火曜日が吉日とされた。結婚式の一週間前は二人の婚約者の独身生活との訣別の儀式が行われ、同性の若者に食事をご馳走したり、ヴィヴァレ地方では本物の棺に新郎候補を入れて埋葬の模擬的儀式を行った。結婚式前夜は「剥奪 éviction」の儀式が行われ、翌日に新婦から求愛を拒まれた青年の家の門前にキャベツが植えられるか、白墨で地面や壁に十字架の道行きを記されたり、失恋者同士を線で結んだりした。婚前には二人の婚約者の悪口を言う儀式もあり、ヴィヴァレ地方のラナス Lanas では「結婚の貶《けな》し屋」は両家を訪れて縁組の問題点を数え挙げ、婚約を破談にしようと試みる。彼の役割は「悪魔」のそれであると人々に解釈されており、俗に言う

結婚と死は　Al maridatge e a la mort（ラングドック語）
悪魔の格好の活躍の場だ　Le Diable fa son esforç

という訳だ。共同体は仲人を中心に縁談を手助けするのと丁度バランスを取るかのように、この「貶《けな》し屋」は邪魔をする役割を負う。

結婚前夜は共同体の独身男女によって担われる。アリエージュ県のムーランの例を見ると、その夜に明日の新婦の家で興味深い儀式が行われる。栄誉を担う青年にエスコートされた片割れが家に着くと、扉に閂がかけられ家のなかは静謐が支配する。外から扉が叩かれると、中から「どなたですか」と尋ねられる。外からは「乞食ですが喜捨をお願いします」とか「道に迷った旅人ですが一晩の接遇《もてなし》をお願いします」とか応える。これに対し内側から、「門番よ、扉を閉じて彼を閉め出し、彼が何を持ってきたかを聞きなさい Tampa sï la porta, potier, demanda sï çò que pòrta」という声が発せられる。そこで翌朝の新郎達は「婚約者が扉の前までお出ましだ。花嫁よ！ Le novi a la porta, nòvia!」と叫ぶが、家の中からは繰り返し「彼が何を持ってきたかを聞きなさい」と応える。この時点から「花嫁の歌 canson de la nòvia」が新郎の側から合唱される。その歌詞は、花婿側が贈り物を逐一数え挙げるという内容となっており、即興でつぎつぎに贈り物は付け加えられる。これに花嫁の側はさらに贈り物を求め、それまで門を閉じろ、と応える。最後の花婿の側から「愛の喜びを君に持ってきた、花嫁よ Les joièls d'amor t'enporti, nòvia」（以上ラングドック語）と声があがると、戸口は開かれ、外の花婿とおつきの青年たちは家の中へと押し掛け、ポロン porron と呼ばれる尖った吸い口のついた硝子の酒壜で各人が一気に酒を飲むと、次から次へと円舞曲（ロンド）のように回し飲みする。その後再び花婿側は外に追い払われ、最初からやりとりが繰り返され、最後に結婚指輪 anèl novial を持ってきたと宣言するまで扉は開けられない。今度花婿側が家に入ると花嫁が消える。花婿側の青年は家を隈無く捜し、見つかると彼女を椅子に掛けさせ、列をつくって先ほど数え挙げた贈り物を捧げる真似をし、彼女は彼らに幸運の白い鶏を贈り、夜食会に招待する。この儀式の間、共同体の青年の娘に対する共同的権利を確認させるために、支配の代償としてワインや肉料理をふるまってもらった。

明くる結婚式当日はしきたりと縁起に満ち溢れていた。花嫁の起床後、着替えと化粧に選ばれた少女たちが付き添う。伝統に従いに前日にミントとクレソンで沐浴した彼女は亜麻の肌着を身につけ、黒いドレスを身にまとい、赤が基調色の派手な厚地のショールを羽織り、この時だけ王妃となることを意味する生花の王冠形髪飾りをつけてきた。しかし一八七〇年頃から聖母崇拝と無原罪のやどり（処女懐妊）の教義が広まり、聖母マリアの服装が聖処女のそれに変わるのに似せて、花嫁も白のドレス、白のヴェール、オレンジの花の王冠形髪飾りを身にまとうようになった。ついで靴下留めを膝に結ぶのも、会食の間に脱がせるのも選ばれた栄誉ある男子の役割で、新婦に対する共同体の青年全員の権利を意味した。

新郎はこの頃の農民には贅沢な花嫁から贈られた白亜麻の長いシャツを着て、二人で招待客の前に現れる。両親族を代表する普通六〇人ほどの招待客のうちの女性が全員夜を徹して料理を準備する場合は、前夜から歓待を受けるか、さもなければ翌朝から招かれて酒がたっぷり振る舞われる昼食会で歓待される。新郎は紋章をいろどったリボンか花束を客に配り、両家の絆と親交を深めた。結婚行列は父親に付き添われた花嫁を先頭に、若者夫婦、老人夫婦、独身者、そして最後に新婦の母に付き添われた新郎という順番でならんで進んだ。低地ラングドック地方では、若者達はバリカーダ barricada という名の障壁のような葉飾りの凱旋門を新居に作ったが、こうした風習は低地ヴィヴァレ地方を除けばラングドックでかなり一般的で、果ては炎上させた藁束や横に張ったテープ、使いふるしのテーブルで行列路を妨害し、通行税として出される酒の酒代を払わなければならなかった。挙式のミサの間、三つの魔除けのためのまじないを行う。呪いの視線と二人を結びつけぬ呪縛を避けるため花嫁のショールの上を歩かせ、また花嫁に家庭での権威を認めさせるために指の第二関節を曲げて結婚指輪を最後の指骨まで通させなかった。さらに東部ラングドックでは、指輪と同じぐらい大切な「結婚貨」と呼ばれる金貨を幸福のお守りとした。式が終わり新郎新婦が教会を出ると、「聖水散布 aspersion」が待っていて、小麦や木の実（ナッツ）、乾燥果物が撒かれた。ドラジェ（糖衣菓子）が撒かれるようになるのは十八世紀のブルジョア階級が始めたことで、大衆化するのは十九世紀のことである。花嫁が住み慣れた家を離れる際に涙を見せるのは欧州の多くの地域で見られることではあるが、アリエージュ県のフォワ Foix 地方ではそれが儀式化され、公道の真ん中で椅子に跪いて嗚咽し、周りは囃《はや》し立てた。新居に花嫁が入る時、彼女が良妻かを試す機会となる。家の敷居には箒が横たえられていて、それを跨げば働き者でない主婦と見られ、それを拾い上げなければならない。姑が彼女を迎え入れ、家全体と竈、寝台、箪笥などを見せる。披露宴は新郎か新婦の何れかの家で、稀には旅館 auberge で行われ、穀物倉での宴もしばしばあった。豚、羊、家禽の肉料理がふんだんに出されるが、野菜は出されず、魚料理も河岸・海岸地方でなければ見られなかった。料理は女性たちの仕事だったが、献立と手順は共同体内か隣村にいる職業的料理人が受け持った。この宴の五時間から七時間の間に、両家は肩を触合いながら和気あいあいの雰囲気のなかで親交が深まった。[11]

宴会の最後にカップルの仲をさらに深めるためいくつかの食器が割られ、若者達の新婦に対する権利を確認するため靴下留めを引き裂いて列席者に配った。

ジョレース夫妻の結婚式の模様は、おそらくは以上に述べた十九世紀のラングドック農民の結婚式よりはよりブルジョア的に洗練されたものであったであろう。

結婚式のためジョレースは一八八六年六月二一日に一二日間の休暇を議会に願い出て、認められている。六月二九日にとり行われた結婚式は世俗的挙式と宗教的挙式の両者からなっていた。新婦の家族ボワ家は政治的にははっきりとした共和派であったが、宗教的には厳格なカトリック教徒であったし、ジョレースの母も敬虔な信者であった。また彼自身もこの頃はカトリック教会に通い、宗教儀礼に参列し、熱烈な共和主義者としての彼の政治理念と違和感を感じずにいた。宗教的挙式は新婦の小聖堂区 paroisse のサン‐サルヴィ Saint-Salvy 教会で行われた。「ラヴニール・デュ・タルン *L'Avenir du Tarn*（タルンの未来）」紙の七月一日号に依れば、挙式は質素なものでガブリエル・ドゥ・スラージュ Gabriel SOULAGES アルビ市長が世俗的挙式を主宰し、[12]教会での宗教的挙式はサン‐サルヴィ小聖堂区司祭のダンブル神父 abbée DAMBRE が儀礼を執行した。新郎側証人にはジョレースの父親の従兄弟（同紙は間違えてジョレース本人の従兄弟であると記している）ジョレース提督（元老院議員 sénateur）も名を列ねている。[13]新郎側の生前贈与による財産が年五〇〇フランの収入を産む故郷カストルの「フィデアル・オート」だけであるのに対して、新婦側の嫁資は年二、〇〇〇フランの地代とジョレース夫妻の夏期休暇を過ごす別荘となるベスーレ、それに三、〇〇〇フラン相当の衣装一式であった。挙式後パリに旅立った新郎新婦は「無事到着。ルイーズは一晩中熟睡」と打電している。[14]二人はモット‐ピケ大通り一九番地（パリ第七区）に新居を構えた。

第二節　共和派代議士ジョレースの議会内での活動

ジョレースの一八八五年―一八八九年代議院《シャンブル・デ・デピュテ》任期期間の穏健共和派代議士としての活動を概観する前に、パリ・コミューン崩壊から第一次世界大戦勃発までの第三共和政前半期（一八七一―一九一四年）のフランスにおける一般的典型的な代議士の活動形態と日常生活を鳥瞰しておくことにする。

まずこの時代のフランスにおける、議員の平均的で一般的な一日の活動の類型を抽出してみたい。その概括的全体像を知るための文献としてピエール・ギラールとギ・テュイリエが著した『一八七一年から一九一四年までのフランスにおける代議士の日常生活』[15]（一九八〇年）が有益である。この文献を手掛りに、第三共和政前半期の議員の活動の典型を探ることにしたい。最初に午前の議員活動から見てみよう。現在と同じく午前中はごく稀にしか議会は開かれない。そこで午前中は通信活動 correspondence と省庁を始めとする各方面への働きかけ démarches に専念する。こうした活動のためにも多少とも有力な議員であれば「秘書 secrétaire」を持つ。ここで多少話しは横道に逸れるがこの時代の議員秘書の性格を摘出しておこう。彼らの大部分は無報酬であるが、この職務を経て秘書は副知事（郡長）や植民地筆頭書記官になったりする道が拓ける。彼らは議員の地元選挙区の名家の息子で、しばしば通称政治学院 Sciences politiques（＝サン‐ギヨム街 rue St-Guillaume（パリ第七区）の政治研究学院 Institut d'Études politiques を指す）の卒業生である。彼は議員の文書、特に手紙を書くのと、裏工作 faire couloirs（日本の政治家の間で言い習わされている「根回し」に当るかもしれない）を主として行う。有能な秘書は代議士を大臣に昇格させ、自分は次官に出世する。ちなみに議員秘書協会は一九〇五年に出来ている。[16]

しかし秘書を持つほど有力ではない議員は、妻や娘に通信業務つまり手紙書きを手伝ってもらう。自分の選挙区の総ての選挙民に手紙に返事を書くことが原則であり、代議士はこれにかなりの時間を割かなければならない。そこで一九〇七年にはリトグラフの書式さえ出来て、空白に用件を書き込めば良いように合理化されたが、通常は選挙民は代議士の自筆の返事を喜ぶ(17)。返事書きは明け方から夜までの大変な労力を要する仕事であった。仕事の出来る議員は一件の依頼につき三通の手紙を書いたという。一通目は所轄の行政当局へ、二通目は差出人の地元有権者への返事、そして最後の手紙は所轄行政当局からの返答を当事者に知らせる手紙である。

こうした選挙区の有権者からの通信・書簡による陳情、あるいは直接の陳情によって、選挙民の陳情を受け付け、当該行政当局への働き掛けや便宜を計らい、庇護者的任務を果たすこの仲介者としての役割は、想像以上に重要で、選挙民からの子弟の就職口（特に官職の）斡旋の依頼や、子弟が中高等教育機関に入学した際の学生奨学金の推薦依頼等が舞いこむ(18)。しかしこれらに応えて書く推薦状の効き目はその数が膨大化に、そして日常茶飯事化することに比例して弱くなる。

そして省庁に対する叙勲、公務員の昇進、事務官への採用等を求める働き掛けは、同様にたくさんの時間を議員に浪費させる。夕刻の議会再開に際しても、議員は午前にこなしていない仕事について秘書と打合せる。

こうした仲介者としての仕事をしくじると、有権者は感謝の意よりも遺恨の念の方が長続きするから次回の選挙での当選が危うくなる。したがって実効は疑わしくとも議員はこの仕事に励む。ともかくもほとんどの議員の職業的本能は、議席の維持（次回選挙での再選）とより高い権力の座への接近である。

通信用務や陳情の受付け、そして省庁への働き掛け等の院外での業務は、議員の一日のかなりの時間を消費させるので、――今日も千年一日の如き問題であるが――議会の欠席が自《おの》ずと多くなる。議会（本会議）での審議の最中に五七六名の議員定数中数十名、果ては十数名の議員しか出席していなかったこともあったという。

日本にも「廊下鳶《ろうかとんび》」という言葉があるが、廊下（回廊）での内密な政治交渉の能力は、余り長く人の記憶に永く

留まらない議会での雄弁より、議員の才能として高く評価されたという。(19)

一八八五年一〇月の総選挙に選出された議員によって構成される新議会は、一一月一〇日に開会した。慣例によってこの日の仮議長は最年長のサヴォワ県選出ピエール・ブラン議員が務めた。開会を宣言した彼は、議会議事録に依ればその場で次のような慣例的・儀礼的発言をしている。

「私は議会規則第一条にしたがって出席している六人の最年少議員を事務局に招き、其処で臨時書記の役割を務めることを求める。」

「もし私に与えられた情報が正確ならば本議会の最年少の六議員は次の通りである。

ジョレース議員、一八五九年九月三日生まれ

ラゲール　LAGUERRE 議員、一八五八年六月二四日生まれ

ゴーダン　GAUDIN（ガブリエル　Gabriel）議員、一八五八年六月二三日生まれ

ユバール　HUBBARD（ギュスタヴ－アドルフ　Gustave-Adolphe）議員、一八五八年六月二三日生まれ

クレミュー　CRÉMIEUX 議員、一八五七年一二月一五日生まれ

アバテュシ　ABBATUCI 議員、一八五七年一一月二日生まれ(20)」

この議事録に見られるように、彼はの代議院《シャンブル・デ・デピュテ》議員中の最年少で、二六歳であった。しかし間もなくセーヌ県補欠選挙で社会主義者の弁護士アレクサンドル・ミルラン――暫くして彼はジョレースにとってヴィヴィアニやブリアンと共にかけがえのない独立社会主義派の盟友となり、後に転向して保守派側の手強い指導者となる――が選ばれ最年少議員となる。彼の議会での立場はどの党派にも属さない無所属であった。が、しかし、どの立場にも

属さないというのではなく、基本的には「王も否、神も否 Ni roi, ni Dieu」という、世俗主義的共和主義の立場に立っており、当時の共和派の大立者ジュール・フェリーの党派＝「共和主義左派 la Gauche républicaine」に近いと見做されていた。しかし、彼自身は議員になった当初から社会主義の立場に立っていた、と後に主張している。

この時代の代議士としての活躍はそれほど周囲の注目を浴びておらず、後の雄弁家としての彼の活躍から比べるならば代議士として華々しいデビューを飾ったとは言いがたい。

彼の議員生活の最初の年である一八八六年には彼は議会の壇上で一度しか発言する機会に恵まれなかった。翌一八八七年には三度発言し、一八八八年には多岐にわたる議題について重要な発言をいく度もするようになる。議員改選の年である一八八九年には複数名簿制投票制度 scrutin de liste sur candidatures multiples についてと、鉱山労働者従業員代表制についての代議院《シャンブル・デ・デピュテ》原案に対する元老院修正案について発言している。(21)

議会でのジョレース最初の発言は一八八六年一〇月二一日に行われており、初等教育制度に関するものであった。より詳細に語れば、この時の発言は公教育大臣ゴブレ GOBLET の初等教育の整備についての提案に対してジョレースが修正案を提出した際の趣旨説明の発言であった。(22)

彼の修正案の前に、カトリック教権主義に近い立場に立つテリエ・ドゥ・ポンシュヴィル Thellier de PONCHEVILLE が初等教育を「公立学校 écoles publiques」と並立してカトリック教会の影響下にある「私立学校 école libre」の存在を認める第二条修正提案を行い、否決された（賛成一七二票対反対三五八票）。その直後提出された彼の修正案は次の様な内容であった。

「あらゆる範疇の初等教育施設は公共のそれであるか、すなわち国家の名のもとに制度化されたものか、あるいは市町村のそれであるか、すなわち市町村によって創立されかつ運営されるものであるか、あるいは私立のそれであるか、すなわち個人もしくは社団により創立運営されるものかでなければなりません。」[23]。」

彼が趣旨説明のため登壇したときに議場左翼から「撤回しろ！」という声がおこった。彼はこれに応えて次のように演説した。

「諸君。ご安心されたい。私の提出した修正案はひたすら共和主義の原理の一つの点を思い起させて擁護するために有用だと考えています。（「大賛成（トレ・ビアン）！Très bien !」と左翼からの声）

我々はやがて初等教育に関して市町村の権利を保証しかつ規定することに努力を傾けなければならなくなります。私の提案で今日でも将来においてもこの法律に対するいかなる底意のある悪意をも秘めてはいない、そして世俗性 laïcité を、この法律の本質的原理を全面的かつ如何なる留保もなく受け入れている、と先ずは言っておきたい[24]」。

そしてこの後、ジョレースは教育の世俗性《ライシテ》の反対論者は市町村自治体の自治権を利用して世俗性を台無しにしようとしているが、だからといって共和派は市町村自治体の教育権を無視してはならない。しかし市町村自治体の権力は政府権力に基づくのであるからまた公立学校と同様に、市町村立学校も世俗的でなければならないと主張した。ただしこの限りで市町村は自己の予算で新しい教育内容を展開する実験的学校を設立する権利を保持していると、付け加えている。

一八八七年に入ると一月二五日の会議では公教育予算案審議の過程で「パリのある国立高等中学校《リセ》での海軍士官学校準備クラスを設置するための一〇〇、〇〇〇フランの予算を増額する」ことをもとめる修正案を提案している。

また同年三月八日の本会議では彼が議員になって最初の衆目を惹いた長大な演説をしている。それは小麦・燕麦・小麦粉の関税総料金表修正法案に関する発言であり、定額小作農 fermiers、分益小作農 métayers、農業労働者の利益を保証できる新しい規定を考えだすまで、法案の提出を延期するべきだと彼は主張した。彼は状況次第では自由貿易主義に反しても保護貿易を行うべき時があるが、その場合「民主主義的思想の要求に答える」(25)ものでなければならず、政府案がそうであるような大土地所有農民 grande propriété の利益を守るためのものではなく、農業経営者のうちの三分の一を占める直接農業に従事する勤労者、特に定額小作農、分益小作農、農業労働者の利益を擁護するためのものでなければならないと説いて、極左の議席を占める社会主義グループの注目を浴びた。彼の農業理論・経済理論は自由放任至上主義の穏健共和派の経済理論から遥かに一線を超えて、社会主義的ではないにせよ、社会的民主的共和主義の経済理論へと飛躍している。(26)またブノワ・マロン Benoît MALON の「ラ・ルヴュ・ソシアリト」編集の右腕となっていたルーアネ ROUANET はジョレースの理論はまったく社会主義者のものだと同誌一八八七年四月号で評価した。(27)

彼の動議は、社会主義グループの将来を属望されていた青年代議士アレクサンドル・ミルランの支持を得たが、保守的共和派のメリーヌ（一八九二年のメリーヌ関税法が法の名前を不滅にした）やドゥヴィル DEVILLE 農業大臣の反対を受け、否決された。

この任期中（第四回議会任期期間：一八八五年一一月一〇日―一八八九年七月一五日）のジョレースの議員としての活動の中で、最もえにしが深く、かつ彼が情熱を傾けて取り組んだ問題は、鉱山労働者の労働条件のそれであったといって過言ではない。

このジョレースと鉱山労働者にまつわるこの時期の有名なエピソードとしてドゥカズヴィルの事件がある。この事件は、新人議員になって間もなくの一八八六年一月二六日に彼の選挙区があるタルン県の東隣にあるアヴェイロン県のドゥカズヴィル Docazeville 炭鉱で同炭鉱会社副所長 sous-directeur で技師 ingenieur のヴァトラン WATRIN が、激昂した労働者に二階の窓から放り出されたうえに、殴打されて殺害されるという事件が起き、これが議会で波紋を呼んだ。間もなく軍隊が動員され、炭鉱夫は就労を余儀なくされた。二月一一日に鉱山労働者出身の社会主義派の代議士であるバリー BASLY〔一八五四年ノール県ヴァレンシエンヌ Valenciennes 市に生まれ、一〇歳で孤児となって、子供の時から炭鉱夫となり、一八歳でストライキを指導して解雇され、後にドゥナン Denain 市会議員を経て、一八八四年に代議院《シャンブル・デ・デピュテ》議員に当選した〕は議会でドゥカズヴィル炭鉱で起きた事件が再発しないように、労働条件改善に政府が積極的に取り組むよう求めるとともに、ヴァトラン殺人事件を引き起こした同炭鉱の労働者に同情の意を露わにした発言をして、保守派ばかりか与党穏健共和派の反発を引き起こした。労働条件改善の措置を政府に求めることにはこの頃から労働問題に強い関心を示していたジョレースは強く支持したが、殺人事件に対するバリー等社会主義派議員の同情的擁護的立場には強く反発した。この後者の事柄については一九〇四年に刊行された彼の『議会演説集 *Discours parlememtaires*』の「一八八五年の社会主義と急進主義 le Socialisme et le Radicalisme en 1885」と題された序文の中でこの時からすでに彼は社会主義者となっていた（すでに一八九九年にジョレースが刊行した「社会主義的行動 Action socialiste」の中で「…一八八六年からこの方、社会主義は私の心をとらえ、そのことを告白していた…dès 1886, le socialisme me possédait tout entire et j'en faisais profession.」。この文に続いて「こういうのは私を転向した中道左派と見ようとする伝説と戦うためではなく、単にこれが真実であるからだ」と述べている）(28)が、「ドゥカズヴィル事件についてのバリーの演説の衝撃的で無益な乱暴さ la choquante et inutile violence」(29)（ジョレース）によってこの議会内の社会主義グループに加入することを躊躇するようになった、とのべている。これについてはバリーの演説は決して乱暴なものではなく正当なもので、一九〇四年の時点からの一八八六年の彼の立場――つまり新人議員時代は社会主義派にではなく中道左派に近かったこと――の事後的自己弁護だとするピエール・ランベールや(30)、バリーの演説は決して殺人者を擁護するものではなかったと見るセヴァーエスの様な評価や(31)、この不況期の労働者の生活が如何に悲惨であったかを、そしてそのためストライキが如何に激しい性質のものであったかジョレースは十分に理解していなかったとみるハーヴェイ・ゴールドバーグの見解から、ジョレースの言い分をそのままにみとめるマックス・ガロやジャン・ラボーの評価まで多岐にわたっている。(32)(33)(34)

「官報。代議院議事録《シャンブル・デ・デピュテ》」によれば事実経過は次の通りである。

バリーは議長に「政府問責質問 interpellation」を認められると、ドゥカズヴィルでの軍隊支配下で就業復帰が行われたが、銃剣下で表面上平静化しているが内実は一触即発の状況であると発言し、政府の無策を責め立てた。たしかに粗野な表現のため幾度か議長等に発言を遮られ、次の様なやりとりさえ行われた。

「　議長：　バリー議員、あなたに議会的表現 expressions parlementaires を用いることをもとめます。
　バリー議員：　議長殿、私は学校に行ってないので、議会語 langage parlementaire を習っておりません（笑い）(35)。」

ついでバリーは鉱山労働者一般の過酷な労働条件と、個別ドゥカズヴィル炭鉱でヴァトランが行ってきた出来高給からの「ピンはね escroquerie」を始めとする非人間的な労働者管理体系を、また会社のたてた生活協同組合＝「エコノマ économat（社内販売組織）」が労働者搾取の手段に使われていることを暴露した。

ところでジョレースが「衝動的で無益な乱暴さ」と呼んだ演説の箇所は次の様な経緯で発言された。

「バリー議員：　…ところで、諸君。ドゥカズヴィルで一人の男が殺されました。この男はこの地区に住む労働者と商人の憎しみと怒りを偏《ひとえ》にかっていました。

数人の議員：　とんでもない！　もう沢山だ！　もう沢山だ！

バリー議員：　あなたがたが私の様に彼の葬儀の立会人であれば、商人は一人として、商店主は一人として、また炭坑夫は一人として参列しなかったのを、あなたがたも見たでしょう。…

中央部議席の一人の議員：　私は疑いませんが、彼らだって自分らが殺されるのが怖かったからです。

バリー議員：　彼は嫌われていました。彼は住民総てを飢えさせていました。

彼の役割はとりたてておぞましいものでありました。妻たちや子供達の口からパンを取り上げていたのは彼でありました。（新たな抗議）

ポール・ドゥ・カサニャック Paul de CASSAGNAC 議員：　犠牲者を侮辱してはいけません。死者を足蹴にしてはなりません。憎むべきことです。

バリー議員：　起きたことの責任は彼にあります。諸君、炭坑夫たちが殺したのはこうした男でありました。

議長：　バリー議員、あなたがこれから発言することに気を付けて戴きたい。（後略）」

このあと議長に殺人を弁護することを咎められたが、やはりバリーはさらに問題を引き起こす次のような発言をしている。

「バリー議員：　…ところで労働者が食糧の底が尽いて法廷に集められた時に、雇用を見つけられない時に、乞食行為と放浪行為のために投獄された時に、労働者の憤慨が頂点に達するのをあなたがたは理解できないのですか。私は如何なる犯罪にも処するつもりはなく、ただこう言いたいのです。こうした条件の労働者は責任能力がないと。

ドゥヴィル－マイユフ伯爵 comte de DOUVILLE-MAILLEFEU 議員：　酌量軽減の情状が法律にはあります。

議長：　それを評価するのは裁判官であります。

バリー議員：　違います。人は彼自身が裁かれるのではなく、条件によって裁かれるのです。しかし法務大臣はヴァトラン処刑事件を裁こうと思っていたのですか。違います。彼はその時人民の裁きに任せるべきでありました。（激しい抗議）

議長：　バリー議員、このような表現を用いるのをほおっておく訳にはいきません。[36]」

最終的には会社の専横な経営政策を許す政府の無策を糾弾し、⑴給与の月二回支給と一か月分給与を供託金とする制度の廃止、⑵近隣商店の経営を破綻させ労働者から消費の自由を奪う「エコノマ（社内販売組織）」の廃止、⑵炭鉱労働者と家族の生活を維持するに足りる最低賃金の保障、⑷労働時間を八時間に短縮するという四項目の議案を、バリーを始めとする社会主義派議員団は提案したが否決され、ジョレースは「議会は政府の宣言に賛同し、労働者の利益のための政府の心配りと公共の安全を保障するための政府の精力傾注を信頼して、通常の議事日程にもどる」とする政府の議案に賛成し、これは圧倒的多数で可決された。

こうしたジョースの姿勢、すなわち穏健共和派の政府を擁護しようとする姿勢はこの時期明白に見てとれる。つまり、同年四月一〇日にマイヤール MAILLARD 議員が再びドゥカズヴィル事件を議会で取り上げ、公共事業相炭鉱の査察長官が炭鉱労働者を伴って同炭鉱を査察することを求め、かつ法相がデュク－ケルシー DUC-QUERCY とロシュ ROCHE の二人の社会主義派新聞の記者を同事件関連で逮捕させたことを問責する決議にも――ヴァトラン殺害事件とは直接関係しないにもかかわらず――反対票を投じている。[37] さらに「民衆の叫び」紙主筆のロシュフォールから出されたパリ・コミューン戦士の全面恩赦への反対、聖職者が異常な圧力を行使したコルシカの選挙結果の取り消し決議への賛成、――一八八五年にジュール・フェリー内閣がクレマンソーに倒されたと同じテーマである――トンキン派遣師団への八〇〇万フランの軍事支出への賛成等など政府与党の穏健共和派＝日和見主義派《オポルチュニスト》と同一の投票行動をしている。(38)

しかし一方で議会の内外で社会主義派に接近する行動を採っている。第一には議員に当選して間もなくの一八八六年一月一〇日にロワール Loire 県サン‐テティエンヌ Saint-Étienne 市で鉱山労働者大会に参加して、「実り多い行動のための共和主義者の協調を訴え」(「ラヴニール・デュ・タルン」紙一八八六年一月一三日号)、さらに退職年金基金の意義を訴えた。それから間もなくの一八八六年一月二一日に「ラヴニール・デュ・タルン」紙に「退職年金基金と職能的組合 Les caisse de retraites et les syndicats professionnels」と題する記事を書き、労働者と会社の同額の年積立金を二五～三〇年間収め、退職後に三、〇〇〇フランから四、〇〇〇フランの年金を受け取って余裕ある老後を保障することの意義を説いている。(39) そして間もなく退職年金基金法の立法化の主要な推進者の一人となる。

第二には前記のルーアネの記事でジョレースが社会主義者としての評価を受けたあとに、独立派社会主義者グループの指導者ブノア‐マロンとのコンタクトを求めてパリのマルティル街 rue des Martyrs の「ラ・ルヴュ・ソシアリト」社を訪れたが、面会できずに帰っているし、(40) パレ・ブルボン（ブルボン宮殿＝代議院議場《シャンブル・デ・デピュテ》）でゲード派のジャーナリストであるデュク‐ケルシーに社会主義社会の将来的構図を尋ねたりして(41)社会主義グループとの接触を深めている。

このドゥカズヴィル事件をめぐる議会での議論はジョレースとの関わりを抜きにしても有名な事件であるが、たとえその表現がかなり粗野であっても、労働者の生の声を伝えようとする労働者出身議員の発言を受け止めるには余りに庶民からかけ離れた社会的名士の集団としての議会になっていたことを物語っている。この結果、社会政策

＝労働者福祉政策は立ち遅れ、自分たちの意見と利害が反映されない議会に対する労働者、小農民、小商店主等の不満は反議会主義的ブーランジスム（ブーランジェ運動）の方向へと導かれるのである。

一八八七年六月一七日と二四日、そして七月一日と八日には本会議で鉱山労働従業員代表制度法案 Projet de loi sur Délégués mineurs の第二読会が行われた。この問題はジョレースとの関わりぬきでも有名な議会での係争的事件であった。ジョレースは委員会のメンバーであり、最初は反対意見の立場から、次いで討論の成り行きで突如議会への報告者となり、その資格でこの問題について数回発言している。元老院＝上院と政府は現職の鉱山労働者にしか鉱山労働従業員代表への被選挙権を認めなかったが、これに対しジョレースは今度はバリー等の社会主義派議員と共に政府原案に反対して鉱山労働従業員代表の独立性を保つため、その専従化と国庫からの手当て支給を要求した。これが彼の社会主義派議員グループとの最初の共闘であった。

一八八八年三月二四日の鉱山労働者共済保険と退職年金の基金創設に関する代議院《シャンブル・デ・デピュテ》での討論の最中に、鉱山労働者の賃金の五％か八％を労働者と会社に同率負担させる案が出されていた。この時、社会主義派で元パリ・コミューン参加者のカメリナは、鉱山会社が労働者が産み出したその利益から全額負担することをもとめた時、これにジョレースは次の様に彼に反論している。

「ジョレース議員：そうしたことは鉱山会社が法の定める拠出額を賃金の引き下げによって労働者に負担を転化させることに行き着きかねません。会社に一挙に過度の負担を強いることになると、付け加えておきます。

…（中略）…

委員会のもとにやってきて要求をしていった労働者達と同じように、率直で誠実な気持ちで鉱山会社に犠牲を求めたいし、同じように労働者にも犠牲を求めたいのです。なぜならこれが慈善の制度ではなく、平等な犠性によって裏付けられる権利の確認であるからです（そうだ、そうだの声）[42]」。

鉱山労働従業員制度法案と鉱山労働者退職年金へのジョレースの態度は、共和派の議員としての枠内での社会主義派への可能な限りの接近の試みを示すと同時に、現実主義的対応で迅速に社会改良を実現しようとする熱意をもあらわしている。

エピローグ――一八八九年総選挙での落選

一八八九年九月二二日の総選挙の投票結果でジョレースは「反動派 réactionnaire」（共和政を王政に戻そうという意味でこう呼ばれた）のアブリアル ABRIAL に僅か八五六票差で敗北した。ジョレースが八、七七六票を得たのに対しアブリアルは九、六三二票を得て、僅差で当選したのであった。この敗北は、ブーランジェ将軍派の躍進を防ぐために、保守的共和派が代議院《シャンブル・デ・デピュテ》の選挙制度を県名簿投票制から郡投票制 scrutin d'arroundissement に改正して以来、大方が予想した結果であった。このカストル一区という選挙区のような以前から保守派が強い選挙区では、一名定員 uninominal の多数決制投票（わが国では小選挙区制と呼ぶ）での共和派の勝利は望み薄であったからだ。今回は善戦したとはいえ、今後の議席獲得は極めて難しいと予想された。ゆえにこの選挙区からの次回選挙への出馬にジョレースは執着しなかった。

この後、「議員」という職業を失って、新しい仕事として、そして生活の糧として、彼が大学講師として勤めていたトゥルーズ大学のある南仏ラングドックの中心的都市トゥルーズ市の市議会議員に、ついで市助役になる。傍ら国家博士主論文『感覚的世界の実在性について』と同副論文『ドイツ社会主義の諸起源』を執筆し、大学教員への復帰をも目指す。しかし彼が教授を務めた国立高等中学校《リセ》があるアルビ市の郊外にあるカルモー炭鉱（アルビ市の北方17キロメートルにあり、選挙区としてはアルビ第二区）で一八九三年に大ストライキが勃発して、鉱山経営者のジェローム＝リュドヴィック・ドゥ・ソラージュ Jerôme-Ludovic de SOLAGES 侯爵が代議院《シャンブル・デ・デピュテ》議員を辞任したために補欠選挙が行われ、奇しくも穏健共和派議員時代にその権利を擁護した鉱山労働者（＝カルモー鉱山の炭坑夫）を支持基盤として「社会主義派代議士」ジョレースが誕生することになる。

第五章　注

（1）DEVOISINS, Louis ; « Jaurès et le pays albigeois ». *op.cit.*,p.6
（2）*Ibid.*, p.6, ANDRIUE, Maurice ; *Jean Jaurès. Citoyen adoptif de Toulouse.* Toulouse. 1987, p.40
（3）DEVOISINS, Louis; « Jaurès et le pays albigeois » *op. cit.*, p.10
（4）父親のボワ氏はロクフォールチーズで知られたアヴェロン県出身のチーズ商人であった。*Ibid.*, p.1 将来のジョレースの妻ルイーズは彼の一人娘であった。
（5）*Ibid.*, p.11
（6）*Ibid.*, p.11
（7）*Ibid.*,. p.14, ANDRIEU,Maurice; *Jean Jaurès. Citoyen adoptif de Toulouse. op. cit.*, p.40
（8）FABRE, Daniel, LACROIX, Jacques ; *La vie quotidienne des paysans du Languedoc au XIXe siècle. op. cit.*, 以下で記したラングドック地方農民の風俗についての歴史は本著によった。
（9）*Ibid.*, p.121
（10）*Ibid*, p.122
（11）*Ibid*, p.138
（12）一八七七年から一八八八年までアルビ市長を務めたカブリエル・スラージュ Gabriel de SOULAGES の本業は弁護士であった。ジョレースの不倶戴天の敵となるドゥ・ソラージュ家の一族の中ではスラージュ SOULAGES と綴る家系もあるが、市長とドゥ・ソラージュ家と関係は確認できなかった。なお彼の息子は父と同名のガブリエル・スラージュという作家である。

(13) RIMBERT Pierre ; *Jean Jaurès, l'évolution vers le Socialisme*, 2^{em} partie: *La première lègislature, L'OURS,* Cahier No 15, p.17

(14) RABAUT Jean, *Jaurès, op.cit.*, p.56

(15) 原題は GUIRAL,Pierre et THUILLIER,Guy ; *La vie quotidienne des Députés en France de 1871 à 1914*. Paris. Hachette.1980. である。

(16) *Ibid.*, p.116

(17) *Ibid.*, p.117

(18) *Ibid.*, pp.118 – 119

(19) *Ibid.*, pp.136–137

(20) *Journal official, Débats parlementaires. Chambre des Députés, Séance du 10 novembre 1885*, p.1

(21) SOULÉ Louis; *La vie de Jaurès. 1859 – 1892, op.cit.*,p.63 etc.

(22) *Ibid.*, p.63

(23) *Journal officiel. Débats parlementaires. Chambre des Députés.Séance du 12 octobre 1886*. p.1577

(24) *Ibid.*, p.1577

(25) *Journal officiel. Débats parlementaires. Chambre des Députés.Séance du 8 mars 1887* , p.655

(26) SOULÉ, Louis ; *La vie de Jaurès. op. cit.*, p.68

(27) VINCENT, K. Steven ; *Between Marxism and Anarchism. Benoît Malon and French Reformist Socialism.* Berkeley.University of California Press 1992, p.102, RIMBERT,P. *Jean Jaurès. L'évolution vers le Socialisme op. cit.*, pp.22–23

(28) JAURÈS, Jean; *Action Socialiste*, Paris, Georges Ballais. 1899. Avant-propos. p.VI

(29) JAURÈS, J. : *Discours parlementaires,* Paris, É. Cornély. 1904, *Introduction,* 《*le Socialisme et le Radicalisme en 1885*》. p.176

(30) RIMBERT, Pierre ; *Jean Jaurès. L'évolution vers le Socialisme.* 2me partie. *op.cit.*,pp.12–13

(31) ZÉVAÈS, Alexandre; *Un apôtre du rapprochement franco-allemand, Jean Jaurès. op. cit.*, pp.26–27

(32) GOLDBERG, Harvey ; *The Life of Jean Jaurès. op.cit.*,p.48, note 28

(33) GALLO, Max ; *Le grand Jaurès.* Paris. Robert Laffont.1984, pp.73–78

(34) RABAUT, Jean ; *Jaurès.op.cit.*, p.47

（35） *Journal officiel. Débats parlementaires. Chambre des Députés. Séance du 11 février1886,* p.182

（36） *Ibid.,* pp.184-185

（37） RIMBERT, Pierre, *Jean Jaurès. L'évolution vers le Socialisme.* 2me partie. *op. cit.,* pp.13-14

（38） RABAUT, Jean, *Jaurès.op. cit.,* p.47

（39） RIMBERT, Pierre, *Jean Jaurès. L'évolution vers le Socialisme.* 2me partie. *op. cit.,* pp.6-8

（40） SOULÉ,Louis, *La vie de Jaurès.op. cit.,* p.60

（41） RABAUT, Jean, Jaurès, *op. cit.,* p.48

（42） *Journal officiel. Débats parmentaires Chambre des Députés, Séance du 24 mars 1888,* p.1138

第六章　社会主義に到達したジョレース
――社会主義派代議士ジャン・ジョレースの誕生――（一八八九年―一八九三年）

プロローグ――一八八九年の政治情況とジョレースの代議院議員総選挙での落選――

一八八五年の総選挙で代議院《シャンブル・デ・デピュテ》（下院）議員に初当選したジョレースは、任期満了後の一八八九年九月二二日の総選挙で落選する。(1) この総選挙はデマゴーグ的カエサル主義的なブーランジェ将軍の選挙を通した大衆扇動的政治運動の終焉をしるした総選挙であり、ブーランジスムはこの政治的な対決の舞台でオポルチュニスト右派でブーランジェ運動に強硬な姿勢をとったエルネスト・コンスタンス Ernest CONSTANS 内相の仕掛けた政治的罠に陥って失速し、潰えた。ブーランジェ派を一掃し、穏健共和派＝オポルチュニストに圧倒的多数の議席をもたらせるために仕掛けられた選挙法改正は、ほぼその目論み通りの選挙結果を生んだ(2)――それまで飛ぶ鳥を落とす勢いであったブーランジェ派は三八議席しか獲得できず、保守派＝旧王党派一六七（一七二）議席で、与党の共和派は三六三（三六六）議席を獲得して大勝利を収めた(3)――が、同じ共和派のジャン・ジョレースからは議席を奪う結果となった。

この選挙法改正――この法案は一八八九年二月一三日に可決されている――に反対してジョレースは一八八九年二月一一日に議会でかなり長い雄弁な演説を行なっている。また一八八九年七月一三日の議会任期切れ直前の議会では、複数選挙区での立候補を禁じる法案――一八八九年七月一七日法として立法化された――を批判する。これもかなり長広舌の演説を行なっている。前者の演説では次に引用する理由からそれに反対している。

「ジョレース：（前略）さて、最良のかたちで、かつ適当な程度の政治家の新人材補給を行なってくれる投票様式は何でしょうか？ それは名簿式投票 scrutin de liste であります。この制度は国民のために古い人材のうちで最も活力に満ちた分子に、新しい人材を加えてくれます（ざわめきとどよめき）。それは国民に自分たちの政治とその諸手段を修正し、変更させてくれます。反対に郡選挙区投票制 scrutin d'Arrondissement はシステムのロジックそのものによって、再び私達はそれぞれの郡の中での闘争にかかずらわされることを余儀なくされます。

左翼席の一議員：分かり切ったことだ。どんな場合でもそうじゃないか！

ジョレース：では何故にあなた方は郡選挙区投票制を実施しようというのでしょうか？ 解き放たれた大きな潮流を地域的で古めかしい影響力で押しとどめるためか、よく見てもこれらの潮流の勢いを衰えさせるためであります。ところで私たちが自分の街や村に帰ると決まって私たちにここでは貴方ほど評価され、有名で、愛されている人物はいません、敵と対抗できる人物はあなたをおいていません、と言ってくれる人がいます。すなわち現在の議会で何でも出来るのに、それらを政府の法案が取り決める六百の選挙の個別的ケースに包み隠そうとしています。」(4)

ジョレースは自分の再選に不都合であるから新選挙法——というよりは旧選挙法の復活——に反対したのではなく、代議制政治における単記投票制 uninominal = 郡選挙区投票制の構造的欠陥と名簿式投票制度の優位を確信して、後者を擁護したのであった。そのことは、彼がこの選挙制度の下でほぼ恒常的に議席を確保できるようになってからも、終生、熱烈な「比例代表制」（名簿式投票制の趣旨はこの制度により近い）の支持者であったことからも分かる。この時点でのジョレースの単記投票制への批判は、選挙区の――特に農村部での――細分化が、古い政治勢力の温床になることと、また新しい人材が政治の世界に導入され難くなることを特に問題にしていた。

一八八九年七月一三日の議会任期切れ直前の議会では、ブーランジスムの宣伝手段となった――ブーランジェ将軍は当選後に辞職してはふたたび選挙に立候補して当選するという政治行動を繰り返し、それをプロパガンダとして用いた――複数選挙区での立候補を禁じる法案に反対して彼は次のような発言をしている。

「ジョレース氏：（前略）あなた方の目的は何でしょう？　あなた方はある人物が何回か当選者として指名されるのを妨げたいのですか？　ここに彼が何人分かになって、六〇議席あるいは七〇議席を占めることを恐れているからですか？　違います。あなた方はひたすら政治的示威行動 manifestation politique を恐がって、それが彼に一定の力を与えるのではないかと思っているのです。（中略）あなた方は警戒と犯罪化のシステムを組織することになるでしょう。(5)」

この演説に対して社会主義派議員五人を代表するカメリナ議員〔パリ・コミューンの指導者として著名。後のフランス社会党会計担当責任者。〕が国民に掲示することを求める動議を出すが、ジョレースは共和派の分裂をおそれて辞退している。両法案の提案主体が共に彼の属する政府・与党＝共和派であったために彼が苦渋に満ちた立場に置かれていたことが発言のはしばしから窺えるとともに、ブーランジスムを追い落とすためならば共和派の基本理念にも背く御都合主義に対する怒りをも感じることが出来る。

一八八五年六月一六日選挙法による県ごとの非拘束連記名簿二回投票制 scrutin de liste, majoritaire, à deux tours[6]の選挙制度に基づく一八八五年の総選挙においてトップ当選できた彼も、新たに施行された郡ごとの（選挙区は基本的に郡ごとに構成されるが、住民一〇〇、〇〇〇人を超すともう一議席与えられ、選挙区が二つに分割される。さらに一〇〇、〇〇〇人を超す毎に一議席追加され、選挙区も議席数に従って分割される）[7]単記多数決二回投票制 scrutin uninominal, majoritaire, à deux tours もしくは郡選挙区投票制 scrutin d'Arrondissement と呼ばれる一人定数の選挙区制度――日本で独特に表現するところの「小選挙区制」にあたるこの選挙制度は一八八九年二月一三日選挙法で制度化された――は、ほぼ一八八五年六月一六日選挙法施行までの選挙制度である一八七五年一一月三〇日選挙法への回帰である。この選挙制度は一九一九年七月一二日選挙法によって県毎の非拘束名簿投票制――多数決制と比例代表制を折衷させた複雑な選挙制度で、当選の優先順位が次のように定められている。(1)絶対多数の票を得た候補、(2)選挙区の有効投票数を定数で割った当選基準数に達した名簿、(3)全議席が(1)(2)の基準に達しない場合は、平均獲得投票数が最大の名簿[7]――に変わるまで存続する。復活した「郡選挙区投票制」の下では、新参の候補者はドゥ・ソラージュ侯爵家やルネ・レイユ男爵等の地方の素封家、大企業経営者の保守派の厚い壁に阻まれて当選することがかなり難しくなった。

ジョレースには彼の生れ故郷のカストルの選挙区が割り当てられた。正確に言えば彼に割りふられた選挙区は、カストル市を中心とするカストル郡西部のカストル、ドゥルニュ Dourgne、ラブリュギエル Labruguière、ロートレック Lautrec、モントルドン Montredon、ロククールブ Roquecourbe、ヴィエルミュル Vielmur の7小郡《カントン》から成るカストル第一選挙区で、タルヌ県の6つの選挙区の一つである。因みにカストル郡にはもうひとつ羊皮剪毛業《デレイナージュ》で有名なマザメ市を中心とするカストル第二選挙区があった。この選挙でジョレースはカストル市を含むカストル小郡でアブリアル候補を五〇〇票ほど上回り、ドゥルニュ小郡（南方にモンターニュ・ノワル＝「黒い山地」を仰ぐ、カストル南西に位置する農村地帯であるが、ドゥルニュ町では繊維、皮革の地場産業もあった）[9]、ヴィエルミュル小郡《カントン》（カストル市西

図－1　タルン県の小郡（canton）名（第四章図—1の再録）

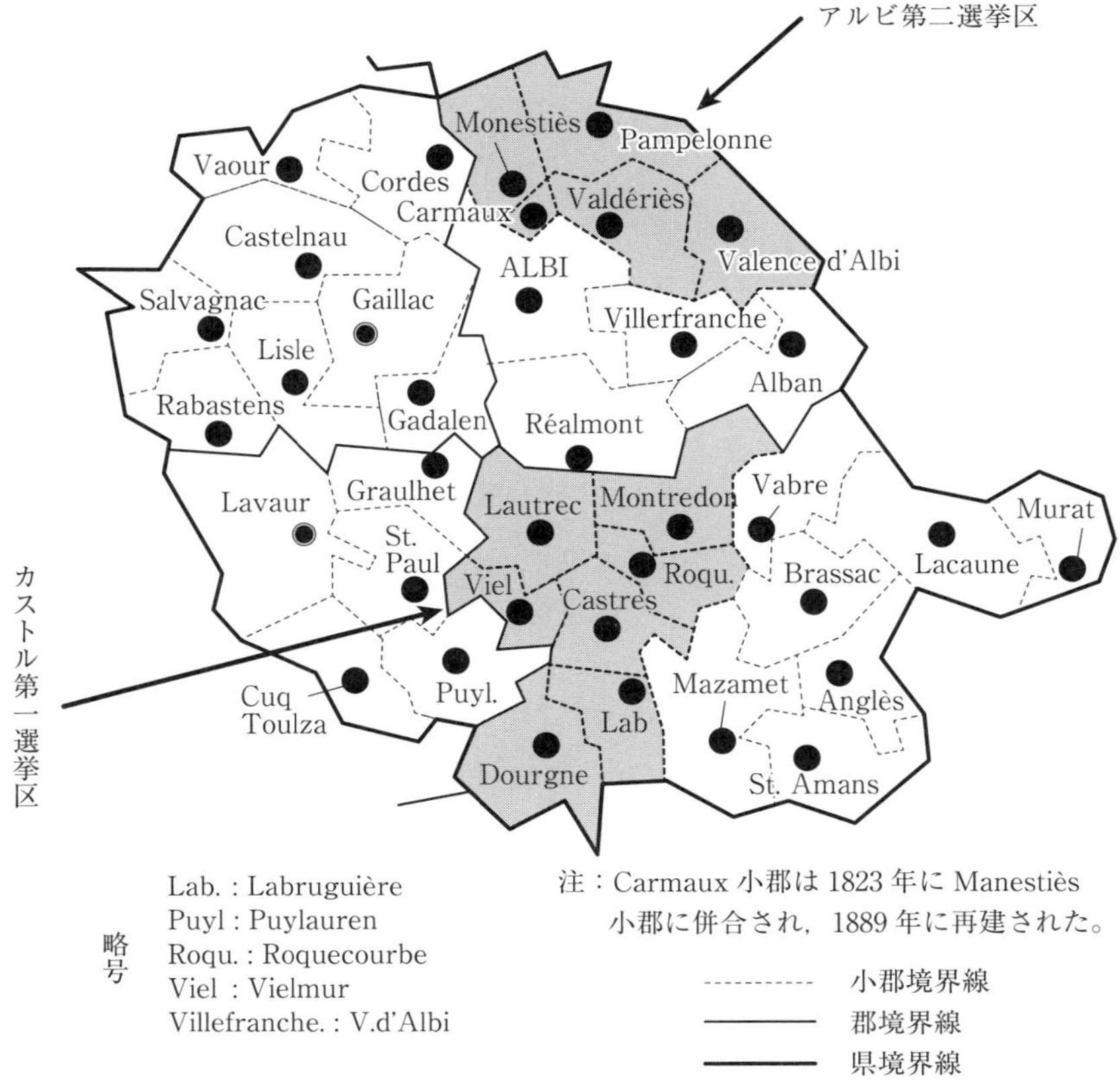

注：Carmaux 小郡は 1823 年に Manestiès 小郡に併合され、1889 年に再建された。

方に位置する肥沃な耕地と手工業の地帯[10]でほぼ互角の票を得たが、ロートレック小郡《カントン》（小麦、玉蜀黍等を量産する農村地域[11]）、モントルドン小郡《カントン》（全くの山村地帯で土質は痩せ、蕎麦、馬鈴薯、ライ麦等が栽培されていた[12]）、ラブリュギエル小郡《カントン》（カストル市南方の南部に「黒い山地」を含む不毛地帯でライ麦、馬鈴薯等が栽培されていた[13]）等の農村部ではかなりアブリアルに票数を引き離され、選挙区全体でジョレースの獲得投票八、七七六票対アブリアル九、六二二票という結果に終わり、八四六票の僅差で惜敗した。この地で

表ー1　1889年9月22日の代議院議員総選挙でのカストル第1区の選挙結果

小郡（カントン）	市町村（コミューン）	有権者総数	投票総数	Jaurès	Abrial	Chazette
Castres	Castres	6820	5731	3145	2530	6
	Laboulbène	59	52	14	35	
	Navés	137	125	21	104	
	Saïx	497	408	200	196	
小郡合計		7513	6316	3380	2865	6
Dourgne	Dourgne	575	528	292	235	1
	Arfons	325	303	206	97	
	Belleserre	85	76	39	37	
	Cahuzac	60	53	19	34	
	Durfont	134	119	101	18	
	Garrevaques	139	127	38	87	
	Lagardiolle	147	121	40	81	
	Les Cammazes	212	187	103	83	
	Vassaguel	176	151	82	67	
	Palleville	106	98	23	75	
	St.Amancet	128	117	78	38	
	St.Avit	75	64	24	40	
	Sorèze	725	585	255	322	
	Souat	432	346	181	165	
	Verdalle	386	339	139	200	
小郡合計		3705	3206	1620	1579	1
Labruguière	Labruguière	1119	983	409	571	
	Escoussens	296	267	94	169	
	Lagarrigue	138	127	76	47	
	St.Affrique	189	183	121	62	
	Valdurenque	149	133	58	72	
	Viviers-les-Montagnes	349	306	119	180	
小郡合計		2240	1991	877	1101	7(0)*
Lautrec	Lautrec	963	824	276	536	*（　）の中は筆者が訂正した数字
	Brousse	189	167	56	108	
	Jonquières	216	176	63	108	
	Mondragon	196	176	112	64	
	Montpinier	102	89	13	76	
	Peyregoux	63	55	14	40	
	Puycalvel	146	126	72	53	
	St.Genest-de-Contest	172	146	85	60	
	St.Julien-du-Puy	240	213	109	103	
	Vénés	358	308	130	177	
小郡合計		2645	2280	930	1325	0
Montredon	Montredon	1452	1128	390	732	
	Arifat	196	148	61	85	
	Montcouyoul	133	111	46	64	
	Rayssac	211	174	21	150	
小郡合計		1992	1561	518	1031	0
Roquecourbe	Roquecourbe	552	475	176	299	
	Burlats	654	528	290	237	
	Lacrouzette	353	289	75	214	
	Montfa	141	109	30	73	
	St.Germier	57	49	34	15	
	St.Jean-de-Vals	25	22	7	15	
小郡合計		1782	1472	612	856	0
Vielmur	Vielmur	341	306	169	135	
	Carbes	118	101	52	48	
	Cuq	212	189	40	149	
	Fréjeville	169	148	68	78	
	Guitalens	191	171	79	91	
	L'Albarède	123	110	70	39	
	Sémalens	536	486	270	204	
	Serviès	231	213	91	121	
小郡合計		1921	1724	839	865	0
総計		19998	18566	8776	9622	7

〔出典〕 Archives départementales du Tarn. cote II M^3-65.

ドゥ・ソラージュ侯爵家やレイユと結び付きの深いアブリアルを向こうに回し、予想以上の善戦を展開し、都市部のカストル市では過半数を得たが、農村部でかなりアブリアルに大差を付けられたために選挙区全体では惜敗するという結果に終わった（表-1参照）。カストル郡を含め、南部は共和派の強い北部に比較してかねてから保守派の強い地域で、アルビ、ガイヤック、——ジョレース自身の言葉をかりれば「アルビとガイヤックの警戒怠りない共和派が多数である住民」（一八八九年七月一二日のトゥルーズ市議会議員補欠選挙の候補者にジョレースを推挙した共和派委員会の大集会で選挙綱領を披瀝した演説）(14)——グローレ等のタルン県の他の主要都市に比べても保守派の勢力が強い地域であり、今後の議席回復の望みも乏しかった。

すでに選挙戦の六か月前から、落選を予期してか、トゥルーズ大学人文学部のポストを求める画策を行なっている。(15)この時ジョレースは三〇歳になったばかりであった。選挙直前に初めての子供が誕生した。生まれた子供は娘で、総選挙投票日三日前の九月一九日に授かった。娘の名前はマドレーヌ。やがて一九〇一年にカトリックの敬虔な信者であるマドレーヌの聖体拝領《コミュニオン》での彼女と彼女の母ジョレース夫人ルイーズの宗教儀礼実践をめぐって、社会主義者でフランス革命の理念の信奉者であるジョレースに対し非難と揶揄が浴せられ一悶着が巻き起こる。ともかくも落選直後とはいえ、最初の子宝に恵まれて、以前にもました至福の家庭生活を送ることが出来た彼は、この時期、むしろ議員時代以上の静謐な人生の幸せを噛み締めていたであろう。

学究の道への復帰は、糊口の道としてだけでなく、アカデミックな世界に魅せられ、彼自身が構想した大きな研究テーマに取り組むその道のなかばで、政治的使命感から「職業としての政治」の世界に足を踏み入れたのであるからして、ある種の喪失感の回復を感じたであろうことは想像に難くない。

ジョレースのあらたな転機となったこの年一八八九年は、フランス革命百年の年であり、それに因んでの万国博覧会がパリで開かれ、時と場所を同じくして第二インターナショナル（労働者インターナショナル）が設立された年であった。もっともフランスで社会主義諸勢力が政治的社会的に進出し確かな地歩を固めるのは、さらにもう一回後の一八九三年の総選挙においてである。

第一節　トゥルーズ大学講師への復職とジャーナリストとしての活動

代議院《シャンブル・デ・デピュテ》議員選挙で落選したジョレースはアルビの自宅とパリのアパルトマンを引き払って、「薔薇色の都 la ville rose」トゥルーズの中層ブルジョワジーの多く住むサン - パンタレオン広場 place Saint-Pantaléon の二〇番地に新たにアパルトマンを借りた。母アデライドも彼の息子と共にトゥルーズにやってきた。そして、高等教育局長ルイ・リアルとトゥルーズ大学学長ペルーの計らいで、議員になるまで勤めていたトゥルーズ大学文学部の哲学講師の職に復帰した。総選挙後数週間で新学期は始まり、新しい学生との邂逅をもった。四年前のように伝統的な哲学の通史を講義するのではなく、「認識の問題」、「神と霊魂について」、「ドイツ哲学におけるドイツ社会主義の起源」、「ピュタゴラス」、「オーギュスト・コントの哲学」等のテーマをたてた講義を行なうようになった(16)。特に「ドイツ社会主義の起源」と題する夕べの公開講座には、学生以外に労働者や社会主義派市議会議員などが詰め掛け、賑わった(17)。

この頃、彼が足繁く通ったトゥルーズ市立図書館 Bibliothèque Municipale de Toulouse では閲覧記録から、彼がカントの『判断力批判』、サント - パレ SAINTE-PALAYE の『騎士道の研究 *Mémoires de la Chevalerie*』（一七五三年）等の書物を読んだことが分かっている。また大学では「官報」、「ルヴュ・ソシアリスト」、十九世紀における社会問題研究の泰斗ル・プレ LE PLAY の諸著作、「ラ・ルヴュ・イストリーク *La Revue historique*（史学雑誌）」、政治経済関係の新聞と雑誌をよく閲覧し、『外交資料（アルシーヴ・ディプロマティーク）』、『ローマ史』、サン -

シモン主義者ビュシェ BUCHEZ の『議会史』、ブルンチュリの『国家学』、そしてディドロ、エルヴェシウス、トマス・アキナス、ボシュエ、ルクレチウス、オーギュスト・コント、哲学者アルフレッド・フイエ Alfred FOUILLÉE、フォンサグリーヴス FONSSAGRIVES、スペンサー、カント、神学者ベリュイエ BERRUYER 等の著作を借り出している。これらの読書傾向は彼の国家博士論文の内容と深く関係していることを示してくれるとともに、ジョレースの専門である哲学のみならず政治問題と社会・経済問題に深い関心を寄せていたことが分かる。(18)

この当時トゥルーズ大学では、若い大学教師を中心に、茶話会が開かれていて、ジョレースもこれに参加していた。この会合はパリ・ホテル Hôtel de Paris で昼食をともにとった後で、カフェ・ド・ラ・ペ Café de la Paix で毎日のようにもたれた。会合の参加者には後のトゥルーズ大学法学部学部長で、フランスでの公法研究の大家となるモーリス・オーリュー Maurice HAURIOU、ソルボンヌ教授に、そして学士院会員になる哲学者デルボス DELBOS、パリ大学で美術史を教えるエミール・マール Émile MÂLE、このトゥルーズ大学文学部教授になるナヴァール NAVARRE、ポワティエ大学教授になるオドゥワン AUDOUIN、グルノーブル大学文学部教授になるジョルジュ・デュメニル Georges DUMESNIL、モンプリエ大学学長になるアントナン・ブノワ Antonin BENOÎT 等がいた。デュメニルによると、週にいく度かジョレースは午後一時頃からこの茶話会に参加し、会の興を盛り上げてくれたという。(19)

この時期のジョレースはジャーナリストとしてかなりの活躍を示す時期でもあった。彼は週一回の寄稿を「デペッシュ・ドゥ・トゥルーズ」紙の編集部から求められ、ペルー学長に許諾をもとめて相談したが、すぐに快い返事はくれなかった。彼の研究者とジャーナリストの仕事の両立に疑問を抱く学内世論への配慮があったからだ。しかしいく分かの逡巡の後に、ジョレースがアクチュアルな問題を論評する際の見識の高さを信頼してこれを許した。彼は「デペッシュ・ドゥ・トゥルーズ」紙への定期寄稿者として、政治評論にとどまらず、「愛書家（リズール

liseur)」という匿名で、特に文学についての論評で活躍している（すでに述べたように「デペッシュ・ドゥ・トゥルーズ」紙はフランス西南部の大都市トゥルーズを拠点にする急進党系の日刊誌で、第三共和政下の南仏で大きな影響力を誇った地方紙として知られている[20]。）この時期のジャーナリストとしての活動は、この後に同紙と「ル・マタン *Le Matin*」紙に寄稿し、「ルヴュ・ドゥ・ランセニュマン・プリメール・エ・プリメール・シュペリウール *La Revue de l'Enseignement primaire et primaire supérieur*（「初等・上級初等教育雑誌」）」誌の編集者と執筆者を務め、パリを中心にかなりの部数の購読者を有する「ラ・プティット・レピュブリーク」紙の政治部主幹を経て、「リュマニテ *L'Humanité*」紙を創刊して、政治部主幹になるというジョレースのジャーナリストとしての華麗な経歴の濫觴《らんしょう》の時期となるだけに、注目に値する。

「デペッシュ・ドゥ・トゥルーズ」紙への寄稿は一週に一篇の記事という定期的割合で行なわれた。それらの記事の多くは当時のアクチュアルな諸問題を扱っている。一八八九年総選挙での落選以前にも少なからず同紙に記事を執筆しており、最初の彼の記事は一八八七年一月二一日の同紙に掲載されている。もっともジョレースの社会主義へ方向転換について研究しているピエール・ランベールによれば、いくつかの彼の伝記は一八八三年頃から「リズール liseur（愛書家）」という匿名で特に文学についての論評で活躍していると述べているという。しかしランベールは彼の論文の中で、同時期の同紙に「リズール」の書評記事を発見できず、またジョレース自身が一八九三年六月の記事の中で認めている一八八六年末からの寄稿の形跡も未だ以って見つからないとしている[21]。一八八六年末から同紙に寄稿を開始したとするジョレース自身の指摘は、実名での彼の最初の寄稿が翌年一月であることからしてほぼ近似値的でさしたる論点にはならない。しかし一八八三年頃からの「リズール」著名の記事が見当らないとするランベールがいうのは当然で、今日ではジョレースの「リズール」というペンネームによる文芸評論は一八九三年五月一五日にはじまり、一八九八年まで続いたとするのが定説であるからだ。ランベールがどの研究を参照して一八八三年に「リズール」の連載文芸評論記事が始まったとしているのかは、筆者の今までの調査のかぎりでは不明である。フランソワーズ・プリジャン Françoise PRIGENT によれば、ミシェル・ローネ Michel LAUNAY が「ラ・デペッシュ・ドゥ・トゥルーズ」紙の「文学半月評 *La Quinzaine littéraire*」と題する欄の、「リズール」と記名した寄稿者がジョレースの手によるものであることを発見した。そして彼はプリジャンにこの資料を基に、「文学評論家ジョレース」という題の学位論文を書く事を提案した。すでにマルセル・オークレルはノヴェリスティクでありながら、かなり実証性の濃い『ジョレースの生涯もしくは一九一四年以前のフランス』（一九五四年刊）(22)の中でジョレースが「リズール（愛書家）」の匿名で寄稿していたことを示唆している。しかしプリジャンは、オークレールがこのコラム記事の連載が開始される年を一八八七年であるとしているのは誤りであり、正しくは一八九三年五月一五日であると指摘している。この最初の記事はアナトール・フランスの小説『ペドーク妃亭のロースト料理 *La Rôtisserie de la Reine Pédauque*』とピエール・ロチの小説『女性亡命者 *une exilée*』についての書評であった。(23)「文学半月評」は不定期的にではあるが一八九八年まで連載される。(24)因みに一九六四年に「ラ・ルヴュ・ソシアリスト」に掲載されたテオドル・ベレジ Théodore BEREGI の「文学批評家、ジョレース Jaurès, critique littéraire」と題する論文の中ではこの「リズール」の記事に触れられていない。(25)これは「文学半月評」の存在を知らなかったからであろう。またジョン・ドブリン John DOBRIN〔モントリオール生まれでアメリカに帰化したアメリカ国務省の元外交官。〕によれば、ジョレースが「ラ・ドゥ・トゥルーズ」紙の「文学半月評」を書いたという事実は共通認識になってきているが、それを文体（スタイル）や内容以外で証拠だてる資料はこれまでなかったが、彼はカストルの「ジョレース博物館」で代議院《シャンブル・デ・デピュテ》公箋に書かれたジョレースから彼の秘書であったピエール‐バルテレミ・グージ Pierre-Barthélémy GHEUSI〔一八六五―一九四三年。オペラ・コミク座の戯曲作家として、そして「フィガロ」紙の音楽評論家として名を挙げた。〕に宛てた書簡を見つけ出すことによってそれを確証づけることが出来たという。すなわち一八九五年一月三日日付けのその書簡の中で「親愛なるグージ君。私は貴方の蠱惑的な著書を「読んだ lire」ところです。『リズール』はその印象を『ラ・デペッシュ』紙につたえるでしょう[26]」とジョレースは書き送った。そして一八九五年一月五日には「リズール」による「文学半月評」の欄にグージの小説『ジャンヌ・ダルクの魂、百年戦争の挿話的物語 *L'Âme de Jeanne d'Arc: roman épisodique de la guerre de cent ans*』の書評がでた[27]。ともかくも彼が実名で記事を書いたのは、前述の一八八七年一月二一日の「トゥルーズの政治と情況 La Politique toulousaine et la Situation」という見出しの記事が最初であり[28]、そこでは彼自身が与党＝共和派の議員として、諸改革への取り組みの遅さへの逡巡と苛立ちを感じ、批判的姿勢を強めながらも、同じ共和主義の旗印を掲げる政府＝与党を援護せざるをえないディレンマに陥っている心情を吐露している。この記事の中で彼は云う。

「この時点で共和派は何物にもまして何をのぞんでいるのか？　予め党派的立場によって身動きできなくならないようにして、国民の前にはっきりと説明し、彼らの将来への展望を詳しく述べるべきである。議会で共和派の良心が受けている束縛は、誠に苦痛に満ちている。二百近くを数える右翼の系統的な反対に直面しながら、友である政府を倒し、敵を喜ばせる危険を冒すことなしに、あなた方は自分で善いと思う道筋に一歩も歩むことが出来ず、未来に向けて自らを進めることが出来ないでいる。（略）共和派がなすべきことは一つしかない。たゆみなく国民の理性に訴えかけることだ。…[29]」

この最初の記名記事の後も、約一週間の間隔で記事を発表している。ところで、落選後に最初に同紙に掲載された記事は一八八九年一〇月二七日のもので、「社会主義党派 *Le parti socialiste*」と題され、社会主義勢力の問題について扱っている。そこでは「党派 parti」という語がむしろ「陣営」か「勢力」という意味に使われている。当時、社会主義勢力は統一した「社会党 parti socialiste」を結成するにはほどとおい状況で、四分五裂の状態で互いに勢力争いに没頭し、ブーランジェ運動に対する評価の分裂はこれに拍車をかけた。方向喪失に陥っていた社会主義勢力を、この論文の結論部で、彼は次のように評価する。

「燦然と輝く理想が労働者階級を導くために彼らの前に立ち現われないのならば、労働者階級は直ぐに暗中模索してカエサル的独裁主義の誘惑に惑わされるか、反動派の罠にはまるであろう。導きの理想とは社会主義であり、その最大の問題とは社会主義思想が勤労者を元気づけ、勢力結集できるのに充分たり得るか、そして同時に抵抗なく平穏にフランス社会の根底に浸透できるか否かである。(30)」

同紙への彼の寄稿記事は数多あり、内容も多岐にわたり、彼の思想の全体像を把握する上で重要である。これらに対する全面的・総合的論評をする紙幅のゆとりがここでは無い。本章では、彼が明確に社会主義者に転じた時点を示す記事を紹介することで締め括りたい。

一八九〇年一〇月一五日の有名な記事「月の明かりで Au clair de lune」で社会主義に対する逡巡と疑問を示した後で、同年一〇月二二日の「フランス革命の社会主義」と題する記事でフランス革命の申し子である共和主義は社会主義に必然的に到達するし、共和主義の内側にこそ社会主義を打ち建てなければならないとするジョレース的社会主義観を提示し、同年一一月二七日の「到達しなければならない Il faut aboutir」と題された記事で初めて「私たち社会主義者は à nous socialistes」という表現で自らを社会主義者と称した。しかし現実の社会主義運動をセクト主義的であるとして距離を置く姿勢をその後も続け、現実の運動に対する積極的評価を下し連帯の意思を明らかにするのは、おそらくは一八九一年七月一五日のフールミ虐殺事件で群衆を扇動したとして起訴されたキュリーヌ CULINE の裁判を論じた記事「偏った裁判 Procès de tendence」からであろう。この記事で「フランス社会主義の活動家に対し、（略）試練が始まろうとしているこの時に、彼等の思想、精神、魂に私が連帯するとまたもや確言しないならば、自分を卑怯者と見做さざるをえないであろう」[31]と書いている。

第二節　トゥルーズ市議会議員・助役としてのジョレース

ジョレースはトゥルーズ大学の哲学担当講師を勤めながら博士号申請論文の完成に精力を傾ける傍ら、「デペッシュ・ドゥ・トゥルーズ」の定期寄稿者としてジャーナリストの仕事をもこなし、あまつさえ地方議会の議員と助役の仕事まで行なっている。すなわち彼は一八九〇年七月二七日から一八九三年一二月七日まで、トゥルーズ市議会議員と市助役を務めている。この経歴についてはマドレーヌ・ルベリウの一九五九年の論文「ジャン・ジョレース。トゥルーズ市議会議員（一八九〇年—一八九三年）」[32]が最初に注目をした。それまで数多くのジョレースの伝記が書かれてきたが、一定の頁数をこのトゥルーズ市議会議員と助役時代の彼の経歴の叙述に割いたのはそれまではルイ・スーレの伝記『ジョレースの生涯（一八五九年—一八九二年）』（一九二一年刊）だけであった。二三一頁からなるこの伝記の第三部は「トゥルーズ市役所助役のジョレース」と題され、四二頁がこの第三部に割り当てられている。この時期の彼が主として力を注ぎ込んだ仕事は大学の講義——特に長期の講義となった「ドイツ社会主義の起源」——や、国家博士論文の執筆、それに加えて新聞への定期寄稿であったが、決してこの公務の遂行も無視されるべきものではない。

ちなみにトゥルーズ時代のジョレースについては一九八七年に元オート-ガロンヌ県選出の国民議会議員であったモーリス・アンドリュー Maurice ANDRIEU が『ジャン・ジョレース。トゥルーズを第二の故郷にした市民

Jean Jaurès, citoyen adoptif de Toulouse』をトゥルーズのプリヴァ Privat 出版社から刊行した。この著書はトゥルーズ時代のジョレースについて、大学教員やトゥルーズ市助役としての活動から、博士号論文執筆からジャーナリストとしての活動まで幅広く扱っている。軽視されがちなトゥルーズ時代のジョレースについて知るうえで有益な著書である。

トゥルーズ市は一八八八年五月の市議会選挙で急進派が「プログレシスト（漸進派）progressiste」＝フェリー派 ferryiste を議会から一掃して以来、元元老院議員のウルナク OURNAC 市長によって行政が行なわれてきた。この市長は「急進・社会主義共和派連合 Unité républicaine radicale et socialiste」の三六名の統一名簿で市議会議員に選ばれた人物で、社会主義思想に同調する「労働者派」もこの統一市議会議員候補名簿に加わっていた。その中でも植字工のシャルル・ドゥ・フィット Charles de FITTE（一八五七年—一八九三年）はとみに有名であった。没落貴族の息子であるドゥ・フィットは、早くに父親を喪い、ほとんど学校に行かぬまま、植字工の技能を身に付け、パリで働く間に社会主義運動に加わり、トゥルーズに戻って、一八八八年に急進社会主義派のリストで他の三人の「労働者派」とともに同市の市議会議員に当選した。しかし同年一〇月に急進派と決裂し、翌年に市長ウルナクと決定的に決別した。一時期ブーランジェ派に心を寄せた後、ヴァイアンのブランキ派＝中央革命委員会に接近、市議会議員に再選されたが一年後に急逝した。[33] その他洋服仕立工のデデ DAYDÉ、帽子製造工のクロン COULON、石材工のデジャン DÉJEAN のあわせて四名が社会主義者で、市長のウルナク、フェラル FÉRAL、セル SERRE、ロラン LAURENS、トラニエ TRANIER、フィリップ PHILIPPE、ジャン－ベルナル・パスリウ Jean-Bernard PASSERIEU、レーグ LEYGUE 等の急進派とともに、同連合は市議会の定数三六議席のすべてを擁して、市議会の与党多数派を形成していた。[34] 思い起せば、トゥルーズは、一八七一年にパリ・コミューン（コミューン・ドゥ・パリ）と同時期に、それに連帯して、マルセイユ等と共にコミューンの樹立を宣言した姉妹諸都市の一つであり、さらに遡ればフランス革命期のほとんどの選挙において、ジャコバン派の強固な基盤となり、一七九九年の王党派による反革命の企てを壊走させた都市であり、古代末期においては自由と芸術の都「パラディア・トローサ Palladia Tolosa」（＝「ミネルヴァの都」）であり、中世では高潔な宗教的モラルに殉じたカタリ派＝アルビジョワ派の拠点であり、また騎士身分の愛と献身をうたった吟遊詩人「トルバドゥル」(35)の故郷であった。

一八九〇年七月二七日のトゥルーズ市議会議員補欠選挙で、ジョレースは市議会議員に選ばれた。選挙結果は圧倒的勝利であった。有権者登録総数三六、二四五名中九、一五六名が投票し、彼はそのうちの八、四〇六票を得た。補欠選挙ゆえにであろうか投票率が低く、獲得投票数が有権者登録総数の四分の一に達しなかったために決選投票が行なわれ、投票者七、四二一名中七、一九四票を得て悠々当選した。因みに二年後の一八九二年五月一日のトゥルーズ市議会議員総選挙でも投票総数二三、一二一票中一一、七八七票を獲得して最高位で再選を果たし、直後に第三助役に、のちに第二助役に指名され、いずれの役職の場合も再選前と同様に、公教育担当の助役であり、市公共教育運営委員会 le délégation de l'Instruction publique 担当の任を負っている。では何故トゥルーズ出身ではないジョレースが市議会議員になることを求められたのか。M・ルベリウは彼の雄弁と知性、「ラ・デペッシュ」に定期寄稿する社会主義に接近しつつある人気のある左翼知識人であったこと、医学部設置を目指すトゥルーズ大学の発展を積極的に支持していた大学人であったこと、同じく議会でトゥルーズ大学の医学部設置のために尽力していた元代議院《シャンブル・デ・デピュテ》（下院）議員であったことをその理由として挙げている。(36)

初出馬に際しての、候補指名は一八九〇年七月一二日のテアトル・ドゥ・ラ・ヌヴォーテ Théâtre de la Nouveauté での共和派委員会大集会においてであった。この時の議長はセルであり、彼はやがてトゥルーズ市長に、そして同市選出の代議院《シャンブル・デ・デピュテ》議員となった。この集会でジョレースが候補者に指名された理由は、もっぱら彼が構成員であるところのトゥルーズ大学の改組のためであった。この集会でジョレースが発表した選挙綱領は、すでに述べたように大学の改組を主眼としたものであり、この集会での彼の選挙綱領をあきらかにした演説で知識人が余りに集中化しているパリに対抗して「地方に知的センターを再構築する必要がある」と、述べている。[37]もっとも、労働者が多く住む下町（＝城外町）faubourg であるサン‐シプリアン Saint-Cyprien での七月一九日の公開集会での演説では、社会問題の解決が喫緊の課題であると主張している。

当選直後に彼は第六助役に任命され、初めて市議会で発言するのは、市当局を代表して「学生部隊 bataillon scolaire」（＝「軍事教練」）を廃止した理由について答弁した一八九〇年一二月三〇日の演説である。「学生部隊」とは兵役で入営する前の青年男子が一二歳で銃の操作などを習得する制度で、リヨン等ですでに廃止していたが、中途半端なこの教練制度を体育教育に置き換えたほうが良いと、彼はこの時答弁している。そしてむしろ日曜日の投票所で選挙に立ち会わせたほうが市民形成教育に役立つであろうと言っている。[38]やがて『新しい軍隊』で常備軍＝職業的軍隊に反対する立場から反軍主義 antimilitalisme をとなえたジョレースの、婉曲ではあるが、おそらくは最初の反軍主義の公的な意思表明であっただろう。

この後に与党から分離した社会主義‐労働者派のリーダーであるシャルル・ドゥ・フィットとの論戦がいく度か展開された。最初は地方法律学アカデミー Académie locale de législation への立法による補助金に反対するドゥ・フィットへの反論である。最も広く知れ渡ったジョレースの市議会での発言 intervention の一つは、一八九一年のトゥルーズ大学優等賞授与式の主宰者に彼が選ばれ列席した際に、熱心な共和主義支持者であったパジェ PAGET 法学部長が式典の演説で社会主義を「狂気」・「詐取」と表現した事件が、八月五日に議会でドゥ・フィットによって追及された時の反論であった。その中でジョレースは法学部長の言説は場所を弁えないものであると批判しながら、これによって冷静さを失い、市当局と大学とが対立に陥るべきではないと諭している。[39]

同年一一月三日には市議会は民間ホスピス予算の討論に際して施設職員の非聖職者化を行なうとの修正案に対し

て、「…我々に対して資本家と聖職者が融合して向かってきているのを見たまえ」、と注意を喚起し、敵側によって仕掛けられた罠にはまって、敵に市当局攻撃の武器を送ることのないようにもとめている。[40]　一八九二年六月二六日の市議会でドゥ・ラフィットがキャピトル劇場 Théâtre du Capitole に対して割り当てられた補助金を全廃するべきであると主張し、「法律学アカデミーや文芸華冠賞 Jeu Floraux アカデミーなどの団体に対する補助金に賛成投票していると、私たちは反動的なことをしているような気がする」と言った際に、ジョレースは「学問と芸術と真実の感性を私達が伸ばそうとしているなら、気にする必要はありません」と反論している。これらの答弁の随所に彼が市議会与党を構成している急進主義派的な、すなわち穏健で漸進的な社会改良主義の立場に立っていることが窺える。しかし一八九一年メーデーでノール県のフールミで起きたデモ参加者への発砲事件、いわゆる「フールミの虐殺」の犠牲者に市議会が全会一致で五〇〇フランの義捐金を送る決議に、内務大臣の責任を追及し真相調査を要求する議員（ミルランが中心）を称賛する文面を加える提案がドゥ・フィットによってなされ、反対一七対賛成八で否決された議決では、彼は反対の投票をしている。この三か月後には賃上げや一六時間労働を一二時間に削減する要求等を掲げて、トゥルーズ市電労働者のストライキが全国的労働攻勢の中で決行され、最終的に要求をかち取っている。この時ジョレースはストライキの収拾に奔走した。この時期「ラ・デペッシュ」の彼の記事で社会主義者の旗色を鮮明にしてはいたが、労働者の争議には全面的には同情的ではなかった。とはいえ、この時の彼の体験は労働運動のダイナミズムに開眼する契機になった。[41]

市議会外では市助役としていく度か式典で演説をしているが、文章化されて残されているのは、第一は一八九〇年八月一〇日の世俗的公立学校生徒への優等賞授与式の演説、第二は一八九一年五月二〇日のカルノー大統領列席のもとでの医学部創立式典での演説、第三は一八九〇年七月三一日のトゥルーズ市の国立高等中学校《リセ》の成績優秀者を表彰するグラン・リセ（国立高等中学校《リセ》）褒賞 Prix du Grand Lycée du Toulouse 授与式での演説である。これら三つの演説の全文はルイ・スーレの『ジョレースの生涯』[42]に収録されている。三つの演説とも儀礼的挨拶の部分が多いが、共和政に対する称賛と確信が基調を成している雄弁な演説であった。

第三節　二編の博士号取得論文：『感覚世界の実在性について』と『ドイツ社会主義の起源』

ジョレースは一八八五年に代議士に初当選する以前までに、精力的に二編の博士論文の執筆に取り組んでいた。しかし博士論文を書き上げるのは、一八八九年九月の落選後の時期であり、ソルボンヌへの博士号申請と公開審査は一八九二年に行なわれた[43]。主論文は『感覚的世界の実在性について』と題される形而上学・認識論の基本問題を中心に据えた大論文であり、一八九一年に第一版が、一九〇二年に第二版がパリのフェリックス・アルカン出版社 Félix Alcan, Éditeur から出版されたこの著書は本文四二九頁（第二版）に及ぶ浩瀚なものであった。

その構想は公開審査の一〇年も以前から温められていたもので、その骨子は一八八二年一一月一九日に親友のシャルル・サロモンに宛てた書簡から窺い知ることが出来る。その箇所を以下に引用する。

「（冒頭部省略…）私は君にわずかな言葉で、私の博士論文の正確な構想を伝えることにためらいをもっています。私は、あらゆる観念論の教義に反対して、外的世界は私たちの頭脳によって、いくらかかたちを変えられながら、私たちの外側で固有で独立した現実を持っていることを証明したいのです。私たちの意識は外部から来たあらゆる印象を強め、鮮明化するのですが、それらを変質させはしません。私たちの外側に、赤や青や紫の色があるので、もし世界に開かれている眼が閉じられたとしてもなお、赤や青や紫の色があるでしょう。外界を構成するあらゆる次元の感覚についてもおなじであります。それに宇宙の自然で本質的な諸形態である空間と時間についても同様であり、空間と時間はカントが言ったような全く現実的つながりがないのに諸事実を自分の都合で集合化したり順序づける私たちの感性の諸形態とは違います。そして、私たちの精神の抽象化と虚構ではなく現実とその発展諸法則の直接で深遠な印象である本質・存在・原因のあらゆる観念についても同じように外界に存在します。そのことによって人間精神は根底的本質である世界の起源と運命に自らの判断を下すことが出来るのであり、形而上学は絵空事ではないのです。私はこれらのイデーをすべてに体系的構造物としての形態をあたえ、子供の意識を出発点において把握し、子供の意識にその後続いて現われる諸イデーを記し、時を移さずにそれらの諸イデーの価値と現実性を確定し、このように子供を一歩一歩確かな獲得を積み重ねて諸事物総体の省察に基づく決定的な領有に導きたいのです(44)。」

ジョレースの哲学の今日における評価と位置付けは、アンドレ・ロビネ教授（元ブリュッセル自由大学）がとりわけ意欲的に行なっている。クセジュ文庫中の一冊である『フランス哲学』では一二六頁中の三頁余も割いて次のような評価を下している。この箇所はジョレース哲学のフランス哲学史上の位置付けと今日的意義の再評価を最も端的に述べているので、長文となるが、煩を厭わずに要所を引用しておきたい。

「（ベルクソンの―筆者注）『意識に直接与えられたものについての試論 *Essai sur les données immédiates de la conscience*（『時間と自由』という訳題でわが国等では知られる）』（フェリクス・アルカン社から刊行）（一八八九年）が世に出て以後、ジョレースは『感覚的世界の実在性について』（一八九二年）の博士論文で「自由の隠修士」であるベルクソンの純粋自我理論の難しさを強調してきた（この反ベルクソン主義はポリツェル Politzer（一九〇三年―一九四二年）の著作の始点となった）。精神意識の「純粋性」を取り戻すために空間と量の知覚的経験と断絶しなければならないならば、人はいかに外的世界認識の説明にたどり着けるであろうか。深遠な或る章で、ジョレースは、感覚の定義において外延 extension を保存する必要性を強調している。のちに実り多い章である「物質と記憶 Matière et mémoire」（一八九六年）の結論部で、ベルクソンが自分に対して言い表わされた最初の批判に無関心でなかったことを表明している。「イマージュ」の理論によって、彼は「不純物」と和解している。曰く「総ての感覚は延長 l'étendue から発している。それら総ては延長のなかに多かれ少なかれ深い根をおろしている」、と。同時にジョレースはフランスの大学の歴史が初めて経験した最初のマルクス主義哲学の博士論文『ルター、カント、フィヒテ、ヘーゲルにおけるドイツ社会主義の初期の発現 *De primis socialismi Germanici lineamentis apud Lutherum, Kant, Fichite et Hegel*』で博士号を授与された。そうだ、中世言語は無神論的唯物論の紹介者として役立ったのだ！『ドイツ社会主義の諸起源』はマルクスの著作がフランスの思想に、システムの拒否、具体性のセンス、歴史の哲学的結合術への参入、理想とユートピアへの嗜好という傾向への素地を間もなく見出だすにいたることを証明している。（中略）

ジョレースは、『省察』が残した身体なくしてコギト（「我思う…」―筆者注）はあり得ず、歴史なくしては身体も量もあり得ないという点の問題を再び取り上げた。二十世紀フランス哲学はデカルトが具体的人間への関心を再び導き入れた『第六の省察』と『情熱論』にこだわった。マルクスは絶対精神の論理から歴史過程を構築することを求めなかった。（略）ジョレースが見るに、マルクスは宗教の重要性も法のそれも否定しなかった。しかし観念が土台の反映でしかなかったら、どうして理想の思想が行動に力を与えることが出来ようか？ジョレースは、マルクス主義をフランス思想の展望の中に措定した。ライプニッツとブートルー（ジョレースの高等師範学校《エコール・ノルマル・シュペリウール》での哲学上の師―筆者注）にならって、彼は正義が積極的役割を演じる「前成 préformation」の理論を支持した。反映は機械的でも統一的でもない。人間の脳は生得の素因と性向を持っている。特殊な生成の過程でそれら生得のものが獲得されたからだ。…（中略）…ジョレースの不安はおおむね正しかった。革命思想が硬直化してルフェーヴルとメルロ－ポンティがそれを論断した新しい『物神化』となったが、これはフランス哲学の最もアクチュアルでヴィヴィッドなテーマの一つとなっている。デカルト主義と同じくマルクスの哲学は『第二哲学』の状態になった。各人が自分の哲学を持つとともに、これら二つの哲学をも持っているのである。(45)」

またロビネ教授は彼が著わしたジョレース哲学のアンソロジーと解説の書『ジョレースと存在の統一』の中で、ジョレース哲学の今日的意義を次の言葉で端的に表現している。

「ジョレースは二度暗殺された。ペギーが求め獲得した肉体的消滅の後で、何事もそれを予想させなかった知的遺産の清算が引き続いて起こった。彼の突然の死によって政治のパンテオンに入るに価することになった。しかし彼の形而上学は哲学の屋根裏部屋で忘れ去られた。…（中略）…ジョレースは余りに早く帰ってきた。一九五〇年に彼の形而上学は大いに広まった。私は哲学史においてこの業績がなにゆえ忘却の彼方に葬られ、一方で忘れ去られて然るべき多くの業績が人々の精神の中に未だに大きな位置を占めているのか、その訳を言いたい。それはジョレースの形而上学がメーヌ・ド・ビランとメルロ・ポンティの橋渡しの役をしているのを、ひとはみちみち気づくからだ。同様に、ひとは何がこの形而上学がジョレースの政治思想の基礎を構築しているかを理解するであろう。何故なら実践的教義が指向したこの世界観に対応している。ジョレースの非デカルト主義と非マルクス主義は、この存在の形而上学によって、この量と質の弁証法によって、そしてこの肉体と世界の統一によって説明される。(46)」

ロビネは、特に同時代の哲学者たちの、この時期までの彼の哲学に対する影響の深さを、慧眼にも指摘している。とりわけ高等師範学校《エコール・ノルマル・シュペリウール》における彼とベルクソンの共通の師であり、ライプニッツ哲学の精髄を彼に教え込んだエミール・ブートルー（一八四五年―一九二一年）と彼の師であるジュール・ラシュリエ（一八三二年―一九一八年）――彼は経験的世界の存在とその認識について根底的に探究した――、そしてこの二人の十九世紀後半の代表的哲学者に決定的な影響力を持った十九世紀フランス最高の形而上学者メーヌ・ド・ビラン（一七六六年―一八二四年）――彼の哲学は唯心論的実証主義とも唯心論的現実主義とも呼ばれる――、そして全く対立する哲学理論に行き着いたが形而上学と科学の相互関係を究明する学問的営為に打ち込んだことで彼と共通する問題意識から出発したアンリ・ベルクソンの影響を強調することで、ジョレース哲学研究の内在的深化に成功しているといえるであろう。しかし哲学的課題と方法論の類似にもかかわらず、メーヌ・ド・ビランの影響下にあったラシュリエも、ブートルーも、そしてベルクソンも、カトリック的世界観が強力な素地となっているフランス知識人の知的世界の科学的方法論の外形を持った新規の唯心論・観念論の地平を切り拓いたのに対し、ジョレースは彼らに類似した形而上学的哲学的方法論を、ゲードやラファルグなどマルクス主義を機械的決定論としてフランスの知的土壌に移入したフランス労働党の理論家の、粗野な唯物論の理論的批判とその緻密化に応用した。

他方で、一九三六年に『哲学者たち les philosophes』叢書の一冊としてフェリシアン・シャライユ Félicien CHALLAYE が『ジョレース *Jaurès*』(47)と題するジョレースの哲学を論じた巻を上梓しているが、この中で著者は「ジョレースの哲学：方法」と題する章において、ジョレースはルネサンス期に生じた思想と科学の新潮流の「矛盾を孕む知的遺産」を統一に回帰させた思想家としてライプニッツとヘーゲルの名を挙げたと指摘する。そして彼が影響を受けた思想家・哲学者としてアリストテレス、モンテーニュ、ラブレー、スピノザ、ルソー、カント、オーギュスト・コント、ニーチェ、それに哲学上の師の一人ジュール・ラシュリエ、高等師範学校《エコール・ノルマル・シュペリウール》で同期のアンリ・ベルクソンを列挙している。

一　主論文『感覚世界の実在性について *De la Réalité du Monde sensible*』

この論文が明らかにしようとした問題は、一八八二年一一月一九日に親友のシャルル・サロモンに宛てた書簡などにそのあらましが述べられているが、この博士論文の冒頭にも真っ向から明確に掲げられている。曰く、

「感覚世界。それは私たちが見て、触り、その中で生きている世界であるが、それは実在するか。この問題は行動する人間には子供じみているだろう。私は彼らのなかに事物を受け容れる時に、先ず直ぐ様その諸関係と諸連関を学ぶ思考する人間を見出だす。しかしこのことは学派間の論争ではない。何故なら、人間の精神はスコラ的伝統や人工的に洗練された知識欲が生まれるはるか以前に、世界の実在性について問いを発したからだ。(48)」

この四二九頁に及ぶ大著は当時、ベルクソンやデュルケム、タルド等、著名な哲学、社会学などの有名な著書を収録したフェリクス・アルカン出版社刊『現代哲学叢書 *Bibliothèque de Philosophie contemporaine*』の中の一冊として一九〇二年に出版された。またその後マックス・ボナフス編集の『ジョレース著作集』の第Ⅷ巻（一九三七年刊）にも収録されている。

彼の国家博士号取得主論文『感覚世界の実在性について』は全8章から構成されており、各章はそれぞれ「第1

章　問題と方法Le Problème et la Méthode」、「第2章　夢と大脳Le Rêve et le Cerveau」、「第3章　運動について Du Mouvement」、「第4章　感覚と量La Sensation et la Quantité」、「第5章　感覚と形相 La Sensation et la Forme」、「第6章　空間について De l'Espace」、「第7章　無限について De l'Infini」、「第8章　意識と現実 Conscience et Réalité」と題されている。ここでは各章の内容の要約と簡略な全貌の要約を行なうにとどめる。

第1章で感覚される外的世界は実在するかという問題を措定する事の重要性を説き、第2章では「夢に私たちはない事を在ったように見、かつ感じる。では私たちが現実と呼んでいることが夢ではないのか？…」(49)という問題提起から出発し、同じ大脳の作用であるが夢と現実は異なっている事の証明を試みている。

第3章から第6章までが圧巻の章であり、この博士論文の核心をなす。

第3章は、運動とは何かを、科学論的次元から説いて、つまりベルクソンを筆頭とするラシュリエとブートルーの弟子に共通な方法から始めて、感覚における量の重要性を強調することでベルクソン哲学との相違を明確にし、かつ外的世界の実在論を説くことで、「生命の哲学」と一線を画し、新規の現代哲学に道を拓いている。

第4章で、今日では哲学界で市民権を得ている知覚の現象学が核心的であると認める量と感覚の関係の分析――この章の冒頭で「量は感覚の本質である」と指摘している――を行なっていることで、ジョレースはメーヌ・ド・ビランとメルロ・ポンティの哲学の懸け橋の役割を果たしたと、ロビネは評価する。またこの章ではベルクソンの国家博士論文『意識に直接与えられたものについての試論（邦題『時間と自由』）』を直接俎上に乗せ、彼の外延的量la quantité extensive は存在するが、内包的量 la quantité intensive は感覚の中には存在しない、というテーゼを批判し、自我と空間の結び目である感覚の中の内包的量をベルクソンが否認することで、空間における外延的量が感覚において内包的量になる途を遮断し、感覚世界における量的なものが幻想であるとみて、感覚世界が純粋に質的なものに還元され、自我が外的世界と断絶するにいたることを批判している。感覚と運動はベルクソンのようなネオ・レアリスムを標榜する観念論者が言うような対立する性格を持つのではない事を強調する。

第5章の冒頭で「故に感覚に内在的に存在する量は、感覚が本来の形相、その観念を持つことを決して妨げない。私達が観てきたように、運動において量は形相の障害にはならず、それどころかそれを扶ける。さらに言えば、感覚のなかに形相がある。何故ならば、運動が一つの形相であるとしたら、それは力と行為の間の媒介物であるからだ。運動は宇宙のすべての力によるすべての行為における、継続し、同質で、計測可能な量に関わる事柄を表現している。運動は行為の力へと向かわせられる側面であり、量に関係する形相の様相である。反対に、感覚は量を保持し、利用しつつも、とりわけ質、形相、規定である」とする命題を、なかんずく光と色彩を論じつつ論拠立てている。

第6章では感覚と運動を論じる関係で空間にふれなければならないとして、特にカントの空間についての所説を論じつつ彼自身の空間論を展開し、第7章では空間を語るためには無限について論じなければならないとして、無限を統一との関わりで論じている。

結論にあたる第8章では再び感覚世界は実在するかの問題に立ち戻り、実在性を弁証し、是認する。

二　ラテン語副論文『ドイツ社会主義の諸起源』

このラテン語副論文 *De primis socialismi Germanici lineamentis apud Lutherum, Kant, Fichite et Hegel* ——ラテン語を直訳すれば『ルター、カント、フィヒテ、ヘーゲルにおけるドイツ社会主義の初期の発現』となる——は仏語訳の題名『フランス社会主義の諸起源』という書名で知られる。因みにラテン語版は一八九一年にトゥルーズのショヴァン Chauvin 社から出版されている。(50) アドリアン・ヴェベル Adrien VEBER による仏語訳は博士論文の審査が行なわれた一八九二年にブノワ・マロンの「ラ・ルヴュ・ソシアリスト」）に掲載され、その後パリのレ・ゼクリヴァン・レユニ Les Écrivains Réunis 社から刊行されたが、刊行年度は記されていない。ハーヴェイ・ゴールドバーグによれば一九二七年の刊行であるとされる。[51] 因みにマックス・ボナフス編纂の『ジョレース著作集 Œuvres de Jean Jaurès』の第Ⅲ巻にも収録されている。近年では、一九六〇年にフランソワ・マスペロ社からリュシアン・ゴルドマンの序文を付して刊行された。）この著書の題（タイトル）は表紙には『フランス社会主義の諸起源』と記されているが、本文の第一頁の冒頭にはラテン語原文の直訳である『ルター、カント、フィヒテ、ヘーゲルにおけるドイツ社会主義の初期の発現 *Les Premiers Linéaments du Socialisme allemand chez Luter, Kant, Fichite et Hégel*』という題が記されている。

一八九二年にソルボンヌ提出した国家博士申請論文二編中の副論文『ドイツ社会主義の諸起源』は、こうしたテーマ故に、彼の社会主義思想の緻密な内在的分析をするうえで欠くことの出来ない重要な論文である。一般にマルクス主義に対するドイツ哲学の寄与によって、もしくはマルクス自身がどのドイツ哲学者――さらにいえばどのドイツ観念論の哲学者――に学びそれを滋養として彼の社会主義思想を形成したかが、すなわち社会主義全体に対するドイツ哲学の貢献であるかのように多くの論者によって考えられてきた。しかし、ジョレースはマルクス主義の社会主義思想・理論体系における意義を充分に確認しながら、またマルクスの思想的原点としてのヘーゲル哲学の意義を認めながら、敢えてこの論文の冒頭でドイツ社会主義の「先駆者と師」としてフィヒテ、ラサール、マルクス、アルベルト・シェフレ Albert SCHÄFFLE〔講壇社会主義派の経済学者。『社会主義神髄 *Die Quintessenz des Sozialismus*』の著作がある。〕の四名の名を挙げ、ヘーゲルの名はこの中にない。彼がこの論文の中でかなり重要視しているヘーゲルの名も、ルターの名も含まれていないのは、彼らを直接にドイツ社会主義の「先駆者と師」として考えていなかったからである。それゆえにジョレースはドイツ社会主義の起源を、ヘーゲル主義極左派の唯物論であるとは見ずに、ルター、カント、フィヒテそしてヘーゲルの観念論にみる。彼ら四人のドイツ社会主義への寄与と貢献をみればそれは一目瞭然であるとジョレースはいう。こうした視点は、ヘーゲル左派からドイツ社会主義の本流となったマルクスの思想が生まれたと見る今日の通説とはかなり異なる。

ジョレースによれば、マルティン・ルターはドイツの政治的統一を宗教思想的に準備した新ドイツの真の父であり、普通選挙による民主政に先駆けて、宗教上の平等、神職の平等を唱え実現したきわめて平等主義的な哲学・神学者であったという。高利貸制を痛烈に批判し、利子という不当な果実を得て他者の労働の果実を横領する制度を攻撃した点で、金銭至上主義と強欲を批判する宗教改革をもたらした功績で、ルターはドイツ社会主義の思想的基盤を準備したとみる(52)。

一方カントとフィヒテについてジョレースは次のように評価する。両者はともに啓蒙思想とフランス革命の影響を受けた。フィヒテが個人の自由と国家の理法を称揚して、両者の和解を試みたのに対し、カントは権利の基礎として個人の自由を初めに措定し、自由な人間は道徳律の命ずるところに従わなければならないが、国家が個人に法を課する事が出来るのは理性に基づく契約に拠らねばならないとした。彼は財産を持たない者がそれを得る機会において平等であると見る点で社会主義からは遠ざかっているが、国家と所有についての哲学理論において社会主義に急接近する、という。カントは所有権が原初的契約からもたらされるものであり、国家元首が土地の基本的最高所有権を持ち、領土の支配者であるが、総ての人間は土地占有への平等な参加権を持つと考えるのである(53)。

フィヒテについては、彼の言う正義、すなわちジョレースの言う社会的正義を根拠とした社会主義は、歴史的ではなく、モラル的である。人間の尊厳と正義の永遠性をもとめる方向性にこそ、フィヒテとドイツ社会主義思想の基本的性向があると見抜く。そしてこうしたドイツ人の精神構造と深く結び付いた「永遠的正義」を負荷する点にこそ、ドイツ人が社会主義を受け容れる思想的素地があった。ドイツ社会主義思想の大衆的普及に貢献したフェルディナント・ラサールがフィヒテの継承者であったのは当然である、とジョレースは指摘する(54)。

ヘーゲル的国家とは――とジョレースは続ける――「個人主義と普遍主義の」完全で堅固な結合であり、「国家は有機体であり Der Staat ist organismus」、「神の意志 göttlicher Willer」である。ヘーゲルは市民社会のなかに「国家社会主義」と呼ぶべきものを描きだした。マルクスは法と国家の哲学ばかりでなく、彼の弁証法によってドイツ社会主義に貢献した。マルクスは政治経済学に弁証法を導き入れ、彼とラサールは歴史的経済的運動の必然性によって社会主義を弁証した。[55]

総括してジョレースは、ドイツ社会主義の起源を、ルターのキリスト教社会主義、フィヒテの道徳的社会主義、ヘーゲルとマルクスの弁証法社会主義に見る。[56]

第四節　カルモー炭鉱労働者のストライキと社会主義派代議士ジョレースの誕生

ピエール・ランベルに依れば、ジョレースが思想のうえでも、運動の面でも、社会主義への支持と加担を明確に表明するのは一八九二年の末であるとされる。[57]おそらくはカルモー炭鉱労働者の大ストライキの勃発が、彼に悲劇的死に至るまで選挙区で共に生きる仲間を与え、彼の生涯を大きく運命づけたのであろう。そしてこの事件を契機に、永い時間をかけて彼の内面で理論的体系化を重ねてきた彼の社会主義思想が、現実的実践と結びつくことになる。

カルモー炭鉱労働者の大ストライキ[58]が労働者側の勝利に終わり、それが結果として炭鉱経営者ジェローム－リュドヴィック・ドゥ－ソラージュ侯爵の代議院《シャンブル・デ・デピュテ》議員辞職をもたらし、一八九三年一月八日にその空席を埋める補欠選挙がアルビ第二選挙区 Deuxième circonscription d'Albi（カルモー、モネスティエス、パンプロンヌ、ヴァルドゥリ Valderies、ヴァランス・ダルビジョワ Valence d'Albigeois の四小郡《カントン》からなる［図―2参照］）で行われることが定められた。社

図－2　アルビ第二選挙区

下線のある地名が小郡名

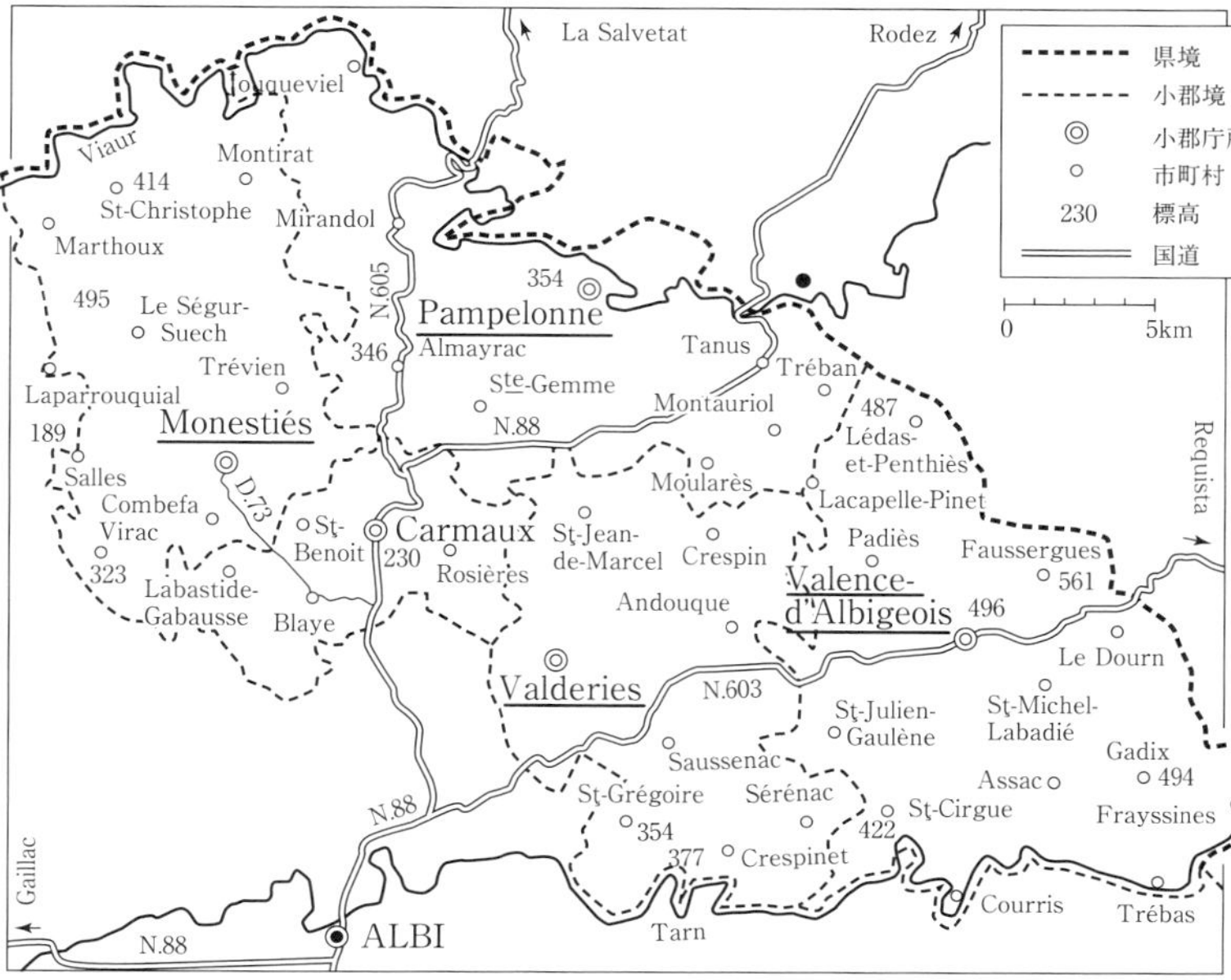

〔出典〕 Rolande TREMPÉ ; *Jaurès, député de Caumaux*, dans Vincent AURIOL (présenté par) : *Jean Jaurès, op. cit.*, P. 99

会主義派の側でこの補欠選挙の候補者を選ぶための集会が一二月四日に開かれ、最初にデュク－ケルシー DUC-QUERCY[59]が候補者に選ばれたが、彼はフランス労働党の「マルセイユ綱領」を受け容れての立候補に難色を示して辞退し、退席した。その後に集会ではジャン・ジョレースが候補者に推され、電報で立候補を彼に要請し、快諾を得た。この時点でのジョレースの態度表明が、一番明確な彼の社会主義運動への加担のメルクマールとなると見ることが出来る。

翌年一月八日に行なわれた補欠選挙第一次投票の結果は、ジョレースが四、六七五票を、反動派ドゥ－ソラージュ侯爵派が隠然と擁立する穏健共和派のジャン－バッティスト・エラル Jean-Baptiste HÉRAL が四、四二二票を、ジョレースが公認候補に選ばれたことに不満を示す

表－2　1893 年 1 月 8 日のタルン県アルビ第二選挙区代議院補欠選挙第 1 回投票の結果

				候補者名			
小郡名（canton）	市町村名（commune）	有権者総数	投票総数	Viguier	Héral	Jaurès	Soulié
Caumaux	Caumaux	2,718	2,198	57	438	1436	234
	Blaye	595	444	3	203	214	18
	Labastide-Gabausee	175	145	2	91	41	6
	Rosières	216	199	7	56	23	110
	St.Benoît de Caumaux	352	312	11	57	231	17
	Taïx	77	61	1	52	7	1
小郡合計		4133	3359	74	897	1951	386
Monestiès	Monestiès	490	352	12	87	211	21
	Combefa	42	33	0	13	13	3
	Laparrouguial	80	61	0	17	34	1
	La Ségur-Suech	268	195	2	94	76	16
	Montirat	524	380	3	263	95	11
	Narthoux	59	42	0	35	7	0
	St-Christophe	174	149	5	128	12	2
	Salles	142	115	4	76	30	3
	Trévien	230	166	4	128	22	4
	Virac	139	107	2	71	31	1
小郡合計		2148	1600	32	912	531	62
Pampelonne	Pampelonne	660	475	11	157	261	41
	Almayrac	176	143	4	66	63	10
	Jouqueviel	169	139	1	95	35	3
	Mirandol-Bourgnonnac	823	579	24	202	237	91
	Montauriol	68	55	0	22	28	3
	Moularès	246	188	1	103	49	33
	Ste.Gemme	408	333	19	154	68	78
	Tanus	316	231	3	92	116	15
	Tréban	73	57	0	30	21	6
小郡合計		2939	2200	63	921	878	280
Valderies	Valderies	367	297	10	119	104	46
	Andouque	486	419	17	107	280	12
	Crespinet	122	96	1	57	13	19
	St.Grégoire	161	119	3	65	17	26
	St.Jean de Marcel	311	247	14	108	47	72
	Saussenac	206	136	0	74	53	6
	Sérénac	227	164	1	94	34	22
小郡合計		1880	1478	46	624	548	203
Valence d'Albigeois	Valence d'Albigeois	411	349	9	145	173	13
	Assac	171	132	1	79	34	2
	Cadix	225	144	0	65	26	0
	Courris	119	92	0	61	26	0
	Faussergues	205	155	0	85	63	5
	Fraissines	119	83	0	31	51	1
	Lacapelle-Pinet	109	80	6	52	15	6
	Lédas	164	121	2	77	22	16
	Le Dourn	113	85	0	61	15	1
	Pédiès	256	188	0	100	82	2
	St.Cirgue	259	193	2	103	80	4
	St.Julien-Paulène	197	179	6	107	60	4
	St.Michel Labadié	102	72	1	35	36	0
	Trébas	147	103	0	67	33	0
小郡合計		2597	1976	27	1068	767	55
小郡毎累計							
Carmaux		4133	3359	74	897	1951	386
Monestiès		2148	1600	32	912	531	62
Pampelonne		2939	2200	63	921	878	280
Valdériès		1880	1478	46	624	548	203
Valence d'Albigeois		2597	1976	27	1068	767	55
選挙区総計		13,697	10,613	242	4,422	4,675	986

〔出典〕 Archives départementales du Tarn, II M^3 66

表－3　タルン県アルビ第二選挙区における1893年1月22日の代議院補欠選挙第2回投票の結果

				候補者名			
小郡名（canton）	市町村名（commune）	有権者総数	投票総数	Viguier	Héral	Jaurès	Soulié
Caumaux	Caumaux	2,718	2,128	5	518	1584	
	Blaye	595	428		215	211	
	Labastide-Gabausee	175	136		96	40	
	Rosières	216	178		72	104	1
	St.Benoît de Caumaux	352	315		67	245	
	Taïx	77	58		51	7	
小郡合計		4133	3243	5	1019	2191	1
Monestiès	Monestiès	490	335		98	230	
	Combefa	42	33		19	12	
	Laparrouguial	80	59		18	40	
	La Ségur-Suech	268	186	3	90	77	
	Montirat	524	397	2	282	103	
	Narthoux	59	41		39	2	
	St-Christophe	174	156		139	13	
	Salles	142	119	1	85	32	1
	Trévien	230	161	3	116	42	
	Virac	138	106		44	56	1
小郡合計		2147	1593	9	930	607	2
Pampelonne	Pampelonne	660	439		156	280	1
	Almayrac	176	136	1	75	58	
	Jouqueviel	169	128		93	35	
	Mirandol-Bourgnonnac	823	533	2	242	272	1
	Montauriol	68	46		19	27	
	Moularès	246	189		134	54	1
	Ste.Gemme	409	310		184	113	2
	Tanus	316	227	1	91	134	
	Tréban	73	59		35	23	1
小郡合計		2940	2067	4	1029	996	6
Valderies	Valderies	367	285	2	146	141	
	Andouque	486	403		139	310	
	Crespinet	122	86		67	17	
	St.Grégoire	161	105		83	22	
	St.Jean de Marcel	311	232		133	94	1
	Saussenac	206	154		104	50	
	Sérénac	227	170		141	26	1
小郡合計		1880	1497	2	813	660	2
Valence d'Albigeois	Valence d'Albigeois	411	339		143	183	
	Assac	171	137		74	61	1
	Cadix	225	144		75	68	1
	Courris	119	82		46	34	
	Faussergues	205	153		72	80	1
	Fraissines	119	82		51	31	
	Lacapelle-Pinet	109	71		59	11	1
	Lédas	165	113		76	33	
	Le Dourn	113	82	3	51	27	1
	Pédiès	256	190		96	90	1
	St.Cirgue	260	185		109	89	
	St.Julien-Paulène	197	176		102	74	
	St.Michel Labadié	102	75		49	26	
	Trébas	147	108		49	56	
小郡合計		2599	1937	3	1052	863	6
小郡毎累計							
Carmaux		4133	3243	5	1019	2191	1
Monestiès		2147	1593	9	930	607	2
Pampelonne		2940	2067	4	1029	996	6
Valdériès		1880	1497	2	813	660	2
Valence d'Albigeois		2597	1937	3	1052	863	6
選挙区総計		13,699	10,337	23	4,843	5,317	17

〔出典〕 Archives départementales du Tarn, II M^3 66.

社会主義グループが推すオギュスタン・スーリエ Augustin SOULIE[60]が九八六票を――そして泡沫候補といってよいアレクサンドル・ヴィギエ Alexandre VIGUIER（学校経営者か？）が二四二票を――それぞれ得たが、過半数を獲得した候補者がなく、決選投票 ballotage に持ち込まれた。ジョレースはカルモー小郡《カントン》（特にカルモー市）で圧勝したが、モネスティエス、パンプロンヌ、ヴァルドゥリ、ヴァランス・ダルビジョワの四小郡《カントン》では、小郡庁所在町村の様な相対的に大きな町や、カルモーに近い集落を除いては、ほぼエラルの票を凌駕できなかった［表―2参照］。

周囲の要請があってスーリエは立候補辞退（デジストマン）を行なった結果、ジョレースの勝利は確実になり、一月一五日の第二回投票（＝決選投票）でジョレース五、三一七票対エラル四、八四三票で、予想以上の僅差であったが勝利を手中にし、再び議員に返り咲いた。第二回投票でジョレースはカルモー炭鉱労働者がほぼ集中して住居しているカルモー小郡《カントン》ではエラルに圧勝したが、他の農村部の三小郡では僅差ではあるがエラルの後塵を拝している。おおむね決選投票ではスーリエの票はジョレースに、ヴィギュイエの票はエラルに入ったと見てよい［表―3参照］。この選挙戦に勝利し社会主義派議員となった。この時点において、ジョレースは彼の人生の新しい段階に入ったのであった。[61]

エピローグ

一八八九年の総選挙で再選を果たせなかったジョレースは、政治への途を完全に断念することはなかった。一時期彼は活動の場を学究生活と教育の場に移しトゥルーズ大学哲学専任講師として教壇に立ちながら博士号申請論文の執筆に情熱を傾注して論文を完成させた。一方で「デペッシュ・ドゥ・トゥルーズ」紙の定期寄稿者としてジャーナリストの分野でも活躍する。そして彼が政治活動との関係を継続しようとしてその場として地方政治の場を選ぶ。トゥルーズ市議会議員と助役をつとめながら、国政の場に復帰する機会をうかがったに違いない。しかし彼は共和派の政治家としてではなく、労働運動との結びつきを深めて、社会主義者への途を歩み始める。ジョレースの思想体系において共和政は社会主義への前提であるばかりか社会主義の不可欠な要素であった。共和政によって自由・平等・博愛を保障されない社会主義も、社会主義によって社会的平等を保障されない共和政も、ジョレースには考えることができない社会像であったのである。この後彼はミルランやブリアンのように社会主義運動をステップとして大臣や首相や大統領の座を得ようとはしなかった。そして戦争の暗雲と闘いを継続して暗殺される運命をたどる。

第六章　注

（1）一八八九年の総選挙でのジョレースの落選については前章の「エピローグ——一八八九年総選挙での落選」をも参照されたい。

（2）拙稿「フランス社会主義政党史研究序説　第一部　第三共和政前半期のフランス社会主義運動　—マルセイユ『再建』大会からフランス統一社会党の結成まで—　一八七九年—一九〇五年　(二)」、『東京都立大学法学会雑誌』、第一七巻第一号、一九七六年八月、第五章、第一節、九五—一一〇頁参照

（3）SEAGER, Frederic H.: *The Boulanger Affair, Political Crosseroad of France, 1886-1889, op. cit.*, p.236, なお本文の（　）内の数字はGALLO,Max; *Le Grand Jaurès, op. cit.*, p.95を引用。ジャン・ガリグのブーランジスムについての著書ではブーランジスト＝改憲同盟 Union révisionniste が獲得した得票総数二、九一四、九八五票は与党＝共和派の得票総数四、三三二、一三九票に比べて決して少なくないが、獲得議席数はわずかに四四議席で与党の三六六議席に大きく引き離され、パリを含むセーヌ県でのみ善戦したと指摘している。cf. GARRIGUES, Jean: *Le Boulangisme. op. cit.*, pp.90-91

（4）*Le Journal officiel. Chambre des Députés. Séance du 11 février 1889.* p.381

（5）*Ibid.*, p.2008

（6）cf. LANCELOT, Marie-Thérèse; et LANCELOT, Alain; *Atlas des Circonscriptions électorales en France.* Paris, cahiers de la

F.N.S.P, 1970, p.9

(7) *Ibid.*, p.9

(8) *Ibid.*, p.10

(9) ESTADIEU, M.: *Annales du Pays castrais. op.cit.*,p.446

(10) *Ibid.*, pp.477-480

(11) *Ibid.*, p.458

(12) *Ibid.*, p.466

(13) *Ibid.*, pp.453-458

(14) cité par SOULÉ,Louis ; *La Vie de Jaurès.op.cit.*, p.126

(15) GALLO, Max; *Le grand Jaurès. op.cit.*p.94

(16) SOULÉ,Louis ; *La Vie de Jaurès. 1859-1892. op. cit.*, P.112

(17) GALLO,Max; *Le grand Jaurès, op. cit.*, p.98

(18) SOULÉ,Louis ; *La Vie de Jaurès. op. cit.*, p.114

(19) *Ibid.*, pp.115-116

(20) cf. NORDMANN, Jean-Thomas: *Histoire des Radicaux, 1820-1973,* Paris, La Table Ronde 1974, pp.314-315, 358, BELLANGER, Claude; GODECHOT, Jacque; GUIRAL; Pierre ,TERROU, Fernand (sous la direction de) ; *Histoire générale de la Presse française,* t.III, *De 1871 à 1940,* Paris, PUF, 1972, pp.236, 338, 399-400, 604, COSTON, Henry (sous la dir. de) : *Dictionnaire de la Politique française,* t. 1, Paris, La Librairie française. 1967, pp.353-358

(21) RIMBERT, Pierre: *Jean Jaurès, L'évolution vers le Socialisme,* 2me partie: *La première législature, L'OURS,* Cahier No. 15, décembre 1970, p.31

(22) AUCLAIRE, Marcelle; *La vie de Jean Jaurès ou la France d'avant 1914, op. cit.*, p.57

(23) PRIGENT, Françoise: 《Jaurès et Le Liseur, six ans de critique littéraire à la Dépêche》 *B.S.E.J.* No.15, octobre-décembre, 1964. pp.1-4,

(24) DOBRIN, John R. : 《Du nouveau sur le liseur: une lettre inédite de Jaurès》, *B.S.E.J.* No.45, avril-juin, 1972. p.13,

(25) BEREGI, Théodore: 《Jaurès, critique littéraire》 *La Revue Socialiste,*, N°.175, juillet, 1964,

(26) Musée Jaurès, Ms 806,

(27) DOBRIN, John R.:《Du nouveau sur le liseur》*B.S.E.J.* N°45., *op. cit.*, pp.13-14,

(28) REBÉRIOUX, Madeleine:《Jaurè entre à La Dépêche》. *B.S.E.J.* N°34, juillet-septembre 1969. p.14

(29)《*Dépêche de Toulouse*》du 21 janvier 1887:《La Politique toulousaine et la Situation》. cité par SOULÉ, Louis ; *La Vie de Jaurès. 1859-1892. op. cit.*, pp.158-161 なお、この箇所には記事の全文が引用されている。

(30)《*Dépêche de Toulouse*》du 27 octobre 1889:《Le Parti socialiste》. cité par RIMBERT, P.: *Jean Jaurès*, 3me partie: *L'évolution vers le Socialisme*, *op. cit.*, p.5

(31)《*Dépêche de Toulouse*》du 15 juillet 1891 cité par RIMBERT, P.: *Jean Jaurès*, 3me partie, *op. cit.*, p.45

(32) REBÉRIOUX, Madeleine;《Jean Jaurès, élu municipal de Toulouse.（1890-1893）》*Cahiers Internationaux.* sept.-oct.,1959, pp.69-75 ジョレースのトゥルーズ市議会議員・助役としての活動についての研究は二〇〇九年にDUCOMTE, Jean-Michel; *Quand Jaurès administrait Toulouse.* Toulouse. Privat. 2009. が刊行されたことでさらに深められた。この著作はトゥルーズ市の行政におけるジョレースの活動に対象を限定し、市議会議事録に基づいた実証的研究を完成させた。

(33) cf. MAITRON, J.（dir.）: *Dictionnaire biographique du Mouvement ouvrier français.* t. 12, *op.cit.*, p.195

(34) REBÉRIOUX, M.:《Jean Jaurès, élu municipal de Toulouse》*op.cit.*, p.70, SOULÉ,Louis ; *La Vie de Jaurès. 1859-1892. op.cit.*,p.132,

(35) トルバドゥルについてはMARROU, Henri-Irénée: *Les troubadours*, Paris, Seuil, 1971, を参照した。

(36) REBÉRIOUX, M.:《Jean Jaurès, élu municipale de Toulouse.》*op.cit.*, p.71

(37) cité par SOULÉ,Louis ; *La Vie de Jaurès. 1859-1892. op. cit.*, p.125,

(38) cf. *Ibid.*, p.133

(39) cf. *Ibid.*, pp.134-137

(40) cf. Ibid., pp.137-139

(41) REBÉRIOUX, M.:《Jean Jaurès, élu municipale de Toulouse.》*op. cit.*, p.74

(42) cf. SOULÉ, Louis ; *La Vie de Jaurès. op. cit.*, pp.142-153

(43) ANDRIEU, Maurice: *Jean Jaurès. Citoyen adoptif de Toulouse. op.cit.*,p.33

(44) LÉVY-BRUHL,L.: *Jean Jaurès. Esquisse biographique.* Nouvelle édition suivie de lettres inédites.*op.cit.* pp.173-174. この書簡

は Maurice ANDRIEU: *Jean Jaurès. Citoyen adoptif de Toulouse. op. cit.*, p.34 にも引用されている。

(45) ROBINET:, André *La philosophie française*. Paris, PUF, Que sais-je? No.170, 1966, pp.111-113,

(46) ROBINT, André: *Jaurès et l'unité de l'être. Présentation, choix de textes avec des inédits. op. cit.*, pp.7, 9-10, 加えるに紙幅の制限で本文では紹介しなかったが、RAPPOPORT, Charles ; *Jean Jaurès. l'Homme-Le penseur-Le Socialistes,* avec une *préface* d'Anatole FRANCE, Paris, L'Émancipatrice, 1915, pp.103-114 には、炯眼な、傾聴するべきジョレース哲学への評価がある。

(47) CHALLAYE, Félicien; *Jaurès, op.cit.,* pp.85-88

(48) JAURÈS, Jean: *De la Réalité du Monde sensible*. Paris, Félix Alcan, 1902, p.1 本書では上記の第二版を底本とした。

(49) *Ibid.,*. p.39

(50) JAURÈS, Jean; *De primis socialismi Germanici lineamentis apud Lutherum, Kant, Fichite et Hegel,* Toulouse, A. Chauvin et fils, 1891, このラテン語版原文の書は入手困難であったが、最近フランス国立図書館 BNF のホームページからダウンロードのサービスで入手できた。

(51) GOLDBERG, Harvey: *The Life of Jean Jaurès. op.cit* p.571

(52) cf. JAURÈS, Jean: *Les Origines du Socialisme allemand.* Paris, s.d. (1927), pp.16-35

(53) *Ibid.,* pp.39-50

(54) *Ibid.,* pp.66-69

(55) *Ibid.,* pp.79-84

(56) *Ibid.,* pp.92-93

(57) cf. RIMBERT, Pierre: *Jean Jaurès, L'évolution vers le Socialisme,* 4me partie: *L'adhésion, L'OURS,* Cahier No.17, février. 1971. p.54

(58) このストライキについては分析する際には、カルモー炭鉱会社の経営史や炭鉱労働者の労働経済史的分析から説き起こす浩瀚な国家博士論文 TREMPÉ Rolande; *Les Mineurs de Carmaux, 1848-1914,* 2 vols, *op.cit.,* を先ず以って参照しなければならないであろう。

(59) デュクーケルシー、アルベル・DUC-QUERCY, Albert は一八五六年にアルルで生まれ、フランス労働党に入党し、ジュール・ヴァレスの「民衆の叫び *Cri du peuple*」紙に協力、アンザン鉱山やドゥカズヴィルそしてカルモー炭鉱での労働争議の取材と筆禍事件等で投獄されたことで世間に知られるようになった。その後もジャーナリストとして活躍し、第一次世界大戦前の四年間はジョレースが創刊した「リュマニテ *l'Humanité*」紙の編集局事務局長 secrétaire général de la réduction を務め、一九〇七年—一九〇九年には社会党常任執行委員会 C.A.P. のメンバーになり、一九三四年他界した。cf. MAITRON, Jean; *La Dictionnaire biographique du Mouvement ouvrier français, op. cit.*, t.12, p.90

(60) このスーリエはおそらくはタルン県、一九〇七年にカルモー選挙区からタルン県会議員に選出され、一九一三年に再選されたジュスタン・スリエ Justin SOULIÉ であろう。cf. *Ibid.*, t.15, p.183

(61) カルモー炭鉱労働者の大ストライキはジョレースに社会主義派の議員として当選する機会を与えたという点で、ジョレースの生涯にとって大きな意味を持っているし、第三共和政前半期の社会主義運動にとっても新しい有力な指導者ジョレースを与えた点でもかなり重要な事件である。このストライキの全体像と背景については、第三共和政前期における炭鉱労働者の生活の社会史をふくめて次の章で詳述する。

第七章　カルモーの炭鉱労働者・硝子労働者とジャン・ジョレース

プロローグ――問題の所在　ジャン・ジョレースとカルモーの炭坑夫・硝子壜製造工

今日のジョレース研究のフランスにおける第一人者であった亡きマドレーヌ・ルヴェリウ（元パリ第八サン＝ドニ大学教授）は、一九七六年一一月二六―二八日の「ジョレースと労働者階級 *Jaurès et la classe ouvrière*」と題する学術シンポジウム（コローク）の冒頭の報告で、ジョレースと労働者階級の関係について次の様な指摘を行なっている。ジョレースにとって、労働者階級が意味するものは、明瞭なものであった。三〇歳代までの省察の末に一八九三年に社会主義にたどり着いたジョレースにとってみれば、労働者階級は現在の中心部に位置する主体であり、将来を決定する存在であった。資本主義の世界の「変革の担い手 agent de transformation」であると見なしていた。しかも彼にとり労働者階級は一般的抽象的概念ではなく、生きた存在であった。彼が三〇代で長い省察の末に社会主義に辿り着いた頃、フランスでは漸くイギリス、ドイツ、アメリカの後塵を拝して技術革新に伴う新しい労働形態の導入が始まったばかりであった。しかしその後しばらくは伝統的労働形態、すなわち職人的・熟練労働的部門が依然支配的であった。ジョレースがそのストライキ闘争を後援したカルモーの硝子壜製造労働者はその典型であった、と言う。(1)

本章の対象はタルン県カルモーの労働運動である。その運動は、一八九三年にジョレースが明確な形で社会主義者になる以前から存在していた。一八八三年の炭鉱ストライキ以後にカルモーの労働運動は胎動を開始し、一八九二年の二度に及ぶ炭鉱ストライキで最初の高揚期を迎えた。一八九二年の二度目のストライキはカルモー炭鉱の経営者である代議院《シャンブル・デ・デピュテ》議員の辞職をもたらし、一八九三年のその補欠選挙の際に他の候補予定者が辞退したために、カルモーの労働運動はジョレースを候補者として受け入れ、議員に当選させた。むしろ消極的な受け入れであった。しかしその後数年の両者の緊密な提携関係の結果、カルモーの労働運動にとってジョレースは不可欠の存在となった。もちろんジョレースは知識人であって、労働者でも労働組合員でもない。政治と政党からの自律を旗印とする「サンディカリズム」の伝統を持つフランス労働組合運動でも、鉱山や鉄道の分野では、政府の社会政策と議会の社会立法の重要性を認知されていた。そして労働組合の立場を代弁する議員を議会に送る必要性も承知していた。ジョレースが才能豊かな知識人であったことは、立法活動・議会活動を首尾良く行ない、彼が労働組合の代弁者としての任務を十全に果たすための能力的適性となった。その労働者諸組織の利害を代弁し、方向性と目標を指し示す能力は、一八九二年の二回に及ぶストライキを契機に勢いを増したカルモー炭鉱労働者の運動と、一八九五年の硝子壜製造労働者のストライキの敗北後に、労働者の協同組合が経営する「労働者硝子工場」を設立する運動を指導した際に遺憾無く発揮された。

一八九二年八月一六日―一一月三日のカルモー炭鉱のストライキの終結の後に、ジョレースは「諸々の結果 Les resultats」と題する論説を「デペッシュ・ドゥ・トゥルーズ」紙（一八九二年一一月八日付）に寄せているが、その中でこの争議が労働者側の勝利におわった意義を次のように看破する。

「カルモーのストライキは終息した。もう結果を評価してもよい時だ。もたらされた結果は大いなるものだ。それも極めて大きく、継続的だ。それも当座の結果と、暫らく後にでる結果に分かれる。

第一に、私たちの地方にとっていまわしいレイユ男爵の政治的影響力は致命的な打撃を受けた。(2) 殊に彼の仲間の間で評判を落した。初めて人は、青天白日のもとに、彼の忙しない活動は見せ掛けだけで、内実は浅はかで生来無能で、決断力と洞察力と、権威を欠如していることを知った。彼にカルモーで加えられた打撃は、いずれマザメ市（レイユ男爵の選挙地盤―筆者注）でも受けるに違いない。すなわち彼が反動勢力を意のままに動かしているあらゆる選挙地盤でそうなるに違いない。…（略）

第二に、如何なる会社も工業団体も正面きって議員職に選ばれた労働者たちを妨害するようなことは出来まい。かくして普通選挙制は今後それを脅かされることがないほどに、エネルギッシュに反撃した。…（略）…普通選挙制によって政治的次元で給与生活者が著しく前進したことが、カルモーで勝利したストライキの確実で即座の結果である。

しかしそれですべてではない。確かでかつ規模の大きい、後で表れる二つの結果がある。…（中略）…全国の労働者組織の広範な勢力の前に、国内の隅々から加盟する労組の前に孤立し、改革的代議院《シャンブル・デ・デピュテ》と組織された労働者民主主義に挟まれて降参し、我々のプログラムを認めざるをえないであろう。…（略）…鉱山の退職年金基金の組織化について代議院《シャンブル・デ・デピュテ》（下院）が採択した案を延期させ回避することに元老院が執着するならば、あらゆる反撃を受けるであろう。

…市民として勤労者は最高主権者の一角を占め、勤労者として彼らが企業の運営に、利益の管理に、まったく参画できていない。…（中略）…経済的次元の指導者が政治的次元の指導者でもありえていた限りはこの矛盾は露呈しなかった。いまそれは爆発した。(3)」

以上の論説で知り得るように、ジョレースは一八九二年の延べ九三日に及ぶカルモー炭鉱のストライキが、炭鉱労働者に労働条件の改善をもたらしたのみではなく、地域社会全体の政治状況を変えるという結果をも生み出した事実を鋭く見抜いている。未だカルモー炭鉱労働者の支援を受ける社会主義派の議員でもなく、社会主義者としての旗色を鮮明にもしていなかった時期から、これ程に労働者の問題に関心を寄せていた。そしておそらくはストライキの渦中にあった労働者以上にこの事件の予想される結果についての分析を緻密に行ない得ていた。

第一節　タルン県とカルモー炭鉱

県制度が発足するのは、革命期の一七九〇年であることは広く知られているが、各県がどの旧ジェネラリテ généralité（総徴税区）やセネシャル管区 sénéchaussée（北フランスの場合はバイイ管区 bailliage）から作られたかは、それほど知られていない。タルン県の場合は、カストル・セネシャル管区の全部とトゥルーズ及びカルカソンヌ Carcassonne のセネシャル管区の一定の部分と、ローラゲ Lauraguais 管区のごく一部とから構成された。(4)

タルン県は北東に向って中央山塊（マッシフ・サントラル）と連なり、北西の方向でアキテーヌ盆地に接するタルン県は、農業を主要な産業とする県である。そして、面積の点でも人口から見ても中規模の県であり、政治的にも中庸で穏健な県であった。

この県はそれでも人口最多のカストル市をはじめ、一定規模の都市（アルビ、マザメ、ガイヤック、ラヴォール、グローレなど）をいくつか擁し、マザメ、カルトル等で繊維工業が発達していて、そして十九世紀後半からはカルモー炭鉱の鉱山業も起こる。

タルン県は四つの大きな農村地帯からなる。

第一は北東部の山地である。標高はあまり高くない（七〇〇メートル以下の）山地だが、当時の人口密度が高く、貧しかった。ライ麦を指す古プロヴァンス語の「セガル Ségal」に起源する、セガラ Ségala（＝ライ麦畑）と呼ばれる地域である。「タルン・セガラ地域 Ségara tarnais」は、北西方向にルエルグ Rouergue 地方[5]（アヴェロン Aveyron 県）の「ルエルグ・セガラ地域 Ségara rouergat」と連なる。カトリックの信仰が厚い地域で、故に政治イデオロギー的には保守的であり、右派の候補に多数が投票した。タルン県の県庁所在都市である――かの中世の異端アルビジョア派＝カタリ派 cathare あるいはシモン・ドゥ・モンフォール Simon de MONTFORT（一一五〇年頃―一二一八年）の異端狩りのためのアルビジョア十字軍 croisades des albigeois で名高い――アルビ市が言うまでもなくこの農村部の結節点としての中心都市である。本章の中心テーマとなるカルモー炭田はこの都市の北一五キロメートルの地点にある。カルモー市を中心とするアルビ郡の北半分は、アルビ市を中心とするアルビ郡南部地域のアルビ第一選挙区とは別のアルビ第二選挙区を構成する。

第二は、南西部の山地で、別名「カストル山地 montagne castraise」とも呼ばれ、標高は北東山地よりも高い（一、二〇〇メートルに及ぶ）。敬虔なカトリック信徒が多数派を占めたが、セガラと異なり、かなりの割合のプロテスタント信徒（一九〇〇年に一八％）と共生していた。ヴァブル Vabre、ヴィアヌ Viane、ベルラ Berlats、フェリエール Ferrières、ジジュネ Gijounet の五町村ではプロテスタントが多数派であった。この農村地方の工業と商業の中心的都市はカストルとマザメである。

第三の地域は県南西部のラヴォール地域（＝ヴォレ地域 Pays Vaurais）で、西側に接するローラゲ地方と同様に穀物栽培に適したモラッセ（モラス）mollasse〔褶曲運動末期の造山運動の隆起で裾野の凹地に堆積した石灰質砂岩。〕丘陵からなる。この地では貴族領主による土地経営が支配的で、分益（＝折半）小作制が盛んである。宗教イデオロギー的にはカトリックの信仰が厚い地域である。しかしドゥルニュ Dourgne 小郡は例外である。この地域の名称が由来するラヴォール市が中心都市である。

第四の地域は、県北西部のガイヤック地域 Gaillacois で、タルヌ川渓谷の豊穣な農地の地帯ではヴォレ地方と同じく貴族土地経営が圧倒的で、宗教儀礼も遵守されているが、一方ガイヤック地方の葡萄栽培農業地帯とカステルノ－モンミラル丘陵地 Côteaux de Castelnau-Montmiral では小土地経営者が多く、信仰も厚くない。最北端のグレジニュ Grésigne 森林地帯には樵夫と炭焼人と零細農が住み、信仰心は薄い。今日までワインの銘醸産地として知られるガイヤック市がワインを初めとする農産物の集積地である。

これら四つの地域は、それぞれアルビ、カストル、ラヴォール、ガイヤック郡におおよそ相当する。

前述のように、農業経済主体の同県にもカストル、アルビ、マザメ、グローレ、ラヴォール等の比較的に大きな都市があり、そこでは繊維工業をはじめとする産業活動も活発であった。これらの都市の間の相違はたいして大きくない。アルビは県庁所在地で、また大司教座がある。前世紀の半ばに盛んであった帽子製造業は、世紀末には衰退した。しかし近隣のサン－ジュエリ Saint Juéry 町のタルン滝（ソー・ドゥ・タルン Saut de Tarn）には冶金工業が発達した。一八九六年にはアルビは「労働者硝子工場」を受け入れた。カストル、ラヴォール、ガイヤックは郡庁が所在する行政の町で、かつ農業と商業のセンターとなり、富裕な農民が住んでいる[6]。

カストル郡に所在する、一九一四年の時点ではタルン県でカルモーを凌いで最大の工業都市であり、「黒い森の王」レイユ男爵の磐石の地盤であったマザメ市について、ここで多少とも触れておきたい。それはこれから論じる県北部の工業都市カルモーの労働運動と、対照的な動向を示すからである。「世界的羊皮剪毛業（デレイナージュ）のセンター」と呼ばれるマザメの労働者は近郊などから集められた敬虔なカトリック教徒の多い社会集団で、それ故に伝統的にプロテスタントの多いブルジョアや、企業経営者に反発して政治的には「反動派 réactionnaire」＝カトリック派を、そして究極的にはレイユ男爵を支持したため、保守派の強固な基盤、金城湯池となった。けっして労働組合運動の面では沈滞しているとか遅れを取っているわけではないのに、政治的、選挙地理学的色分けではこうした結果になっていたことは、カルモーと比較した場合、興味深い[7]。

本章で取り扱われる炭鉱労働者と硝子壜製造労働者の町カルモーのフランス革命以降の歴史的展開のあらましを次に述べよう。

一　炭鉱の街カルモー：歴史・沿革

炭鉱の町カルモーはフランス革命当時、クラモー Cramaux（もしくは Crameaux）と呼ばれていた。それよりずっと以前にはカラモス Caramos ないしはカラム Carames という地名であったという。タルン県公文書館の資料によれば、一七九二年の同村の人口は一、〇三一名でカルモー以北地方の城塞町（ブール bourg）パンプロヌ Pampelonne（人口一、五二四人）やミランドル Mirandol（二、一三六人）、モンティラ Montirat（一、九八五人）より少なかった。しかしこれらの町――特にモンティラ――は集落の外のかなりの人口を含んでおり、カルモーの様な集落に人口が集中していた村とは性格を異にしていた。モネスティエス Monestiés がカルモーと同じ集村型の村落であったが、人口では約一、四〇〇の人口を擁しカルモーを凌いでいた。(8)

各村落間の連絡交通網は整備されていなかったので、それぞれに定期市 foire や週市 marché が立ったが、モネスティエスの定期市は例外で、地域社会の枠を越える大きなものであった。同地方で道路として最大規模のものはトゥルーズ＝リヨン間の王立道路で、カルモーを通って、ローデス Rodez へと向かう。

十九世紀の間に同市は農業県タルンの数少ない工業都市の一つになった。(9)

カルモーは、一八四一年の時点で漸く人口が二、〇〇〇を超えた、タルン県の他の工業都市と比べて規模の小さい町であった。一八四四年以降月に一度、第一金曜日に市庁と教会に挟まれた広場で市場が開かれた。一八五一年の人口調査によれば、六人のパン製造販売業者、三人の精肉業者、一人の菓子製造販売業者を含む一六人の商店主がおり、四軒の旅籠、七軒のカフェがあった。専門職従事者は一人の医師、薬剤師、公証人と二人の教師がいた。

表ー１　十九世紀後半におけるタルン県の主要都市とトゥルーズの人口動態

都市名		1856 年（人）	1876 年（人）	増加割合	1896 年（人）（参考）
カルモー	Carmaux	3743	6160	64.5 %	10068
アルビ	Albi	14636	19169	30.9 %	14983
カストル	Castres	22062 *	25856 *	17.1 % *	19595
マザメ	Mazamet	10368	14168	36.6 %	9927
ガイヤック	Gaillac	5503	5874	6.7 %	5384
ラヴォール	Lavour	4500	4454	− 1.0 %	3892
グローレ	Graulhet	2960	4411	49.0 %	5270
トゥルーズ	Toulouse	103114	131642	27 %	

＊の数字は André ARMENGAUD : *Les populations de l'Est-aquitain au début de l'époque contemporaine. op. cit.*, p.260 に依る。(12)

〔出典〕 André ARMENGAUD : *Les populations de l'Est-aquitain au début de l'époque contemporaine, Recherches sur une région moins développée, (vers 1845-vers 1871), op. cit.*, p. 260, Ch. PORTAL : *Le département du Tarn au XIXe siècle. Notes de statistique. op. cit.*, pp.38-39

この町のカトリックの宗教儀礼は、一人の司祭と二人の助任司祭が司っていた。この町の権力構造の頂点にはドゥ・ソラージュ侯爵家が位置し、その下に少数の大土地所有者が、そして数人の専門職従事者と鉱山の所長が存在した（専門職は人口調査では八名）。より員数の多い集団は、前述の一六名の商店主と一二五名の職人がいて、硝子壜製造工もこれに含まれる。そして五〇〇人の炭坑夫が底辺に存在した。(10)

この頃の社会的ステイタスは、形式的表面的な職業よりもむしろ土地の所有の有無に大きく関わっていた。七月王朝時代には選挙制度では財産によって選挙権・被選挙権が認められた。一八三七年のこの町の市議会議員選挙で選ばれた議員を見れば、最も富裕な議員は炭鉱の出納係で、彼は市長に選ばれた。次に富裕な議員は実業家で、最も数が多いのは自ら土地所有者と称していた一、五〇〇フランから三、〇〇〇フランの年収がある六人の議員の集団であった。一人の医師と二名の旅籠屋経営者はこれらの土地所有の議員と同じ位の収入を得ていた。最低は一、〇〇〇フランほどの年収を持つ二人の商人であった。一八四八年の革命の後の八月一三日にカルモー市の新市議会が選ばれたが、その内一二名が土地所有者で、二名が実業家、医師と公証人、旅籠屋経営者が各一名であり、七月王政期の有力な家門が後継者を出していた。しかし炭坑夫が一名、商店主が二名（パン製造販売業者と精肉業者）選ばれたのが、男子普通選挙制が再導入された二月革命後の新味であろう。[11]

この時代の町の景観について言えば、市街地は小さく、中心部から遠ざかるにしたがって家並みが疎らになり、市の境界にいたると全く農村の風景となった。境界の外に広い庭園に囲まれてドゥ＝ソラージュ侯爵家の瀟洒な佇まいの城館が建っていた。

一八五七年にカルモー＝アルビ線の鉄道が開通し、一八六四年にガイヤック、サン・シュルピス Saint Sulpice 経由でトゥルーズに接続されると、カルモー市は人口動態的にも経済的にも目覚ましく発達した〔表―1参照〕。農村的な自給的生活を営む住民が減少するにつれて、当然のことながら商店主の数は著しく増大した。一八八九年には雑貨商が二三人に、精肉商が一一人にまで急増した。また洋服仕立業者が一七名に、理髪・美容業者も一二名に増加したことは、カルモーに中産階級の層が拡大したことと、この町の労働者の嗜好が中産階級に接近する方向に変化したことを物語っている。社会階層のピラミッド的分布は変わらないが、権力の基礎となる富の由来は、次第に土地から鉱工業部門の企業へと移っていった。一方で普通選挙制度の浸透にしたがって、富を寡占するものに対して、多数の有権者の支持を獲得する民衆の側が戦いを挑むことが出来るようになったことは否定できない。[13]

二　十九世紀後半のカルモーとカルモー炭鉱

七月王政期（一八三〇年―一八四八年）のフランスでは、石炭総産出量の約三分の一をロワール Loire 炭田が、約四分の一をノール炭田が占めていた。しかし第二帝政（一八五一年―一八七〇年）半ば過ぎからノール＝パ＝ドゥ＝カレー炭田がロワール炭田を追越し、一八八六年には全国採炭量の半分を、第一次世界大戦前夜（一九〇八年―一九一二年平均）には三分の二（六六％、二五、七〇九、八〇〇トン）を占めるまでに急成長した。[14] これに比べ、カルモー炭田の採炭量は大戦前夜の時点で全国採炭総量の一・六一％に過ぎず[15]（一九〇〇年―一九〇九年の平均――一八七一―一八八〇年の一〇年平均二四四、一〇七トンを倍増させているにもかかわらず――でも五七三、八六五トンである）[16]、全国的水準から見れば極めて弱小で零細な規模の炭田であった。

一八五三年のカルモー鉱山会社の株主総会で、一八一〇年以来――一七五二年九月一二日にカルモーの採掘権を手に入れたガブリエル・ドゥ・ソラージュ勲功伯爵 chevalier Gabriel de SOLAGES の息子フランソワ-ガブリエル・ドゥ・ソラージュ François-Gabriel de SOLAGES（ジョレースの政敵ジェローム-リュドヴィックの曾祖父）らの一族に、移転不能の所有権を一八一〇年四月二一日法によって認めた[17]――経営されてきた「ソラージュ会社 Compagnie de Solages」が解散された。すでにこの時の社主はフランソワ-ガブリエルで、一八二八年に取締役会に入ってから、会社経営の推進役となっていた[18]。有能な彼の下で、会社は業績が順調に伸び続けていただけに、解散の決定は驚きを呼び起こした。確かに石炭の単価はフランス国内ではパ-ドゥ-カレー炭田に次いで高く、トン当り一八四七年に一四・一フラン、一八五三年には一三・七フランで、ロワール炭田やノール炭田をかなり上回っていた[19]。労賃は日当で一八四七年に一・一九フラン、一八五三年には一・七八フランで、最も賃金が高いロワール炭田（一八四八年二・六七フラン、一八五三年二・八七フラン）の約半分であった。つまり最低水準の賃金で労働者を雇用し、かなり高い売値で石炭を出荷していたのである。一八四七年には全国平均比で石炭価格は四一・四％高く、労賃は四二・六％安かった。

こうした経営にとっての好条件は長く続かず、一八五三年には全国平均比で石炭価格は三六％高、労賃は一九・一％安と格差が縮まった[20]。鉄道網の拡大延長で、全国的な石炭の取引条件が画一化してきたからであった。また採掘炭のトン当り賃金は全国平均（四・〇二フラン）よりかなり高く、五・四三フランであった[21]。上記の株主総会では、カルモー＝アルビ間の鉄道敷設の件も議事に付された。いかに石炭を安価にかつ大量に搬出・運送するかは、同社にとって焦眉の問題であった。大都市のトゥルーズ市からは九二キロメートル、ボルドー市からは三〇〇キロメートル離れていた。カルモー付近の中央高地《マッシフ・サントラル》は標高三五〇〜四〇〇メートル（ポルタルに依れば同市自体の標高は二四九メートル）とあまり高くはなかったが、切立った渓谷を流れるいくつもの河川によって寸断されていた。水上輸送には、カルモーを横切るセルー川 le Cérou は船の運航には川幅が狭すぎるし、アヴェロンで渓谷になる。ガロンヌ河に合流するタルン川は最寄りのアルビ――といっても一六キロメートル離れていたが――の船着場の川下三五キロメートルには水閘門が一六あまり設けられて不便で時間がかかった。しかし十八世紀以来二輪馬車でアルビまで運ばれ、そこで船に荷積みされたが、航行が困難なことが頻りであった。ガロンヌ河も航行に支障があったので、一八四七年にトゥルーズ＝モワサック Moissac 間のバイパス運河が掘削され、トゥルーズへのアクセスが容易になった。輸送費が高価であったこともあって、タルン県、オート‐ガロンヌ Haute-Garonne 県、ロト‐エ‐ガロンヌ Lot-et-Garonne 県、ジロンド Gironde 県そしてオード Aude 県など近隣の県が大部分の販路を占めており、百キロメートル以内での消費は全体の六七％に及んだ。十八世紀この方、イギリスの石炭は強力なライヴァルであった。主要な消費地である北部工業地帯にもパリにも遠すぎて、立地条件は悪かった。

運送コストの節約によって競争力をつけ、ボルドー等への販路を拡大することが至上命令となったが、カルモー＝アルビ間の鉄道敷設は一八三三年から試行錯誤されたが実現には至らず、結局一八五三年の株主総会で一、七七〇、〇〇〇フランの敷設資金調達のためには、一八一〇年六月二三日に創業された家族企業の色彩の強く、全社員の無限責任を定め、彼らの全員一致でなければ経営方針が決められないという大規模の会社に相応しくない定款を掲げていた合名会社「ドゥ・ソラージュ父子企業 L'Entreprise de Solages, père et fils」を解散し、より広範な資金調達を可能とする新会社を設立することが、旧来からの株主の反対にかかわらずに、決められた。翌年六月二八日には三、〇〇〇、〇〇〇フランの借款を株主総会は認めた。経営能力に長けていた若い実業家アシル・ドゥ・ソラージュ侯爵 marquis Achille de SOLAGES（ジョレースの政敵ジェローム＝リュドヴィック・ドゥ・ソラージュの祖父――筆者注）は旧会社を清算し、鉱山経営参加をもとめる資本家たちと長く困難な交渉を成功させ、かつカルモー＝アルビ間の鉄道敷設の資金調達のめどもつけて、株式制度を導入した新会社を創設するのに成功した。鉄道会社と炭鉱会社が手を結ぶことは、色々な面で有利に働くはずであった。前者は後者から燃料が安定して安価で確保でき、運搬貨物の顧客もしかりである。後者は輸送手段を保証され、前者の高い利潤率の恩恵に浴することも出来た。かくてグラン＝サントラル Grand-Central 鉄道会社を率いるモルニ伯爵 comte de MORNY（後に公爵、ナポレオン三世の父違いの兄弟）、セランクール伯爵 comte de SERAINCOURT（モルニ・グループ）[23]、そして銀行家のドノン DONON の資本参加・経営参加を得て、新会社は一八五六年五月二〇日にパリで設立され、本社もパリに置かれた。炭鉱以外に硝子工場、アヴァラ製鉄所 forge des Avalats、カルモー＝アルビ鉄道等も提供したドゥ・ソラージュ一族からは二名（アシル・ドゥ・ソラージュ侯爵とポラン・ドゥ・ノロワ伯爵 comte Paulin de NAUROIS）が取締役に選ばれることが決められた。合名有限責任会社「マンセル会社 Compagnie Mancel」（通称は「カルモー＝トゥルーズ炭鉱鉄道会社 Compagnie des houillères et fer Carmaux-Toulouse」）――合名会社にしたのは時間稼ぎに過ぎなかった――では、マンセル（第二帝政期のコンセイユ・デタ主任訴願審査官）の陰に隠れて、モルニ、セランクール、ドノンの三人が実権を握り、新社長にモルニが、副社長にセランクールとラグランジュ伯爵 comte LAGRANGE（ジェル Gers 県の大地主で競走馬厩舎の所有者として有名）が選ばれた。第二帝政期の政治とビジネスの「相互汚染 contamination」（第二帝政の「副皇帝」ルーエル ROUHER の表現）がこの会社にも垣間見られ、経営陣の中でモルニ、ラグランジュ、ダローズ DALLOZ 等は立法院議員であった。エミール・ペレール Émile PEREIRE（クレディ・モビリエ Crédit mobilier の経営者ペレール兄弟の兄）とジェローム＝リュドヴィック・ドゥ・ソラージュ侯爵――一八九三年の労働争議の後に議員を辞職したのはこの人物であり、この辞任によって生じた補欠選挙でジョレースは議員に当選した――も第三共和政期に代議士になる。一八五七年の開通直後にカルモー＝アルビ鉄道は会社の財務的重荷となり、採算の良くない硝子工場、製鉄所の切り離しも俎上に上る。レクソス Lexos ＝カルモー区間が開通すれば、トゥルーズへ直接鉄道で接続する鉄道区間であったレクソス＝トゥルーズ鉄道経営権を公共事業省は同社に認めず、一八五七年にパリ＝オルレアン鉄道に与えた〔参照図―1〕。

一八五七―五八年から新会社の経営は悪化し、鉱山技師の反対にも拘らず、目前の利益をあげるため、採掘に費用が嵩む深い坑道を閉鎖し、水没させた。しかし、一八五七―五八年の全国的不況も重なって、一八五六年の一五〇フランから一八六〇年の一五フランへと株価は暴落し、株式配当率は急降下した(24)。また採炭量は一八五七年の一、三三五、〇〇〇キン

図―1　1877年の時点におけるタルン県周辺の鉄道敷設状況と路線開設年度

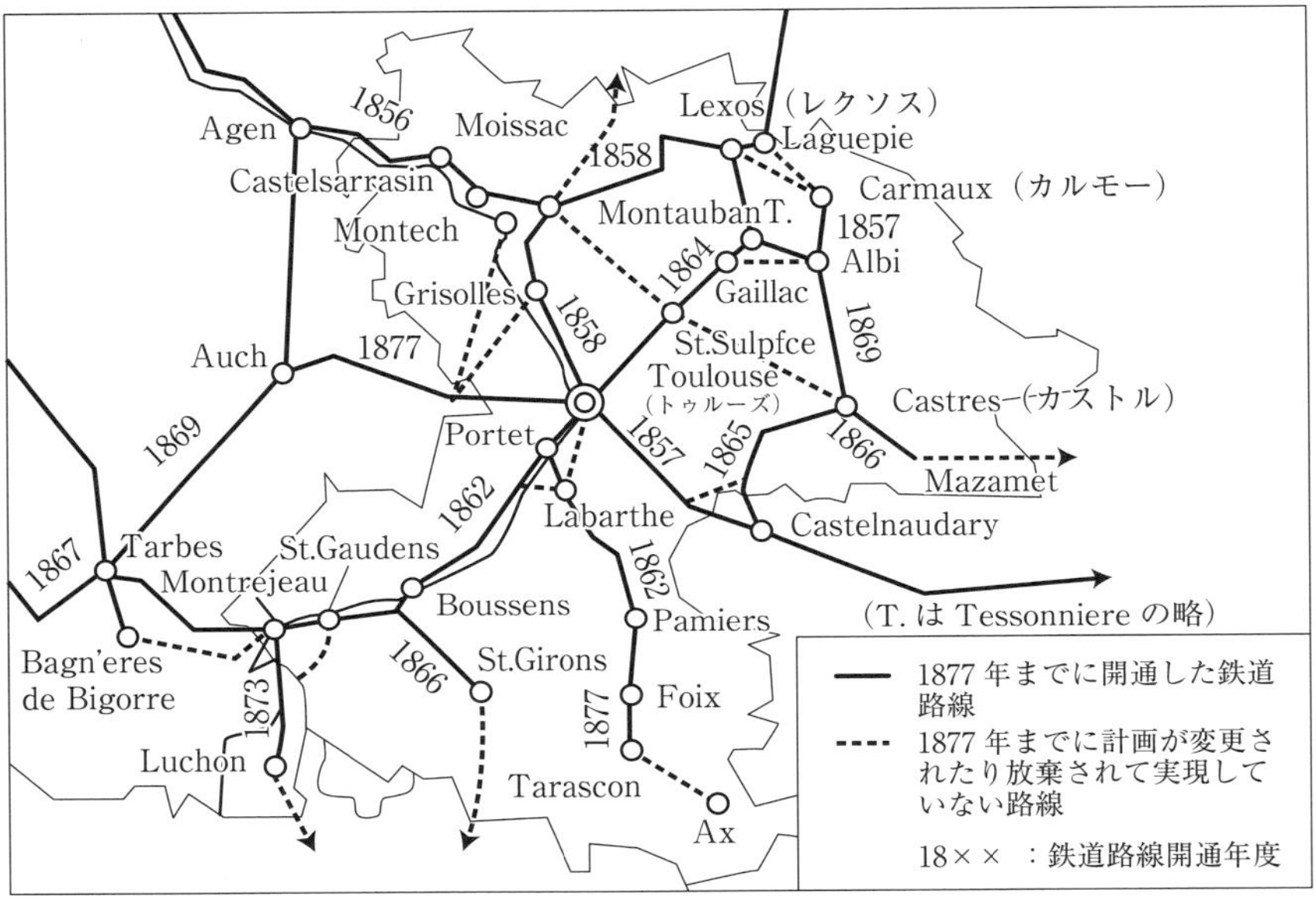

注：細線内は東アキテーヌの諸県（タルン県、タルン・エ・ガロンヌ県、オート・ガロンヌ県、アリエージュ県）

〔出典〕 André ARMENGAUD : *Les populations de l'Est-aquitain au début de l'époque contemporaine. op. cit.*, p.549.

タル（記号はqで、一q＝一〇〇kg）から一八五八年の一、〇七〇、〇〇〇キンタルへと減少し、炭鉱労働者数も両年の間に一、三七七名から八〇〇名に削減された。[25]この時期に、新会社を株式会社に衣替えする案が急浮上した。経営危機を脱却するための一、二〇〇、〇〇〇フランの社債——四、〇〇〇、〇〇〇フランの上限枠がコンセイユ・デタの命令で定められていた——を発行した後の一八六〇年四月二一日に株式会社化が認められた。新しい会社の名称は「カルモー＝トゥルーズ炭鉱鉄道会社」から「カルモー鉱山鉄道株式会社 Société anonyme des mines et chemin de fer de Carmaux」に変えられた。[26]この会社の創設により、会社の財務と管理の健全化と、株式配当の確保による株主の信頼回復が実現された。また新株式会社はレクソス＝トゥルーズ鉄道経営権を諦めたばかりか、アルビ＝カルモー間の鉄道経営も放棄して、一八六五年にミディ（南仏）鉄道に売却した。[27]すでに硝子工場はトゥルーズの卸売業者ルセギエ RESSÉGUIER が工場の土地を賃借してそこに新工場を建てて操業を始め、製鉄所はアルビの鋳造業者ルイ・ジレ Louis GILLET に売り渡された。こうして一八六五年一二月には会社は炭鉱業だけに減量された。一八七三年には新社名を採用し「カルモー炭鉱会社」となって、新発足した。

一八七一年以降、会社経営は回復し、その後急速に成長した。採炭量は一八七一年の一、二二六、〇〇〇キンタルであったのが、一八七五年には一、四〇二、〇〇〇キンタルに、一八八〇年には三、〇六八、八七〇キンタルへと急増した。[28]

第二節　カルモー炭鉱労働者の生活環境と労働

前世紀から炭鉱地帯は「黒ずんだ地方（ペイ・ノワール）le pays noir」と呼ばれてきた。ここに住む者にとっては、決して褒め言葉ではない。おそらくは、鉱業は土地利用の『本来の propre』（propre にはきれいなという意味もある）在り方ではない―「緑なす郷 pays vert」の対極にあると考えられたのではないか――、あるいはJ・-J・ルソーが言ったように、人間の腐敗の指標なのだという考え方が脈打っているからであろうか。(29)

石炭の採掘と利用は古代には行なわれず、中世に始まる。フランスの炭田の歴史は十一世紀に遡るリエージュ Liège やエクス-ラ-シャペル Aix-la-Chapelle やニューカッスル Newcastle に及ぶべくもないが、それに遅れをとることわずかにして中央高地《マッシフ・サントラル》の周辺で「露天炭鉱口 bouches charbonières」が発見されている。農業の兼業として採掘が行なわれるようになり、領主は賦課租と引き換えにその採掘権 concession を与えたりしたが、農民が僅かの収入の足しに畑の地面から石炭を掻き集めた事例の方が圧倒的に多かった。十五世紀には石炭採掘権についての王令が多数出され、ルイ十一世（在位一四六一年―八三年）の治世には「鉱山総監督長 grand maître gouverneur des mines」の制が設けられた。十六世紀までに浅い層の石炭鉱脈はほとんど掘り尽くされた。十九世紀以前には、石炭は地域内で消費され、有効利用されていなかった。用途は煉瓦製造、製陶、釘・硝子製造等に限定されていた。一五一六年に古くからの炭田であるサン-テティエンヌに金物工場と王立武器マニュファクチュアが設立され、溶鉱炉の燃料は木炭から石炭に置き換えられていった。

フランス全体を視野においた場合、出炭総量は一八五〇年の四五〇万トンから一九一三年の四、一〇〇万トンへと一〇年毎に五〇%ずつ増加したが、全国消費量の三分の二しか供給できなかった。(30)

一　カルモー炭鉱労働者の労働と生活

カルモー炭鉱はフランス全体の炭鉱と比較するならば、従業員数も採炭量もかなりすくない。従業員数についてみるならば、一八五〇年にフランス全国の炭鉱労働者総数は三三、〇〇〇人で、一八七〇年には八二、六七三人に増加し、一八七五年には一〇八、七一二人に達した。フランスきっての炭鉱であるノール地方のアンザン Anzin 炭田だけで十九世紀半ばに約四、〇〇〇人であった炭鉱労働者総数が一八七四年には約一二、〇〇〇人に三倍加し、古くからのロワール炭田のサン＝テティエンヌ地方では一八五一年に六、五〇〇人であったのが一八七七年には一六、九〇〇人と急増している。たしかにカルモー炭田でも一八五〇―一八五八年に九一三人であったのが一八八〇年―一八八九年には一、九三四人に倍増してはいるが、実数は他の規模の大きい炭鉱に比べればかなり小さい。[31]

炭鉱労働者といえば坑内奥深くの切羽で働く石炭採掘労働者をもっぱら思い浮べがちであるが、その職種は多様である。大きく区分して炭鉱労働者は坑内労働者と地上労働者に分けられる。

坑内労働者が就業するために、坑口に着くと、そこにはランプ保管所があって、そこで炭坑夫は坑内の闇を照らすランプを受け取る。ランプは単に菜種油を芯で燃すだけの「クルジウ creuzieu」と呼ばれる鉄のランプが使われていた。ノール炭田ではこのランプを「クラッセ crasset」と称し、当時の「アスティケット astiquette」という坑内帽の縁紐に鈎を付けて掛けるか、坑木の突起に差し込むかした。こうした裸のランプでは坑内ガスに引火しかねないので、イギリスの技師は一八一三年に円筒形の燃料容器の上の火炎部分を金網で蔽ったデイヴィー・ランプ lampe Davy を発明し、その後ミュエズレル MUESELER 技師が金網をさらにクリスタルで蔽った改良型を作成したが、旧型の安全なランプが使用されるほうが多かった。切羽に着くためには、始めに立坑を降りなければならなかった。普通立坑は階段と梯子が交互にかけられていた。階段にはステップが九〇〇段、さらには一、〇〇〇段もあるものがあった。この時代すでに立坑昇降用の一・五メートル幅のケージ（鉄檻）も設置されていた。直径四・五メートル立坑の出現で、四層までたてに連ねる大きなケージが使われるようになる。ケージは二本の地中梁の間を滑って昇降し、四本のアロエ製の平らなチェーンで吊り下げらて、チェーンが切れた場合には、二重鉄爪の安全装置が働いて梁に食い込み落下をくいとめた。[32]

坑内労働 travaux du fond は鉱床 gîte の開発と整備（坑道 puits の掘削、横坑 galeries と立坑 rampe、運鉱坑道 galerie de roulage の開坑等)、石炭採鉱、埋立(盛土) remblayage、坑木設置(坑道内壁支柱設置工事) soutènement、切羽からの石炭搬出等からなる。しかし十九世紀中葉まではこの炭鉱での坑内労働の職種は、「坑道夫 mineurs」「採炭掘削夫 piqueurs」「運搬車押し夫 traîneurs」の三種しかなかった。一八六六年に「運搬車押し夫」は「トロッコ押し夫 rouleurs」に取って代られ、「坑道夫」は新しい職種の「坑木布設夫 boiseurs」に含められたために、一八七〇年までに姿を消していた。一八八三年には「掘跡充填夫 remblayeurs」が、一九〇三年には「発破工 boutefuex」という新しい職能カテゴリーが誕生した。「発破工」は坑内管理職の「坑内夫長 porions」「坑夫長 maîtres-mineurs」の中に数えられ、その正確な人員数は見極められない。(33)

「鉱脈 veine」を採掘するのが「採炭掘削夫」で、石炭以外の「岩クズ rocher」を掘るのが「坑道夫」である。一八五〇年頃の「採炭掘削夫」の作業は岩穴を掘り、爆薬を仕掛け、発破するの三段階からなっていた。「坑木布設夫」は採掘現場の坑道内壁の支えを設置する作業を担当した。一八七七年からの盛り土による工法の導入は「採炭掘削夫」の労働内容の強化をもたらしたために彼らの不満は爆発し、一八八三年のストライキの際に「掘跡充填夫」という職種を会社に設けさせるにいたった。(34) 一八六六年から石炭積載車両はレール上を走るようになり、「運搬車押し夫」は「トロッコ押し夫」と職名が変わった。一八六〇年頃より驢馬、ラバ、馬等が車両の牽引を担うようになった。坑内労働では「坑道夫」・「採炭掘削夫」・「坑木布設夫」が三大エリートであった。

炭鉱の「地上 jour」の作業所は、フランス中央部で「プラートル plâtre (平らな部分 partie plane から由来するのであろう)」、ノール地方で「カロー carreau」、ベルギーで「dommage (突き固められた土の部分 partie damée の意味か?)」とよばれる立坑を囲む平坦な地表からなっている。一ヘクタールほどの平らな地面が地上の作業をするうえで必要だ。その中心が遠くからの鉱山の目印になる立坑の運搬作業用の「巻上げ櫓 chevalement」である。部外者には無視されがちな地上の作業は約二〇%もの人員が割り当てられていた。

地上労働は「専門職能労働者 ouvriers d'état」（鍛冶職人、木材工、大工、車大工等）、搬出機、ポンプ、換気装置等の「機械作業員 machinistes」、蒸気機関と機関車の「運転手 chauffeurs」、選鉱夫 trieurs、貨車積載夫等からなる「雑役作業員 manœvres」の四カテゴリーから成り立っていた。(35)

一八九〇年から一九一四年までのカルモーの全炭鉱労働者の平均年齢は三三歳九か月で、坑内労働者の平均年齢が上がり、地上労働者のそれが下がる傾向にあった。坑内労働者の高齢化は彼らの労働寿命が短い事から考えて意外であるが、三三歳から五四歳までの人員の増加によってもたらされている。(36)

圧倒的割合の炭鉱労働者はカルモーの近隣から徴募され、一八四八年から一九一四年までに採用された労働者の五五・七%がカルモーから半径一〇キロメートル圏内の、七四・七%が一五キロ、八五・二%が二〇キロ、八八%が二五キロ圏内の出身である。それも炭鉱の北部と北西部に集中している。そこは前記のようにセガラと呼ばれる花崗岩、片麻岩質の瘦せた土地の高原で、土地評価額も炭鉱の南に位置する豊かな土壌のアルビジョワ地方に比べ格安で、一定の農地を所有する農民でも、県内に留まるためにもカルモー炭鉱に職を求めた。農民出身で僅かばかりでも土地を保有し、兼業で農業を営むことに執着していた彼らの多くも、炭鉱周辺に居住することを会社から要請され、一九一一年にはカルモーとブレ Blaye とサン‐ブノワ Saint-Benoît の三つの近隣市街部に集中して住むようになり、その割合は八一・二%に及んだ。「農民＝炭坑夫」から「労働者＝炭坑夫」への転化が次第に遂げられたのである。しかし市街部に住んでからも、農地を入手することに農民出身の炭鉱労働者は固執した。(37)

農業を兼業する者の多い炭鉱労働者のうちでも、従来から八時間労働を慣習的に認められてきた坑内労働者（「坑道夫」・「採炭掘削夫」・「坑木布設夫」）は、経営側が出来高払いの導入などによって他の鉱山並みの労働時間の実施＝労働時間延長を目指そうとするのに対し、ストライキ、就業拒否等によって激しく抵抗を行なった。(38)

炭鉱労働者は前記のように三大近隣市街地（カルモー、ブレ、サン‐ブノワ）に集住するようになった。彼らの都市化の様相は食生活や住居にも表れ、彼らのパンの消費量が減り、肉の摂取は飼育した豚の塩漬け肉が専らであったのが、町の肉屋でその他の肉も調達するようになり、摂取量も格段に増えた。酪農製品についても同様である。商品購入については会社側が設立した消費協同組合を労働者側は拒否した。

住居について言えば、労働者が会社からの独立性を求めたので、「炭坑夫団地 coron」はノールやパ＝ドゥ＝カレー、ロワールの炭田地帯ほどには普及しなかったが、一八六五年に九一世帯分の「炭坑夫団地」建設が着工された。

二　カルモー炭鉱の労働環境――労働災害・疾病からの、そして老齢退職後の保障――

鉱山労働者は知られている通り、危険に満ちた、労働災害による死傷者の多発する、廃疾者の生じる可能性の高い職種であった。特に坑内労働者の場合は一層のことリスクを負っていた。労働災害による事故死者と負傷者の数を算定するためには、一八一〇年法が義務づけた事故の届出の際の「重傷」の定義については、これを定めた一八九九年七月一一日通達を待たなければならなかった。これによれば、「負傷」は絶対的、恒久的もしくは部分的な労働の停止（休職）をもたらすものであり、最低二〇日以上の休業をもたらす事故とされた。それまで基準は不確かで、立法化以降も軽微な怪我は届出に基づく統計化がされなかった。

一八八八年に鉱山会社の請求に応じて鉱山技師オクタヴ・ケレル Octave KELLER が行なった一八八五年・一八八六年・一八八七年の三か年についての統計調査によれば、同期のフランスの鉱山事故は重傷者二六名につき、全負傷者一〇〇名につき一名の死者が生じているといたという結果が出された。カルモー鉱山の場合は同期については二六三名の全負傷者につき一名の死者が出たという割合になっている。一八八九年から一八九八年の統計では一二名の重傷者につき一名の死者が生じたという割合になる。つまりカルモーでは死亡事故の割合が少なく、一方で軽微な事故が頻発していたと結論付けることが出来る(39)。

鉱山労働者の強い要求行動は、鉱山労災事故を防ぐことと、ひとたび事故が起きた場合に労働災害被害者とその家族を援助することの二方向に向かった。前者については、鉱山労働者はそれまで会社が独占していた保安業務に対する労働者の監査権を認めさせることを目指し、後者については労災被害者に対する医療の保障、休業保障手当制確立と賃金損失の補塡、寡婦・遺児・廃疾者の年金制度、埋葬料の支給を求める運動に向かった。一八一〇年の法律と一八一三年一月のデクレによって、これらの費用の一部は経営する会社が負担することになった。しかしその規定は曖昧模糊としたもので、一八一〇年法第一五条では経営者が医療施設と救済手段を設けることを義務付けているが、委細は内務省令に任されていた。鉱山労働者はこの立法によって政府は経営者に労災被害者への無償援助を義務付けたと見なしたが、実際には損害賠償責任は、民事契約において約定されていない限りは生じなかった。であるからして、寡婦や、遺児に対する補償義務は生ずるはずもなかった。疾病の問題も十九世紀の労働者全体を見れば、重複する多様な疾病に見舞われていたために、それが鉱山特有の「職業病」――未だこの定義は十九世紀において明瞭でなかった――と認定されることは難しかった。鉱山労働者の疾病罹病についての統計もなかった。一八八七年の共済基金法案の提案者は肺と気管支に炭塵が吸入されて生じる疾病を特定しているが、一九一九年に鉤《こう》虫症 anklostomanie が認められるまで如何なる職業病もフランスの法律によって認定されなかった。珪肺症にいたっては職業病への法的認定は一九四五年になってからと先進工業国中かなり遅い(40)。

労災保険と老齢年金についてのカルモーでの扶助基金は一八三八年七月にソラージュ会社によって創設され、その後会社主導であるが労働者の経営参加も形式的にだけ認める「サント‐バルブ相互共済組合 Société de secours mutuels de Sainte-Barbe」が一八五八年に設立されたが、労働者が経営参加を求めて抵抗したことと財政難などの理由によって、一八七〇年と一八八六年に二度解散・再建され一八九六年まで続いた。しかしフランス鉱山労働組合会議やジャン－バッティスト・カルヴィニャック Jean-Baptiste CALVIGNAC の議会への働き掛けやジョレース議員の尽力の結果、一八九四年法が立法化され、老齢年金は疾病保険とは切り離されて、賃金の四％（負担は会社と従業員が折半）が基金として貯えられ、五五歳定年後に支給されるようになり、やがてサント－バルブ相互共済組合は解散・清算にいたる。さらに一八九八年法によって労働災害に対する保障制度が整備された。(41)

三　労働組合組織の推移変遷と労組指導者カルヴィニャック

カルモー炭鉱の三つの労組組織

一八八三年から一九一四年にかけて、三つの労働組合組織が時間的に前後して、あるいは並列して存在した。

第一の労組組織は「第一次カルモー炭鉱労働組合」で一八八三年から一八九八年まで存在した。この労組は一八八三年のストライキの終結後に誕生した組織である。すでに一八八二年九月一〇日から一八日にかけてゲード派女性活動家ポール・マンク Paule MINCK が労働組合結成を呼び掛ける巡回会議をカルモーで開催したが、ほとんど反応が無く、呼び掛けに応えようとした二人の聴衆は炭鉱会社と硝子製造会社の監視下に置かれた。どうにか硝子製造労働者と職人を含めた「勤労者サークル Cercle des Travailleurs」が結成され、労組の役割を果たし、一八八三年二月に前述の労働争議が起こった。一八八三年四月に労働組合＝「カルモー鉱山労働者組合 Syndicat des ouvriers mineurs de Carmaux」結成の呼び掛けが発せられ、翌月には五三六人の加入者を得るという成功をみた。その後組合員数は五〇〇名から六〇〇名の安定した中核部分を、一八八五年から一八九〇年の期間保持することが出来た。(42)

第二の労組組織は、「第一次カルモー炭鉱労働組合」が一八八四年法（ヴァルデク－ルソー法と通称される労働組合法）に労組幹部が違反したとの判定により解散された後の、一八九八年四月六日に「タルン県鉱山労働者組合 Syndicat des ouvriers mineurs du Tarn」という名称の下に設立された。解散された旧労組は再建されて構成員五〇〇名がこの組織に一括加盟した。翌日には再建労組がタルン県鉱山組合に労組本部、集会所などの財産を売却する形をとった。財政危機に苦しんだが、カルヴィニャックが労組と共済公庫の財務責任者を務め、同組合の労組員数は増減しながら一九一四年七月にはピークの七五〇名に達している。(43)

第三の労働組合組織である「黄色労働組合」は一九〇三年に設立されたが、かなり時期を失したものである。すでに一八九一年七月一八日の時点で「カルモー炭鉱相互扶助協会 association d'assistance mutuelle des mine de Carmaux」が四五〇名強の組合員を集めて結成されたが、間もなく消滅した。一八九九年にはストライキに抗議する委員会が設立され、一九〇〇年のストライキに真っ向から敵対したが、一人の反ストライキ派組合員の発砲事件で孤立し、会社幹部（カードル）も支援から手を引き、組合への編成替えが遅れた。その編成替えは一九〇二年の代議院《シャンブル・デ・デピュテ》総選挙での鉱山会社の総帥ソラージュ侯爵の再選の時期に定め、選挙での勝利の余勢を駆ることを図ったが、侯爵の落選――ドレーフュス再審への加担で支持を失い前回落選したジョレースが返り咲いた――で目論見は潰えた。しかし同年一一月－一二月のゼネラル・ストライキ突入と、その際の「赤色組合」の指導部内での分裂と組合員の離反は、「黄色労組」＝職能組合 Syndicat professionnel 結成に絶好の機会を与えた。その後は、陰に陽に会社の援助を受けて組織を存続させるが、勢力は振るわず、第一次大戦前にはかろうじて露命を繋ぐありさまであった。(44)

炭鉱労働運動の指導者ジャン・バッティスト・カルヴィニャック

ここで一八九二年のカルモー炭鉱争議を指導したジャン－バッティスト・カルヴィニャックのプロフィールについて若干触れておきたい。彼の存在なしにはカルモー炭鉱の労働運動の存立が考えられないほどの、重要なキーパーソンであった。

カルヴィニャックは一八五四年一〇月一日にカルモーに炭坑夫の息子として生まれ、同地で一九三四年四月二日に他界している。彼は初等教育を終えたのち、彼の高い知的能力に感心した父親は「エクス－アン－プロヴァンス帝国技術工芸学校 École Impériale des Arts et Métiers d'Aix-en-Provence」の入学試験の準備をさせ、学業を継続させようとした。学資に乏しかった父はカルモー市長の援助を得て、一八七〇年四月二七日皇帝に奨学金を要請したが、この年の戦争の勃発でその懇請の努力は水泡に帰した。すでにそれまで彼は学業の補習を受けながら錠前工の見習修業を行なっており、学業を断念して「全国職人遍歴「Tour de France」に出掛けた。その旅先のセット市にいた時に、坑内事故（トロッコによる圧死）による父の死を知った。一八七三年六月二四日の出来事であった(45)。急遽、故郷のカルモーに帰った彼は、カルモー炭鉱株式会社の作業所機械組立工となった。彼が労働運動の活動家として頭角を現すのは、記録に残る七度目の同炭鉱の争議が起きた一八八三年のことである。このストライキは同年二月一五日から四月四日までの四七日におよび、ストライキ参加労働者数は約二、〇六〇人にのぼった(46)。

このストライキは半ば失敗に終わったが、カルモー炭鉱労働組合会議の誕生を招来した。同年一〇月に開催された鉱山労働者労組の代表を結集したサン－テティエンヌ大会――フランス鉱山労働組合会議の礎を築いた――に彼は自分の労働組合の代表として参加している。これ以降彼は労働組合と政治の両面の活動で指導的立場にたった。戦闘的で権威的な彼の性格からして彼は指導者の器であり、それに間もなく指導者に成り切ったが、粗野で乱暴な側面によって、炭鉱労働者仲間と齟齬を生じることもあった。しかし彼の人気と権威は、心ならずも警察の報告書にも記されている。それには「根気強い労働者である彼は、敵対者は認めたがらないが、明晰な頭脳に恵まれている。敵対者は労働者の勝手な気紛れのお陰で見離されないでいるとか、無能だから理解されなくなった日には彼は失脚させられるであろうと見込んでいる。私見によれば、これは見当違いで、『社会革命…』という彼の目的に辿り着くためなら武器を持ち、戦闘を行なうことを躊躇する事のない指導者である。これらのことからして、カルヴィニャックは最も危険な男の一人である。」（県公文書館資料）[47]とカルモーの特別司法警視は記している。

灰色の目、垂れ下ったブロンドの口髭、明るい栗色の髪の毛をした中背（一七一センチメートル）の彼は、眼光鋭く他を圧倒する風貌であった。フェルトの広縁帽――この型の帽子は世紀末の労働者の流行であった――を被った彼の出で立ちは死ぬまでカルモーの語り種であった。彼は歌うように抑揚があり、味わい深い――ジョレースも選挙民に語りかける時に使った――アルビジョワ訛りの地方語 patois で話をした。[48]

一八八三年一〇月のサン‐テティエンヌ大会から帰ると直ぐに、彼の労働組合の書記兼会計担当に選ばれ、同労組がアルビ裁判所によって解散命令の出される一八九八年四月九日までこの兼務が続いた。専従活動家になることなく、月々二五フランの役職報酬をそれまで受け取った。一八九九年四月六日に再建新労組は彼とベルトン BERTHON のイニシアティヴの下に再結成され、同労組評議会委員に選出され、会社からは解雇されるが、一九一四年まで労組の活動を継続する。その間、鉱山労働者の労働条件の改善と社会立法の実現に精力的な努力を行なう。一八八六年三月には「鉱山労働者保安代表制についての法律」――この立法にはジョレースが大きく貢献している――の立法について委任されている国民議会委員会で訴え（アピール）を提起しているし、同じ頃鉱山労働者の相互扶助公庫の再建に尽力している。もとはといえば、一八八三年のストライキの引き金はこの公庫がうまく機能しなかったことに由来する。彼は一八八六年に設立されたサント‐バルブ共済組合の理事会の構成員となり、この相互扶助公庫が一八九四年の法改正の後に再編されると、立法以前に存在した相互扶助と退職年金の組合の財政の清算で主要な役割を果たした。カルモーでは年金について会社と労働者の間に係争が生じた際の一八九五年六月九日に炭鉱労働者に調停者に選ばれたジョレースの顧問となり、翌年一月末から二月初頭にかけてのパリで行なわれた協議に出席し、新共済基金――彼は旧共済基金の理事長であった――の定款を起草するのに協力した。[49]

上記のような鉱山労働者の待遇改善と生活保障のための活動もさることながら、彼の本領は次に述べる労働組合活動の領域で遺憾なく発揮された。

一八九一年のメーデーに仲間の硝子労働組合の指導者とともに、硝子壜製造労働者と一緒にデモンストレーションに参加することを呼び掛けるアピールに署名して仕事を休んでこれに参加し、ともに参加した四八名の他の労働者とともに休職処分を受けた。翌年三月に賃金引き上げを要求するストライキを指導して仲裁に持ち込み、同月二〇日に仲裁案が調印された。これこそ一九三六年までの職種別賃金計算と労働条件の規定に関するモデルとなった確約書であった。

カルヴィニャックは一九〇〇年と一九〇二年のストライキを指導しなかったが、それに先立つ一八九九年に鉱山労働者防衛委員会 comité de défense des ouvriers mineurs に選任されて、パリへ代表として派遣され、紛争回避のため政府に働き掛けた。一九〇〇年のストライキ開始の後はストライキ参加者の集会で逮捕され、釈放後、ヴァルデク－ルソー内閣への鉱山労働者側のスポークスマンとして活躍した。一九〇二年のストライキの際にも同様の活動をしたが、彼はジョレースとともに会社側から労働者側の代表としての資格を忌避された。

彼の労組活動家としての活動領域は、カルモーにとどまらず、全国的国際的な広がりをもった。ミシェル・ロンデ Michel RONDET と並んで最初の鉱山労働組合連盟の指導者として多くの全国大会に参加した。一八九二年の新しい全国鉱山労働者労働組合連盟結成（リカマリー Ricamarie）大会には参加できなかったが、当時のカルモーでの闘争に敬意を表し彼を名誉議長に選んだ。一八九五年にフランス労働総同盟CGTが創立されたリモージュ Limoges 大会にも出席し、同年全国鉱山労働者連盟パリ大会で国際鉱山労働者連盟国際委員会の委員に選ばれている。また一九〇三年から一九〇五年にかけて彼は同連盟の全国評議会委員を務めた。(50)

彼の政治活動は、一八八三年のストライキの後に姿を消した社会主義グループのあとを受けて出来た「モンターニュ・グループ groupe de la Montagne」への加入に始まる。一八九二年により純粋に社会主義的な社会研究サークルが組織されると彼はそれに移り、一八九七年四月三〇日に解散させられるまで積極的活動分子であった。彼の社会主義の思想的立場は改良主義的なポシビリスト Possibilistes（最高指導者ポール・ブルース）や労働者中心主義的なアルマーヌ派に近く、フランスのマルクス主義政党であるフランス労働党ＰＯＦ＝ゲード派には敵対的であった。一八九一年からはシェル Cher 県のブランキ派の代議士ボダン BAUDIN の働き掛けの結果ブランキ派社会主義者に近づき、一八九二年七月の郡議会選挙に同派＝「社会主義労働党 Parti ouvrier socialiste」から立候補している。すでに彼が推進して一八八八年にタルン県の政治サークルと労組組織を結集する「タルン県労働者連盟 Fédération ouvriére du Tarn」を結成し、この組織を隣県のアヴェロン県とエロー Hérault 県へと拡大し、この組織の下に「勤労者の声 *La Voix des Travailleurs*」紙を創刊した。(51)

彼は前述の「モンターニュ・グループ」からカルモー市議会議員に立候補して、一八八八年に落選した後、一八九二年五月の市議選で当選し、社会主義派が市議会の多数派を占めると、五月一五日にカルモー市長に選出された。炭鉱会社は彼の欠勤が多いのを理由に彼を解雇すると、同年に二回目のカルモー炭鉱のストライキが始まった。顚末として社長のドゥ・ソラージュは議員を辞職し、補欠選挙でジョレースが当選する。この後の経緯は次節で詳述する。

やがてカルヴィニャックは一八九四年二月二五日に「選挙名簿作成の不備」を理由に市長職を休職処分にされたのに抗議して市長を辞職し、四月二二日の市議会議員補欠選挙で当選し市長に選ばれたが、タルン県知事府が選挙無効を宣告し、コンセイユ・デタが上告を棄却した。翌年に市議会での抗議の行動を市長職務執行妨害の罪で訴追され、執行猶予付四〇日の禁固と五年間の公民権剝奪の判決を受けた。その後も県会議員選挙や市議会議員補欠選挙で当選して、市長に選ばれるが選挙無効を宣告されるという鼬ごっこを繰り返す。その間再度の市民権剝奪や投獄、罰金刑宣告等を経験する。ようやく一九〇〇年五月に市議会議員に当選して、市長被選挙権回復後の一二月一六日に市長に正規に返り咲き、一九二九年末までこの公職の座に在任する。

第三節　一八九二年のカルモー炭鉱のストライキ

はじめに

フランソワ・シミアン、エルネスト・ラブルースなど労働運動史研究の偉大な先駆的研究者たちによって、フランスの学会は今日までに労働運動の究極的集約的形態の一つであるストライキについて、かなりの研究業績を蓄積してきた。フランスでの社会学的ストライキ研究の先駆者ゲティ－ジレ GOETY-GIREY の定義によれば、ストライキとは「賃金労働者の決定による集団的就業の中断 une cessation collective d'activité due à une décision des salariés」[52]とされる。

一九七四年に発表された社会運動史研究の金字塔的傑作――ストライキの社会運動史的研究と労働社会学的研究の見事な結合――であるミシェル・ペロー Michelle PERROT の『ストライキ中の労働者たち。フランス。一八七一年―一九一四年 *Les ouvriers en grèves. France.1871-1914*』[53]は多角的な視点から社会学的・類型学的研究を行っているが、この研究によれば、鉱山労働者のストライキは次のような特徴を持つ。

まず鉱山労働者のストライキ件数が全ストライキ件数にしめる割合に比較して、ストライキ参加者数の全体に占める比重が大きいし、それにもまして、ストライキ日数の割合が高い。一八七一年―一八九〇年期について言えば、鉱山労働者のストライキが全体のストライキ件数のなかで占める割合は五・六%であるのに対し、ストライキ参加者総数とストライキ日数のパーセンテージはそれぞれ一六・四％と二二％である。[54]

鉱山労働者のストライキの個別的・特殊的様相を見るならば、第一に、鉱山のストライキは突発的に始まる場合が多い。その割合は約七〇％に及ぶ。繊維部門労働者のストライキの様に衝動的に起きるのではない。彼らが突発的にストライキに突入するのは、会社側を撹乱する不意打ちの効果をわきまえているからで、日曜日の静謐さや深夜の闇の中で準備し、月曜日の黎明とともにストライキを宣言する。[55]

ペローが調査した一八七一年―一九一四年期のフランスについて言えば、予告型ストライキ grèves annoncées が建設、金属・冶金、皮革部門（パン製造労働者のストはほとんどが予告型）で多いのに対し、突発型ストライキ grèves subites は土木作業、製糸・機織、精糖（パン製造と同じ食品部門でも九四％が突発型）、瓦斯（ガス）、林野、沖仲仕・ドックそして鉱山部門で多く、また不況期の防御型ストライキも多かった。突発型ストライキは、その開始時期がへとへとに疲れた夕方よりも元気漲る朝の方が好まれ、季節ならば路頭でも暮らせる労働者に気候的に優しい春が選好される。[56]

月の中でのストライキ開始日の日取りについてみれば、賃金の支払いが月初めか月末に、半月支払いの場合は支払いが月半ばにも行われ、その結果月初めのストライキ開始の頻度が圧倒的に高く次いで一五日と一六日が高い。因みに地方では月一回の賃金支給が半数ほどで、パリでは一五％であるが、半月毎の支給は地方で三六％、パリで四四％、週給制は前者で二二％、後者で四一％であった。一週間のうちでは土曜日に支払いが行われるので、月曜日のスト突入が多かった。有名な一八八四年のアンザン炭鉱の大ストライキ開始日も、一八八六年一月二六日のドゥカズヴィル炭鉱でのヴァトラン技師殺害事件の日も給与支給日であった。[57] かくして春の月初めか、月曜日の明け方にストライキに突入するケースが典型となった。[58]

第二にこの期の鉱山労働者のストライキは、複数の要求を会社に要求するケースが多く、ストライキ全体に占め

る割合が平均三〇%であるのに比し、鉱山労働者のストライキの四五%を占めた。一件のストライキ当たり三・三

要求項目があり、硝子工業労働者のストの場合と並んで形式の整った文書で行われる場合が多く、三〇%を上回っ

た。ペローはその要求項目が書かれた文書を革命期の「陳情書 cahier de doléances」になぞらえている。[59][60]

第三に賃上げ主体の要求（全体平均六六%に対し鉱山五一%）よりも、就業形態（労働時間一二%の要求、二九%のストライキでストライキ全体平均一三%）、退職年金・共済組合 caisse de secours et de retraite（九%）、保安システム、雇主経営従業員用売店 économat などについての苦情・要求の比重が全体平均に比べて高かったことが注目される。[61]

鉱山労働者ストライキの第四の特徴は、その規模の大きさで平均一〇〇五名の労働者が参加する。職種横断も特質をなすが、全体一致のストライキは坑内労働者に限定されるのが通常であって、体力が盛りの「切羽工 abatteurs」、「採炭掘削夫 piqueurs」が主力であり、若い「トロッコ押し作業員 herscheurs」や年老いた「坑木布設夫」はそのあとに従う立場であった。新参の雑益作業員などからなる地上労働者は微妙な立場に立たされ、時折両者は対立するが、会社側が分裂を深めさせようとしても最終的には手を組むにいたる。[62]地理的な広がりと近隣への争議の伝播ももう一つの鉱山労働者のストライキの特質でもある。

労働時間、相互扶助・定年基金積立制度

鉱山労働者にとって事故、疾病、高齢化のリスクに対する備えはきわめて重要であった。鉱山の事故は頻発していたし、老齢時まで働ける作業ではなかった。もちろん政府は事故に遭った労働者の保障を会社に求めていたし、政府も一定の保障を法制度等によって労働者に与えた。しかし疾病については、社会主義者たちの要求にもかかわらず、一九一九年まで「職業病」という概念が認められず、保障はなかったという。

一　カルモーの炭鉱争議の歴史：一八五五年から一九一四年までのカルモー炭鉱でのストライキ・争議事件

一八五五年から一九一四年にかけての約半世紀間に、表―3に示されるように、一四回のストライキを経験している。その発端をかいつまんでみるならば、一八六九年までは相対的に短い期間のストライキであった。かつ坑内労働者の部分的争議であり、とりわけ採炭掘削夫と運搬車押し夫の二つのカテゴリーという一部の労働者に係わる問題が争議の発端であった。具体的に言えば、労働日の延長と、出来高払い賃金の範囲の拡大、採炭作業の合理化に端を発するストライキであった。ただし一八五五年のストライキの場合は低賃金が理由であり、坑外労働者の不満が爆発したものであった(63)。

ル・シャプリエ法と刑法による団結権禁止を廃止した一八六四年法以前は、少数の先鋭的労働者に扇動されたか、警察の執拗な追及に反発したことからストライキは発生した。

例外的であった一八五五年の争議は、会社側の主導で坑内労働者の賃金引き上げが行われた際に、坑外（地上）労働者の待遇の際立った悪さと低賃金が引き立ち、賃金引き上げを求める運動を刺激した結果、労働者が蹶起したストライキであった。前日九月二三日の日曜日に終日多数のグループが街路を駈け廻り、カフェで陣容を整えたらしい。翌日の月曜日に「エシェル Échelle」坑入口で約八〇〇名の群衆が入坑を阻んだ。自分たちの賃上げも不十分だと感じていた坑内労働者をも巻き込んだほぼ全炭鉱労働者の争議となった。

一八五七年と一八五九年の紛争は、勤務形態の変更に対する炭鉱労働者の反発に端を発する紛争であった。前者は採炭掘削夫が、後者はトロッコ押し夫が利害の当事者であった。後者の一八五九年のストライキの場合、会社の一〇時間労働日に反発して、トロッコ押し夫は六月一〇日から一一日にかけての深夜に、一人の掛け声のもとにかなりの数の彼らの仲間が職場を放棄した。一八六二年のストライキの際には、四八歳の採炭掘削夫と一六歳のトロッコ押し夫が首謀者であるとの嫌疑が懸けられたが立証されなかった。

一八六九年のストライキからは状況が大幅に変わった。事前に何の前触れがなく、突如突入したストライキであったが、約一か月もストライキが続き会社を驚かせた。予兆らしいものといえば、前年の一八六八年を通じて監督官が気づいた炭坑夫の勤労意欲の減退、やる気の無さの顕著化であり、その原因は共和派の翌年の総選挙にむけた反王党派＝反ソラージュ・キャンペーンの教唆にのせられたのであろうと見られていた。しかし共和派の指導部である、選挙委員会を構成する商人がストの日程を決めたとは信じがたい。選挙委員会は情報伝達の役割を果たし、同じ鉱山労働者が行ったサン＝テティエンヌでの出来事を伝えた。この頃からカルモーの労働者は彼らの生活圏外から影響を受け、他の鉱山での（この時期にはサン＝テティエンヌとドゥカズヴィル炭鉱の）争議に同調したり、連帯するようになる。(64)

一八六九年のストライキは六月二六日土曜日午後一時に勃発し、日曜日を利用して組織化が進み、月曜日にはストライキは全面化し、炭鉱は麻痺する。初めて地表の労働者と坑内の労働者の共闘が成立する。要求項目は賃上げ、労働時間の短縮など

表－1　鉱山・採掘場のストライキ件数・参加者数・日数（1872 － 1890 年）

年度	ストライキ件数	ストライキ参加者数	ストライキ日数
1872	10	5,320	37,840
1873	3	1,280	16,640
1874	1	250	250
1875	2	350	900
1876	3	2,116	16,666
1877	4	4,750	28,900
1878	10	22,905	244,615
1879	8	1,365	1,085
1880	6	7,732	83,405
1881	8	7,170	75,360
1882	6	4,685	63,145
1883	10	4,152	129,137
1884	6	14,911	633,200
1885	5	1,796	5,718
1886	8	6,009	267,465
1887	5	3,444	29,822
1888	11	5,830	31,805
1889	13	7,580	69,740
1890	45	42,464	450,381

〔出典〕 PERROT Michelle ; *Les ouvriers en grèves*. t. 1, *op. cit.* p. 39

表－２　カルモー炭鉱の年毎の出炭総量・粗生産額と労働者数（1848 年－1897 年）

年度	出炭総量（キンタール;qm）1q＝100 kg	粗生産額（フラン）	支出総額（総経費）（フラン）	純収益（フラン）	人件費（賃金総額）	坑　内労働者数	地　上働者数
1848	343,920	498,344	297,050	201,293	162,151	412	90
1849	480,863	660,240	332,025	328,215	197,236	448	90
1850	527,065	734,453	363,322	371,211	208,613	461	90
1851	453,887	735,516	361,976	373,540	194,028	423	57
1852	621,921	834,545	431,535	402,662	255,838	460	128
1853	680,812	927,126	440,510	486,615	300,470	560	117
1854	929,133	1,304,746	753,509	551,237	440,882	665	244
1855	1,087,477	1,657,810	1,006,199	651,610	605,957	1,032	368
1856	1,213,461	1,834,806	1,106,914	727,891	646,985	1,318	380
1857	1,335,351	1,969,832	1,137,910	831,921	658,013	1,085	292
1858	1,070,517	1,451,903	738,328	738,323	458,655	440	270
1859	1,140,176	1,633,714	922,601	711,713	577,736	1,007	232
1860	1,219,230	1,866,113	1,362,993	503,119	594,203	700	228
1861	1,329,031	2,188,921	1,492,060	698,860	711,141	722	128
1862	1,521,824	2,905,087	2,671,703	233,384	89,491	718	195
1863	1,359,360	2,804,677	1,320,068	484,608	708,539	710	252
1864	1,125,830	2,245,590	2,012,589	233,000	689,643	753	307
1865	1,172,430	2,421,558	2,029,252	392,305	705,029	753	307
1866	1,242,660	2,556,435	2,006,536	549,871	711,733	735	306
1867	1,240,540	2,467,966	1,795,294	672,672	707,658	675	303
1868	1,288,070	2,570,031	1,883,927	686,104	691,972	690	310
1869	1,154,410	2,317,213	1,667,045	650,167	674,382	690	310
1870	1,388,500	2,593,652	2,112,493	481,158	886,838	662	473
1871	1,266,900	2,623,104	2,043,581	579,522	893,881	667	473
1872	1,855,400	3,979,044	2,871,309	1,107,734	1,047,120	741	525
1873	2,577,000	5,207,228	3,317,668	1,962,663	1,310,009	779	536
1874	2,603,360	5,207,228	3,622,531	1,584,698	1,419,643	846	575

1875	2,738,690	5,552,518	3,849,565	1,627,953	1,481,652	921	665
1876	2,898,960	5,655,157	3,932,410	1,722,746	1,629,140	979	707
1877	3,196,010	5,870,452	4,813,765	1,686,687	1,720,622	1,075	667
1878	2,916,200	5,736,387	3,884,143	1,852,243	1,683,096	1,065	667
1879	2,938,000	4,472,795	3,067,610	1,405,148	1,814,692	1,159	621
1880	3,068,700	4,628,200	3,057,581	1,570,620	1,783,923	1,071	649
1881	3,404,600	5,016,678	2,984,785	2,031,892	1,843,722	1,123	657
1882	3,650,600	5,366,599	3,432,021	1,934,573	1,907,680	1,202	553
1883	3,254,800	4,834,41	3,597,236	1,237,174	1,902,384	1,294	800
1884	3,722,600	5,393,711	4,101,582	1,292,128	2,282,593	1,315	798
1885	3,331,700	4,734,342	3,736,916	997,427	2,176,23	1,285	597
1886	3,170,300	4,373,296	3,223,239	1,151,058	1,813,771	1,222	604
1887	3,146,600	4,295,373	3,191,847	1,095,669	1,513,992	1,143	674
1888	3,345,000	4,567,686	3,488,712	1,078,974	1,477,523	1,110	655
1889	3,829,700	4,902,782	3,754,710	1,148,072	1,791,304	1,307	647
1890	5,182,500	6,993,266	5,109,804	1,883,461	2,360,509	1,516	692
1891	5,400,000	7,368,300	5,710,081	1,658,219	2,877,861	1,711	790
1892	3,664,000	4,989,635	4,607,364	382,272	2,263,201	1,745	821
1893	4,895,000	6,455,037	5,430,236	1,024,800	3,152,043	1,716	807
1894	4,769,000	6,313,223	5,286,210	1,027,012	2,934,491	1,589	786
1895	4,696,000	6,268,834	4,975,294	1,293,541	2,728,425	1,547	907
1896	4,518,500	5,875,843	4,851,251	1,020,592	680,090	1,566	897
1897	4,535,800	5,887,513	5,077,703	809,810	636,157	1,602	860

〔出典〕 BOUVIER, Jean FURET. François et GILLET. Marcel; *Le mouvement du profit en France au 19e siècle*. Paris, La Haye, Mouton & co. 1965, pp. 388–395 の数表から適宜必要と思われる数字を選び、それらに基づき筆者がグラフを作製した。

表－3　1855年から1914年までのストライキ・争議事件一覧

日　付	期間日数	スト参加者（人数）	弾圧状況	結果
1855年9月24日	1		7名逮捕・有罪判決	敗北
1857年9月25日 －10月5日	10	採炭掘削夫 piqueurs と荷車運搬夫 traîneurs の80％が参加		敗北
1859年6月10日－21日 7月7日－13日	5 5	トロッコ押し人夫 rouleurs 約180名		敗北
1860年4月1日	1	採炭掘削夫100～120名		敗北
1862年11月4日－8日	4	手押し車人夫 150～200名	21名訴追・有罪判決	敗北
1869年6月26日 －10月2日	39	合計約1000名	軍隊によるロックアウト、逮捕、有罪判決、恩赦	成功
1883年2月15日 －4月4日	47	合計約2060名		和解
1892年3月7日－21日 8月16日－11月3日	14 79	合計約2350名合計約2350名	軍隊によるロックアウト10名有罪判決、恩赦	成功 仲裁
1900年2月11日 －4月17日	64	合計約2500名	750名の憲兵の介入 13名有罪宣告、恩赦	敗北
1902年11月9日 －12月4日	57	合計約3050名で全鉱山労働者の参加		仲裁 敗北
1912年3月11日 12月16日	11	合計約3400名の全員参加一部と全般的な参加		
1914年2月24日－28日	5	全体的かつ全般的合計約3400名の全員参加		

〔出典〕 TREMPÉ. Rolande: *Les mineurs de Carmaux. 1848-1914*, Tome 2 *op. cit.*, p. 61

であった。このストライキは先立つ一八五七年以来積み重ねられた就業形態の変化と待遇悪化への返答となり、反撃となった。県知事でさえこのストライキには政治的色彩はないと認めた(65)。

以来特に一八八二年末から近隣の鉱山において起きる出来事を敏感に察知するようになったカルモーの炭鉱労働者は、彼らの要求を拒否した場合に、小さな出来事を切っ掛けにストライキに突入する状態になっていた。一八八三年のストライキも前回一八六九年と同様に土曜日の二月一五日朝に掘削機械故障による遅れを取り戻すために二時間の勤務延長に抗議して、サント＝バルブ坑の炭鉱夫が入坑を拒否した。日曜日にストライキ組織化が進行し、月曜日には全面化する。作業の配分、職務給設定、懲戒の処分事由での下級管理職（班長、職長など）の不公正さに反発していた労働者の感情に無知であった管理職は楽観的であり、またロワール労働組合の創設者にして書記であり、全国センターを組織中であったミシェル・ロンデ Michel RONDET(66) と連絡をとっていたことに気づいていなかったし、組合を厳重に監視下においていた警察署長 commissaire de police も同様であった。同月一七日に日給型給与の増額、最低平均日給の保証、相互扶助基金 Caisse de secours 業務の改善、カルモーでの施行労働時間の遵守、恣意的解雇からの保護などの要求が当局に突きつけられた。労働者側は会社側に反抗的な労働者に不当な仕打ちをしているとの感情を抱いていた。会社が推して投票を促した候補が共和派のカヴァリエに惨敗したことを忘れていないと思っていた。この時点で政治的影響が影を差していた。

二　一八九二年の二回にわたるカルモー炭鉱ストライキ

表—3に見られるように、カルモー炭鉱で一八九二年に二度のストライキが起きた。一回目は三月七日から二一日まで、一四日間約二、三五〇人の労働者がストライキに参加し、珍しく成功に終わり、調停が行われた。二回目は八月一六日から一一月三日までの七九日もの長期のストライキが前回ストライキと同じほどのストライキ参加者の下に行われ、結果は調停により妥協で終わった。軍による鉱山の占拠が行われ、一〇名の労働者が訴追されたが、彼らに恩赦が下された。

一八九二年の一回目のストライキは、労働組合が前面に出て、労組がストライキを組織化し、綿密に準備をした。一八九一年一一月から一八九二年一月にかけて恵まれないカテゴリーの職種、すなわち石材工 maçons、機械工 mécaniciens、トロッコ押し夫の苦情を汲み上げて、賃金の引き上げを労働組合は要求する。二月の月半ばの一八日に鉱山労働者全体大会の直後に、鉱山会社に対して要求を提出した。三月二日に会社側は全ての要求を斥けた。三月六日の再度の労働者の総会で、圧倒的多数でストライキ突入を可決する。

一八九二年のストライキは二つの大きな意味をもつ。一つにはこの時のストライキがその規模と長さばかりではなく、鉱山主ジェローム－リュドヴィック・ドゥ・ソラージュ侯爵を議員辞職に追い込み、補欠選挙で後のフランス社会主義運動のリーダーであるジャン・ジョレースの当選を導いたことである。二つ目にはこの鉱山の石炭に依拠する硝子工場の労働者に影響を与え、後述する彼等の一八九五年のストライキが決行され労働者側の敗北に帰結するが、労働者たちは自分たちが運営する協同組合組織の「労働者硝子工場」を創立する。

前述の通り一八九二年三月に給与引き上げを要求する鉱山労働者の第一回目のストライキが起きた(67)。ストライキ参加者はおよそ二、三五〇名、ストライキの期間は一四日であった。ストライキは周到に準備されていた。会社は折れて調停の席についたが決裂し、第三者調停で裁定が下され、これが爾後のカルモー炭鉱株式会社の労働協約を生み出すのである。

二回目のストライキは、八月一六日に始まり、長期化して、一一月三日に終熄する。実に七九日に及ぶ長期間のストライキであった。参加した労働者数も前回とほぼ同じ二、三五〇人であった。七五〇人の軍による鉱山の占拠が行われ、一〇人が訴追されたが、大赦を受けた。裁定を受けて、仲裁契約が締結される。

労組の指導者カルヴィニャックの解雇に端を発する八月に始まるストライキは、三月のストライキに比較して突発的だとの受け止めがなされた。そして、労組側にとって防御的性格も併せ持っていた。

第四節　カルモーの硝子労働者とジャン・ジョレース
――一八九五年の硝子労働者のストライキと「労働者硝子工場」の創設――

プロローグ――問題の所在：ジャン・ジョレースとカルモーの硝子労働者

一八九二年の二度にわたるカルモー炭鉱労働者のストライキが労働者側の成功と勝利に終わったのとは対照的に、一八九五年の硝子労働者のストライキは惨めな失敗に終わった。しかし最終的にはその地点にとどまるのではなく、出発点として解雇された硝子労働者たちはジョレースやフランスの労働運動の後援を受けて「労働者硝子工場」を創設する。

一八九二年三月と八月から一一月までの二度におよぶカルモー炭鉱労働者のストライキの後に、ジョレースは炭鉱労働者たちの支持を得てカルモー炭鉱株式会社副社長ジェローム－リュドヴィク・ドゥ・ソラージュ侯爵が議員を辞任した後に空白になった議席を補充する一八九三年一月の補欠選挙で社会主義派の代議士となる。彼が社会主義派議員になって二年後の一八九五年七月三一日には、同じカルモー市にある硝子工場労働者がストライキに突入する。ストライキは硝子工場労働者の労働組合の指導者ボード BAUDOT(68) の解雇に抗議して始められた。前回の一八九二年の炭鉱労働者のストライキとは異なり、今回の硝子工場労働者のストライキにはジョレースは大きく関わっていた。当時のリボ首相に宛てたジョレースの八月七日付の電文からも関わりの深さは知ることが出来る。

「…カルモーの状況は急速に重大化しております。昨日火曜日午前一一時に、こちらでは誰もがストライキは終熄したと思いました。会社経営側からの調停拒否を知らされてすぐに、足元を掬う罠に気付いて、私の提案に基づいて全体一致で職場復帰を決定しました。労働者たちはボードの生活の保障をしたうえで、彼抜きで硝子工場に復帰することを決定しました。彼らはすぐさま電報で代表取締役のルセギエにこの決定を伝えました。このことをまた硝子工場の監督者にも伝達しました。監督者は終わらせた方が良いと言いました。カルモーには安堵感と充足感が広がりました。…（略）…こうした間にもルセギエ氏は硝子工場をもっと後にしか再開するつもりはないし、何時になるかはわからないとカルモーの労働者に電文を打ちました。このことは八日間このかた極限まで折り合いをもとめた労働者のあらたな解雇と締め出しを行うことを意味しました。この知らせはあらかたの商店主と労働者を苦しみと怒りに追いやりました。そしてストライキが再開されました。経営者によって、それも彼のみによって再開されたのです。そして今回は際限のない絶望的闘いであります。なぜなら思いがけない仕打ちにどの労働者も誠実な人も屈服できなくなったからです。ルセギエ氏が労働者たちを疲弊させ、叩きのめすために闘おうとのぞんでいるのです(69)」

このように労働者の窮状を首相に訴えた。

そしてこうした硝子労働者の窮状を打開するために、ジョレースは労働者硝子工場の設立を構想した。それも交通の便など諸般の事情を配慮して隣の選挙区にあるアルビ市に建設されることになり、ジョレースは大きな票田を失うことになる。一八九六年一〇月二五日に「労働者硝子工場」が開設される一年ほど前の一八九五年一一月二六日の「ラ・プティット・レピュブリーク」紙に、協同組合とパリの労働組合の提案を受けて「労働者硝子工場」を構想するにいたった経緯を「労働者硝子工場」と題する記事の冒頭に次のように書いている。「ここに終局的に設立される。ルセギエ氏が食いつめさせようとしたカルモーの活動家たちは、フランスの労働者全体が彼らのために建設した工場に身を寄せるところを見つけたので、人々は今では胸をなで下ろした。すでに数週間まえから、横暴な企業主の頑迷な固執を目の当たりにして、工場に対し工場を対置し、反動的で乱暴な工場主の儲けにも思い上がりにも打撃をあたえるすごいアイデアが浮かんだ(70)」と。ストライキを始めたのは硝子工場労働者であったが、彼はその運動を支え、運動の調整役・支援者では終わらずに、硝子労働者のための最終的解決策まで見出したのであった。

彼が三〇歳を超えて長い省察の末に社会主義に行き着いた一八九〇年代に、フランスではようやくイギリスやドイツに後れをとりながら、技術革新に伴う新しい労働形態の導入が始まった。しかしそれと平行して伝統的労働形態、すなわち職人的・熟練労働的部門が依然として残存していた。ジョレースと深い関わりを持ったカルモーの硝子壜製造労働者はその典型であった(71)。彼らは高度な職人的技術によって高い賃金を保証されていたが、一方で彼らの職人的熟練労働は機械化・合理化による脅威に脅かされていた。

一　硝子壜工場と硝子壜製造労働者

一八九五年の硝子工場労働者のストライキの敗北の結果、創立されることになる「労働者硝子工場」は一〇〇年以上の時の流れを経て、相次ぐ経営危機によって一九八九年に協同組合組織から株式会社に改組され、一九九八年に巨大企業サン－ゴバン Saint-Gobain. の傘下におかれ、現在ではサン－ゴバンから独立したヴェラリア Verallia 社が経営している。しかし未だに「アルビ労働者硝子工場 Verrerie ouvrière d'Albi」の略称「VOA」の名前を残し、「VOA, Verrerie d'Albi（アルビ硝子工場）」（従業員約三百人）を企業名として操業を続けている。

県庁所在地であるアルビの人口が一八五六年時点で一四、六三六人であったのに対し、カルモーの人口は一八四一年にようやく二、〇〇〇人を越えて都市の仲間入りしたばかりの、たったの三、七四三人の都市であった[72]。いまだカルモーは農村部と結びつきの深い小都市であった。ドゥ・ソラージュ侯爵がカルモー炭鉱のほかに硝子工場やアヴァラ製鉄所を経営していたが、採算の悪い硝子工場はトゥルーズの卸売業者フェルナン・ルセギエに、製鉄所はアルビの鋳造業者ルイ・ジレに売却した。

硝子壜工場の経営を引き継いだルセギエは一八六二年にカルモー市内の鉄道駅に近い場所に工場を移し、操業を拡大した。ドゥ・ソラージュはカルモーとアルビ、そしてトゥルーズを結ぶ幹線の設置を求めた。一八六四年の幹線布設の完成は、一気にカルモーの工業化をもたらす。

都市化が進むにつれて、住民は自給自足から離脱し、製造職人の数が増加する。一八八九年に食料雑貨店は二三軒になり、一一軒の精肉店があった。およそ一八五一年に比べて四倍になった。パン販売店は一八五一年の六軒から一八八九年には二六軒に増加したが、菓子製造販売店は二軒に過ぎなかった。パンは労働者階級の日常食であったが、ケーキは贅沢品であったことをあらわしている。それに仕立屋が一七軒、美容室が一二軒存在したが、これは市内部での中産階級の広がりを示している[73]。

この頃にはもはや土地（農地）は社会的地位を示す源ではなく、職業こそがそれをあらわすものとなっていた。それは国民的価値の変化から生じたものである。一八八〇年代には財産は産業の経営体と富の所有から生起するようになった。普通選挙によって、政治的影響力と政治権力が土地所有によって決定的な力を持つような時代ではなくなっていた。

カルモーの地理的立地と佇まいは大きく変貌した。硝子壜製造労働者は市内に集中して住むようになり、農業を兼業する比率も減り始める。専業化した炭鉱労働者たちは市内に移り住むようになり、市は急速に拡大発展し、街路も拡大され、一八六一年には街灯が設置されるなど市の外観もおおいに変化した。旧市街の西側と北側に著しい

表－4　カルモー市の主要街路別住居数の変遷（1866-1886年）

街路名	1866年（A）	1876年（B）	1886年（C）	増減数（C）－（A）
Route Impériale（1870年以後 Nationale）	101	107	107	＋6
Rue de la Gare	29	52	72	＋43
Rue de la Verrerie	3	11	25	＋23
Rue Impériale（1870年以後 Nationale）	16	31	24	＋8
Rue de la Tour	71	78	49	－22
Rue du Centre	27	36	49	＋9
Cambon	31	28	36	－4
Deux Ponts	17	18	15	－2
Pont Vieux	18	15	13	－5

〔出典〕 Archives municipales Carmeaux. Cité par SCOTT, Joan Wallach: *The Glassworkers of Carmaux. op. cit.*, p. 14

表－5　1866年から1886年までのカルモーの主要街路における1戸あたりの住居者数

街路名	1866年	1876年	1886年
Route Impériale（1870年以後 Nationale）	7	6	6
Rue de la Gare	9	10	10
Rue de la Verrerie	6	13	10
Rue Impériale（1870年以後 Nationale）	6	6	6
Rue de la Tour	7	6	7
Rue du Centre	7	7	7
Cambon	5	6	6
Deux Ponts	6	5	5
Pont Vieux	4	5	7

〔出典〕 Archives municipales Carmaux. cité dans *Ibid.*, p. 15

変化が生じる。一八六六年から一八七六年の一〇年間に、駅と硝子工場に近い「リュ・ドゥ・ラ・ガール（駅前通り）rue de la Gare」と「リュ・ドゥ・ラ・ヴェルリ（硝子工場通り）rue de la Verrerie」の住宅は二倍になり（「表―4」参照）、かつ各戸に住む家族数は労働者街ほど多く、硝子壜製造労働者はこれらの通りに集中して住むようになって、労働者街が出現する。ル・セルー川 Le Cerou を隔てて北側にはサント・セシル街区 quartier Sainte-Cécile があり、炭鉱労働者が集中して住んでいた。(74)

一七五四年にカルモーで硝子壜製造工業は始まった。ジョレースの政敵ジェローム＝リュドヴィク・ドゥ・ソラージュ侯爵の曾祖父の父（高祖父）にあたるガブリエル・ドゥ・ソラージュ勲功伯爵が「カルモー・ロワイヤル硝子壜工場 Verrerie Royale de Carmaux」を建て、一八六二年にフェルナン・ルセギエの「サント・クロティルド硝子工場 Verrerie Sainte-Clothilde」に引き継がれた。

一八九五年にルセギエが経営するこの工場の硝子壜製造労働者が大規模なストライキを行なって大量解雇されたが、解雇された硝子労働者は一八九六年に労働者自身が協同組合を設立して経営する労働者硝子壜工場を設立した事件は、「労働者硝子工場」の設立を援助したジョレースの名前と共にフランスでは広く知られる。

一八九五年の「サント・クロティルド硝子工場」のストライキについて語る前に、はじめに硝子壜製造労働者の労働の世界について、すなわち労働者の生活と労働現場と労働運動の状況についてつまびらかにしよう。

二　硝子壜製造業と硝子労働者の世界

一八五一年の全国人口調査の時点では、この硝子壜工場は、ブレ Blaye にあるドゥ・ソラージュの城館の敷地に建っていた。一方、硝子職人たちは城館の敷地内に、彼らの補助労働者は敷地の周囲に住んでいた。

前回の一八八五年の総選挙では、ジョレースなどの穏健共和派がタルン県の定数六名中五名を当選させ圧勝した。しかし一八八九年の総選挙では、フランス全体と同じようにタルン県でもブーランジスムは退潮したが、同時に共和派も議席を減らし、当時共和派の議員であったジョレースも落選した。反対に教権主義保守派はドゥ・ソラージュ侯爵を含めて同県の定数六議席中四議席を獲得した[75]。

鉱山労働者が集中して居住するようになったサント・セシル地区は、戦闘的労働者階級の中心地となり、一八九二年総選挙では七三%の住民が社会主義派に投票した[76]。

一八六九年一月二二日に行なわれた辞職したドゥ・ソラージュ議員のあとを補充する代議院《シャンブル・デ・デピュテ》議員補欠選挙でジョレースは社会主義派代議士として初当選したが、この時の第二回投票でのカルモー市における彼の得票は投票総数二、一二八票中一、五八四票で七四%を上回った[77]。

当時のカルモー市議会に目をやれば、一八八八年に選出された二三人の議員のうち、わずかに二人だけが土地所有者を肩書きとしていた。その他は多様で二名のホテル経営者、三名のパン販売業者、一名の会社経営者、不動産鑑定士、公証人、靴製造業者、時計製造業者、鉱山労働者、二名の硝子製造労働者がいた[78]。

硝子壜工場が創業されてから一八八〇年前期まで、硝子工業の技術と労働の職人的性格はほとんど変わらなかった。硝子壜製造労働者はきわだって高度な職人的技能をもとめられる職種であった。経営者に雇われ、彼の工場で働き、賃金を受け取っていても、労働力の徴募と人材確保や、見習の訓練、品質管理、労働条件の設定等はもっぱら労働者自身が行なった[79]。彼らは当時のフランスの労働者の中で、最も高給を支払われていた職種の一つであった。そして労働者の中のエリートであった[80]。

表－6　カルモーの人口増加

1856年	1876年	1886年	1891年	1896年
3,743人	6,160人	8,059人	9,531人	9,993人

〔出典〕Archives municipals. Liste nominative de population. cité dans Joan Wallach SCOTT,: *The Glassworkers of Carmaux. op. cit.*, p. 15

硝子労働者は一つのチームによって構成されていた。チームの頂点には親方である「硝子壜吹き soufflеur」がおり、その下に二人の見習いである「グラン・ギャルソン grand garçon」と「ギャマン（小僧）Gamin」あるいは「プティ・ギャルソン petit garçon」が働いていた。そしてさらにボトルを運ぶ「運び屋 porteur」がいた。親方と二人の見習いだけが硝子職人 verriers と呼ばれていた。[81]「運び屋」は通常九歳か一〇歳の親方の息子であった。彼は漸次に冷却する水槽に、ついで硝子壜を重ね仕分ける「アランジュール（仕分け係）arrangeur」まで運ぶ。このアランジュールは一二歳から一三歳までに技術的見習いを始める。これらの見習いたちは両者とも道具と硝子を準備する。若い見習は鉄の硝子吹きパイプ la canne を掃除し暖める。年長のグラン・ギャルソンはパイプの入り口の大きさを調整し、壜を損なう砂や石を溶けた硝子から取り除く作業を行う。こうした補助的作業を行いながら、要領を身につける。グラン・ギャルソンは壜を吹く作業にさえ携わる。最終的に壜を切り離し、縁を作る。

このチームは一二時間で五六本の壜を製造するか、一時間で五本のボトルを製造する。こうした作業を五年間続けて一人前の硝子製造職人となる。賃金は一八三二年まで、請負業のように六か月分を見習い工の分を含め手渡されていた。それ以降は二か月分を「硝子壜吹き」に支払った。一八三七－三八年になると賃金支払いの形態にも大きな変化が生じ、半月分が支払われるようになり、ドゥ・ソラージュが施行したこの制度をルセギエも受け継いだ。そして一七五四年と一八八二年には製造したボトルの数に従って給与が支払われるようになった。[82]硝子工業という職業は貴族に限定された職業（トゥルーズにはブルジョアの経営者もいた）で、貴族の地位を失わずに継続できる数少ない職業の一つであった。[83]もちろん被雇用者である硝子労働者は貴族ではなかった。かれら労働者は見習養成の職務を負わされており、それ故に自分の息子を硝子労働者にする例が多かった。

一七五四年から一八五〇年の間、親方の硝子職人の息子だけが、父親の地位を引き継いだ。一七九三年から一八五〇年の間、二〇人の硝子職人がカルモーで結婚したが、そのうち八人（四〇％）が硝子労働者の息子であった。

表－7　カルモーで結婚した硝子労働者の父親の職業（10年ごと）1866-1905年

年　　度	硝子労働者	硝子労働者補助職	鉱山労働者	農　民	その他	不　明	硝子労働者結婚総数
1866-1875年(84)	11 %	3 %	22 %	11 %	33 %	19 %	27
1876-1885年	40 %	5 %	7 %	9 %	7 %	33 %	43
1886-1895年	21 %	8 %	12 %	13 %	27 %	19 %	90
1896-1905年	13 %	4 %	14 %	18 %	17 %	34 %	118

〔出典〕　Joan Wallach SCOTT ; *The Glassworkers of Carmaux, Appendix, op. cit.*, p. 203

表－8　カルモーで結婚した硝子労働者の出生地（10年ごと）1866-1905年

年　　度	タルン県	タルン県に隣接する県	ロワール県とロレーヌ県	その他	外国	総　　数
1866-1875年	40 %	26 %	30 %	4 %	0 %	27
1876-1885年	9 %	9 %	37 %	44 %	0 %	43
1886-1895年	18 %	18 %	12 %	48 %	2 %	90
1896-1905年	61 %	14 %	11 %	14 %	0 %	118

〔出典〕　*Ibid., Appendix*, p. 203

表－9　10-19歳の硝子労働者の父親の職業　1876年・1891年・1896年

年　度	硝子労働者	鉱山労働者	農　民	その他(85)	不明	10-19歳の硝子労働者総数
1876年	55 %	14 %	0 %	13 %	18 %	22
1891年	17 %	25 %	6 %	28 %	23 %	183
1896年	23 %	26 %	5 %	27 %	18 %	151

〔出典〕　Archives municipales. Carmaux, Les liste nominative de population, 1876, 1891, 1896. cité dans *Ibid., Appendix*, p. 203

ルセギエが経営を引き継いだ最初の一〇年の間、その数は著しく落ち込んだ。一八六六－一八七五年には、一一％の硝子労働者だけが、硝子労働者の父親を持っていた。この落ち込みはルセギエがなるべく迅速に徴募するために、地域の労働者の子弟を採用したからであった。その事実は一八六六－一八七五年に結婚した四〇％がタルン県の出身者であったことを見ても分かる。一方でカルモーで結婚した硝子労働者の数は九％だけであった（表－4参照）。

最後に付け加える必要のある重要な事柄が一つある。それは意外な硝子労働者の平均寿命の短さである。鉱山労働者は労働災害や塵肺などにかかわらず、硝子労働者よりも平均寿命が長い。一八五三－一八六二年の鉱山労働者の平均寿命が四二歳であるのに対し、一八六六－一八七五年の硝子労働右者の平均寿命は三四歳である。後者が伝染病や流行病で若くして亡くなるのがその原因であるという。(86) おそらくは呼吸器の疾患であろう。

労働争議の面から見るならば、半ば農業世界に根ざした、半ば地元の農民でもある鉱山労働者は、紛争と騒動の根源には一見なりにくいように見える。一方高い賃金を求めて全国を転々とし、地域社会に根ざさない硝子労働者は紛争と騒擾の火元になりそうに見える。しかし実際にはカルモーに限っても一八五五年から一八七〇年の間に六度のストライキを行い、四九名の鉱山労働者が逮捕されている。フランス全体では、一八三〇年から一八八〇年までの間に、鉱山労働者は一〇六回のストライキを行っている。これに対し硝子労働者は九回しかストライキを行っていない。それも拠点のリヨンとロワール Loire 県のリヴ－ドゥ－ジエル Rive-de-Gier に集中していた。(87)

三　硝子壜製造業の機械化と合理化

一八七八年にリヴ－ドゥ－ジエル硝子工場の経営者リシャルム RICHARME は新しい技術を導入し、生産コストを引き下げるために、ジーメンスの溶解炉を導入した。タルン県の硝子工業のヘゲモニーを確立しようとしていたルセギエは、鉄道の線路近くに工場を建てたばかりでなく、彼の工場の監査官であるプラネ PLANET の意見を入れて、ジーメンスの溶解炉を彼の工場にも導入することに踏み切る。それは古い「コークス炉 four à pot」ではなく、「ガス炉 four à gaz」を導入したのであった。この溶炉によって三交代制であれば二四時間の稼働が可能となった。そして三倍のボトルの生産が可能となる。これにともなって硝子工場の従業員の数も急増する。一八七六年から一八八四年の間、二〇〇名から二六五名の間であったのに対し、一八八五年には四四七名となる。(88) そして一八六六年にその数は急速に増加する。ちょうど工場が「ガス溶解炉」を導入した時期と一致する。熟年労働者を必要としなくなり、若年労働者、しかも父親を硝子労働者としない若年・未熟練労働者が大量にこの世界に入り込んだ。加えて女性の労働力が硝子壜製造労働者の補助労働力として大量に投入された。ワイン用硝子壜が日産三三、〇〇〇本が量産されるまでになったが、葡萄の恐るべき害虫であるフィロクセラが蔓延し、猖獗を極めるとワイン用の硝子壜への需要が極端に落ち込んだ。ガイヤックなどのワインで知られるタルン県を例にとれば、一八八三年に四九、三八六ヘクタール（ha）のワイン畑が耕作されていたが、一八八八年には二七、九〇一ヘクタール（ha）に耕作地は急減した。一八八三年に一、一五〇、二五五ヘクトリットルあった葡萄酒収穫量が、五年後には一〇分の一の一〇〇、〇四七ヘクトリットルへと激減した（南仏でのフィロクセラ被害が甚大であったために減少数は著しい）。他の地域でも同様で、フランス全体の葡萄酒収穫量は一八八三年に四六、一六五、〇〇六ヘクトリットルあったものが、二四、〇三二、七七一ヘクトリットルに約半減している。硝子壜製造労働の機械化は硝子労働者の価値を低落させ、過剰生産は状況をさらに悪化させた。この頃には各地を遍歴する硝子労働者にも雇用の口は少なくなっていた。一八八六－一八九五年にカルモーの街に来訪した硝子労働者のこの街への定着率が、そしてこの街出身の硝子労働者の割合が急速に高まる。

この時代の機械化に警鐘を鳴らす人物もいた。それは生産過剰の危機であると同時に、職人的熟練労働の崩壊の危機である。

一八九〇年から一九〇〇年の時期には直前の時期よりも四倍も土地を購入する硝子労働者が増加した。しかし土地の面積は狭小で、購入した労働者の割合は八％にすぎなかった。

四　一八九五年の硝子労働者のストライキ

ストライキの組織化過程

新技術の導入と機械化による問題に対応するために、労働組合への組織化が求められた。一八九〇年に三〇〇人のサント＝クロティルド工場の労働者がカルモー硝子労働者組合 Chambre syndicale des verriers de Carmaux に加入した。一年後に一八九〇年にリヨンで開催された創立大会で誕生した全国硝子労働組合連盟 Fédération nationale du Verre に四三〇名のカルモーの労働組合が加入した。カルモーの組合を組織した硝子労働者はほとんどがモンリュソン Montluçon からやってきた労働者で、ミシェル・オークテュリエ Michel AUCOUTURIER[89]、ジャン・ボード[90]、マクシミリアン・シャルパンティエ Maximilien CHARPENTIER[91] が代表する労働組合の活動家であった。モンリュソンはフランス・マルクス主義政党ゲード派の拠点であり、同市市長のジャン・ドルモア Jean DORMOY が著名な活動家であった。その他フィリップ・ルヌー Philippe RENOUX・ルイ・ルヌー Louis RENOUX 兄弟、エミール・ルナール Émiles RENARD、マリウス・ロジエ Marius RAUZIER が代表的なリーダーであった。会社はストライキが頻発する地域ではなかったモンリュソンからやって来た労働者を採用したが、一八九五年のストライキに際して彼らが中心的人物となったので、ルセギエは彼らと同郷の労働者を採用しないようにした。硝子工場の活動家は、地域社会の中で婚姻や結婚式の証人を務めるなどして、家族的紐帯を強く結んでいた。

一八九二年の時点でのカルモー市議会議員はすべて組合の活動家で、市長はドゥ・ソラージュ家やルセギエ家を震撼させた名うての社会主義者にして組合活動家であるジャン＝バッティスト・カルヴィニャックであった[92]。彼と彼の社会主義派の仲間は一八九二年のカルモー市議会議員選挙で対立候補なしで当選した。しかし前述のように一八九四年二月二五日に「選挙人名簿作成の不備」を理由に市長職を休職処分にされると、これに抗議して市長を辞任し、四月二二日に市議補欠選挙で当選して市長に復帰すると、タルン県知事府（県庁）は選挙無効を宣告した。その後もカルヴィニャックは繰り返し市長職の解任処分に処せられまた返り咲くという繰り返しの末に、市民権剥奪や投獄と罰金刑宣告を経験する。最終的には一九〇〇年に市長職に復帰して一九二九年までこの職を務める。

フランス社会党タルン県連合とカルモーの社会主義派組織

タルン県には、カルモー、グローレ、カストル、アルビ、ガイヤックの労働者に社会主義思想の影響を受けた住民がいた。(93) 一八八二年の補欠選挙にはアルビで労働者の選挙立候補者名簿が提出された。一八八六年一月の隣県アヴェイロン県での有名な炭鉱ストライキに際してはタルン県でもいくつかの集会が開かれた。一八八七年には帽子製造労働者、建設労働組合、アルビ労働者・社会主義サークル、鉱山労働者組合、硝子労働者組合などから構成される「タルン・アヴェイロン県労働者連盟 La Fédération des Travailleurs du Tarn et de l'Aveyron」が創立された。ゲード派とヴァイアン派の影響下にあったこの組織は四年間の命脈を保った。本格的な社会主義派の組織に強化されるのはジャン＝バッティスト・カルヴィニャックを中心とした炭鉱労働者の組織化がすすんでからであり、一方硝子労働者は会社に解雇されるマリアン・ボードやのちに結成される労働者硝子工場の経営管理者となるミシェル・オークテュリエを中心に社会主義者の組織化が前進する。一八九二年八月のカルモー炭鉱の大規模ストライキも、一八九五年七月のカルモー硝子工場のストライキも、両者の労働組合の指導者であるカルヴィニャックとボードの解雇に端を発したことは記憶にとどめる必要がある。

タルン県全体の社会主義派の組織について見るならば、一九〇二年のリヨン大会でジョレース派とゲード派・ヴァイアン派の統一が失敗したあとで、タルン県でもカストル市の市議会を掌握するアンリ・ベス Henri BES を中心とするゲード派とジョレースを中心とする右派フランス社会党ＰＳＦに加入するワインの街ガイヤックに拠点を持ち、ルネ・カバレス René CABARES を書記長とするガイヤック郡グループとに分裂する。(94) しかしジョレースの統一のための奮闘が功を奏して、一九〇五年のグローブ大会でのフランス統一社会党ＳＦＩＯの結成以前に統一の態勢を整えていた。

一八九五年七月三一日のカルモー硝子工場労働者のストライキ

一八九五年七月二五日に硝子労働組合書記マリアン・ボード(95)がアルビの郡議会議員に選ばれた。しかしルセギエはボードの郡議会議員という公職と硝子吹き労働者の仕事とが両立し得ないとしてボードを解雇した。(96) この処分に抗議して硝子工場の労働者は七月三一日にストライキの決行を賛成一九二票対反対八三票で決定した。このころかなりの硝子壜の在庫を抱えていたので経営者側には有利であった。(97) ストライキは四か月続いた。ストライキ突入の翌日、ジャン・ジョレースと数人の硝子労働者全国連盟のメンバーは、こうした事態に対処するためにカルモー入りした。労働者たちはボードへの解雇処分は自分たちへの攻撃と見なした。(98) 仲裁は受け入れられないと見た硝子工場労働者は八月六日にストライキを解除した。(99) 経営側はストライキを解除した労働者の職場復帰を認めずに「ロックアウト」で応えた。

「ロックアウト」後のカルモー硝子工場

二週間後の時点で、スト参加者全員の再雇用は行わずに、会社に忠実な硝子労働者のみを再雇用した。労働組合の全労働者再雇用要求は斥けた。だが労働組合と賃金レベルの維持は保障した。しかし組合はルセギエが労働組合を破壊するのと賃金を引き下げるためにロックアウトを行っているのだと反論した。(100) ストライキが始まる前には五八〇名の硝子労働者が雇用されていた。[101] 八月二〇日から労働者徴募が開始される。月末まで約八〇名の労働者が会社との交渉に入る。しかしストライキ開始後二か月半経過した一〇月一五日になってさえも、工場に復帰した硝子吹き労働者の数は八名にとどまった。[102] こうして苦境に立った経営者側のルセギエは、県知事や中央政府の政治的圧力を活用しようとした。そして切り崩しに応じない硝子工場労働者の家族にさえ圧力が加えられた。[103]

一方カルモーの労働者と全国の硝子労働者は地域ぐるみ、全国的規模で募金を集め、ストライキを継続する硝子工場労働者を財政的に援助した。この年の八月一五日には炭鉱労働者は五〇〇フランを硝子労働者のストライキ基金に寄付した。[104] あまつさえストライキ期間は、鉱山労働者は一月に一日分の賃金を供与したのであった。そしてジョレースたち社会主義派の指導者は全国を巡回して、寄付金を集めたのである。

他方で工場労働者の職場復帰を妨害した（「労働の自由」にたいする侵害）として、オークテュリエらの組合指導者たちは逮捕され、処罰を受けた。こうした労働組合指導者へのきびしい措置にもかかわらず硝子工場労働者の切り崩しがさほどの功を奏しなかったのは、ストライキ参加労働者の地域ぐるみ家族ぐるみの結束が固かったからであると言われている。また全国的規模での解雇された労働者への金銭的財政的支援もかなりの規模で行われた。この財政的支援はのちほど「労働者硝子工場」の財政的基盤の創出へと結びついていく。ルセギエのサント－クロティルド硝子工場に復帰しようとするかつてのストライキに参加した硝子労働者は、この献金を受け取れなくなった。特に親方格である硝子吹き労働者と見習い工の関係が両者の間に介在すると、関係の悪化は深刻なものとなった。

一〇月の期間だけで復帰する労働者への妨害等の理由で、のべ一五人が逮捕された。主な事例だけでもオークテュリエは五〇〇フランの罰金と四か月の禁錮が、ミション MICHON[105] という労働者も三か月の禁錮を言い渡されている。組合財政担当のシャルパンティエにいたっては自身が拘禁されればかりか彼の身柄と共に組合のストライキ基金も押収された。[106] もはや経営側との妥協の余地は見いだしがたく、労働者の協同組合が管理・運営する工場を設立せざるを得なくなっていく。

エピローグ　一八九六年の「労働者硝子工場」の創立過程を中心に

『カルモーの炭鉱労働者』の著者ロランド・トランペは、彼女の論文「ジョレースと労働者硝子工場」の中で、労働者硝子工場は意図的・計画的に樹立されたものではなく、偶然の所産・状況の産物であったと指摘している。(107)すなわち経営者側ルセギエがストライキを決行した労働者との交渉を強硬に拒否し譲歩を拒んだ結果、ロックアウトされた硝子労働者たちは自分が自ら経営する硝子製造工場を設立せざるを得ないように追い詰められたのであった。ジョレースたちが自分たちの労働者硝子工場を創立するという構想をたてて、その計画にしたがって設立されたものではなかったのである。

今回の労働争議が始まって間もなく、アンリ・ロシュフォール Henri ROCHEFORT は労働者が管理する工場について言及したが、当時は全く無視され、労働者やジョレースがこれに注目するようになるのは三か月後のことであった。(108)ロシュフォールはストライキ当時には極右ナショナリストのジャーナリストとして知られていた人物であった。しかし四半世紀以前のロシュフォールはパリ・コミューンに参加し、囚われてヌーヴェル・カレドニー流刑の罪を言い渡され、やがて島を脱出したことでも知られている。次第に昔のコミューン仲間からも国粋主義ナショナリストからも見放されていったこの年老いた元コミュナール（パリ・コミューン参加者）の提言が持った意義は軽視されるべきではないし、ジョレースも「ラ・プティット・レピュブリーク」紙でその意義を強調している。(109)

ジョレースの「デペッシュ」紙と「ラ・プティット・レピュブリーク」紙を通じての全国的資金援助をもとめるキャンペーンは見事に功を奏し、「労働者硝子工場」創立へとつながっていく。代議院《シャンブル・デ・デピュテ》での五時間にわたる長大な演説はこれを聴いた代議院《シャンブル・デ・デピュテ》議員たちを魅了した。[110]そして労働者への社会政策の面で大きな後れをとっていた第三次リボ内閣[111]は、このカルモー硝子工場のストライキが引き金となって倒れた。

予想外の障害は社会主義派の内部に存在した。社会主義諸党派の中には「協同組合運動」自体を「階級闘争」の否定であるとして評価しない、あるいは協同組合の利益を「階級闘争」をおこなう政治組織に供与する場合にのみ協同組合の存在意義を認める党派があった。ゲード派＝フランス労働党である。選挙への参加は思いがけない大成功をおさめたので、合法的権力奪取の手段として条件付きで（国政選挙は「ブルジョア内閣」への社会主義者の入閣をもたらすので「ブルジョア諸党派」への協力をおこなわないと言う条件で）是認された。労働組合や生活協同組合は「階級闘争」に従属するものとされた。当初ゲード派は「労働者硝子工場」に協力的であったが、ゲードが強硬な立場へと転換し、強硬に抵抗するようになる。[112]しかしながら、解放の手段ではないが、闘争の手段であるとして、結果的にはゲード派は「労働者硝子工場」に協力することになる。[113]

具体的に「労働者硝子工場」設立が日程に上ると、大きな対立点が頭をもたげた。フランス社会主義の二大潮流が「労働者硝子工場」をめぐって主導権争いを演ずるにいたるのである。

当初ジョレースは当時広くサンディカリストに浸透していた「鉱山を鉱山労働者へ la Mine aux mineurs」というスローガンの硝子工場版である「硝子工場を硝子労働者へ la Verrerie aux verriers」という戦略・戦術を社会主義的解決の最終的手段とは考えていなかった。この点においてゲード派と一致していた。しかし彼は協同組合に暁通していて、硝子工場の資金を集めてくれるか貸与してくれ、販路も保証してくれる組織と人物たちに支持と意見を求めることにして、パリ地方の消費と生産の大規模な協同組合組織の代表者たちと社会主義ジャーナリスト組合の見解を聴取するべきだとの考えに行き着いた。そして「全国消費協同組合会議 Congrès national des sociétés coopératives de consommation」の意見をいれて、硝子工場建設計画を実現するための「組織化委員会 Commission d'Organisation」[114]が結成された。労働総同盟ＣＧＴの影響下におかれたこの委員会は、パリ地方の労働組合と生活協同組合からのみ構成される組織であって、カルモーの硝子労働者も政党組織も排除したものであった。しかもゲード派の影響下にあった「フランス全国労働組合・労組グループ連盟 Fédération nationale des syndicats et groupes corporatifs ouvriers de France」にも事前に知らされていなかった。このためロシュフォールと連携していた「全国労働組合・労組グループ連盟」や政党組織から猛烈な反発があった。ゲード派の影響下におかれた「バラ委員会」と呼ばれるもう一つの委員会が結成され、外部組織からの介入を排除してカルモーの硝子労働者だけで運営する硝子工場（「労働者硝子工場」）を設立して、利益を自分たちで自由に処分できるようにしようとした。

2つの委員会に対してジョレースの採った立場は、あらゆる政治的傾向や教義的立場を排除してカルモーの硝子労働者の利益になる実際的で現実的な解決策を採ることであった。

ロシュフォールはアルビ労働者硝子工場の敷地を購入する資金となる一〇万フランをダンブール夫人[115]から預かっていたのであった。そして彼はゲード派系の「バラ委員会」と行動を共にした。二つの委員会は「労働者硝子工場」の設立規約をめぐって対立する。

最終的には労働者硝子工場の利益は経済的組織としての協同組合組織にのみ供されるが、ジョレースの妥協案が認められて、株主である経済的組織の協同組合をへて政治的組織にも献金として供されることも認めるという規約が可決される。

一八九五年一〇月二五日には「労働者硝子工場」創立の盛大な会が催され、七四八の労働組合、六五の生活協同組合、一、一二二の政治組織・グループが参加した。

しかし「労働者硝子工場」が輸送手段の便の良さなど諸般の事情でカルモーからアルビに移転することが一二月二二日におおやけになると、カルモー炭鉱労働者をはじめとするカルモーの多くの諸組織から抗議と危惧の声が上がった。多くの硝子工場の労働者がアルビに移転すると――政治の舞台で社会主義勢力の勢力が削がれ――カルモーの政治状況にも大きな影響を与えるとの不安と危惧がカルモーの労働者の心の内に生まれたのであった。仲裁のために炭鉱労働者が選んだ二名の代表と硝子労働者側からの二名の代表の四名にミルランを議長として加えた仲裁委員会が設置され、翌年の一八九六年一月七日にアルビに工場を移転するという裁定が出された。再び猛烈な反発が社会主義派議員と炭鉱労働者の側から生まれた。ジョレースは自分の選挙区が工場移転によって被るであろう打撃をかえりみずに、硝子労働者の利益を優先する立場を貫いて裁定を受け入れた。しかし重要な顧客を失う商店主たちも強烈な反感を抱いて暴力的事件さえ起きた。

『カルモーの鉱山労働者』の著者ロランド・トランペも、一八九八年のアルビ第二区でのジャン・ジョレースの落選[116]にはアルビへの硝子工場移転が大きく作用したと評している[117]。

カルモーの炭鉱労働者と硝子工場労働者は、ジャン・ジョレースの選挙区であるアルビ第二選挙区において二大支持基盤であった。有権者数で見れば労働者数が硝子工場労働者よりもかなり多かった炭鉱労働者が数的に大きな比重を占めたけれど、硝子工場労働者は数には換算できない重要性を持っていた。外から流入した労働者が多かったとは言え、市民生活への影響力は「労働者硝子工場」創立大会に参加した組織の数の多さからもその一端をうかがえる。

しかし硝子労働者の欠損を埋め合わせて一九〇二年以降のすべての総選挙でジャン・ジョレースは勝利を収める。統一社会党ＳＦＩＯ創立以降、タルン県連合は党員数が少ないながら、おおくの重要な決議案を提起し、他の決議案にも名を連ねた。人口の少ない農村県のタルン県の社会主義組織が無視できない勢力を持ちえたのは、その中核となったこれらカルモーの炭鉱労働者とアルビの硝子工場労働者の役割が極めて大きかったのである。

「労働者硝子工場」の設立の過程で、ジョレースは協同組合が労働運動のなかで果たす役割について多くのことを学び、協同組合の良き理解者となる。やがてジョレースの仲介で一九一二年に有名な生活協同組合理論家シャル・ジドCharles GIDEが率いる「生活協同組合同盟Union coopérative」と社会党系の「社会主義生活協同組合取引所Bourse des coopératives socialistes」の再統一が実現する。

第七章　注

（1）REBÉRIOUX,Madeleine：《Jaurès et la classe ouvrière》dans"*Jaurès et la classe ouvrière*". Collection MOUVEMENT SOCIAL, Paris, Éditions ouvrières, 1981, pp.13-15　この学術シンポジウムの報告の中ではルベリウのこの報告ともう一つの報告「ジョレースにおける政党の概念La conception du parti chez Jaurès」のほか、第二インターナショナル研究の第一人者故ジョルジュ・オープトのGeorges HAUPTの政党と労組の関係を国際比較して考察した「社会主義とサンディカリズム。国際的次元での政党と労組の関係。一つの変化？　Socialisme et syndicalisme. Les rapport entre partis et syndicats au plan international: une mutation?」とミシェル・ペローMichelle PERROTの当時の「第二次産業革命」と関連した労働階級の構造的変貌を論じた「ジョレースの時代の労働者階級La classe ouvrière au temps de Jaurès」が出色の報告である。

（2）彼の女婿ソラージュ侯爵は一〇月一四日に代議院《シャンブル・デ・デピュテ》議員とカルモー鉱山株式会社の副社長の職を辞した。彼が議員を辞職したことによって空白になったアルビ第二区の議席の補欠選挙で当選したのはジョレースであった。

（3）JAURÈS, Jean: *La classe ouvrière. Textes rassamblés et présentés par Madeleine REBÉRIOUX*, Paris, François Maspero, 1976, p.39.

（4）cf. PORTAL Charles.: *Le département du Tarn au XIXe siècle. Notes de statistique, op.cit.*,pp.1-4

（5）十九世紀のルエルグの日常生活史についてはBÉTEILLE, Roger: *La vie quotidienne en Rouergue avant 1914*. Paris, Hachette, 1973を参照。

（6）FAURY, Jean: *Cléricalisme et anticléricalisme dans le Tarn*（*1848-1900*）. Toulouse, Association des Puplications de l'Université de Toulouse-le Mirail. 1980, pp.13-14

（7）マザメの産業構造と労働組合運動の展開についてはCAZALS, Rémy: *Les révolutions industrielles à Mazamet. 1750-1900*. Paris-Toulouse, Maspero-Privat, 1983とdu même: *Avec les ouvriers de Mazamet dans la grève et l'action quotidienne. 1909-1914*, *op.cit.*, を参照。

(8) COUËT, Thierry: *La Révolution au pays de Jean Jaurès.Carmaux et le Nord-Carmausin de 1789 à 1799.* Lavaur, s. d., (1989),p.15,

(9) SCOTT, Joan, Wallach: *The Glassworkers of Carmaux. French Craftmen and Political Action in a Nineteenth-Century City.* Cambridge, Harvard UP, 1974, p.7, ARMENGAUD, A. : *Les populations de l'Est-aquitain , op. cit.,* pp.125, 250,

(10) SCOTT, Joan, Wallach: *The Glassworkers of Carmaux. op. cit.,* p.7-11,

(11) *Ibid.*, p.11,

(12) PORTAL, Ch.: *Le département du Tarn au XIXe siècle.op.cit.,* の数字は一八五六年が一四、一四四人、一八七六年が一七、八一一人であり、その場合の増加率は二五・九％となる。一八九六年の数字はポルタルによる。

(13) SCOTT, Joan, Wallach: *The Glassworkers of Carmaux. op. cit.*, p.16,

(14) GILLET, Marcel: *Les charbonnages du Nord de la France au XIXe siècle,* Paris, La Haye, Mouton, 1973, p.81

(15) TREMPÉ, Rolande: *Les mineurs de Carmaux. 1848-1914, op.cit.,*, Tome 1, p.71

(16) *Ibid.,* p.73

(17) cf.. PORTAL, Charles: *Le département du Tarn au XIXe siècle. Notes de statistique, op, cit.*, pp.397-398

(18) TREMPÉ,Rolande: *Les mineurs de Carmaux. 1848-1914, op. cit.*, Tome 1, pp.21,33-34,

(19) *Ibid.*, pp.22-23

(20) *Ibid.*, pp.22-23

(21) *Ibid.,* p.23,

(22) PORTAL, Charles.: *Le département du Tarn au XIXe siècle. Notes de statistique. op. cit.*, p.336

(23) このグループの経済活動については SCHNERB, Robert: *Rouher et Second Empire.* Paris, 1949, pp.76-84 et passim. を参照。

(24) TREMPÉ,Rolande: *Les mineurs de Carmaux. op. cit.,* t. 1 p.45

(25) ARMENGAUD. André: L*es populations de l'Est-aquitain au début de l'époque contemporaine, Recherches sur une région moins développée,* (*vers 1845-vers 1871*), *op.cit.*,p.245

(26) *Ibid.,* p.245

(27) TREMPÉ,Rolande: *Les mineurs de Carmaux. op. cit.,* t. 1, p.48

(28) ARMENGAUD, André: *Les populations de l'Est-aquitain au début de l'epoque contemporaine, op. cit.,* p.246

(29) PLESSY, Bernard et CHALLET, Louis: *La vie quotidienne des mineurs au temps de Germinal.* Paris, Hachette, 1984, p.19,

(30) MICHEL, Jöel: *La mine dévoreuse d'hommes.* Paris, coll."Découvertes Gallimard", 1993, p.28

(31) PLESSY,Bernard et CHALLET, Louis: *La vie quotidienne des mineurs au temps de Germinal. op. cit.*, pp.84-85

(32) *Ibid.*, pp.41-43, et SIMONIN, Louis ; *La vie souterraine. Les Mines et les mineurs,* Paris, 1867, pp.231-234 特に pp.232-233 の絵図を見よ。

(33) TREMPÉ,Rolande: *Les mineurs de Carmaux.* tome 1, *op. cit.*, p.108

(34) *Ibid.*, p.108

(35) *Ibid.*, pp.118-119

(36) *Ibid.*, pp.141-142

(37) *Ibid.*, pp.160-188

(38) *Ibid.*, pp.210-253

(39) *Ibid.*, tome 2, p.577

(40) *Ibid.*, pp.578-579

(41) *Ibid.*, pp.608-609. TREMPÉ,Rolande: 《Jean-Baptiste Calvignac》 *Revue du Tarn,* No. 24, décembre 1961, p.401, MAITRON, Jean ; *Le dictionnaire biographique du mouvement ouvrier français,* t. 11 Paris, 1973, p.107

(42) TREMPÉ,Rolande ; *Mineurs de Carmaux, op. cit.*, t. 2 p.751-753

(43) *Ibid.*, pp.759-763

(44) *Ibid.*, pp.763-770

(45) TREMPÉ,Rolande: 《Jean-Baptiste Calvignac》 *op. cit.*, pp.399-400, MAITRON, Jean ; *Le dictionnaire biographique du mouvement ouvrier français, op. cit.*, t. 11, p.106

(46) TREMPÉ,Rolande ; *Les mineurs de Carmaux, op. cit.*, t. 2, p.619

(47) Archives départementales du Tarn, IV, M^2/80 cité par TREMPÉ,Rolande ; *Jean-Baptiste Calvignac, op. cit.*, p.400

(48) TREMPÉ,Rolande: 《Jean-Baptiste Calvignac》 *op. cit.*, pp.399-400, MAITRON, Jean; *Le dictionnaire biographique du mouvement ouvrier français, op. cit.*, t. XI p.107

(49) TREMPÉ,Rolande: 《Jean-Baptiste Calvignac》 *op. cit.*, pp.400-402, Jean MAITRON ; *Le dictionnaire biographique du mouve-*

ment ouvrier français, op. cit., t. 11 pp.107–108

（50） TREMPÉ,Rolande:《Jean-Baptiste Calvignac》*op. cit.*, pp.400–403, MAITRON. Jean ; *Le dictionnaire biographique du mouvement ouvrier français, op. cit.*, t. 11 pp.107–108

（51） TREMPÉ,Rolande:《Jean-Baptiste Calvignac》*op. cit.*, pp.403–408, Jean MAITRON ; *Le dictionnaire biographique du mouvement ouvrier français, op. cit.*, t. 11 pp.108–110　なおタルン県の第一次世界大戦前の社会主義派の活動についてはCOMRÈRE-MOREL (dir.): *Encyclopédie Socialiste Syndicale et Coopérative de l'Internatinale Ouvrière*. Paris, Aristide QUILLET 1921, *La France Socialiste*. par HUBER-ROUGER, tome III, pp.9–24を、参照した。

（52） GOETY-GIREY,Robert ; *Le mouvement des grèves en France.*（*1919–1962*）. Paris. Éditions Sirey. 1965. p.12. ゲティージレには他に *La pensée syndicale français*: Paris, A. Colin. Militants et théoriciens. 1948. などの著書がある。

（53） PERROT, Michelle ; *Les ouvriers en grèves. France 1871–1914*. Paris/La Hayes. Mouton, 1974, 2 vols

（54） *Ibid.*, t. 1, p.348.

（55） *Ibid.*, t. 1, pp.369–370

（56） *Ibid.*, t. 1, pp.412–415

（57） *Ibid.*, t. 1, pp.108 note. 11, et 109

（58） *Ibid.*, t. 1, pp.108–109

（59） *Ibid.*, t. 1, p.253

（60） *Ibid.*, t. 1, p.370

（61） *Ibid.*, t. 1, p.370

（62） *Ibid.*, t. 1, p.253

（63） TREMPÉ, Rolande: *Les mineurs de Carmaux. 1848–1914, op. cit.*, t. 2, p.618

（64） *Ibid.*, pp.620–621

（65） *Ibid.*, pp.622–623

（66） ミシェル・ロンデMichel RONDETは一八四一年に石材工の息子としてロワール県リカマリーRicamarieに生まれ、一一歳で鉱山労働者となり、一八六六年共済基金「鉱山労働者相互扶助基金la Caisse fraternette des ouvriers mineurs」を創り、多くの加盟者を得た。パリ・コミューン時には、サン-テティエンヌのコミューンに参加し、五年の禁固刑を言い渡された。この件で有名になったロンデは、一八八一年にロワール県鉱山労働者組合書記長に選ばれ、さらに一八八三年に、フランス鉱山労働者全国連盟書記長となる。しかし「危険で無益なストライキ」を非難したため、地元ロワール県では反発を受けたが、全国的には支持を受け全国連盟書記長に再選された。一九〇八年に彼は死去した。MAITRON, Jean（sous la direction de）: *Dictionnaire biographique du mouvement ouvrier français*. Tome 15. *op. cit.*, pp.86-88.

（67）　国立公文書館に保管されている法務大臣・国璽尚書に宛てたタルン県民事・重罪裁判所付検察庁からの報告によれば、反動派新聞ダイナマイト事件のデマ情報にもかかわらず、平穏なうちに多数の鉱山労働者はストライキに突入したとある。cf.Archives Nationale. BB[18] 1887

«Tribunal civil et Cour d'assise du Tarn paquet

Albi, le 10 Mars 1892 833a92

Monsieur le Garde de Sceaux

J'ai l'honneur de vous les renseignements suivants sur l'état de la grève qui s'était déclarée aux mines de Carmaux le mardi 7 courante.

Ainsi que vous l'a appris mon télégramme cette grève a été votée dans une réunion d'ouvriers mineurs par 1400 voix sur 1450 votants. Elle a été motivée par le refus de la compagnie des mines d'accorder les augumentations de sa salaire demandées par les ouvriers.

Jusqu'ici aucun trouble sérieux n'a pas été appointé à l'ordre public et il est permis d'espérer pour les raisons que je vous ferai connaître ci-après, que le calme se maintiendra. Je dois dire cependant que M. Humblot, directeur des mines, m'a signalé un certain nombre et de faits attentatoires à la liberté du travail dont il réclamait la répression ainsi que des mesures énergiques pour les prévenir par la suite et assurer la sécurité des personnels. Enfin une cartouche de dynamite a éclaté dans la nuit du 8 ou 9, non point comme l'a dit avec une exagération roulue un journal réactionnaire «Le Nouvelliste du Tarn» sur le toit de la maison d'un contremaître, mais au milieu de la route, en face de cette maison.»

以下にこの報告の和訳を添えておく。

「　タルン県民事・重罪裁判所付検察局

アルビ、一八九二年　　833a92

国璽尚書閣下

私は閣下に今月七日火曜日にカルモー炭鉱がストライキ状態を宣言した後の情報をおつたえ致します。

閣下が我が電報によってこのストライキは鉱山労働者の集会で一、四五〇人の投票者中の一、四〇〇票の賛成投票を獲得しました。ストライキは労働者が要求する賃金引き上げへの同意を鉱山会社が拒否したことが契機になりました。ここまで公共秩序を脅かすいかなる深刻な混乱は起きておらず、以下で閣下にお知らせする理由で平穏が維持されることが期待できます。しかしながら鉱山の所長アンブロ HUMBLOT 氏が私に労働の自由を侵害する事実に注意を喚起し、彼はこの後に侵害を防止し、従業員の安全を保障するための弾圧と精力的措置を求めています。ついには反動的新聞「タルンの情報紙 Le Nouvelliste du Tarn」が誇大に嘘を言いふらしているように8日から9日の夜間にかけて現場監督の家の屋根の上でダイナマイトの雷管が爆発したといっていますが、実はこの家屋の前の道路においてでありました。」

（68）ボード BEAUDOT（もしくは BAUDOT）, Jean, dit Marien（1868-1952）一八六八年にアリエ Allier 県のモンリュソン Montluçon に生まれ、一九五二年にセーヌ県で他界している。カルモー硝子労働者労働組合と社会主義派の活動家。アルビ労働者硝子工場の経営管理者 administrateur となった。八歳で硝子工場の見習労働者となり、さらにマルヌ Marne 県ランス Reims 近郊のコルモントルイユ Cormontreuil でさらにきびしい見習をおこなった。一八八六年ゲード派活動家として知られるドルモア DORMOY の影響の下、社会主義者となる。ストライキ事件のあとモンリュソンをあとにして、一八九〇年にカルモーに到着し、さらに翌年休暇のためにイタリアにおもむく。一八九二年にはカルモーに戻り、家族を持ち、周囲と打ち解け、労働運動の先頭に立った。彼は反教権的なことでも知られ、友人たちの葬儀で反カトリックの本領を発揮した。彼の社会主義的傾向は厳密に言うとブランキ派で同派のシェル県選出代議士ウジェーヌ・ボーダン Eugène BAUDIN の指導下にあった。社会主義統一を目指すジャッピー大会、ヴァグラム大会にも参加し、統一社会党結成後は終生この党に忠誠を続けた。健康を害した後には、パリの労働者硝子工場倉庫の責任者となり、一九二〇年に引退した。MAITRON, Jean (sous la direction de) ; *Dictionnaire biographique du mouvement ouvrier français. op. cit.*, Tome 10, pp.234-236

（69）JAURÈS,Jean: «Télégramme de Jaurès au président du Conseil». *La classe ouvrière. Textes rassamblées et présentés par Madeleine REBÉRIOUX*. Paris. Petite collection maspero. 1976, pp.55-56

（70）JAURÈS Jean ; «Verrerie ouvrière» dans *Ibid.*, p.58

（71）REBÉRIOUX Madeleine ; «Jaurès et la classe ouvrière» dans *Jaurès et la classe ouvrière.* collection MOUVEMENT SOCIAL, Paris, Éditions ouvrières, 1981, pp.13-15

（72）人口密度は一八四一年には1平方キロあたり一五三人、一八九一年には六八六人、一九一一年には七九一人に及んだ。

SCOTT, Joan, Wallach ; *The Grassmaker of Carmaux. French Craftmen and Political Action in a Nineteenth-Century City*. Cambridge, Massachusetts, Harverd University Press. 1974. p.17

(73) *Ibid*., p.16

(74) *Ibid*., p.13

(75) FAURY, Jean ; *Cléricalisme et anticléricalisme dans le Tarn*（*1848-1900*）. Toulouse. *op.cit.*, pp.164-165, 167-173

(76) SCOTT, Joan, Wallach: *The Glassworkers of Carmaux. op. cit.*, p.14

(77) cf. Archives départementales du Tarn. II3. 66

(78) SCOTT: *The Glassworkers of Carmaux. op. cit.*, p.17

(79) 特に硝子労働者の中でもタルン県のそれはきわめて高給が支払われており、県平均の労働者の日給が五・二七フランであったのに対し、タルン県の硝子労働者は一二・〇〇フラン支払われていた。*Ibid*., p.40　タルン県の大工業の中でもふつう三フランから四フランであった（平均三・五フラン）のに対し、二一歳以上の成年労働者には一二フラン支払われていた。*Ibid*., p.41　また彼等は社会での高い地位が認められており、ムシュー（氏）を名前の前に付けられて呼ばれていた。このような例は他の労働者にはない。*Ibid*., p.45

(80) *Ibid*., pp.19-20

(81) *Ibid*., p.23

(82) *Ibid*., p.34

(83) *Ibid*., p.35

(84) 一八六六－一八七五年は経営者が経営の急速な拡大のために、地元で労働者を徴募する例が多かった。*Ibid*., p.203

(85) 小規模職人、普通の土木労働者、小商人などを含んでいる。*Ibid*., p.203

(86) *Ibid*., p.43

(87) *Ibid*., pp.53-54

(88) *Ibid*., p.75

(89) ミシェル・オークテュリエ Michel AUCOUTULIER（一八六三年－一九一六年）。アリエ Allier 県モンリュソン Montluçon 市に生まれ、父親とともにカルモーにやって来て、ルセギエが経営する硝子工場に雇われた。彼はこの地で結婚して娘をもうける。彼の娘は将来第四共和政初代大統領になるヴァンサン・オーリオル Vincent AURIOL と結婚する。妻は世俗的埋葬の推進者で、一八九五年のボードの母の葬儀は世俗的（非宗教的）に執り行った。彼は一八九五年の硝子工場のストライキに際してはストライキ委員会の委員長を務め、仲裁で終結させようとするが果たせなかった。その直後ストライキに関係して幾度か逮捕された。アルビに「労働者硝子工場」が設立されると彼は管理者になり、一九〇三年からはトゥルーズにある同工場の倉庫管理者を務め、間もなく同市市議となった。MAITRON,Jean（sous la direction de）; *Dictionnaire biographique du mouvement ouvrier français. Troisième partie: 1871-1914, de la Commune à la Grande Guerre. op. cit.*, Tome 10, pp.166-167

（90）ボードの詳しい経歴については本章の注（68）参照。同じく彼の政治的活動については本章注（96）も参照されたい。

（91）シャルパンチエの経歴の詳細は不明である。

（92）カルヴィニャックについての詳細は本章第二節「カルモー炭鉱の労働者の生活環境と労働」の「三、労働組合組織の推移変遷と労組指導者カルヴィニャック」を参照されたい。

（93）COMPÈRE-MOREL Adéodat（sous la direction de）; *Encyclopédie socialiste et coopérative de l'Internationale ouvrière*, HUBERT-ROUGER:*La France socialiste, Tome III, Les Fédération*, XII, Paris, Aristide QUILLET, 1921, p.9

（94）*Ibid.*, pp.15-16

（95）ボードが影響下にあったブランキ派はブーランジェ事件後にブーランジェ運動に加わったグループが離脱語はエドゥアール・ヴァイアンが指導者になり、統一社会党結成後ジョレースのグループと協力するようになって、社会党の多数派＝主流派を形成した。

（96）ことの発端はボードの盟友でカルモー鉱山の労働運動の指導者カヴェニャクは事務処理能力が欠如していたことに付け入れられ、カルモー市長が選挙名簿改訂を放棄していたことが政府に咎められた。そして一八九四年三月一二日に閣議決定でカルヴィニャックは1年間職務停止を宣告される。これに対抗してカルモー市議会は議員全員が辞職し、再度社会主義派が勝利して、カルヴィニャックが再度市長に選ばれる。しかし政府により市長選挙は無効とされ、策尽きた社会主義派議員たちは第一助役のマザンMAZENをカルヴィニャックが再度市長に選ばれることが可能となる日まで一八九五年四月市長代理とした。県知事ドゥーに手懐けられたマザンはその時が到来しても市長を辞職しなかった。辞めない市長を裏切りだと非難するカルヴィニャックとボードなどは議会を騒然とさせたとして処分を受けた。ボードは解任され、カルヴィニャックは四〇日の禁錮と五年間の市民権剥奪の刑をうけた。cf.GALLO, Max; *Le grand Jaurès. op.cit.*, p.170

一八九五年七月二八日の郡議会と県議会議員選挙でボードとカルヴィニャックは立候補し前者が郡議会議員に後者はタルン県の県議会議員当選する。直後の硝子工業労働者の労働組合大会にボードは会社からの休暇の許可をもらう正規の手続きをとらずに大会に出席したために、もう一人の組合員とともに解雇された。経営者のルセギエはこの件についてのあらゆる仲裁を拒否し、ストライキに対決姿勢をしめす。*Ibid.*, pp.170-171

(97) この時に欠陥硝子壜の問題が惹起していた。あまり欠損がひどくない硝子壜を製造したことで賃金が押し下げられていた。「スゴン（セカンド・二級品）」として認められた欠損硝子壜はルセギエが譲歩して、一日二五本までを買い取り半額を支払うと譲歩した。労働者側はこの妥協を受け入れた。しかし彼の処分は変更されなかった。SCOTT, Joan, Wallach: *The Glassworkers of Carmaux. op. cit.*, p.147

(98) *Ibid.*, p.148

(99) *Ibid.*, p.150

(100) *Ibid.*, p.151

(101) *Ibid.*, p.151　その内訳は一六五名の硝子吹き労働者、一〇〇名の運搬労働者で残りが補助労働者（ギャルソン、）で二一八人の補助労働者と一八七名の女性労働者から構成されていた。*Ibid.*, p.151

(102) *Ibid.*, pp.151-152

(103) *Ibid.*, pp.155-158

(104) *Ibid.*, p.154

(105) ミションの経歴は不詳である。

(106) SCOTT, Joan,Wallach: *The Glassworkers of Carmaux. op. cit.*, p.156

(107) TREMPÉ,Rolande ; «Jaurès et la Verrerie ouvrière». dans *Acte du Colloque. Jaurès et la Nation. op.cit.*,1965. P. 199

(108) *Ibid.*, p.200

(109) *La Petite République*, le 26 novembre 1895. cité par *Ibid.*, p.200

(110) ROUQUET, Victor ; *La Verrerie ouvrière d'Albi. Contribution à l'étude des Associations ouvrières de production.* Rodez, Imprimerie Georges Subervie. s. d. (1932). p.97

(111) アレクサンドル・リボ Alexandre RIBOT（1842―1923）パ＝ドゥ＝カレー県選出の穏健共和派右派（プログレシスト）の政治家。司法官出身のリボは共和派の政治家としてマクマオン大統領＝レジティミスト（正統王朝派）の共和派への弾圧事件として象徴的出来事であった五月一六日事件に際して政府に抵抗した。一八九五年の第三次内閣以降第一次世界大戦直前の一九一四年六月までリボは穏健共和派左派（ガンベッタの影響が濃い）とともに政権をつくることを拒んだ。cf. PIERRARD ,Pierre ; *Diction-*

naire de la Troisième République. op.cit., pp.216-217

(112) WILLARD, Claude ; *Les Guesdistes. Le mouvement socialiste en France*（*1893-1905*）. Paris, Éditions sociales. 1965. pp.194-195, TREMPÉ, Rolande ; « Jaurès et la Verrerie ouvrière ». *op. cit.*, p.206

(113) TREMPÉ, Rolande ; «Jaurès et la Verrerie ouvrière». *op. cit.*, p.203

(114) この委員会は「ヴィエイユ‐デュ‐タンプル街委員会 Comité de la rue Vieille-du-Temple」と称され、一方ゲード派側の委員会はバラ Barrat 委員会と呼ばれた。*Ibid.*, p.206

(115) 富裕な利子生活者であったダンブール夫人 Mme DEMBOURG（名前エリアヌ・カトリーヌ・グレゴワール Éliane Catherine Grégoire）は一八九六年六月六日にパリ郊外ブーローニュ‐ビアンクール Boulogne-Billancourt において七八歳で他界している。彼女は実在しなかった人物でロシュフォールの作り事であったと言う説が当時あったが、今日では実在の人物であることが確認されている。彼女の名を冠した街路「ダンブール大通り Avenue Dembourg」はアルビに存在する。

(116) この選挙については拙稿「一八九八年総選挙とジャン・ジョレース――タルン県アルビ第二区の選挙結果と社会主義派代議士ジョレースの落選――」國學院法學、五一巻四号。二〇一四年三月を参照されたい。

(117) TREMPÉ, Rolande ; «Jaurès et la Verrerie ouvrière». *op. cit.*, p.21

終章　本著の結びに代えて

本書「ジャン・ジョレースとフランス社会主義運動・ジャン・ジョレースの青年時代」はジョレースの生涯のうちで、生誕から一八九三年にタルン県アルビ第二選挙区から社会主義者の代議士として当選するまでの時代を対象としている。それに加えて、ジョレースを支持して代議士にしたカルモー鉱山の炭鉱労働者と硝子製造労働者の労働運動についても論じた。また冒頭の序論ではジョレースが同時代の各国の社会主義者やフランスの知識人からどのような評価を受けたかを明らかにした。さらにジョレースという個性を育んだラングドック地方とタルン県、そしてこの県に所在する彼の活躍の場となったカストル、アルビ、カルモーという三都市と、彼が大学の教壇に立ち、市議会議員と助役を務めたラングドックの中心都市トゥルーズについても彼の活動とあわせて詳しく論じることが出来た。これら四つの都市が所在するラングドック地方は、ジャン・ジョレースの生涯を論じるためには欠かすことの出来ない彼の活動の舞台であった。それは彼がラングドック地方やオクシタニーの文化の擁護者であったというばかりではない。ジョレースという個性を培い育んだ文化と伝統と歴史を知ることによってはじめて彼の思想も政治的活動も、彼が生涯にわたって築き上げることが出来た哲学・歴史学・軍事理論・文学批評という広範にわたる学問の体系も知ることが出来ると筆者は考えている。

ジョレースは独立不羈と自由・平等の伝統を持つラングドック地方の文化と社会の中で育ち、生まれ故郷のタルン県のアルビ国立高等中学校《リセ》で教鞭をとり、今日では彼の名前を冠せられた隣県のトゥルーズ大学の教壇に立ち、タルン県の社会主義者と労働者に支持されて社会主義派代議院議員に当選した。この県の社会主義運動と労働運動の指導者となった彼は、カルモー鉱山の労働者や硝子労働者とともに歩みともに闘った。しかし彼の足跡はタルン県やトゥルーズ市に限定されることはなかった。第一次世界大戦までのフランス社会党ＳＦＩＯと第二インターナショナルの傑出した指導者であったばかりではなく、ジュール・フェリーやガンベッタがその基礎を造り上げたフランス共和政のライシザシオン（世俗化）を完成させて穏健的漸進的共和政から急進的共和政に転換させ、ドレーフュスの無罪判決をかちとって自由と人権が保障される民主的共和政を導いた。さらに社会的共和政に向かわせるために、労働者退職年金制度や累進所得税制度などの社会的改革に道を開いた。しかしヨーロッパの戦争に端を発する世界大戦を阻止しようとして努力したが、暗殺によって道を閉ざされた。本著では彼の生涯について書き尽くすことは不可能であったために、このたぐいまれな人物の生涯についてはすでにほぼ書き上げた続巻で扱う予定である。

繰り返しになるが、本書の冒頭でラングドック地方とタルン県の歴史的伝統に多くの紙幅を割いたのは、ジョレース理解のためにはラングドック地方とタルン県の歴史的文化と伝統を理解することなしに、ジョレースの思想と精神を理解することは困難であると考えたからである。ラングドック地方をはじめとする地中海沿岸の南フランスの政治的文化と伝統は、ジャン・ジョレースばかりではなく近現代フランス政治を理解する上で極めて重要であって、フランス社会主義が北部とパリ地方の工業都市ばかりではなくこの地域の労働者と小商工業者や小農民を支持基盤としなかったならば、パリ・コミューン以降の急速な勢力伸長は考えられなかった。同様に第三共和政の一八九八年総選挙以降フランス政治の主舞台におどり出た急進社会主義派の支持基盤も同じくに南フランスにあった。一九〇一年に結党された急進社会党（正式党名「急進共和‐急進社会党 Parti républicain, radical et radical-socialiste」）は社会党と共に第三共和政の左翼政治勢力の中核となった。ジョレースの社会主義は急進社会党と「左翼ブロック」を形成して政教分離法やドレーフュス再審運動の勝利を導いた。一九〇五年の統一社会党ＳＦＩＯ結成後に「左翼ブロック」は解消されるが、第一次世界大戦後に「左翼カルテル」や「人民戦線」として再生する。

ジョレースはパリに出て高等師範学校《エコール・ノルマル・シュペリウール》に入り、フランスの知的エリートとしての道を歩むが、友人のレヴィ＝ブリュールの様にパリのアカデミズムの世界に入らずに、故郷のタルン県にもどってアルビ国立高等中学校《リセ》の教授になり哲学の博士論文を準備して大学の哲学教授を目指すかに見えた。しかし彼は政治の世界に入ることへと方向転回して、最初は一八八五年総選挙で穏健共和派の青年代議士（代議院議員《シャンブル・デ・デピュテ》）に当選する。共和政とは彼が社会主義者になった後からも社会主義と共に彼の価値体系において中心的位置を占める二つの極となる。彼にとって政治的共和政は市民的民主政治であっても十分な共和政とは言えず、社会的共和政によって完全な共和政になるのであり、共和政の究極の形態は社会主義であり、究極の形態の社会主義は社会的共和政であったのである。ゆえに彼が穏健共和派の代議士であった時代から社会主義者であったと主張するのは決して詭弁ではなかった。ただ労働者の世界との結びつきと接触がこの時代のジョレースには欠けていた。

一八八九年の総選挙での落選後にトゥルーズ大学哲学専任講師に、そしてトゥルーズ市議会議員と助役になっていた彼は、故郷のタルン県カルモーの炭鉱労働者のストライキによってカルモー炭鉱の経営者ドゥ・ソラージュ侯爵が辞職したあとの一八九三年のアルビ第二区補欠選挙に立候補して当選する。その後の彼はカルモーの炭鉱労働者と硝子労働者の労働運動と強い絆で結ばれ、彼らの指導者としてそして代弁者として労働者の強い信頼をかちえる。また中央の政界では独立派社会主義者の指導的人物になり、一八九八年以降に激化したドレーフュス事件の渦中でクレマンソーやゾラと共にドレーフュス再審派の中心的人物となり、ドレーフュス再審を実現させ、最終的には一九〇六年にドレーフュスの無罪確定を生み出す立役者となる。

また一八九九年から三回開催されるフランス社会主義統一のための大会で主導的役割を果たすが、社会主義者ミルランの入閣をめぐって二つの分裂した社会党が一九〇二年に結党される。この時代には、右派社会党ＰＳＦのリーダーとしてフランス統一社会党ＳＦＩＯ結成のために尽力して、一九〇五年に第二インターナショナル・アムステルダム大会での統一決議を受け入れてパリ・グローブ大会で統一が実現する。その後に統一後のフランス社会党ＳＦＩＯを率いて差し迫る戦争の脅威に立ち向かい国際的な反戦平和運動の指導者となったが、一九一四年に七月三一日に暗殺者の凶弾に仆れる。

冒頭で言ったように。本書では生誕から一八九三年にジョレースが社会主義代議士として当選するまでの過程を主として扱った。ドレーフュス事件に関係するジョレースの政治的活動については『ドレーフュス事件とジョレース』(近刊)の出版を予定している。また本書の続巻となる一八九三年の補欠選挙での社会主義派代議士ジョレースの当選から一八九九年ジャッピー大会に始まる統一社会党の設立を目指した三回の社会主義全体大会と二つの社会党の時代(ジョレースは一方の右派社会党ＰＳＦの指導者となる)をへて、一九〇五年のフランス社会党ＳＦＩＯの結成までを対象とする第二部『ジャン・ジョレースとフランス社会党ＳＦＩＯの結成(仮題)』と、フランス社会党結成から一九一四年七月の彼の暗殺までの時期についてを対象とする第三部『フランス社会党ＳＦＩＯとジャン・ジョレース(仮題)』をほぼ完成させて現在刊行を準備中である。ジャン・ジョレースの誕生から一八九三年に社会主義派代議士に当選する時代を扱った本著『ジャン・ジョレースとフランス社会主義運動・ジャン・ジョレースの青年時代』は、この後刊行を準備中である三冊の続巻を含めた全体で四巻となる『ジャン・ジョレース四部作』の最初の巻となる

ジャン・ジョレース関係文献一覧

ジャン・ジョレースの著作集はマックス・ボナフスが編集したリエデル出版社 Editions Rieder 版と現在刊行中である「ジャン・ジョレース研究協会」が編集するファヤール Fayard 社版との2度刊行されているが、新聞記事をふくめあまりに膨大であるため全集としての刊行は不可能であったという。彼が創刊して今日まで続いている「リュマニテ *L'Humanité*」紙に執筆した記事の数だけで二、六七一篇に及び、次いで「ラ・デペッシュ *La Dépêche*」紙が八八七篇、「ラ・プティット・レピュブリーク *La Petite République*」紙が六四二篇であり、すべてを合わせれば数千を超えるであろう。「ラ・デペッシュ」紙の全記事を集めた著書：*Jaurès, l'intégrale des articles de 1887 à 1914 publiés dans La Dépêche.* Toulouse.Privat 2009 が刊行されたが、かなり大部な一巻の著書となっている。ジョレースに関する第1次資料はこれらの他に議会での演説集が刊行されているが一部しか収録していない。彼の議会での演説と発言を「官報 *Journal official.Débats parlementaires*」によって入手できるし、3回の「フランス社会主義諸組織全体大会 Congrès général des Organisations socialistes français」ならびに右派社会党PSFとフランス社会党SFIOの全国大会と第2インターナショナル大会での演説と発言は、それらの議事録で閲読可能であるが、そのほかの演説や講演もかなり多い。また彼が遺した著作の数も書き下ろしの著作に加えてアンソロジーや論文集・作品集としてあるいはパンフレットとして刊行された著作も数十点を超すであろう。

ジョレースに関する研究論文と著書と学術討論会（コローク）議事録は同様に膨大な数に及び、邦語での研究論文と著作、翻訳を含めればこれらの目録をすべて網羅するだけで優に一冊の著作が必要となる。また筆者は本書の序論第二節「方法・資料・研究動向」で基本的な第一次資料と研究文献を簡潔に紹介したのでここで屋上屋を架す意図はない。しかしジョレース研究の新しい展開を踏まえてあえて厳選したジョレース関係文献一覧（序論第二節と一部重複はあるが）を本書の末尾に付け加えたいと考えた。それゆえジョレース自身の主要著作を一〇点とジョレースについての研究書・伝記を二五点に限定した。その選定基準はジョレースの著作については6をのぞき生前に刊行された著作を、ジョレースの研究書と伝記については古典的で研究上不可欠なジョレースの伝記と研究ならびにジョレースの新しい視点からの注目するべき著作に限定した。しかしあくまで筆者の選好によって選択した諸著作であることに留意されたい。

主要なジョレースの著作

1. JAURÈS, Jean（Sous la direction de）; *Histoire socialiste de la France contemporaine1789-1900* このジョレース監修による大著のジョレース担当部分は以下の通り。Tome I: *Introduction, La Constituante*（*1789-1791*）; Tome II: *La Législative*（*1791-1792*）;Tome III: La Convention I（1792）; Tome IV: La Convention II（1793-1794-9 thermidor）; Tome XI: *La Guerre franco-allemande*（*1870-1871*）; Tome XII: *Conclusion: le Bilan social du XIXe siècle.* 以上の叢書の Tome I から Tome IV までの巻はアルベール・マチエとアルベール・ソブールによって注を加えられ校訂されて *Histoire socialiste de la Révolution française.* と改題されて2回出版されている（JAURÈS. Jean; *Histoire socialiste de la Révolution française.* Paris, Editions de la Librairie de l'humanité, 1924（マチエ版）、JAURÈS, Jean; *Histoire socialiste de la Révolution française:* . Édition revue et annotée par Albert Soboul. .Paris.Éditions sociales 1968（ソブール版））。

   Tome XI :*La Guerre franco-allemande*（*1870-1871*）は Édition Flammarion. 1971 から *La guerre franco-allemande 1870-1871* という原題で再刊されている。
2. *L'Armée nouvelle*.Paris, J. Rouff, 1911. この著書は一九一〇年の「官報 *Journal Officiel*」から出版された

「議会版 édition « parlementaire」を含めて合計８回にわたって新しく編集され、異なった出版社から出版されている。

3. *De la réalité du monde sensible*. Paris ,Félix Alcan, 1902.

4. *Les preuves. Affaire Dreyfus*. Paris.En vente à la Petite République.1898

5. *Deux discours à la jeunesse*. Paris, Librairie des municipalités, s. d..

6. *Jean Jaurès et la défense nationale:discours sur la loi de 3 ans prononcé à la Chambre des Députés par Jean Jaurès les 17 et 18 juin 1913* (*2e édition*). *Paris.Humanité.1917.*

7. *Action socialiste*. Paris, G. Bellais, 1899

8. *Les deux méthodes: conférence*. Lille, impr. de P. Lagrange, Bibliothèque du Parti ouvrier français. 1900.

9. *Discours parlementaires recueillis et annotés par Edmond Claris*. Paris, É. Cornély, 1904.

10. *Études socialistes*. Paris.Cahiers de la Quinzaine, 1902

主要なジョレースの研究書と伝記

1. GOLDBERG, Harvey; *The Life of Jean Jaurès*. Madison, Milwaukee and London. The University of Wisconsin Press, 1968,

2. GALLO, Max; *Le grand jaurès*.Paris. Robert Laffont 1984

3. RAPPOPORT,Charles; *Jean Jaurès, l'homme, le penseur, le socialiste*. Paris l'Émancipatrice.　1915.

4. REBERIOUX; Madeleine;*Jaurès: la parole et l'acte*. Paris, Gallimard, 1994.

5. REBERIOUX; Madeleine et CANDAR, Gilles (dir.); *Jaurès et les intellectuels:actes du colloque interna-*

tional, 8-9 janvier 1988, Paris.Les Éditions de l'Atelier-Les Éditions ouvrières, 1994.

6. RIOUX, Jean-Pierre; *Jean Jaurès.* Paris, Perrin, 2005.

7. TETARD; Georges;*Essais sur Jean Jaurès: suivis d'une bibliographie méthodique et critique.* Colombes, Centre d'apprentissage d'imprimerie, 1959.

8. DUCLERT; Vincent; *Jaurès 1859-1914: la politique et la légende.* Paris, Éd. Autrement, 2013. 邦訳、ヴァンサン・デュクレール著、大嶋厚訳『ジャン・ジョレス 1859-1914：正義と平和を求めたフランスの社会主義者』吉田書店 2015 年

9. CANDAR, Gilles ; DUCLERT, Vincent; *Jean Jaurès.* Paris, Fayard, 2014.

10. RABAUT; *Jean;Jaurès et son* assassin. Paris, Éditions du Centurion, 1967.

11. RABAUT; *Jean;Jaurès assassiné*: 1914. Bruxelles, Éd. Complexe, 1984.

12. RABAUT; Jean; *Jean Jaurès,* Paris, Perrin, 1971

13. *Jean Jaurès et la Défense Nationale. Actes du Colloque de Paris, 22 et 23 octobre 1991* .Paris.Société d'études jaurésiennes Collection Cahier Jaurès. N° 3. 1993

14. *Actes du Colloque. Jaures et la Nation,* organisé par la Faculte des Lettres de Toulouse et la Societe d'Etudes Jauresiennes. Toulouse. Association des Publications de la Faculté des lettres et sciences humaines, 1965

15. *Jaurès et la classe ouvrière.*collection Mouvement Social. Paris.Les Éditions ouvrières. 1981

16. PECH, Rémy; *Jaurès paysan.* Toulouse, Privat, 2009.

17. BRUMMERT, Urlike.（Hrsg.）; *Jean Jaurès.Frankreich, Deutschland und die Zweite Internationale am Vor-*

abend des Ersten Weltkrieges .Tübingen,Gunter Narr Verlag,1989

18. BOSCUS,Alain et CAZALS,Rémy (sous la dir.) ; *Sur les pas de Jaurès.La France de 1900.* Toulouse. Privat.2004

19. TREMPÉ,Rolande; *Les mineurs de Carmaux.* 2 vol.,Paris.Les Éditions ouvrière.1971

20. AURIOL, Vincent (présenté par) ;*Jean Jaurès.Ils ont fait la République*.Paris. Presses universitaires de France.1962.

21. ANDRIEU, Maurice; *Jean Jaurès, citoyen adoptif de Toulouse,* Toulouse .Privat, 1987,

22. SOULÉ, Louis, *La Vie de Jaurès,* Toulouse, Librairie de la Dépêche, 1917.

23. SAGNES, ,Jean; *Jean Jaurès et le Languedoc viticole,* Montpellier,Presses du Languedoc. 1988.

24. GUILLEMIN,Henri *L'arrière-pensée de Jaurès,* Paris, Gallimard, 1966,

25. LALOUETTE, Jacqueline ; *Jean Jaurès. L'assassinat, la gloire, le souvenir.* Paris. Perrin, 2014.

あとがき

本著「ジャン・ジョレースとフランス社会主義運動・ジャン・ジョレースの青年時代」は当初から一冊の著書としてまとめるためにこれまでに書き続けてきた以下の六篇の『東京都立大学法学会雑誌』と『國學院法學』に発表した論文を大幅に加筆・修正して章立てを施し、一冊の著作にしたのが本書である。

① 「ジャン・ジョレースとフランス社会主義運動　第一部（1）（2）」『東京都立大学法学会雑誌』第21巻第1号、第21巻第2号

② 「アルビ高等中学校教授時代のジャン・ジョレース」『國學院法學』第19巻第4号

③ 「青年代議士ジャン・ジョレースの誕生」『國學院法學』第20巻第4号

④ 「共和派新人議員時代のジョレース」『國學院法學』第30巻第4号

⑤ 「社会主義に到達したジャン・ジョレース—一社会主義派代議士の誕生—」『國學院法學』第32巻、第4号

⑥ 「カルモーの炭鉱労働者・硝子労働者とジャン・ジョレース（1）、（2）（3完）」『國學院法學』第33巻第4号、第52巻第1号、第54巻第1号

私がジョレースを終生のテーマにしたのは、フランスの政治に特に学生時代に一九六八年五月事件が起きたこともあって、フランスの社会主義運動に関心を抱いたことが契機となった。修士論文のテーマを考えていた頃に、のちに縁あっていく度か個人的に指導を受けたアニー・クリエジェル先生の『フランス共産主義の諸起源について

Aux origines du communisme français』を読んで、第1次世界大戦中から戦後にかけての時代のフランス社会党の歴史を、クロノロジカルにではなく共時的構造的に社会史的方法で描いたこの著書の斬新な方法に感銘した。しかし当時の指導教員の指導もあって修士論文のテーマを「フランス第三共和政前半期のフランス社会主義政党史研究序説」（東京都立大学法学会雑誌第16巻2号・第17巻1号）として執筆した。修士論文執筆時には後に国学院大学で教鞭を執ることになり大学から派遣されてパリ第八大学に留学した際に同大学博士課程で師事することになるクロード・ヴィラール先生の博士論文『ゲーディスト（ゲード派）*Les guesdistes.le movement socialiste français.1879-1905*』を精読してその歴史叙述の方法に大きな感銘を受けた。ゲード派＝フランス労働党の党員や選挙支持基盤の社会的—職業的構成の分析と選挙地理学的方法を駆使した社会史的方法に目を見張った。しかし終生ゲード派にはくみすることがなかったジョレースについてこの著書は多くを語っていなかった。

修士論文を書き上げて大学の紀要に発表したあとに、フランス社会主義諸派の中で最大の組織を有していたゲード派＝フランス労働党の経済決定論的マルクス主義に対抗して、タルン県の労働運動を基盤としながらヴァイアン派などのゲード派以外のフランス社会主義諸派と提携してフランス社会党の多数派となったジャン・ジョレースに注目した。ジョレースの教条主義を否定するヒューマンな社会主義に私は次第に惹かれていった。紛争時代の大学時代を経験した私は、ドグマに陥った我が国の社会主義運動の行き詰まりを目撃していたからであった。その後にジョレース研究のためにゴールドバーグの『ジャン・ジョレースの生涯 *The Life of Jean Jaurès*』を読んだが、伝記的研究であるゴールドバーグのこの著書よりもロランド・トランペ先生（先生にはタルン県のカルモー炭鉱や硝子工場を案内していただいた）の『カルモーの炭鉱労働者 *Les mineurs de Carmaux*』やミシェル・ペロー著『ストライキ中の労働者 *Les ouvriers en grève*』などの社会史的分析方法による労働組合運動の歴史研究に強い関心を抱いた。フランスの社会主義政党や労働運動研究の社会史的方法の影響を受けて助手論文となった「ジャン・ジョレースとフランス社会主義運動」ではジョレースが生誕したラングドック地方タルン県の分析に社会史的・地理学的な分析を用いて書き上げた。

その後にジョレースの選挙区と選挙の研究についての論文を書いた際にも選挙地理学的手法を試み、さらにカルモーの鉱山労働者のストライキの研究においても炭鉱労働者の日常的生活への社会史的アプローチと地理的・社会経済史的分析を行った際にはロランド・トランペ先生の業績にかなり大きく依存した。

後に「三年兵役法とフランス社会党（ＳＦＩＯ）―ジョレースの『新しい軍隊』についての構想の起点を探りつつ」（国学院法政論叢20輯、一九九九年三月）では全国的に展開された反三年兵役法運動についての地理的分析と数量的アプローチを用いてみたし、「一八九九年ジャッピー Japy 大会（フランス社会主義諸組織全体大会）の研究―19世紀末のフランス社会主義運動とジャン・ジョレース―分岐から統一へ（前篇）ジャッピー大会の数量的研究ジャッピー大会」（国学院法政論叢 29輯、二〇〇八年三月）でも同様に数量的・社会史的方法による分析を試みた。

本著『ジャン・ジョレースとフランス社会主義運動・ジャン・ジョレースの青年時代』でも出来る限り社会史的分析を用いようと心を配ったが、伝統的なクロノロジカルな研究にも頼らざるを得なかった。しかし労働運動や労働組合運動における社会史的研究の成果は未だ持って私にとって魅力的な方法であり、歴史分野への社会学的方法や数量分析的方法さらには地理学的分析の導入はアナール派歴史学の隆盛の時代がいくぶんか過ぎた今でも大きな意義を持っていると考えている。ジャン・ジョレースという政治家個人の伝記的研究においても、こうした方法の利用は容易ではないが、また不可能でもないと考えて選挙地理学などを今後とも活用していきたいと考えている。もとよりジョレースの社会・経済的方法によるフランス革命史はアナール学派の始祖たちに多大な影響を与えたことを忘れてはならない。

第一次世界大戦前夜の社会運動については前述のクリエジェル先生の弟ベッケルの研究『一九一四年。如何にしてフランス人は戦争に入ったのか *1914, comment les Français sont entrés dans la guerre*』があるが、ジョレースや他のフランス社会党の指導者の政治行動とは関連づけられているとは思えない。この著書のほかジョレースが生きた時代についての多くの研究から触発を受けながらジョレースの研究は最後までやり遂げざるをえないし、その過程で歴史学的方法論について省察を続けている。その際に社会党全国大会での議決票数の地理的分布と分析は可能でも、クロード・ヴィラール先生のような明快な地理的分析は一九〇五年の統一社会党ＳＦＩＯ結成以降の社会主義運動についてはむつかしい。ゲード派の拠点の県連合についての研究についてはヴィラール先生が明快に分析しているが、社会党内ジョレース－ヴァイアン多数派が地盤としているセーヌ県連合とゲード派が強固なノール県連合の社会的職業的構成は対照的である。それ以外の県連合となると社会的構成から結論を導き出すことは容易ではなく、ましてやエルヴェ派の葡萄栽培小農民が多いヨンヌ県連合の社会的性格を明快に分析することはむつかしい。どうもフランスの小農民は歴史的に戦争に動員されることを強く拒否する性向を持っているという。これらについても一つの論文を書くに価するかもしれない。

思えば研究の指導を受けてきたルベリウ先生もクリエジェル先生も黄泉の世界に入られた。二年前には長寿であったトランペ先生が99歳で、一昨年にはヴィラール先生は95歳で亡くなられた。もう先生方に指導を受けることは出来ないのが残念である。そう言う私も間もなく古希を迎えるが研究はまだ道半ばである。

言い訳になるが、大学の諸般の仕事や私事で多忙なために、あまり論文を書けなかった時期もあったが、正直に言えばもっと精魂を込めて論文執筆の仕事をするべきであったと思う。筆者の力量ではこれぐらいが限界かと言い訳してみるが、やはりもっと熱心に研究するべきであったと自分を責めて今では悔やんでいる。後悔は先に立たずで、これから定年後も研究にいそしんでいく積もりではあるが、残された時間は自分では分からない。それでも論文を書き続けることしか私には能がないし、論文執筆自体が私の人生の楽しみでもある。もっと広く読んでもらうためにジョレースやドレーフュス事件を小説にでもしたいと思ってみることも考えないではないが、残念ながらそんな文才など持ち合わせていない。つくづく私が取り組んできた第三共和政期の諸事件を傑出した文学に昇華した大佛次郎の才能を羨むばかりである。二〇一八年の小春日和のうららかなある日に本著を校正しながらふとそんな想いを抱いた。

了

著者紹介

横山 謙一（よこやま けんいち）
1949年　宮城県に生まれる。
1979年　早稲田大学第一政治経済学部政治学科卒業。東京都立大学大学大学院・同大学法学部助手を経て 1981年から國學院大学法学部専任講師に就任。
1987年　パリ第8サンドニ大学で DEAの学位を取得。
現　在　國學院大學法学部教授

ジャン・ジョレースとフランス社会主義運動
——ジャン・ジョレースの青年時代——

2019年 2 月28日　初版第 1 刷発行

著　者　横　山　謙　一
発行者　阿　部　成　一

〒162-0041 東京都新宿区早稲田鶴巻町514番地
発行所　株式会社　成　文　堂
電話 03(3203)9201　Fax 03(3203)9206
http://www.seibundoh.co.jp

製版・印刷　藤原印刷　　製本　弘伸製本

ISBN978-4-7923-3384-3　C3031

定価（本体7,000円＋税）